孟子集註 備旨 懸吐 完譯

# 孟子集註 備旨(Ⅲ)

孟子集註 備旨 懸吐 完譯

# 孟子集註 備旨(Ⅲ)

曉明 金慶國
木仁 朴相澤
譯註

전남대학교출판부

孟子集註 備旨 懸吐 完譯

# 孟子集註 備旨(III)

**인쇄** | 2017년 2월 23일
**발행** | 2017년 2월 28일

**저자** | 曉明 金慶國·木仁 朴相澤
**발행인** | 정병석
**발행처** | 전남대학교출판부

**등록** | 1981. 5. 21. 제53호
**주소** | 61186 광주광역시 북구 용봉로 77
**전화** | (062) 530-0571~2, **마케팅부** 530-0573
**팩스** | (062) 530-0579
**홈페이지** | http://www.cnup.co.kr
**이메일** | cnup0571@hanmail.net

값 25,000원

ISBN 978-89-6849-189-4 (94820) 세트
ISBN 978-89-6849-389-8 (94820)

鄒國亞聖公

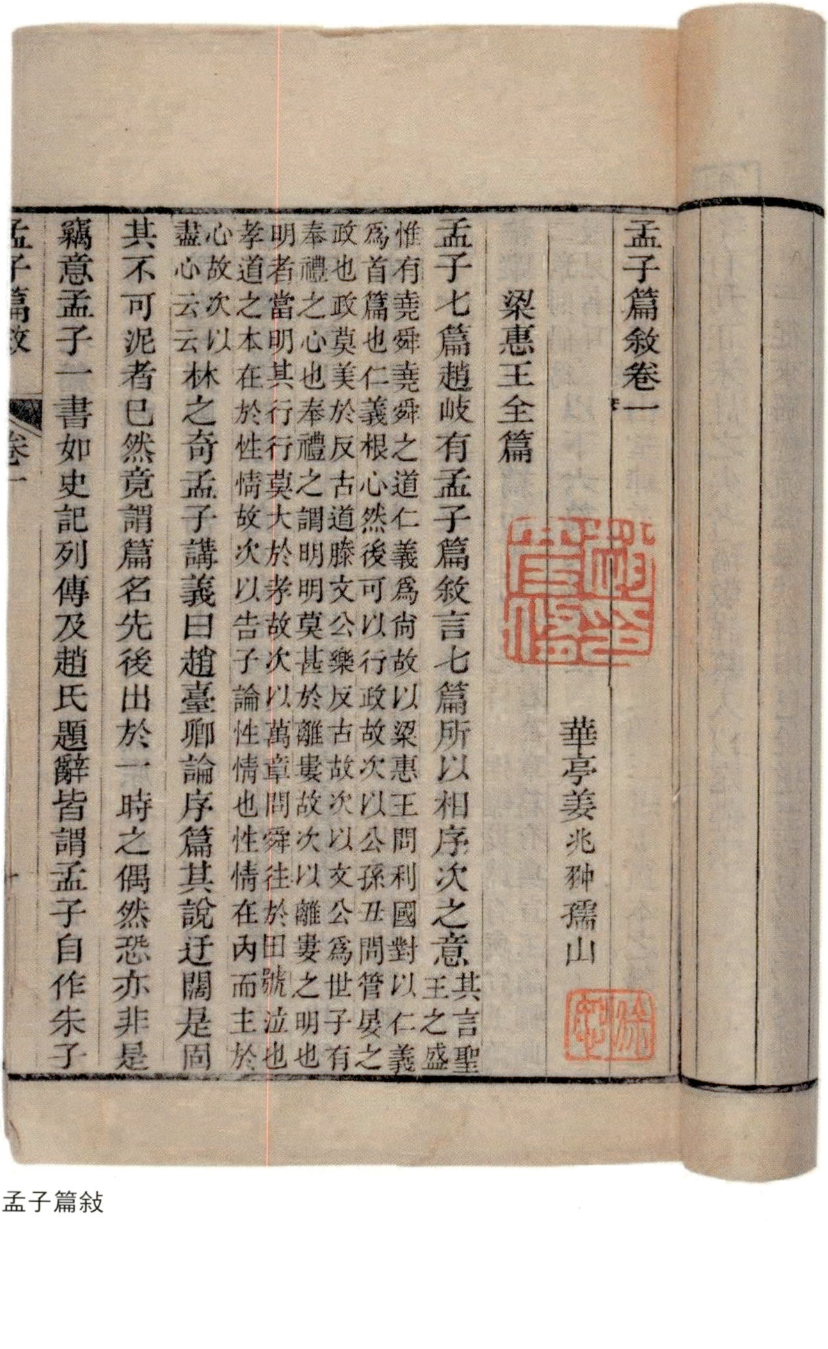
孟子篇敍卷一

梁惠王全篇

華亭姜兆翀孺山

孟子七篇趙岐有孟子篇敍言七篇所以相序次之意其言聖王之盛惟有堯舜堯舜之道仁義爲尚故以梁惠王問利國對以仁義爲首篇也仁義根心然後可以行政故次以公孫丑問管晏之政也政莫美於反古道滕文公樂反古故次以文公爲世子有奉禮之心也奉禮之謂明明莫甚於離婁故次以離婁之明也明者當明其行行莫大於孝故次以萬章問舜往於田號泣也孝道之本在於性情故次以告子論性情也性情在內而主於心故次以盡心云云林之奇孟子講義曰趙臺卿論序篇其說迂闊是固其不可泥者已然竟謂篇名先後出於一時之偶然恐亦非是竊意孟子一書如史記列傳及趙氏題辭皆謂孟子自作朱子

孟子篇敍　卷一

孟子篇敍

孟子故里(亞聖殿)

# 일러두기

❶ 譯註의 底本은《新訂四書補註備旨》(鄧林 著, 鄧煜 編次, 祁文友 重校, 杜定基 增訂, 上海天寶書局, 1915),《經書: 大學 論語 孟子 中庸》(庚辰新刊 內閣藏板本 影印本, 成均館大 大東文化硏究院, 1965),《四書章句集註》(中華書局, 1983),《孟子譯注》(楊伯峻 著, 中華書局) 등이다.

❷ 原文의 懸吐는《四書諺解》(保景文化社, 1984)와《論語(附諺解)》(學民文化社)를 기본으로 삼았고, 集註와 備旨는 譯註者가 직접 懸吐하였다.

❸ 번역은 축자식逐字式 번역을 원칙으로 하되, 필요에 따라 일부 현대식 표기법도 병행하여 일반 독자들의 이해를 높이도록 했다.

❹ 본문의 배열은 原文, 한글 譯, 註解의 순으로 했고, 독자들의 이해를 위해 어려운 한자들의 訓과 音을 표기했다.

❺ 集註의 내용만 가지고 이해하기 힘든 부분은《孟子集註大全疏註》의 일부 내용을 인용하고 원문과 함께 실었다.

❻《 》는 書名에 〈 〉는 篇名에 사용하였다.

# 머리말

宋代의 巨儒 朱熹(1130~1200)는 중국 儒學의 집대성자이자 우리나라 性理學에 가장 큰 영향을 미친 인물이다. 朱熹가 일생동안 정리하고 연구한 儒家經傳들은 주로 五經과 四書 및 北宋의 주돈이周敦頤(1017~1073)·정호程顥(1032~1085)·정이程頤(1033~1107)·소옹邵雍(1011~1077)·장재張載(1020~1077) 등의 著作들이다.

이들 儒家經傳들에 대해 朱子는 "四子는 六經의 입문서이고, 《近思錄》은 四子의 입문서이다.[四子, 六經之階梯. 《近思錄》, 四子之階梯.]"(《朱子語類》 卷105)라고 했는데, 여기에서 四子는 '四書'를, 六經은 '五經'을, 《近思錄》은 朱子와 여조겸呂祖謙이 북송 諸子들의 학설을 공동으로 편찬한 성리학 해설서를 각각 의미한다. 朱子의 이 말은 四書의 지위가 북송 諸子들의 저작보다 높고 五經의 지위가 四書보다 높기 때문에 배우는 자들이 마땅히 《近思錄》에서 시작하여 四子에 이르고, 다시 四子로부터 五經에 이르러야 한다는 말이다.

六經의 입문서인 '四書'는 곧 《大學》·《論語》·《中庸》·《孟子》 등을 말한다. 이 四書의 중요성에 대해서 朱子는 그의 〈書臨漳所刊四子後〉에서 다음과 같이 강조하고 있다. "河南 程氏는 사람을 가르칠 때 반드시 먼저 《大學》·《論語》·《中庸》·《孟子》 등의 책에 힘을 쏟은 후에 六經을 공부하도록 했다. 이는 대개 그 난이難易와 원근遠近과 대소大小의 차례가 진실로 이와 같으면 배움에 어지럽지 않기 때문일 것이다.[河南程夫子

之教人, 必先使之用力乎《大學》·《論語》·《中庸》·《孟子》之書, 然後及乎六經. 蓋其難易, 遠近, 大小之序, 固如此而不可亂也.]" 이런 이유로 朱子는 二程사상을 계승하여 《大學》·《論語》·《孟子》·《中庸》 등에 심혈을 기울여 註解를 함으로써 《四書章句集註》를 완성한 것이다.

四書를 공부하는 순서에 대해서 程子는 "《大學》은 孔氏의 遺書이며 처음 배우는 사람이 德에 들어가는 문이다.[大學, 孔氏之遺書, 而初學入德之門也.]"라고 했고, 朱子는 이를 계승하여 "《大學》을 처음과 끝을 완전히 관통하여 모두 의심난 바가 없게 된 후에 가히 《論語》와 《孟子》에 미칠 수 있고, 또 의심난 바가 없게 된 후에 가히 《中庸》에 미칠 수가 있다.[大學首尾貫通, 都無所疑然後, 可及語孟, 又無所疑然後, 可及中庸.]"(大全註疏) 고 하였다. 곧 학문의 처음과 끝을 꿰뚫어 말한 《大學》을 먼저 읽고, 이어서 《論語》와 《孟子》를 읽어야만 학문의 길에 쉽게 들어갈 수 있으며, 나아가 학문의 大體가 갖추어져 나머지 공부가 저절로 된다는 말이다.

저자는 오래전부터 經書研究와 經書講讀에 종사하면서 《四書集註》와 《四書備旨》에 대한 註解 작업을 추진해 왔다. 그 결과 지난 2009년에 처음으로 《大學章句 備旨》를 출간하였고, 이어서 《論語集註 備旨(Ⅰ)》(2010)·《論語集註 備旨(Ⅱ)》(2011)·《論語集註 備旨(Ⅲ)》(2012)·《論語集註 備旨(Ⅳ)》(2013)·《中庸章句 備旨》(2014)·《孟子集註 備旨(Ⅰ)》(2015)·《孟子集註 備旨(Ⅱ)》(2016)를 차례로 세상에 선보였으며, 이번에 다시 《孟子集註 備旨(Ⅲ)》를 출간하게 되었다.

譯註의 底本으로 삼은 《四書補註備旨》는 朱子의 《四書集註》에 明代 鄧林이 章節마다 要旨를 撰述하고, 鄧煜이 編次하여 《四書備旨》라고 명명한 다음, 다시 淸代 祁文友의 重校와 杜定基의 補註를 거쳐 增訂하여 완성된 것이다. 書名을 〈備旨〉라고 말한 것은 聖賢의 立言에 매 章

마다 각각 매 章의 宗旨가 실려 있기 때문에 배우는 자들이 潛心研究해야 한다는 의미를 담고 있다.

끝으로 본 書의 출간을 위해 그 동안 자상한 가르침을 베풀어주신 弦齋 金永雄 선생님, 본문의 험난한 한자변환 작업을 해준 李鎬俊 선생님, 원고 교정에 힘써준 李恩珍 선생님, 表紙題字를 써주신 翠亭 任春植 선생님께 진심으로 감사의 마음을 전한다.

아울러 본 書의 출판에 도움을 준 전남대학교 당국과, 편집과 출판을 위해 노고를 다해주신 전남대학교출판부 관계자 분들께도 이 자리를 빌어 깊은 감사의 마음을 전한다.

丁酉年 立春節

著者 謹識

# 목차

# 孟子集註

## 卷五

# 滕文公章句上
## 등문공장구상

凡五章

모두 5장이다.

[5·1]

**滕文公이 爲世子에 將之楚할새 過宋而見孟子하신대**

**등문공滕文公이 세자世子가 되었을 때 장차 초楚나라에 가려고 하는데, 송宋나라를 지나면서 맹자孟子를 뵈었다.**

世子는 太子也라

'세자世子'는 태자太子이다.

주해

- 之(지) : 가다.

"將之是欲往而未往."(四書補註備旨)

【備旨】

昔에 藤文公이 未卽位而爲世子之時에 承君父之命하여 將往之楚할새 聞孟子在宋하고 先過宋而見孟子라 其急於見賢如此하니 可徵其天性之善而入聖有基矣니라

옛날 등문공藤文公이 아직 왕위에 오르지 않고 세자世子로 있을 때, 군왕의 명을 받들어 장차 초楚나라에 가려고 하는데, 맹자께서 송宋나라에 계신다는 말을 듣고 먼저 송나라를 지나면서 맹자를 뵈었다.

그가 어진 이를 뵙는 것을 이와 같이 시급하게 여기니, 그의 천성이 선善하여 성인이 될 수 있는 기틀이 있음을 징험할 수 있다.

## 孟子ㅣ道性善하사되 言必稱堯舜이러시다

**맹자께서 본성이 선하다는 것을 말씀하시되, 말씀마다 반드시 요순堯舜을 일컬으셨다.**

道는 言也라 性者는 人所稟於天以生之理也니 渾然至善하여 未嘗有惡이라 人與堯舜이 初無少異로대 但衆人은 汨於私欲而失之하고 堯舜則無私欲之蔽 而能充其性爾라 故로 孟子ㅣ與世子言에 每道性善하시고 而必稱堯舜以實之하시니 欲其知仁義不假外求요 聖人可學而至하여 而不懈於用力也라 門人이 不能悉記其辭하고 而撮其大旨ㅣ如此하니라

程子曰 性卽理也니 天下之理ㅣ原其所自하면 未有不善이니

喜怒哀樂未發에 何嘗不善이리오 發而中節이면 卽無往而不善이요 發不中節 然後에 爲不善이라 故로 凡言善惡에 皆先善而後惡하고 言吉凶에 皆先吉而後凶하고 言是非에 皆先是而後非니라

'도道'는 말함이다. '성性'은 사람이 하늘에서 받아 생겨난 이치이니, 혼연渾然히 지극히 선하여 일찍이 악惡이 있지 않다. 중인衆人들이 요순堯舜과 애초에 조금도 다름이 없으나, 다만 중인은 사욕私慾에 빠져 그것을 잃고, 요순은 곧 사욕의 가리움이 없어 능히 그 성性을 채웠을 따름이다.

그러므로 맹자께서 세자와 더불어 말씀하시는데 매번 본성이 선善하다고 말씀하시고, 반드시 요순을 일컬어 이를 실증하셨다. 이는 세자가 인의仁義를 밖에서 구할 필요가 없으며 성인은 배워서 이를 수 있다는 것을 알게 해서, 힘을 쓰는데 게으르지 않게 하고자 하신 것이다. 문인門人들이 능히 그 말씀을 모두 기록하지 못하고 그 대지大旨를 취한 것이 이와 같다.

정자程子가 말했다. "성性은 곧 이理이다. 천하의 이理가 그 나온 바를 근원하면 불선不善이 있지 않으니, 희노애락喜怒哀樂이 아직 발하지 않을 때에 어찌 일찍이 선善하지 않으리오? 발하여 절도에 맞으면 곧 가서 선하지 않음이 없고, 발하여 절도에 맞지 않은 뒤에야 선하지 않게 된다. 그러므로 무릇 선악善惡을 말하는데 모두 선을 먼저 하고 악을 뒤에 하며, 길흉吉凶을 말하는데 모두 길吉함을 먼저 하고 흉凶함을 뒤에 하며, 시비是非를 말하는데 모두 시是를 먼저 하고 비非를 뒤에 하는 것이다."

**주해**

- 渾然(혼연) : 완전히. 전연全然히. 渾(온전할 혼)

당唐나라 한유韓愈의. 〈지등주북기상양양우상공서至鄧州北寄上襄陽于相公書〉에 "渾然天成, 無有畔岸."라고 했다. 畔(물가 반)

- 不假(불가) : ~할 필요가 없다. '不需要'와 같다.
  宋나라 사마광司馬光의 〈복몽유수상공사시배태사伏蒙留守相公賜示陪太師〉 詩에 "相國火城光滿路, 夜歸不假玉蟾圓."이라 했다. 蟾(두꺼비 섬)
- 撮(촬) : 요점을 취하다. 곧 '촬요撮要'의 뜻이다. 撮(취할 촬)
- 稟(받을 품) 悉(모두 실)

【備旨】

孟子ㅣ與世子言에 每道人之性本善하사되 又恐其無徵하사 而言必稱堯舜以實之하시니 所以互相發明也시니라

맹자께서 세자와 더불어 말씀하실 때 매번 사람의 본성이 본래 선하다고 말씀하셨다. 또한 그가 이를 징험하지 못할까 염려하여 말씀마다 반드시 요순堯舜을 일컬어 이를 실증하셨으니, 서로 발명發明하신 이유이다.

世子ㅣ自楚反하여 復見孟子하신대
孟子曰 世子는 疑吾言乎잇가 夫道는 一而已矣니이다

**세자가 초楚나라에서 돌아오는 길에 다시 맹자를 뵈었다.**
**맹자 가라사대 "세자는 내 말을 의심합니까? 무릇 도道는 하나일 따름입니다."**

時人이 不知性之本善하고 而以聖賢爲不可企及이라 故로 世子於孟子之言에 不能無疑하여 而復來求見하니 蓋恐別有卑近易行之說也라 孟子ㅣ知之시니라 故로 但告之如此하여 以明古今聖愚本同一性하니 前言已盡하여 無復有他說也시니라

당시 사람들이 본성이 본래 선함을 알지 못하고 성현聖賢의 수준에 미치는 것을 바랄 수 없다고 여겼다. 그러므로 세자가 맹자의 말씀에 의심이 없을 수 없어 다시 찾아와 뵙기를 청하니, 대개 아마도 별도로 비근卑近하고 쉽게 행할 수 있는 말씀이 있는가 해서였다.

맹자께서 이를 아셨기 때문에 다만 이와 같이 고하여 고금古今의 성우聖愚가 본래 똑같은 한 가지 본성이니, 지난번 말에서 이미 다하여 다시 다른 말이 없다는 것을 밝히신 것이다.

**주해**

- 疑(의) : 당시 세속 사람들의 의견에 의혹된 것이다.
  "疑是惑於時論."(四書補註備旨)
- 吾言(오언) : 맹자의 성선설性善說과 堯舜의 말씀을 말한다.
  "吾言卽性善堯舜之說."(四書補註備旨)
- 企及(기급) : 힘써 노력하여 더 높은 수준에 도달하기를 바라다. 企(바랄 기)
  《後漢書》 卷66 〈진번전陳蕃傳〉에 나온다. "聖人制禮, 賢者俯就, 不肖企及."
  俯(숙일 부)
- 卑近(비근) : 뜻이 쉽게 드러나 어렵지 않다. '천근淺近'과 같다.
  宋나라 증공曾鞏의 《균주학기筠州學記》에 나온다. "言道德者, 矜高遠而遺世用. 語政理者, 務卑近而非師古."
- 朱子가 말했다. "當全國之時, 聖學不明. 天下之人, 但知公利之可求, 而不知己性之本善聖賢之可學."(大全註疏)

【備旨】

然이나 世子ㅣ於孟子之言에 不能無疑라 乃自楚反하여 復見孟子하니 蓋恐別有卑近易行之說也라
孟子ㅣ知之시니라 故로 但告之曰 世子는 疑吾性善堯舜之言乎잇가 吾言은 本無可疑也라 蓋吾所言之性은 卽道也니 夫道는 一而已矣요 不以古今而或殊하며 不以聖愚或異하니 道旣一則說亦無容有二어늘 世子ㅣ復何疑乎아

그러나 세자가 맹자의 말씀에 대해 의심이 없을 수 없었다. 이에 초楚나라에서 돌아오는 길에 다시 맹자를 뵈니, 대개 아마도 별도로 비근卑近하고 쉽게 행할 수 있는 말씀이 있는가 해서였다.

맹자께서 이를 아셨기 때문에 다만 고하여 가라사대 "세자는 나의 성선性善과 요순堯舜의 말을 의심합니까? 내 말은 본디 의심할 수 없습니다. 대개 내가 말한 '성性'은 곧 도道이니, 무릇 道는 한가지일 뿐이다. 고금古今으로 혹 다르지 않으며, 성우聖愚로 혹 다르지 않습니다. 道가 이미 하나이면 곧 말도 또한 둘이 있음을 용납하지 못하니, 세자는 다시 어찌 의심합니까?"

成覸ㅣ謂齊景公曰 彼丈夫也며 我丈夫也니 吾何畏彼哉리오하며 顔淵曰 舜何人也며 予何人也오 有爲者ㅣ亦若是라하며 公明儀ㅣ曰 文王은 我師也라하니라 周公이 豈欺我哉시리오하니이다

“성간成覵이 제경공齊景公에게 일러 가로되 ‘저 사람도 장부이며 저도 장부이니, 제가 어찌 그를 두려워하겠습니까?’ 라고 하였으며, 안연顔淵이 말씀하시기를 ‘순舜은 어떤 사람이며 나는 어떤 사람인가? 훌륭한 일을 행하는 자는 또한 순舜과 같도다.’ 라고 하였으며, 공명의公明儀가 가로되 ‘(주공周公께서) 문왕文王은 나의 스승이다고 하셨으니, 주공이 어찌 나를 속였겠는가?’ 라고 하였습니다.”

成覵은 人姓名이라 彼는 謂聖賢也라 有爲者亦若是는 言人能有爲면 則皆如舜也라 公明은 姓이오 儀는 名이니 魯賢人也라 文王我師也는 蓋周公之言이니 公明儀亦以文王爲必可師라 故로 誦周公之言 而歎其不我欺也라

孟子ㅣ旣告世子以道無二致하고 而復引此三言以明之하시니 欲世子篤信力行하여 以師聖賢이요 不當復求他說也시니라

‘성간成覵’은 사람의 성명이다. ‘피彼’는 성현聖賢을 말한다. ‘有爲者亦若是’는 사람이 훌륭한 일을 행할 수 있으면 곧 모두 순舜과 같다는 말이다. ‘공명公明’은 성姓이오 ‘의儀’는 이름이니, 노魯나라 현인賢人이다. ‘文王我師也’는 대개 주공周公의 말씀이니, 공명의公明儀 또한 문왕을 반드시 스승으로 삼을 수 있다고 여긴 것이다. 그러므로 주공의 말을 외워서 그가 자신을 속이지 않았다고 감탄한 것이다.

맹자께서 이미 세자에게 도는 일치하지 않는 법이 없음을 고하시고, 다시 이 세분의 말씀을 인용하여 밝히시니, 이는 세자가 독실하게 믿고 힘써 행하여 성현聖賢을 스승으로 삼을 것이요, 마땅히 다시 다른 말을 구하지 말도록 하고자 하신 것이다.

주해

- 何畏 : '어찌 ~을 두려워 하리오?' 곧 스스로 분발하되, 남을 멸시하는 않는다는 뜻이다.
  "何畏是策勵我, 非蔑視彼."(四書補註備旨) 勵(힘쓸 려) 蔑(업신여길 멸)
- 有爲(유위) : 훌륭한 일을 이루다. 곧 분발하여 본성을 다한다는 뜻이다.
  "有爲是奮勵盡性."(四書補註備旨) 奮(떨칠 분)
  운봉호씨雲峯胡氏가 말했다. "性之本善, 堯舜無異於人, 行之不力, 人自異於堯舜."(大全註疏)
- 二致(이치) : 일치하지 않다. '불일치不一致'와 같다.
  《宋史》卷432 〈儒林傳〉 2의 〈주요경전周堯卿傳〉에 나온다. "其學春秋, 由左氏記之詳, 得經之所以書者, 至三傳之異同, 均有所不取. 曰聖人之意豈二致耶?"
- 瞯(엿볼 간) 欺(속일 기)

【備旨】

| 然이나 所爲道一者는 非吾一人之私言也라 昔에 成瞯이 謂齊景公曰 彼聖賢도 固丈夫也며 我亦丈夫也라 彼與我同一性이니 吾何歉而畏彼哉리오하니 是成瞯이 有見於道之一也요<br>顏淵曰 舜何如人也며 予何如人也오 舜與我同一性이니 能奮發有爲者 則亦若舜矣라하니 是顏淵이 有見於道之一也요 公明儀曰 文王은 我師也라하시니 周公嘗有是言矣라 自我觀之컨대 文王與我同一性이라 是文王은 信我師也시니 周公이 豈欺我哉시리오하니 是公明儀ㅣ有見於道之一也라 觀三子之言컨대 而又何疑於吾言哉리오하시니라 |
|---|

"그러나 道가 한 가지라고 한 것은 내 한 사람의 사사로운 말이 아

니다. 옛날 성간成覵이 제경공齊景公에게 일러 말하기를 '저 성현도 본디 장부이며 나 또한 장부이다. 그와 내가 똑같은 성性을 지니고 있으니, 내가 무엇이 부족하여 그를 두려워하겠는가?'라고 하였으니, 이는 성간成覵이 道를 하나로 본 것이요,

안연顔淵이 말하기를 '순舜은 어떤 사람이며 나는 어떤 사람인가? 순과 내가 똑같은 성性을 지니고 있으니, 능히 분발奮發하여 훌륭한 일을 하는 자는 곧 또한 순과 같을 것이다.'라고 하였으니, 이는 안연이 道를 하나로 본 것이요,

공명의公明儀가 말하기를 '문왕文王은 나의 스승이라고 하셨으니, 주공周公이 일찍이 이런 말씀을 하셨다. 내가 살피건대 문왕과 나는 똑같은 性을 지니고 있다. 문왕이 진실로 나의 스승이시니 주공이 어찌 나를 속였겠는가?'라고 하였으니, 이는 공명의公明儀가 道를 하나로 본 것이다. 세 분의 말씀을 살피건대 또한 어찌 나의 말을 의심하리오?"

**주해**

- 慊(부족할 겸)

**今滕을 絶長補短이면 將五十里也나 猶可以爲善國이니 書曰 若藥이 不瞑眩이면 厥疾이 不瘳라하니이다**

**"지금 등滕나라를 토지의 긴 곳을 잘라 짧은 곳에 보태면 사방 땅이 거의 50리가 되지만 오히려 선한 나라가 될 수 있습니다. 《서경書經》에 '만약 약을 복용한 후 머리가 어지럽고 눈앞이 캄캄한 현상이 생기지 않으면 그 병이 낫지 않는다.' 고 하였습니다."**

絶은 猶截也라 書는 商書說命篇이라 瞑眩는 憒亂이라 言滕國雖小나 猶足爲治니 但恐安於卑近하여 不能自克이면 則不足以去惡而爲善也니라

愚按 孟子之言性善이 始見於此하고 而詳具於告子之篇이라 然이나 黙識而旁通之 則七篇之中에 無非此理니 其所以擴前聖之未發 而有功於聖人之門이니 程子之言이 信矣로다

'절絶'은 '절截'과 같다. '서書'는 《상서商書》〈열명說命篇〉이다. '명현瞑眩'은 어지럽고 불안한 모습이다.

'등滕'나라 비록 작으나 오히려 다스릴 수 있으니, 다만 비근卑近함에 안주하여 스스로 다스리지 못하면 악을 제거하고 선을 행하지 못할까 염려하신 것이다.

내 살피건대 맹자께서 성선性善을 말씀하신 것이 처음 여기에서 나타나고, 상세한 내용은 〈고자告子〉 편에 갖추어져 있다. 그러나 묵묵히 알아나가고 두루 통하면 곧 7편 가운데 이 이치가 아닌 것이 없다. 이전의 성인들이 아직 발명하지 않으신 것을 확충하여 성인의 문하에 공이 있으니 정자程子의 말씀이 옳다.

**주해**

- 絶長補短(절장보단) : 긴 것을 잘라서 짧은 것을 보충하다. 곧 장점을 취하여 단점을 보완한다는 뜻이다. '절장계단絶長繼短'과 같다.
  '絶長繼短'이라는 말은 《묵자墨子·비명상非命上》 편에 나온다. "古者湯封于亳, 絶長繼短, 方地百里, 與其百姓, 兼相愛, 交相利, 移則分." 亳(땅이름 박)
- 瞑眩(명현) : 약을 복용한 후 머리가 어지럽고 눈이 침침한 모양. 瞑(어두울 명) 眩(어두울 현)
  《書傳·說命上》에 나온다. "若藥弗瞑眩, 厥疾弗瘳. 若跣弗視地, 厥足用傷." 厥(그 궐) 瘳(병나을 추) 跣(맨발 선)
- 憒亂(궤란) : 어지럽고 불안한 모습. '혼란昏亂'과 같다. 憒(어두울 궤)

《漢書》卷24〈식화지食貨志〉下에 나온다. "百姓憒亂, 其貨不行."

● 默識(묵식) : '默而識之'. 배운 바를 말없이 마음속으로 기억하다. 《論語·述而》 편에 나온다. "子曰 默而識之, 學而不厭, 誨人不倦, 何有於我哉!" 誨(가르칠 회)

● 旁通(방통) : 두루 통하여 알다. 《易·건괘乾卦》에 나온다. "六爻發揮, 旁通情也."

【備旨】

然이나 欲師聖賢인대 惟患志之不奮이요 而勢之强弱은 非所論也라 今全滕之地를 截長補短이면 將有五十里也라 國雖云小나 若推吾性之善하여 以行堯舜之善政이면 猶可以爲善國이니 但須猛勇振奮하여 克去因循之弊而後可라 故로 商書說命之言曰 若藥이 不瞑眩이면 則厥疾이 不瘳라하니 知疾以瞑眩之藥而去면 則知治以自克之勇而成矣리니 世子其勉乎哉인저

그러나 성현을 스승으로 삼고자 하면 오직 뜻을 분발하지 못할까 근심하고 세력의 강약强弱은 논할 바가 아니다. 이제 등滕나라의 모든 땅을 긴 곳을 잘라 짧은 곳에 보태면 거의 50리가 될 것이다. 나라가 비록 작다고 하나, 만약 내 성품의 善함을 미루어 요순堯舜의 선정善政을 행한다면 오히려 善한 나라가 될 수 있을 것이니, 다만 모름지기 용맹하게 분발하여 인순因循의 폐단을 제거한 이후에 가능할 것이다.

그러므로《상서商書·열명說命》 편의 말에 '만약 약을 먹은 후 명현瞑眩이 일어나지 않으면 그 병이 낫지 않는다'라고 하였으니, 만약 병은 명현瞑眩이 일어나는 약으로 제거된다는 도리를 안다면, 곧 정치는 스스로를 이기는 용맹으로 이룬다는 도리를 알게 될 것이니, 세자는 이

에 힘쓸 것인 저!

**주해**

- 猛勇振奮(맹용진분) : 용맹하게 분투 노력하다. 奮(떨칠 분)
 '猛勇'은 漢나라 왕충王充의 《논형論衡·해제解除》에 나온다. "主人猛勇, 奸客不敢闚也." 闚(엿볼 규)
 '진분振奮'은 晉나라 곽박郭璞의 《山海經·圖贊·中山經》에 나온다 "有獸虎爪, 厥號曰獜. 好自跳撲, 鼓甲振奮." 獜(개짖는소리 린) 撲(칠 박)
- 因循(인순) : 옛 제도와 방법을 고치지 않고 그대로 따르다. '보수保守' 또는 '수구守舊'와 같다.
 宋나라 사마광司馬光의 〈學士院試李淸臣等策問〉에 나온다. "庸人之情, 喜因循而憚改爲, 可與樂成, 難與慮始." 憚(꺼릴 탄)

## [5·2]

滕定公이 薨커늘 世子ㅣ謂然友曰昔者에 孟子ㅣ嘗與我言於宋이어시늘 於心終不忘이라니 今也不幸하여 至於大故호니 吾欲使子로 問於孟子然後에 行事하노라

**등滕나라 정공定公이 죽자 세자가 사부인 연우然友에게 일러 가로되 "옛날에 맹자께서 일찍이 나와 더불어 송나라에서 말씀을 나누었는데, 마음속으로 끝내 잊지 못하였습니다. 이제 불행하게도 대고大故를 당하였으니, 내가 그대로 하여금 맹자께 물어본 연후에 상례喪禮를 행하고자 하노라."**

定公은 文公父也라 然友는 世子之傅也라 大故는 大喪也라 事

ᄂᆞᆫ 謂喪禮라

'정공定公'은 문공文公의 아버지이다. '연우然友'는 세자의 사부師傅이다. '대고大故'는 대상大喪이다. '사事'는 상례喪禮를 말한다.

**주해**

- 薨(훙) : 인군人君의 죽음을 말한다. 薨(죽을 훙)
  "君死曰薨."(四書補註備旨)
- 大故(대고) : '대상大喪'. 곧 부모의 상사喪事를 말한다.
  조기趙岐의 註에 "謂大喪也."라고 했다.

【備旨】

> 昔에 滕文公之父定公이 薨커늘 其世子文公이 欲行喪禮하여 謂其傅然友曰 昔者에 孟子ㅣ嘗與我 言性善堯舜於宋이어시늘 吾猶識之於心하여 終不能忘이라 今也不幸하여 至於當先人大故하니 則喪禮之行은 在孟子必有定論하리니 吾欲使子로 問於孟子하여 以人子居喪이 當何如라야 乃爲順人性而不違聖道也오하여 必得其言而後에 行喪禮之事焉하노라

옛날 등문공滕文公의 아버지인 정공定公이 죽자, 그 세자인 문공文公이 상례喪禮를 치루고자 하여 그 사부師傅인 연우然友에게 일러 가로되 "옛날 맹자께서 일찍이 나와 더불어 송나라에서 성선性善과 요순堯舜에 대해 말씀하셨거늘, 내가 아직도 그것을 마음속에 기억하고 끝내 잊지 못합니다. 이제 불행하게도 선인先人의 대고大故를 당하였으니, 상례喪禮를 치루는 일은 맹자에게 반드시 정론定論이 있을 것입니다. 내가

그대로 하여금 맹자에게 자식이 거상居喪을 당하여 마땅히 어떻게 해야 이에 사람의 본성에 따르고 성인의 도에 어긋나지 않는가를 묻게 해서, 반드시 그 말씀을 얻은 이후에 상례喪禮의 일을 행하고자 하노라."

**주해**

● 居喪(거상) : 부모 또는 조부모의 상喪을 당함. '수효守孝'와 같다.

然友ㅣ之鄒하여 問於孟子한대

孟子曰 不亦善乎아 親喪은 固所自盡也니 曾子曰 生事之以禮하며 死葬之以禮하며 祭之以禮면 可謂孝矣라하시니 諸侯之禮는 吾未之學也어니와 雖然이나 吾ㅣ嘗聞之矣로니 三年之喪에 齊疏之服과 飦粥之食은 自天子達於庶人하여 三代ㅣ共之하니라

연우然友가 추鄒나라에 가서 맹자께 물었다.
맹자 가라사대 "또한 선善하지 아니한가? 친상親喪은 진실로 스스로 다해야 할 바이다. 증자曾子께서 '살아서는 섬기기를 禮로써 하고, 죽어서는 장사葬事를 禮로써 하며, 제사를 禮로써 하면 孝를 다했다고 말할 수 있다.' 라고 말씀하셨다. 제후諸侯의 禮는 내가 배우지 않았거니와, 비록 그러하나 내가 일찍이 들은 적이 있노라. 삼년상三年喪에 자소齊疏의 옷을 입고, 미음과 죽을 먹는 것은 천자로부터 서인庶人에 이르기까지 삼대三代가 모두 같았다."

當時諸侯ㅣ莫能行古喪禮어늘 而文公이 獨能以此爲問이라 故로 孟子善之하시니라 又言父母之喪은 固人子之心에 所自盡者니 蓋悲哀之情과 痛疾之意는 非自外至니 宜乎文公於此에 有所不能自已也라 但所引曾子之言은 本孔子告樊遲者니 豈曾子嘗誦之하여 以告其門人歟아 三年之喪者은 子生三年然後에 免於父母之懷라 故로 父母之喪을 必以三年也니라 齊는 衣下縫也니 不緝曰斬衰요 緝之曰齊衰라 疏는 麤也니 麤布也니라 飦은 糜也라 喪禮에 三日에 始食粥하고 旣葬에 乃疏食하니 此古今貴賤通行之禮也라

당시 제후諸侯들이 옛 상례喪禮를 행하지 못하였는데, 문공文公이 홀로 이를 물었기 때문에 맹자께서 이를 선하다고 하신 것이다.

또 부모의 상喪은 진실로 자식이 마음으로 스스로 다할 바라고 말씀하셨다. 대개 슬퍼하는 정과 애통해하는 마음이 밖에서 오는 것이 아니니, 마땅히 文公이 이에 스스로 그치지 못하는 바가 있는 것이다. 다만 인용한 증자曾子의 말씀은 본래 공자께서 번지樊遲에게 고한 것이니, 아마도 증자께서 일찍이 그 말을 외워 자기 문인들에게 말씀하신 것이다.

'삼년三年의 상喪'은 자식이 태어나 3년이 지난 후에 부모의 품에서 벗어나기 때문에 부모의 상喪을 반드시 3년으로 한 것이다. '자齊'는 옷의 아랫단을 꿰맨 것이니, 꿰매지 않은 것을 '참최斬衰'라 하고, 꿰맨 것을 '자최齊衰'라 한다. '소疏'는 거친 것이니 거친 삼베이다. '전飦'은 죽이다. 상례喪禮에 부모가 돌아가신지 삼일이 되면 비로소 죽을 먹고, 이미 장사를 지낸 후 비로소 거친 밥을 먹으니, 이는 고금古今과 귀천貴賤이 공통으로 행하는 禮이다.

주해

- 自盡(자진) : 자신의 재주와 힘을 다 쏜다. 곧 애통함을 다한다는 뜻이다. '자치自致'와 같다.
  《書·咸有一德》에 나온다. "無自廣以狹人, 匹夫匹婦, 不獲自盡." 狹(좁을 협)
  "自盡是自然致其哀痛."(四書補註備旨)
- 三代(삼대) : 하夏·은殷·주周를 말함.
  趙氏가 말했다. "自天子達於庶人, 是無貴賤之別. 三代共之, 是無古今之異."(大全註疏)
- 樊(울타리 번) 緝(꿰맬 집) 麤(거칠 추) 飦(죽 전) 糜(죽 미)

【備旨】

於是에 然友ㅣ之鄒하여 問孟子한대
孟子曰 當喪禮旣壞之後하여 而獨能以此爲問하니 是以先王爲必可師요 古禮爲必可復이니 不亦善乎아 然이나 父母之喪은 固人子之心所自盡이요 而無待於勉强者니 宜乎世子於此에 有所不能自已也라
然이나 盡其心者는 在盡其禮하니 曾子ㅣ嘗有言曰 人子於父母之生也에 事之以禮하며 其死也에 葬之以禮하며 祭之以禮하여 始終一於禮而不苟면 可謂孝矣라하시니 此曾子泛論人子當盡之禮ㅣ如此라
若夫世子則諸侯也니 諸侯之喪禮는 典章殘缺하여 其詳悉을 吾未之學也어니와 雖然이나 禮之大經이 一定不易者를 吾嘗問之矣로니 彼人子爲父母하여 必三年之喪하여 以報其懷抱之恩하니 其所服者는 齊疏之服이요 所食者는 飦粥之食이라 斯禮也는 上自天子로 下達庶人히 皆通行之하여 無貴賤一也요 殷因於夏하고 周因於殷하여 三代共之하여

無古今一也라 吾所聞大畧如此하니 世子欲盡其心인댄 亦惟遵行此禮而已니라

이에 연우然友가 추鄒나라에 가서 맹자에게 물었다.

맹자 가라사대 "상례喪禮가 이미 무너진 뒤에 홀로 이 일을 물으니, 이는 선왕을 스승으로 삼아 고례古禮를 반드시 회복할 수 있으니 또한 선하지 아니한가? 그러나 부모의 상喪은 진실로 자식이 마음으로 스스로 다해야 하는 것이요 억지로 힘쓸 필요가 없으니, 마땅히 세자가 이에 능히 스스로 그치지 못할 바가 있어야 한다.

그러나 그 마음을 다하는 것은 그 예禮를 다하는데 있으니, 증자曾子께서 일찍이 말씀하시기를 '자식이 부모가 살아계시면 섬기기를 禮로써 하며, 돌아가시면 장사지내기를 禮로써 하며, 제사를 모시는데 禮로써 하여 시종 禮에 한결같고 구차하지 않으면 가히 효孝라 이를 만하다'고 하셨으니, 이는 증자께서 자식이 마땅히 다해야할 禮를 두루 논하신 것이 이와 같다.

세자와 같은 경우는 곧 제후이니, 제후의 상례喪禮는 전장典章이 완정完整하지 못하여 그 자세한 것을 내가 배우지 못했다. 비록 그렇다고 해도 禮의 대경大經이 일정하여 바뀌지 않는다는 것을 내 일찍이 들었으니, 저 자식이 부모를 위하여 반드시 삼년의 상喪을 지내서 그 품어준 은혜에 보답해야 한다. 그 입는 것은 자소齊疎의 옷을 입고, 먹는 것은 미음을 먹으니, 이러한 禮는 위로 천자에서부터 아래로 서인庶人에 이르기까지 모두 공통적으로 행하여 귀천貴賤이 없이 한가지요, 은殷나라는 하夏나라에서 비롯하고, 주周나라는 은殷나라에서 비롯하여 삼대三代가 함께 하여 고금古今이 없이 한가지이다. 내가 들은 바가 대략 이와 같으니, 세자가 그 마음을 다하고자 한다면 또한 오직 이 禮를 따라 행할 따름이다.

**주해**

- 泛論(범론) : 널리 논하다. 범범泛泛하게 담론하다. 泛(뜰 범)
- 典章(전장) : 제도와 법령.

  《後漢書·順帝紀》에 나온다. "卽位倉卒, 典章多缺, 請條案禮儀, 分別具奏." 唐나라 한유韓愈의 〈請復國子監生徒狀〉에도 나온다. "國家典章, 崇重庠序, 近日趨競, 未復本源."
- 殘缺(잔결) : 완정完整하지 못하다. 일부가 결실缺失되다. 殘(손상할 잔) 缺(이지러질 결)

  《漢書·藝文志》에 "周室旣微, 載籍殘缺."이라 했고, 唐나라 유지기劉知幾의 《史通·古今正史》에 "漢記殘缺, 至晉無成."이라 했다.
- 大經(대경) : '육예六藝(周易, 書經, 詩經, 禮記, 樂記, 春秋)' 또는 《춘추春秋》를 말함.

  《禮記·中庸》에 "惟天下至誠爲能經綸天下大經."이라 했고, 이에 대해 鄭玄의 註에 "至誠, 謂孔子. 大經, 謂六藝而指《春秋》也."라고 풀이했다.
- 悉(다 실) 遵(따를 준)

**然友ㅣ反命하여 定爲三年之喪한대 父兄百官이 皆不欲曰 吾宗國魯先君도 莫之行하시고 吾先君도 亦莫之行也하시니 至於子之身而反之ㅣ不可하이다 且志에 曰喪祭는 從先祖라하니 曰吾有所受之也니이다**

연우然友가 복명復命하여 삼년상三年喪을 지내기로 정하였다.
그러자 부형과 백관들이 모두 하고 싶지 아니하면서 가로되 "우리의 종주국인 노魯나라의 선군先君들도 이를 행하지 아니하였고, 우리들의 선군先君들도 또한 이를 행하지 않았는데, 그대의 몸에 이르러

이를 바꾸는 것은 불가합니다. 또 지서志書에 말하기를 '상례喪禮와 제례祭禮는 선조의 법을 따른다' 고 했으니, 이는 우리 선조가 전수한 것이기 때문입니다."

父兄은 同姓老臣也라 滕與魯는 俱文王之後 而魯祖周公이 爲長하니 兄弟宗之라 故로 滕謂魯爲宗國也라 然이나 謂二國不行三年之喪者는 乃其後世之失이요 非周公之法本然也라 志는 記也라 引志之言而釋其意하여 以爲所以如此者는 蓋爲上世以來로 有所傳受하니 雖或不同이나 不可改也라 然이나 志所言는 本謂先王之世에 舊俗所傳이니 禮文小異而可以通行者耳요 不謂後世失禮之甚者也니라

'부형父兄'은 성姓이 같은 노신老臣들이다. '등滕'과 '노魯'는 모두 문왕文王의 후예로서 노나라의 시조인 주공周公이 손위가 되기 때문에 형제들이 종주宗主로 삼았다. 그러므로 등나라가 노나라를 종주국이라고 말한 것이다. 그러나 두 나라가 삼년상을 행하지 않았다고 말한 것은 곧 그 후세後世의 잘못이요, 주공의 법이 본래 그런 것이 아니다.

'지志'는 기록함이다. 기록된 말을 인용해서 그 뜻을 해석한 것이며, 이와 같이 여긴 것은 대개 선대 이래로 전수받은 바가 있기 때문이니, 비록 혹 같지 않다고 해서 바꿀 수는 없는 것이다. 그러나 지서志書에서 말한 바는 본래 선왕의 세대에 옛 풍속으로 전하는 바이니, 예문禮文이 조금 달라도 통행될 수 있다는 말이지, 후세에 예를 잃은 것이 심하다는 말이 아니다.

주해

- 反命(반명) : '복명復命'과 같다.

"反命是得孟子之言，復命世子."(四書補註備旨)

● 志(지) : '지서志書' 곧 한 지역의 자연과 사회 역사적 현황을 기록한 '지방지地方誌'를 말한다. 《周禮·春官》 편의 "外史掌四方之志"라는 말에서 유래되었다. 한편 조기趙岐의 註에 "志, 記也. 周禮, 小吏掌邦國之志."라고 했다.

● 魯先君 吾先君 : 노魯나라와 등滕나라의 禮를 무너뜨린 군주를 말한다.
"魯先君吾先君指魯滕中葉壞禮之君言."(四書補註備旨)

● 曰吾有所受之也 : 우리 선조先祖가 전수한 말이다. '曰'은 '지서志書'를 해석한 말이다. '吾'는 先祖를 말한다. '수受'는 '傳受'의 뜻이다.
"吾指先祖. 受是傳受."(四書補註備旨)

【備旨】

然友ㅣ反命於世子한대 世子以孟子之言으로 爲必可行하여 遂定爲三年之喪이라 是時古禮久廢하여 其同姓之父兄과 異姓之百官이 皆不欲行此禮而沮之曰 三年之喪이 不行久矣라 吾宗國魯先君은 素稱秉禮之國이나 且莫之行하시고 吾滕之先君도 亦莫之行也하시니 至於子之身하여 顧欲行三年喪而反前人所爲하니 斷乎不可하이다 且志有言曰 喪祭之禮는 當從先祖라하니 志蓋推先祖之意하여 曰吾所行之禮는 有所傳受요 不是一人創造니 不能改也어늘 而子獨可反之乎아

연우然友가 세자에게 복명復命하니, 세자는 맹자의 말씀을 반드시 행할 수 있다고 여기고 마침내 삼년상三年喪을 지내기로 정하였다.

이 때에 고례古禮가 무너진지 오래되어 그 동성同姓의 부형과 이성異姓의 백관百官들이 모두 이 禮의 실행을 불원하고 이를 저지沮止하며 가로되 "삼년상이 행해지지 않은지 오래되었습니다. 우리 종주국인 노魯

나라 선군先君도 본디 禮를 지키는 나라라고 일컬어졌지만 이를 행하지 않았고, 우리 등滕나라의 선군先君도 또한 이를 행하지 않았습니다. 그런데 그대 몸에 이르러 다만(顧) 삼년상을 행하여 前人들이 행했던 바를 바꾸려고 하니 단연코 불가합니다.

또 지서志書에 말하기를 '상례喪禮와 제례祭禮는 마땅히 선조를 따라야 한다'고 했습니다. 기록에서는 대개 선조의 뜻을 미루어 '우리들이 행한 禮는 전수받은 것이요, 한 사람이 만든 것이 아니니 능히 고칠 수 없다'고 말했거늘 그대가 홀로 이것을 바꿀 수 있겠는가?"

**주해**

- 顧(고) : 도리어, 반대로. '각却' 또는 '反而'와 같다.
  《戰國策·秦策一》에 나온다. "今三川周室, 天下之市朝也, 而王不爭焉, 顧爭於戎狄." 戎(서방민족 융) 狄(북방민족 적)
- 沮(막을 저)

謂然友曰 吾他日에 未嘗學問이요 好馳馬試劍하다니 今也에 父兄百官이 不我足也하니 恐其不能盡於大事하노니 子ㅣ爲我問孟子하라
然友ㅣ復之鄒하여 問孟子한대
孟子曰 然하다 不可以他求者也라 孔子曰君薨커시든 聽於冢宰하나니 歠粥하고 面深墨하여 卽位而哭이어든 百官有司ㅣ莫敢不哀는 先之也라 上有好者면 下必有甚焉者矣니 君子之德

은 風也요 小人之德은 草也니 草尙之風이면 必偃이라하시니 是在世子하니라

(세자가) 연우然友에게 일러 가로대 "내가 전에는 일찍이 학문을 닦지 아니하고 말달리기와 검무劍舞만을 좋아하였는데, 오늘 부형과 백관들이 나를 만족하게 여기지 아니하니, 아마도 대사大事에 있어서 마음을 다할 수가 없으니, 그대가 나를 위해 맹자에게 물어주시오."
연우然友가 다시 추鄒나라에 가서 맹자에게 물었다.
맹자 가라사대 "비록 그러하나 남에게서 구할 수는 없는 것이다. 공자께서 말씀하시기를 '인군人君이 죽으면 총재冢宰에게 정사政事를 들으니, 죽을 마시고 안색이 검은 색을 띠며 상위喪位에 나아가 곡哭을 하면, 백관과 유사有司들이 감히 슬퍼하지 않는 자가 없는 것은 솔선하기 때문이다. 위에서 좋아하는 것이 있으면 아래서 반드시 더욱 좋아하는 것이 있다. 군자의 덕은 바람이요 소인의 덕은 풀이니, 풀 위에 바람이 불면 반드시 바람부는 데로 쓰러질 것이다' 라고 하시니, 이 일은 세자에게 달려 있다."

不我足는 謂不以我滿足其意也라 然者는 然其不我足之言이라 不可他求者는 言當責之於己라 冢宰는 六卿之長也이라 歠은 飮也라 深墨은 甚黑色也라 卽은 就也라 尙은 加也라 論語作上하니 古字에 通也라 偃은 伏也라
孟子言但在世子自盡其哀而已라

'不我足'는 나를 자신들의 마음에 만족스럽게 여기지 않는다는 말이다. '연然'은 '비록 그들이 나를 만족하게 여기지 않더라도'의 뜻이다. '不可他求'는 마땅히 자신에게 책무가 있다는 말이다. '총재冢宰'는 육경六卿의 우두머리이다. '철歠'은 마시는 것이다. '심묵深墨'은 진한 검은

색이다. '즉卽'은 나아감이다. '상尙'은 더함이다. 《論語》에는 '상上'으로 되어 있으니, 옛 글에 통용되었다. '언偃'은 쓰러짐이다.

맹자께서 다만 세자가 스스로 그 슬픔을 다하는데 달려 있다고 말씀하신 것이다.

**주해**

- 大事(대사) : 큰 일. 곧 '상사喪事'를 말한다.
  然(연) : '수연雖然'. 곧 '비록 그러하나'의 뜻이다.
- 君薨(군홍) : 여기에서의 '군君'은 천자 또는 제후를 통틀어 말한다.
  "君統天子諸侯言."(四書補註備旨)
- 冢宰(총재) : 백관百官의 우두머리. 곧 '승상丞相' 또는 '재상宰相'을 말한다.
  冢(클 총)
  쌍봉요씨雙峯饒氏가 말했다. "君薨君字, 統天子諸侯而言. 聽於冢宰, 是國家政事皆聽命於冢宰, 非聽政聽訟之謂."(大全註疏)
- 是在世子 : '시是'는 오늘날 상례喪禮를 행하는 것이다. '在世子'는 다른 사람에게 구할 수 없다는 뜻이다.
  "是指今日行喪禮. 在世子見不可他求意."(四書補註備旨)
- 歠(마실 철) 粥(죽 죽) 偃(쓰러질 언)

【備旨】

世子見父兄百官不從하고 乃追悔하여 謂然友曰 吾他日에 未嘗勤學好問이요 只好馳馬爲樂하고 試劒爲勇하여 素行이 不足取信於人이라 故로 今也欲行喪禮하되 父兄百官이 皆不我滿足其意也하니 恐其不能盡此喪禮之大事하노니 子ㅣ爲我復問孟子하라 何以自盡其心하여 使父兄百官으로 無異辭也오

然友承命하여 復之鄒하여 問孟子한대

孟子曰 喪禮不行久矣니 今一旦欲行之 而父兄百官이 有所不足者ㅣ誠然也라 然이나 世子當責之於己하여 以自盡其心 而不可他求於人者也라 孔子ㅣ嘗言曰 君薨커시든 爲嗣君者ㅣ以百官之事로 一聽於冢宰而命令不聞하나니 歠粥而不食旨하고 面深黑而有戚容하여 卽喪次私位而哭이어든 於是에 百官有司ㅣ莫敢不哀하리니 所以然者는 由嗣君之哀先之하여 而有以動其良心也라 然則上有所好以感之면 則下應之速이 有甚於上之所好者矣니 君子之德은 主於感人이니 譬則風也요 小人之德은 主於應人이니 譬則草也라 草而加之以風이면 則必從風以偃이요 小人而加之以君子之德이면 則必隨感而應하나니 上好而下有不甚焉者乎아하시니 卽孔子此言으로 觀之컨대 則世子는 固在上之君子也니 誠能自盡其哀면 則父兄百官이 莫敢不哀矣리라 今日大事는 是在世子而已니 豈可以他求哉리오

세자가 부형과 백관들이 따르지 않음을 보고 이에 후회하며 연우然友에게 일러 가로되 "내가 전에는 일찍이 부지런히 배우고 묻기를 좋아하지 않았으며, 다만 말달리기를 좋아하고 검무를 용맹스럽게 여겨 평소 행위가 남들에게 믿음을 줄 수 없었다. 그러므로 지금 상례喪禮를 행하고자 하는데, 부형과 백관들이 모두 내가 자신들의 뜻을 만족시키지 못한다고 여기고 있어, 이 상례의 대사大事를 다 마치지 못할까 두려우니, 그대가 나를 위해 다시 맹자께 물어보시오. 어떻게 하면 스스로 그 마음을 다하여 부형과 백관들로 하여금 다른 말이 없게 할 수 있겠소?"

연우然友가 명을 받들어 다시 추鄒나라에 가서 맹자께 물었다.

맹자 가라사대 "상례喪禮가 행해지지 못함이 오래 되었으니, 이제 하루아침에 이를 행하고자 하되 부형과 백관들이 만족하게 여기지 않는 것이 진실로 그러하나, 그러나 세자는 마땅히 자신에게 꾸짖어 스스로 그 마음을 다하되 별도로 남에게 구해서는 안된다. 공자께서 일찍이 말씀하시기를 '제후가 죽으면 사군嗣君 된 자는 백관에 관계된 일을 한결 같이 총재冢宰에게서 듣되 명을 내리지 않으며, 죽을 마시고 맛있는 음식을 먹지 않으며, 얼굴에 진한 검은색을 띄고 슬픈 모습을 보이며 상차喪次의 사위私位에 나아가 곡哭을 하면, 이에 백관과 유사有司들이 감히 슬퍼하지 않을 수 없다. 그 이유는 사군嗣君의 슬픔이 솔선수범하여 그들의 양심良心을 감동시켰기 때문이다. 그러므로 위에서 좋아하여 감동을 주면 아래에서 빠르게 감응하여 위에서 좋아하는 것 보다 심하게 된다. 군자의 덕德은 사람을 감동시키는 것을 주장하니, 비유컨대 바람이요, 소인의 덕德은 남에게 감응하는 것을 주장하니 비유컨대 풀잎이다. 풀 위에 바람이 불면 반드시 바람을 따라 쓰러진다. 소인에게 군자의 덕이 더해지면 반드시 감화를 받아 감응할 것이니, 위에서 좋아하는데 아래에서 그 보다 더하지 않을 것인가?' 라고 하셨다.

공자의 이 말씀으로 살피건대 세자는 본디 위에 있는 군자이니 진실로 스스로 그 슬픔을 다하면 곧 부형과 백관들이 감히 슬퍼하지 않을 수 없을 것이다. 오늘의 대사大事는 모두 세자에게 달려 있을 따름이니, 어찌 남들에게서 구할 수 있으리오?"

**주해**

- 嗣君(사군) : 왕위를 이을 인군人君. 嗣(이을 사)
  《左傳·昭公元年》條에 나온다. "咸懼選於寡君, 是以在此將待嗣君." 懼(두려워할 구)
- 喪次(상차) : 영구靈柩를 멈추고 치상治喪하는 장소.
  《史記·晉世家》에 나온다. "十月, 里克殺奚齊於喪次, 獻公未葬也."

然友 | 反命한대

世子曰 然하다 是誠在我라하시고 五月居廬하여 未有命戒어시늘 百官族人이 可謂曰知라하며 及至葬하여 四方이 來觀之하더니 顔色之戚과 哭泣之哀에 弔者 | 大悅하더라

연우然友가 복명하자,
세자가 가로되 "그렇다. 이는 진실로 나에게 달려 있다."
이에 세자는 다섯 달 동안 여막에 거처하며 명령과 금령禁令을 내지 않으니, 백관과 부형들이 모두 '예禮를 안다' 고 말하였다. 장사를 지내자 사방에서 사람들이 찾아와 상례喪禮를 살폈는데, 세자의 안색이 슬프고 곡소리가 슬픈 것을 보고 조문하는 자들이 크게 만족해하였다.

諸侯는 五月而葬하니 未葬에는 居倚廬於中門之外라 居喪不言이라 故로 未有命令敎戒也라 可謂曰知는 疑有闕誤하니 或曰 皆謂世子之知禮也라하니라

林氏曰 孟子之時에 喪禮旣壞나 然이나 三年之喪에 惻隱之心과 痛疾之意는 出於人心之所固有者하니 初未嘗亡也언마는 惟其溺於流俗之弊하여 是以로 喪其良心而不自知耳라

文公見孟子而聞性善堯舜之說하니 則固有以啓發其良心矣라 是以로 至此而哀痛之誠心이 發焉이러니 及其父兄百官이 皆不欲行하여는 則亦反躬自責하여 悼其前行之不足以取信하고 而不敢有非其父兄百官之心하니 雖其資質이 有過人者나 而學問之力을 亦不可誣也라 及其斷然行之하여 而遠近見聞이

無不悅服하니 則以人心之所同然者로 自我發之하여 而彼之心悅誠服이 亦有所不期然而然者하니 人性之善이 豈不信哉리오

제후諸侯는 5개월 동안 장사지내는데, 장사지내기 전에는 중문中門 밖 의려倚廬에 거처한다. 상중喪中에는 말을 하지 않기 때문에 명령과 교계敎戒를 내리지 않는다. '可謂曰知'는 의심컨대 궐문闕文이나 오자誤字가 있으니, 혹자는 '모두 세자가 상례喪禮를 안다고 말하였다'고 말한다.

임씨 가로되 "맹자 당시에 상례喪禮가 이미 무너졌으나, 그러나 삼년의 상喪에 측은惻隱해 하는 마음과 애통해 하는 뜻은 인심人心의 고유固有한 데서 나와 애초에 일찍이 없지 않다. 하지만 그 유속流俗의 폐단에 빠져 그 양심良心을 잃고 스스로 알지 못할 뿐이다.

문공文公이 맹자를 뵙고 성선性善과 요순堯舜의 말씀을 들으니 진실로 그 양심을 계발啓發할 수 있었다. 이 때문에 이에 이르러 애통해 하는 성심誠心이 발현되었다. 하지만 그 부형과 백관들이 모두 행하려고 하지 않자 또한 몸을 돌이켜 스스로를 꾸짖고 예전의 행실로 믿음을 얻지 못한 것을 슬퍼하며, 감히 그 부형과 백관들의 마음을 비난하지 못하였다. 그러나 비록 그 자질이 남보다 뛰어났으나 학문의 힘을 또한 속일 수는 없었다. 세자가 단연코 이를 행하자, 원근遠近에서 보고 들은 자들이 모두 열복悅服하지 않음이 없었으니, 인심이 서로 똑같은 점으로 스스로 발현하여 저들이 마음으로 기뻐하고 진실로 복종함이 또한 그렇게 되기를 기약하지 않아도 그렇게 되니, 인성人性이 선하다는 것을 어찌 믿지 않으리오?"

**주해**

- 居廬(거려) : 상복을 입고 신주神主를 모시는 방에 거처하다. 곧 '수효守孝'와 같다. 廬(오두막 려)

초순焦循의 《孟子正義》에 "居倚廬於中門之內也."라고 하였다.

- 命戒(명계) : 명령命令과 금령禁令.
- 族人(족인) : 여기서는 부형父兄들을 말한다.
- 可謂曰知 : '知'는 '지례知禮' 또는 '달례達禮'의 뜻이다.

  "猶言可謂達禮."(四書補註備旨)
- 倚廬(의려) : 부모상을 당하여 거처하는 방.
- 中門(중문) : 궁궐에서 내문內門과 외문外門 사이에 위치한 방. '혼문閽門'과 같다.

  《周禮·天官·혼인閽人》에 "掌守王宮之中門之禁."이라 했는데, 이에 대해 정현鄭玄의 註에 "中門, 於外內爲中, 若今宮閽門."이라 했다. 閽(궁문 혼)
- 流俗(유속) : 사회에서 널리 행해지는 풍속과 습관.

  《禮記·射義》에 나온다, "幼壯孝弟, 耆耋好禮, 不從流俗, 脩身以俟死者, 不在此位也." 耆(늙은이 기) 耋(늙은이 질)
- 同然(동연) : 서로 같다. '상동相同'과 같다.

  《孟子·告子上》에 나온다. "心之所同然者何也? 謂理也, 義也."

【備旨】

然友復反命於世子한대
世子曰 孟子之言이 誠然也라 是誠在我之自盡耳라하시고 於是에 斷然行之하여 方其未葬也엔 行諒陰之禮而五月居廬焉하고 行不言之禮而未有命戒焉하니라 由是로 外而百官과 內而族人이 皆翕然謂世子之知禮 而近者感矣요 及其葬也엔 四方之人이 來觀之하여 但見世子顔色之戚이 一深墨之容也요 哭泣之哀ㅣ 一卽位之哭也니 吊者ㅣ 皆以其能盡禮而大悅이요 而遠者感矣라
夫喪禮一行而遠近感悅하여 益信上好下甚하니 誠不可他求者也라 所謂人性之善을 亦於此足徵矣리라

연우然友가 세자에게 복명하자,

세자가 가로되 "孟子의 말씀이 진실로 옳다. 이는 진실로 내가 스스로 다해야 할 바이다."라고 하였다.

이에 단연코 이를 행하여 바야흐로 세자가 장사지내기 전에 양암諒陰의 禮를 행하여 5개월 동안 여막廬幕에 거처하며, 말하지 않는 禮를 행하고 명령과 교계教誡를 내리지 않았다. 이로 말미암아 밖에 있는 백관들과 안에 있는 족인族人들이 모두 흡연翕然히 세자가 상례喪禮를 안다고 말하면서 가까운 사람들이 감응하였다.

세자가 장사를 지낼 때는 사방의 사람들이 찾아와 상례喪禮를 살폈는데, 다만 세자의 슬퍼하는 안색이 하나같이 진한 검은색의 모습이요, 슬퍼하는 곡읍哭泣이 하나같이 자리에 나아가는 곡소리임을 보고, 조문하는 자들이 모두 세자가 상례喪禮를 다하는 것을 보고 크게 기뻐하였으며, 멀리 있는 자들은 감응하였다.

상례를 한 번 행하여 멀고 가까운 자들이 감응하고 기뻐하니, 위에서 좋아하면 아래에서 더욱 좋아한다는 것을 특히 믿을 수가 있다. 진실로 남에게서 구할 수 없는 일이니, 이른바 인성이 선하다는 것을 또한 여기에서 징험할 수 있다.

### 주해

- 諒陰(양음) : 상중喪中에 거처하는 방. '양암諒闇'과 같다. 闇(닫힌문 암) 《禮記·喪服四制》에 나온다. "《書》 曰 '高宗諒闇, 三年不言.' 善之也." 이에 대해 정현鄭玄의 주에 "闇, 謂廬也."라고 했다.
- 卽位(즉위) : 궁궐에서 좌우와 양측에 미리 정해놓은 자리로 나아가는 것을 말한다. '취위就位'와 같다.

  《書·고명顧命》 편에 나온다. "卿士邦君, 麻冕蟻裳, 入卽位." 이에 대해 孔穎達의 소疏에 "入卽位者, 鄭玄云卿西面, 諸侯北面."이라 했다. 冕(면류관 면)

【5·3】

**滕文公이 問爲國하신대**

**등문공滕文公이 나라를 다스리는 일을 물었다.**

文公이 以禮聘孟子라 故로 孟子ㅣ至滕하사 而文公問之라

문공文公이 예禮로써 맹자를 초빙하였다. 그러므로 맹자께서 등滕나라에 오시자 문공이 물은 것이다.

**주해**

● 爲國(위국) : 나라를 다스리다. '치국治國'과 같다.

【備旨】

滕文公이 嗣位之初에 以禮聘한대 孟子至滕이어늘 因問爲國之道하니 蓋有感於滕可以爲善國之言하여 而急於圖治也라

등문공滕文公이 왕위를 이어받은 초기에 예禮로써 초빙하였다.

맹자께서 등滕나라에 이르자 세자가 나라를 다스리는 道를 물으니, 대개 등나라가 좋은 나라가 될 수 있다는 말씀에 감응하여 시급히 다스림을 도모하고자 한 것이다.

孟子曰 民事는 不可緩也니 詩云 晝爾于茅요 宵爾索綯하여 亟其乘屋이오사 其始播百穀이라하니이다

**맹자 가라사대 "농사일은 느슨하게 할 수 없으니, 《시경詩經》에 '낮에는 가서 띠풀을 베어 오고, 밤에는 새끼를 꼬아서 빨리 지붕을 이어야, 비로소 때에 맞춰 백곡을 뿌릴 수 있다.' 고 하였습니다."**

民事는 謂農事라 詩는 豳風七月之篇이라 于는 往取也라 綯는 絞也라 亟은 急也라 乘은 升也라 播는 布也라

言農事至重하니 人君이 不可以爲緩而忽之라 故로 引詩言治屋之急이 如此者는 蓋以來春에 將復始播百穀 而不暇爲此也라

'민사民事'는 농사일을 말한다. 시詩는 〈빈풍豳豊·칠월七月〉 편이다. '우于'는 가서 취하는 것이다. '도綯'는 새끼를 꼬는 것이다. '극亟'은 시급함이다. '승乘'은 올리는 것이다. '파播'는 뿌리는 것이다.

농사가 지극히 중요하니 인군人君이 느슨하게 소홀히 할 수 없다. 그러므로 시경의 말을 인용하여 지붕을 다스리는 일이 이처럼 시급하다고 말한 것은 대개 내년 봄에 장차 다시 백곡을 파종하기 시작해서 이 일을 할 겨를이 없기 때문이다.

주해

- 索綯(삭도) : '교사絞索'과 같다. 索(새끼줄 삭) 綯(새끼꼴 도) 絞(새끼꼴 교) 《詩·豳風·七月》 편에 나온다. "晝爾於茅, 宵爾索綯." 이에 대해 정현鄭玄의 전箋에 "女當晝日往取茅歸, 夜作絞索以待時用."이라 풀이했다. 于(가서취

할 우) 茅(띠 모)

- 乘屋(승옥) : 지붕을 이다. '승乘'은 '치治'와 같다.
《詩·豳風·七月》 편에 나온다. "亟其乘屋, 其始播百穀." 이에 대해 정현鄭玄의 전箋에 "亟, 急. 乘, 治也. 十月定星將中, 急當治野廬之屋." 亟(빠를 극) 播(뿌릴 파) 穀(곡식 곡) 廬(오두막 려)
- 緩(느릴 완) 宵(밤 소)

【備旨】

孟子曰 立國은 以足民爲本이니 足民은 以農事爲先이라 故로 爲國者는 當知農事之至重하여 汲汲焉爲之經畫區處하되 而不可緩以圖之也라
觀豳風之詩에 有云 晝爾取茅요 宵爾索綯하여 亟升其屋而治之하사 來春에 將始播百穀而不暇及此矣라하니 民之不自緩其事猶如此이어늘 人君이 其可以爲緩忽之哉아

맹자 가라사대 "나라를 세우는 것은 백성을 만족하게 만드는 것을 근본으로 삼으니, 백성을 만족하게 만드는 일은 농사를 우선으로 삼는다. 그러므로 나라를 다스리는 자는 마땅히 농사일이 지극히 중한지를 알아서 분주히 이를 위해 경영하고 안배하되 느슨하게 도모할 수 없다.

《詩·빈풍豳風·칠월七月》의 시를 '낮에는 가서 띠풀을 베어 오고, 밤에는 새끼를 꼬아서 빨리 지붕에 올려 다스려야, 내년 봄에 장차 때에 맞춰 백곡을 뿌릴 수 있으며, 이 일을 할 겨를이 없도다'라고 했으니, 백성들이 스스로 그 일을 느슨하게 할 수 없음이 이와 같거늘, 인군人君이 이를 느슨하게 소홀히 할 수 있겠는가?"

주해

- 汲汲(급급) : 급박한 모양.
  도연명陶淵明의 〈오류선생전五柳先生傳〉에 나온다. "不戚戚於貧賤, 不汲汲於富貴."
- 經畫(경획) : 경영을 도모하다. 경영을 계획하다.
  宋나라 소식蘇軾의 〈답진태허서答秦太虛書〉에 나온다. "度囊中尙可支一歲有餘, 至時別作經畫, 水到渠成, 不須預慮, 以此胸中都無一事."
- 區處(구처) : 처리하다. 안배하다.
  《漢書·순리전循吏傳·황패黃霸》전에 나온다. "鰥寡孤獨有死無以葬者, 鄕部書言, 霸具爲區處." 鰥(홀아비 환) 寡(홀어미 과)

民之爲道也ㅣ有恒産者는 有恒心이요 無恒産者는 無恒心이니 苟無恒心이면 放辟邪侈를 無不爲已니 及陷乎罪 然後에 從而刑之면 是는 罔民也니 焉有仁人이 在位하여 罔民而可爲也리오 是故로 賢君이 必恭儉하여 禮下하며 取於民이 有制니이다

**"백성이 바로 백성이 되는 도리에 항상恒産이 있는 자는 항심恒心이 있고, 항산恒産이 없는 자는 항심恒心이 없습니다. 진실로 항심이 없으면 방벽放辟과 사치邪侈를 하지 않음이 없으니, 죄에 빠진 후에 좇아서 형벌로 다스리면 이는 백성을 그물질 하는 것이니, 어찌 어진 이가 지위에 있으면서 백성들을 그물질 하겠습니까? 이 때문에 어진 인군人君은 반드시 공경하고 검소하며 아랫사람을 예禮로 대하며 백성에게 세금을 거두는데 제도가 있는 법입니다."**

恭則能以禮接下하고 儉則能取民以制라

공손하면 예로써 아랫사람을 대할 수 있고, 검소하면 제도로써 백성들에게 세금을 거둘 수 있다.

주해

- 民之爲道 : 백성이 바로 백성이 되는 도리.
  "道字輕, 猶民之爲民."(四書補註備旨)
- 放辟邪侈(방벽사치) : 방종한 뜻으로 악행을 저지르다. '放'과 '侈'는 방종放縱의 뜻이다. '辟'과 '사'는 옳지 못한 일이다.
  《孟子·梁惠王》 상편과 宋나라 정이程頤의 〈上仁宗皇帝書〉에 나온다. "然而民不知義, 復迫困窮, 放辟邪侈而入於罪者, 非陛下陷之乎?"
  "放是始違於道, 辟則浸淫矣. 邪則成其惡, 侈則益肆矣."(四書補註備旨)

【備旨】

然이나 民事所以不可緩者는 何也오 盖民之爲道也ㅣ有恒產者는 則有所賴藉하여 爲善而恒心以興하고 無恒產者는 則有以陷溺하여 爲不善而恒心以泯이라 夫民之以禮義自固者는 以其有恒心也니 苟無恒心이면 則無以檢其身하여 而放辟邪侈를 無不爲已니 其能免於罪乎아 及陷乎罪然後에 從而刑之면 是는 不制恒產하여 以致民於刑이니 猶掩襲其民而取之也니 非罔民而何오 焉有仁人之君在位하여 罔民之事를 而可爲也리오 知罔民不可爲면 則知民事之不可緩矣리라

그러나 농사일을 느슨하게 할 수 없는 이유는 무엇인가? 대개 백성

들이 백성이 되는 도리에, 항산恒産이 있는 자는 곧 자뢰藉賴하는 바가 있어 선을 행하여 항심恒心이 일어나고, 항산恒産이 없는 자는 곧 빠져서 불선不善을 행하여 항심恒心이 없어진다. 백성들이 예의를 굳게 지키는 것은 항심이 있기 때문이며, 만일 항심이 없으면 그 몸을 검속檢束할 수 없어 방벽放辟과 사치邪侈를 저지르지 않음이 없게 되니, 백성들이 죄를 면할 수 있겠는가? 죄에 빠진 후에 좇아서 형벌을 가하는 것은 항산을 제정하지 않아서 백성이 형벌을 받게 만든 것이니, 그 백성을 엄습掩襲하여 취하는 것과 같으니, 이는 백성을 그물질하는 것이 아니고 무엇이겠는가?

어찌 어진 이가 인군人君의 자리에 있으면서 백성을 그물질하는 일을 할 수 있겠는가? 백성을 그물질하지 말아야 한다는 것을 알면 농사일을 느슨하게 할 수 없다는 사실을 알 것이다.

**주해**

- 掩襲(엄습) : 갑자기 습격하다. 掩(습격할 엄) 襲(엄습할 습)
  동한東漢 진림陳琳의 〈위원소격예주爲袁紹檄豫州〉에 나온다. "操因其未破, 陰交書命, 外助王師, 內相掩襲, 故引兵造河, 方舟北濟."

**【備旨】**

| 是故로 賢者之君은 正仁人在位者也니 必恭以持己而不敢慢하며 儉以自奉而不敢侈하니 惟其恭也면 則恭德所施에 能以禮而接下矣요 惟其儉也면 則儉德所施에 能取於民有制矣니 此正所謂愛民之君而爲仁也요 否則爲罔民之君而不仁矣라 |
|---|

이 때문에 어진 인군人君은 바로 어진 이가 지위에 있는 것이니, 반

드시 공손함으로 자신을 간직하여 감히 거만하지 못하며, 검소함으로 스스로를 받들어 감히 사치하지 못한다. 오직 그 공손하면 공손한 덕이 베풀어져 예로써 아랫사람을 대할 수 있고, 오직 검소하면 곧 검소한 덕이 베풀어져 백성에게 세금을 거두는데 제도가 있을 것이다.

이는 바로 이른바 백성을 사랑하는 인군이 되어 仁을 행하는 것이요, 이것이 아니라면 곧 백성을 그물질하는 인군이 되어 어질지 못한 것이다.

**주해**

- 自奉(자봉) : 스스로의 일상생활에서 향하다.
  漢나라 유향劉向의 《설원說苑》 卷7의 〈정리政理〉 편에 나온다. "賢君之治國, 其政平, 其吏不苛, 其賦斂節, 其自奉薄."

陽虎曰 爲富면 不仁矣요 爲仁이면 不富矣라 하니이다

**"양호陽虎가 말하기를 '부富를 이루려면 仁을 행할 수 없고, 仁을 행하면 부富를 이루지 못한다.' 고 하였습니다."**

陽虎는 陽貨니 魯季氏家臣也라

天理人欲이 不容並立하니 虎之言此는 恐爲仁之害於富也요 孟子引之는 恐爲富之害於仁也니 君子小人이 每相反而已矣니라

'양호陽虎'는 양화陽貨이니 노魯나라 계씨季氏의 가신이다.

천리天理와 인욕人欲은 병립하지 못하니, 양호가 이 말을 한 것은 仁을 행하는 것이 부富를 이루는데 해가 될까 염려한 것이요, 맹자께서 이를 인용한 것은 부富가 仁을 행하는데 해가 될까 염려하신 것이니, 군자와 소인이 매번 상반될 따름이다.

**주해**

- 爲富(위부) : 부富를 이루다.
  "爲富是聚財於上, 不仁是害天理."(四書補註備旨)
- 爲仁(위인) : 인仁을 행하다.
  "爲仁是推恩及民. 不富損上."(四書補註備旨)

**【備旨】**

故로 罔民則不得爲賢君이요 賢君則不致罔民이니 二者之相反이 固如是矣라 聞之陽虎컨대 曰 人而爲富하여 惟利是求면 則必以私滅公而不仁矣요 人而爲仁하여 惟理是循이면 則必以公滅私而不富矣라하니 爲君者ㅣ可不急於民事하여 以制產定賦而敢爲富不仁乎아

그러므로 백성을 그물질하면 어진 인군人君이 될 수 없고, 어진 인군은 백성을 그물질하지 않는 법이니, 두 가지가 상반됨이 진실로 이와 같다.

양호陽虎가 말한 것을 들어보면 '사람이 부富를 이루기 위해 오직 이로움만 구하면 곧 반드시 사사로움으로 공변됨을 멸하여 불인不仁하게 될 것이요, 사람이 인仁을 행하기 위해 오직 이치만을 따르면 곧 반드시 공변됨으로 사사로움을 없애서 부富를 이룰 것이다'라고 했으니, 인군이 된 자가 농사일을 급무로 삼아 항산恒產을 제정하고 부세를 정하지 아니하고 감히 부富를 이루기 위해 불인不仁을 행하겠는가?

夏后氏는 五十而貢하고 殷人은 七十而助하고 周人은 百畝而徹하니 其實은 皆什一也니 徹者는 徹也요 助者는 藉也니이다

"하夏나라 때에는 50묘의 땅에 공법貢法을 행하였고, 은殷나라 때에는 70묘의 땅에 조법助法을 행하였으며, 주周나라 때에는 100묘의 땅에 철법徹法을 행하였습니다. 세 가지의 세제稅制는 모두 다르나 세율稅率은 사실 모두 10분지 1입니다. '철徹'은 통한다는 뜻이요, '조助'란 빌린다는 뜻입니다."

此以下는 乃言制民常產과 與其取之之制也라
夏時에 一夫授田五十畝하고 而每夫計其五畝之入以爲貢이러니 商人이 始爲井田之制하여 以六百三十畝之地로 畫爲九區하니 區七十畝라 中爲公田하고 其外는 八家各授一區하되 但借其力하여 以助耕公田하고 而不復稅其私田이라 周時엔 一夫授田百畝하여 鄉遂用貢法하여 十夫有溝하고 都鄙用助法하여 八家同井하여 耕則通力而作하고 收則計畝而分이라 故로 謂之徹이라
其實皆什一者는 貢法固以十分之一로 爲常數하고 惟助法은 乃是九一이나 而商制는 不可考라 周制則公田百畝中에 以二十畝로 爲廬舍하여 一夫所耕公田은 實計十畝라 通私田百畝하면 爲十一分而取其一이니 蓋又輕於什一矣라
竊料商制亦當似此하여 而以十四畝로 爲廬舍하여 一夫實耕公田七畝리니 是亦不過什一也라
徹은 通也며 均也요 藉은 借也라

이 이하는 곧 백성들의 상산常産을 제정하고 그것을 취하는 제도를 말한 것이다.

하夏나라 때 일부一夫는 밭 50묘를 받고 일부一夫마다 그 5묘의 수입을 계산하여 바치게 하였다. 상商나라 때 처음으로 정전제井田制를 실시하여 630묘의 토지를 아홉 구역으로 나누니 한 구역이 70묘가 된다. 그리고 가운데를 공전公田으로 삼고, 그 나머지는 8가구에 각각 한 구역을 주었으나, 다만 그 노동력만 빌려 공전公田을 공동으로 경작하게 하고, 다시 그 사전私田에는 세금을 부과하지 않는다.

周나라 때에는 일부一夫에게 토지 백묘를 주었는데, 향鄕과 수遂에는 공법貢法을 쓰고 10夫 마다 도랑이 있었다. 도都와 비鄙에는 조법助法을 쓰고, 8家 마다 우물을 함께 사용하였다. 경작에는 노동력을 통하여 일하고, 수확에는 이랑을 계산하여 나누었다. 그러므로 이를 '철徹'이라 하였다.

'사실 모두 10분지 1이다'라는 것은 공법貢法이 본디 10분지 1을 상수常數로 삼았으며, 오직 조법助法만이 9분지 1이었다. 그러나 상나라 제도는 상고할 수 없다.

주나라 제도는 공전公田 100묘 가운데 20묘를 여사廬舍로 사용하여 일부一夫가 경작하는 공전公田은 실제로 계산하면 10묘가 된다. 여기에 사전私田 100묘를 합하면 11분지 1을 취하므로 대개 또한 10분지 1보다 가벼운 것이다.

가만히 생각하건대, 상나라 제도도 또한 마땅히 이와 비슷하여 14묘를 오두막집으로 사용하고 일부一夫가 실제로 공전公田 7묘를 경작하였으니, 이 또한 10분지 1에 지나지 않는다.

'철徹'은 통하고 고르게 하는 것이다. '자藉'는 빌린다는 뜻이다.

**주해**

● "五十七十百畝是制常產. 貢租徹是取民之制."(四書補註備旨)

● 鄕遂(향수) : 주대周代의 지방조직으로, '향鄕'은 국인國人들이 거주하는 곳이고, '수遂'는 야인野人들이 거주하는 곳이다. 《주례周禮》에 의하면 '六鄕'(比·閭·族·黨·州·鄕)과 '六遂'(鄰·里·贊·鄙·縣·遂) 제도가 있었다.

● 都鄙(도비) : 周나라 때 공경公卿·대부大夫·왕자제王子弟의 채읍采邑과 봉지封地를 말한다. 주왕周王과 제후諸侯들의 도성都城 및 사교四郊 안의 지역을 '국國'이라 했고, 四郊 밖의 지역을 '야野'라 했는데, '國'은 '鄕'과 같고, '野'는 '비鄙'와 같은 뜻이다.

《周禮·天官·大宰》에 나온다. "以八則治都鄙." 이에 대해 정현鄭玄의 註에 "都鄙, 公卿大夫之采邑, 王子弟所食邑."이라 했고, 손이랑孫詒讓의 《주례정의周禮正義》에 "凡公卿大夫貴戚有功德, 得世祿者, 皆頒邑以爲其祿, 是謂采邑. 在王子弟無官者, 雖無祿, 而得以恩澤食邑."이라 했다.

● 貢法(공법) : 중국 하나라 때의 조세제도. 1인당 50묘의 밭을 주고 5묘의 수확을 바치게 하였다.

● 助法(조법) : 중국 은나라 때의 조세제도.

《詩·小雅·甫田》에 나온다. "倬彼甫田, 歲取十千." 이에 대해 唐나라 공영달孔穎達의 疏에 "周制, 畿內用夏之貢法, 稅夫無公田. 邦國用殷之助法, 制公田不稅夫."이라 했다. 倬(클 탁)

● 常産(상산) : 정해진 산업. 곧 '항산恒産'과 같다.

宋나라 왕안석王安石의 〈왕봉원묘지명王逢原墓誌銘〉에 나온다. "蓋無常産而有常心者, 古之所謂士也."

● 藉(빌릴 자)

【備旨】

然이나 制産定賦而不緩民事者는 孰有過於三代乎아 夏后氏之制民恒産也는 一夫授田五十畝하되 而其取之는 則計其五畝之入而行貢法하고 殷人之制民恒産也는 一夫授田七十畝하되 而其取之는 則使助耕公田七畝而行助法하고 周人之制民恒産也는 一夫授田百畝하되 而其取之는 則鄕遂用貢하고 都鄙用助而行徹法하니 夫名雖有貢助徹之不同이

나 然이나 以其取民之實而言컨대 皆十分中而取其一也요 且其名亦有取義焉이라

所謂貢者는 以下貢上이니 其義易知나 而謂之徹者는 何哉오 盖耕則通力合作하고 收則計畝均分하니 有通徹之義也요 謂之助者는 何哉오 盖藉其力以助耕公田하되 而不復稅其私田하니 有假藉之義也라 三代之制民常產과 與其取之之制ㅣ如此라

그러나 항산恒產을 제정하고 세금을 정하는데 농사일을 느슨하게 하지 않는 점에서 누가 삼대三代 보다 뛰어나겠는가?

하夏나라 때 제정한 백성의 항산恒產은 일부一夫에게 전 50묘를 주되, 거둬 들이는 것은 그 50묘의 수입을 계산하여 공법貢法을 행하였다. 은殷나라 때 제정한 백성의 항산은 일부一夫에게 전 70묘를 주되 거둬들이는 것은 공전 70묘를 공동으로 경작하게 하고 조법助法을 행하였다. 주周나라 때 제정한 백성의 恒產은 일부一夫에게 전 100묘를 주되 취하는 것은 향鄉과 수遂에는 공법貢法을 쓰고, 도都와 비鄙에는 조법助法을 써서 철법徹法을 행하였다.

대개 명칭은 비록 공법·조법·철법과 같이 달랐지만, 그러나 그 백성들에게 거둬들이는 실제로써 말하면 모두 열 가운데 그 하나를 취한 것이요, 또한 그 명칭도 뜻을 취한 것이다.

이른바 '공貢'이란 것은 아래서 위에 바치는 것이니 그 뜻을 쉽게 알 수 있다. 하지만 '철徹'이라고 말한 것은 무슨 뜻인가? 대개 경작에는 힘을 통하여 공동으로 경작하고, 수확에는 이랑을 계산하여 고르게 분배하였으니 두루 통한다는 뜻이 있다. '조助'라고 말한 것은 무슨 뜻인가? 대개 그 힘을 빌려 공전公田을 공동으로 경작하되 다시 그 사전私田에 세금을 부과하지 않았으니 빌린다는 뜻이 있다. 三代가 백성

의 상산常産을 제정하고 이를 취하는 제도가 이와 같았다.

**주해**

- 通徹(통철) : 막힘없이 두루 통하다. 관통하다. '통철通澈'과 같다. 徹(통할 철) 澈(물맑을 철)
  《管子·明法解》에 나온다. "人臣之力, 能鬲君臣之閑而使美惡之情不揚, 聞禍福之事不通徹." 鬲(막을 격)
- 假藉(가자) : 빌리다. '차조借助'와 같다.
  《墨子·尙賢中》에 나온다. "此非中實愛我也, 假藉而用我也. 夫假藉之瓦, 將豈能親其上哉?"

龍子曰 治地는 莫善於助요 莫不善於貢이라하니 貢者는 校數歲之中하여 以爲常하나니 樂歲에 粒米狼戾하여 多取之而不爲虐이라도 則寡取之하고 凶年에 糞其田而不足이어늘 則必取盈焉하나니 爲民父母라 使民으로 盻盻然將終歲勤動하여 不得以養其父母하고 又稱貸而益之하여 使老稚로 轉乎溝壑이면 惡在其爲民父母也리오

"용자龍子가 말하기를 '토지를 다스리는 데는 조법助法 보다 좋은 것이 없고, 공법貢法 보다 좋지 못한 것이 없다.' 고 했습니다.
공법은 여러 해의 중간치를 비교하여 상수常數로 삼으니, 풍년에는 곡식이 넘쳐나 많이 징수해도 학정虐政이 되지 않으나 적게 거두어 들입니다. 흉년에는 그 논밭에 거름을 주는 비용도 부족하거늘 곧 반드시

**일정한 부세賦稅를 거두어 채웁니다.**
**백성의 부모가 되어 백성들로 하여금 한스럽게 바라보게 하며, 한 해를 마치도록 노고를 다하여도 그 부모를 봉양하지 못하게 하고, 다시 빚을 내어 부세를 채우도록 하며, 노인과 어린아이들의 시신屍身이 도랑과 골짜기에서 전전하게 한다면 어디에 그 백성들의 부모가 되는 도리가 있으리오?"**

龍子는 古賢人이라 狼戾는 猶狼藉니 言多也라 糞은 壅也라 盈은 滿也라 盻는 恨視也라 勤動은 勞苦也라 稱은 擧也라 貸는 借也니 取物於人하고 而出息以償之也라 益之는 以足取盈之數也라 稚는 幼子也라

'용자龍子'는 옛 현인이다. '낭려狼戾'는 '낭자狼藉'와 같으니 많다는 말이다. '분糞'은 '옹壅'과 같다. '영盈'은 가득함이다. '혜盻'는 한스럽게 보는 것이다. '근근勤動'은 수고로움이다. '칭稱'은 드는 것이다. '대貸'는 빌리는 것이니, 남에게서 물건을 취하고 이식利息을 내어 갚는 것이다. '익지益之'는 부세賦稅의 상수常數를 채워 충족시키는 것이다. '치稚'는 어린아이이다.

**주해**

- 治地(치지) : 토지를 다스리다. 곧 '분전分田'을 의미한다.
- 取盈(취영) : 부세를賦稅를 거두어 일정한 액수를 채우다.
  "盈是滿其常數."(四書補註備旨)
- 盻盻(혜혜) : 한스럽게 바라보는 모양. 부지런히 일하는 모습.
  조기趙岐의 註에 "盻盻, 勤苦不休息之貌."라고 했다.
- 校(비교할 교) 盻(흘겨볼 혜) 糞(거름 분) 壅(북돋을 옹)

【備旨】

然이나 貢助徹을 求其可行於今者인댄 惟助爲良焉이라
龍子嘗有言曰 治地以分田은 莫善於助法이요 莫不善於貢法이라하니 貢法이 何以不善也오 盖貢者는 校數歲豊歉之中하여 以爲取民一定之常制하나니 當其樂歲에 粒米狼戾하여 足以供君上而有餘하니 雖多取之而不爲虐也라도 則拘於常數而寡取之하며 及其凶年하여는 計其所入하여 以供糞田之費而不足하니 宜減其數而取之可也라도 則必拘於常數而取盈焉하나니 是樂歲之寡取는 未足以爲恩이나 而凶歲之多取는 民則不堪命矣라
夫君者는 民之父母也니 爲民父母하여 以取盈之法으로 困乎民하여 使民盻盻然恨視其上하며 將終歲勤動之所入이 不得以養其父母하고 又出息稱貸於人而益之하여 以足其數하여 使民之老者稚者로 皆飢餓而展轉於溝壑之中이면 是以子乎民者로 虐乎民이니 惡在其爲民之父母也리오
觀龍子之言에 可見貢法之不善이요 惟助法實當行耳라

그러나 공법貢法·조법助法·철법徹法 중에 지금 시행할 수 있는 것을 구한다면 오직 조법이 좋을 것이다.

용자龍子가 일찍이 가로되 '토지를 다스려 전답을 나누는데 조법보다 좋은 것이 없으며, 공법 보다 나쁜 것이 없다'고 했으니, 공법이 어찌 좋지 못한가?

대개 공법은 몇 년 동안 풍년과 흉년의 중간치를 비교하여 백성들의 일정한 상제常制로 삼는다. 풍년이 든 해에는 곡식이 넘쳐나 군

상君上에게 바치고도 남음이 있으니, 비록 많이 징수하여도 학정虐政이 되지 않는데도 상수常數에 구애되어 적게 거두어들인다. 흉년이 든 해에는 수입을 계산하여 전답에 거름을 주는 비용도 부족하니, 의당 그 액수를 감면하여 거두어들이는 것이 옳은데도 상수常數에 구애되어 일정한 액수를 채우는데 기필期必합니다. 풍년에 적게 거둬들이는 것은 족히 은혜가 되지 못하나 흉년에 많이 거둬들이는 것은 백성들이 힘들어 살기가 어렵게 된다.

무릇 인군人君은 백성의 부모이니 백성의 부모가 되어 일정한 부세賦稅를 채우는 법으로 백성을 곤궁에 처하게 하고, 백성들로 하여금 곁눈질로 군상君上을 한스럽게 바라보게 하며, 장차 일 년 내내 부지런히 일한 수입으로 그 부모를 봉양하지 못하게 하고, 다시 남에게 이자를 주고 빚을 내어 부세의 상수常數를 채우게 하며, 늙고 어린 백성들로 하여금 모두 굶주려 도랑과 골짜기에 시신을 전전展轉하게 만든다면, 이는 백성을 자식으로 여기는 자가 백성을 포학하게 대하는 것이니 어디에 그 백성의 부모가 되는 도리가 있겠는가?

용자龍子의 말을 살피건대 공법貢法이 좋지 못함을 알 수 있으니, 오직 조법助法을 마땅히 행할 뿐이다.

**주해**

- 常制(상제) : 통상적인 제도.
  《三國志·魏志·하기전何夔傳》에 나온다. "夔以國有常制, 遂不往." 夔(삼갈 기)
- 民不堪命(민불감명) : 백성들의 부담이 크고 고통스러워 살기가 어렵다. 堪(견딜 감)
  좌구명左丘明의 《左傳·桓公二年》 條에 나온다. "宋殤公立, 十年十一戰, 民不堪命."
- 歉(흉년들 겸)

## 夫世祿은 滕이 固行之矣니이라

**"세록世祿은 등滕나라에서 본디 행하고 있습니다."**

孟子ㅣ嘗言文王治岐에 耕者九一하여 仕者世祿이라하니 二者王政之本也라 今世祿은 滕已行之요 惟助法未行이라 故로 取於民者無制耳라
蓋世祿者는 授之土田하여 使之食其公田之入이니 實與助法相爲表裏하니 所以使君子小人으로 各有定業而上下相安者也라 故로 下文에 遂言助法하니라

맹자께서 일찍이 "문왕文王이 기주岐周를 다스릴 때 경작하는 자들에게 9분지 1을 부세賦稅하였고, 벼슬하는 자에게는 세록世祿을 주었다"고 말씀하셨으니, 이 두 가지는 왕도정치의 근본이다. 이제 세록은 등滕나라에서 이미 시행되고 있는데, 오직 조법助法만이 시행되지 않고 있기 때문에 백성들에게 거둬들이는 제도가 없다.

대개 '세록'은 토지를 주어 공전公田의 수입으로 먹고 살게 하는 것이니, 실은 조법助法과 더불어 서로 표리表裏를 이루기 때문에 군자와 소인이 각각 일정한 생업을 가지고 상하가 서로 편안하게 되는 것이다. 그러므로 하문下文에 마침내 조법을 말씀하신 것이다.

**주해**

- 世祿(세록) : 선조先祖가 나라에 공을 세워 조정에서 그 자손들에게 대대로 녹봉祿俸을 주던 제도.
  "世祿是先人有功於國, 而後世子孫得食祿於朝."(四書補註備旨)
- 岐(기) : 주周나라의 구읍舊邑인 '기주岐周'를 말한다. 오늘날 섬서성陜西省

기산현岐山縣에 위치한다.

《孟子·이루離婁下》 편에 나온다. "文王生於岐周, 卒於畢郢, 西夷之人也." 이에 대해 조기趙岐의 註에 " 岐周畢郢, 地名也. 岐山下周之舊邑, 近畎夷," 라고 풀이했다. 郢(땅이름 영) 畎(땅이름 견)

● 土田(토전) : 토지. '전지田地'와 같다.

《詩·大雅·숭고崧高》 편에 나온다. "王命召伯, 徹申伯土田."

【備旨】

| 且助法은 有關於世祿하니 不可不行也라 夫世祿은 出於公田하여 實與助法相爲表裏어늘 今世祿은 滕固行之以待士矣어니와 何爲而不行助法哉아 |
|---|

또 조법助法은 세록世祿과 관계되니 행하지 않을 수 없다.

세록은 공전公田에서 나와 실제로 조법과 더불어 서로 표리를 이루는데, 지금 세록은 등滕나라가 본디 시행하여 선비를 대접하고 있으나, 어찌 조법은 시행하지 않는가?

**詩云 雨我公田하여 遂及我私라하니 惟助에 爲有公田하니 由此觀之컨댄 雖周나 亦助也로소이다**

**"《시경詩經》에 이르기를 '우리 공전公田에 비를 내리고, 마침내 우리 사전私田에 미친다' 라고 하였으니, 오직 조법助法에만 공전公田이 있습니다. 이로 말미암아 살피건대 비록 주周나라도 또한 조법을 시행하였습니다."**

詩는 小雅大田之篇이라 雨는 降雨也라
言願天雨於公田 而遂及私田이라하니 先公而後私也라
當時에 助法盡廢하여 典籍不存이요 惟有此詩하여 可見周亦用助라 故로 引之也라

'시詩'는 〈소아小雅·대전大田〉 편이다. '우雨'는 비를 내림이다.

하늘이 먼저 공전公田에 비를 내리고 마침내 사전私田에까지 미치기를 바란다는 말이니, 공公을 먼저 하고 사사로움을 뒤로 한 것이다.

당시에 조법助法이 모두 폐지되어 전적典籍에 남아 있지 않고, 오직 이 詩만 있어 주周나라도 조법을 사용했음을 알 수 있다. 그러므로 이를 인용한 것이다.

**주해**

- 公田(공전) : 정전법井田法에서 가운데 한 구역을 말한다.
  "公田是井田中一區."(四書補註備旨)
- 私(사) : 사전私田. 정전법井田法에서 8家가 경작하는 개인 토지를 말한다.
  "私是八家所耕之私田."(四書補註備旨)

【備旨】

沉助法은 尤我周所已行者니 小雅大田之詩에 有云 雨我公田하여 遂及我私라하니 此周人之詩也라 夫貢法은 無公田하고 惟助惟有公田하니 由此詩觀之면 則助不獨行於殷이라 雖我周之盛時에 所以體國經野者에 亦用助也니 滕其可以不行助哉아

하물며 조법助法은 더욱 우리 은周나라가 이미 시행하고 있으니,

〈소아小雅·대전大田〉의 시에 말하기를 '우리 공전公田에 비를 내리고, 마침내 우리 사전私田에 미친다'라고 했으니, 이는 주나라 사람의 詩이다.

무릇 공법貢法은 공전公田이 없고 오직 조법助法에만 공전公田이 있으니, 이 詩로 말미암아 살피건대 조법은 다만 은殷나라에서만 시행된 것이 아니다. 비록 우리 周나라가 성盛할 때 국가를 세워 다스리는데 또한 조법을 사용했으니, 등滕나라가 조법을 시행하지 않겠는가?

주해

- 體國經野(체국경야) : 국가를 세워 다스리다. '체體'는 구획하다는 뜻이고, '국國'은 도성이다. '경經'은 측량하다는 뜻이고, '야野'는 토지이다. 《周禮·天官·序官》 편에 나온다. "惟王建國, 辨方正位, 體國經野, 設官分職, 以爲民極." 이에 대해 정현鄭玄의 註에 "體猶分也, 經謂爲之里數. 鄭司農云 '營國方九里, 國中九經九緯, 左祖右社, 面朝後市, 野則九夫爲井, 四井爲邑之屬是也.'"

設爲庠序學校하여 以敎之하니 庠者는 養也요 校者는 敎也요 序者는 射也라 夏曰校요 殷曰序요 周曰庠이요 學則三代共之하니 皆所以明人倫也라 人倫이 明於上이면 小民이 親於下니이다

"상庠과 서序와 학學과 교校를 세워 백성들을 가르치니, '상庠'은 기르는 것이요, '교校'는 가르침이요, '서序'는 활쏘기입니다.

**하夏나라는 교校라 했고, 은殷나라는 서序라 했고, 주周나라는 상庠이라 하였으며, '學'의 경우는 삼대三代가 함께 사용했으니 모두 인륜을 밝히는 것입니다. 인륜이 위에서 밝아지면 소민小民들이 아래서 친해집니다."**

庠은 以養老爲義요 校는 以教民爲義요 序는 以習射爲義니 皆鄕學也라 學은 國學也라 共之는 無異名也라 倫은 序也니 父子有親 君臣有義 夫婦有別 長幼有序 朋友有信이니 此는 人之大倫也라 庠序學校는 皆以明此而已니라

'상庠'은 노인을 봉양하는 것으로 뜻을 삼고, '교校'는 백성을 가르치는 것으로 뜻을 삼고, '서序'는 활쏘기를 익히는 것으로 뜻을 삼았으니 모두 향학鄕學이다.

'학學'은 국학國學이다. '공지共之'는 다른 명칭이 없는 것이다. '윤倫'은 차례이니 부자유친父子有親과 군신유의君臣有義와 부부유별夫婦有別과 장유유서長幼有序와 붕우유신朋友有信이니, 이는 사람의 대륜大倫이다. 庠·序·學·校에서는 모두 이를 밝혔을 따름이다.

주해

- 小民(소민) : 백성. 평민.
  《左傳·桓公十三年》 條에 나온다. "君撫小民以信, 訓諸司以德, 而威莫敖以刑也."
- 鄕學(향학) : 周代에 주왕周王의 왕성과 제후들의 도성都城에 국학國學을 두었고, 왕성과 도성의 근교近郊에 향학鄕學을 두어 선비士와 서인庶人으로 구성된 평민들의 자제를 교육하였다. 한편 행정조직으로 왕성과 도성의 근교에는 '육향六鄕'을, 원교遠郊에는 '육수六遂'를 두었는데, 六鄕에 거주하는 평민을 국인國人, 육수六遂에 거주하는 노예들을 야인野人이라 불렀다.

【備旨】

夫能行助法이면 則有恒産者ㅣ自有恒心하여 而敎可興矣라 由是로 設爲庠序學校하여 而擧生養之民以敎之라 然이나 謂之庠者는 以養老爲義也요 謂之校者는 以敎民爲義也요 謂之序者는 以習射爲義也니 此三者는 皆鄕學也라 在夏曰校요 在殷曰序요 在周曰庠이니 時異而名亦異也로되 至於國學則夏商周三代共之하니 世異而名不異也라 夫鄕學國學之設이 其名義雖殊나 而要其立敎之意인댄 皆所以明人之大倫也라 惟人君明倫之敎ㅣ倡於上이면 斯小民親睦之風이 洽於下矣리니 敎化之功이 如此하니 而庠序學校를 可不設乎哉아

무릇 조법助法을 시행할 수 있으면 항상恒産이 있는 자가 저절로 항심恒心을 갖게 되어 가르침을 일으킬 수 있다.

이로 말미암아 상庠과 서序와 학學과 교校를 설립하여 생양生養하는 백성들을 들어 가르쳤다. 그러나 이를 일러 '상庠'이라고 한 것은 노인을 봉양하는 것으로 뜻을 삼은 것이요, 이를 일러 '교校'라고 한 것은 백성을 가르치는 것으로 뜻을 삼은 것이요, 이를 일러 '서序'라고 한 것은 활쏘기를 익히는 것으로 뜻을 삼은 것이니 이 세 가지는 모두 향학鄕學이다.

하夏나라 때는 교校라 했고, 은殷나라 때는 서序라 했고, 주周나라 때는 상庠이라고 했으니, 시대가 다르면 명칭도 다른 것이다. 그러나 국학國學의 경우는 하夏·상商·주周 三代가 공통으로 사용했으니, 시대가 달라도 명칭이 다르지 않았다.

무릇 향학鄕學과 국학國學의 설립이 그 명칭과 뜻이 비록 다르나 그

입교立敎의 뜻을 요약컨대 모두 사람의 대륜大倫을 밝히는 것이다. 오직 인군人君의 대륜을 밝히는 가르침이 위에서 창도倡導되면, 이에 小民들의 친목親睦한 풍속이 아래에서 협흡協洽하게 되니 교화의 공功이 이와 같다. 그러므로 상庠과 서序와 학學과 교校를 가히 설치하지 않으리오?

**주해**

- 生養(생양) : 생육하다. 양육하다.
  《荀子·君道》 편에 나온다. "省工賈, 衆農夫, 禁盜賊, 除奸邪, 是所以生養之也." 또한 唐나라 한유韓愈의 〈原道〉에도 나온다. "有聖人者立, 然後敎之以相生養之道."
- 倡(인도할 창) 洽(윤택할 흡)

## 有王者ㅣ起면 必來取法하리니 是爲王者師也니이다

**"왕자王者가 일어나면 반드시 찾아와 법으로 삼을 것이니, 이는 王者의 스승이 되는 것입니다."**

滕國褊小하여 雖行仁政이라도 未必能興王業이라 然이나 爲王者師 則雖不有天下라도 而其澤이 亦足以及天下矣니 聖賢至公無我之心을 於此에 可見이라

등滕나라가 편소褊小하여 비록 인정仁政을 행할지라도 반드시 왕업王業을 일으킬 수 있는 것은 아니다. 그러나 王者의 스승이 되면 비록 천하를 다스리지 못할지라도 그 은택이 또한 천하에 미칠 수 있으니,

성현聖賢의 지극히 공정하고 사심이 없는 마음을 여기에서 볼 수 있다.

**주해**

● 王者(왕자) : 성왕聖王. 곧 덕이 있어 천명을 받은 자를 말한다.
"王者是有德而受天命者."(四書補註備旨)
朱子가 말했다. "孟子語滕文, 只說有王者起, 必來取法, 不曾說便可以王, 是亦要大國方做得."(大全註疏) 做(지을 주)

● 師(사) : 모범.
"師是模範."(四書補註備旨)

● 褊小(편소) : 협소하다. 褊(좁을 편)
진晉나라 반악潘嶽의 《西征賦》에 나온다. "傷桴檝之褊小, 撮舟中而掬指."
桴(마룻대 부) 檝(노 즙) 撮(당길 촬) 掬(움킬 국)

【備旨】

夫助法行而學校庠序兼設은 此王道之可以世承而不可易者니 以滕國褊少하여 雖未必能興王業이나 苟有王者受命而起면 必來取法吾教養之政하리니 是는 爲王者師也니라

무릇 조법助法을 시행하고 학學과 교校와 상庠과 서序를 겸하여 설치하는 것은 이는 왕도정치에서 대대로 계승하여 바꿀 수 없는 것이다. 등滕나라가 협소하여 비록 반드시 왕업을 일으킬 수 있는 것은 아닐지라도, 진실로 王者가 천명을 받아 일어나면 반드시 찾아서 우리의 교양教養의 정사政事를 법으로 삼을 것이니, 이는 王者의 스승이 되는 것이다.

詩云 周雖舊邦이나 其命惟新이라하니 文王之謂也니 子ㅣ力行之하시면 亦以新子之國하시리이다

**"《시경詩經》에 이르기를 '주周나라가 비록 오래된 나라일지라도 그 명命이 오직 새롭다!' 라고 했으니, 이는 문왕文王을 두고 한 말입니다. 그대가 힘써 행하면 또한 그대의 나라를 새롭게 할 수 있습니다."**

詩는 大雅文王之篇이라 言周雖后稷以來로 舊爲諸侯나 其受天命而有天下는 則自文王始也라 子는 指文公이니 諸侯未踰年之稱也라

詩는 〈대아大雅·문왕文王〉 편이다.

주周나라가 비록 후직后稷 이래로 오래오록 제후諸侯가 되었으나, 그 천명을 받아 천하를 다스린 것은 문왕文王으로부터 시작되었다는 말이다.

'자子'는 문공文公을 가리키니, 제후가 된 지 아직 1년이 되지 않은 자의 칭호이다.

**주해**

- 力行(역행) : 힘써 행하다. 여기서는 백성들을 교양教養하는 일을 말한다. "力行是强爲意. 之字指教養言."(四書補註備旨)
- 后稷(후직) : 중국 주나라의 시조. 성은 희姬, 이름은 기棄, 황제黃帝의 현손으로 요순堯舜 때 농관農官을 지냈다.

【備旨】

然이나 爲王者師는 特就滕之勢言之耳요 以理推之면 則亦可基王業焉이리니 大雅文王之詩에 云 周雖舊爲諸侯之邦이나 其受天命은 則自今日始라하니 正文王行仁政하여 受天命之謂也니라
子ㅣ能力行敎養之仁政이면 亦足以受天命하여 而新子之滕國矣리니 是雖不能致王於當時나 不亦可基王於後世耶아

그러나 왕자王者의 스승이 된다는 것은 다만 등滕나라의 형세에 나아가 말한 것이요, 이치로써 미루어 보면 또한 왕업을 기초할 수 있다. 〈대아大雅·문왕文王〉의 詩에 이르기를 '주周나라가 비록 오래된 제후諸侯의 나라이나, 그 천명天命을 받은 것은 금일로 시작되었다'라고 하였으니, 바로 文王이 인정仁政을 행하여 천명을 받은 것을 말한다. 그대가 교양敎養의 仁政을 힘써 행한다면 또한 천명을 받아 그대의 등국滕國을 새롭게 할 수 있을 것이다. 이는 비록 그대 당시에 왕업을 이루지 못할지라도 또한 후세에 왕업의 기초를 닦을 수 있는 것이 아니겠는가?

使畢戰으로 問井地하신대
孟子曰 子之君이 將行仁政하여 選擇而使子하시니 子必勉之어다 夫仁政은 必自經界始니 經界ㅣ不正이면 井地ㅣ不均하며 穀祿이 不平

하리니 是故로 暴君汙吏는 必慢其經界하나니 經界ㅣ旣正이면 分田制祿은 可坐而定也니라

(文公이) 필전畢戰으로 하여금 정전제井田制를 여쭙게 하였다. 맹자 가라사대 "그대의 인군人君이 장차 인정仁政을 행하기 위해 그대를 선택하여 시킨 것이니 그대는 반드시 힘쓸지어다. 인정仁政은 반드시 토지를 다스리는 것으로부터 시작되니, 경계經界가 바르지 못하면 정지井地가 고르지 못하며, 곡록穀祿도 공정하지 못하게 된다. 이 때문에 폭군과 탐관오리는 반드시 그 경계經界를 게을리 하나니, 경계가 이미 바르면 토지를 나누고 봉록을 제정하는 일을 앉아서도 정할 수 있을 것이다."

畢戰은 滕臣이라 文公이 因孟子之言하여 而使畢戰으로 主爲井地之事라 故로 又使之來問其詳也라
井地는 卽井田也라 經界는 謂治地分田하여 經畫其溝塗封植之界也라 此法이 不修則田無定分하여 而豪强得以兼幷이라 故로 井地有不均이요 賦無定法 而貪暴得以多取라 故로 穀祿有不平이니 此는 欲行仁政者之所以必從此始 而暴君汙吏 則必欲慢而廢之也라 有以正之則分田制祿을 可不勞而定矣리라

'필전畢戰'은 등滕나라 신하이다. 文公이 맹자의 말씀으로 인하여 필전에게 정지井地의 일을 주관하게 하였다. 그러므로 또한 그로 하여금 맹자를 찾아와 그 상세함을 묻게한 것이다.

'정지井地'는 곧 정전법井田法이다. '경계經界'는 땅을 다스리고 토지를 나누어, 그 구도溝塗와 봉식封植의 경계를 경영하고 구획하는 것을 말

한다. 이 법이 닦아지지 않으면 토지에 정해진 분수가 없어 권세를 믿고 횡포를 부리는 자들이 겸병하기 때문에 정지井地가 고르지 않게 될 것이다. 부세賦稅에 정해진 법이 없어 탐관오리들이 많이 소유하기 때문에 곡록穀祿이 공정하지 못하게 된다.

이는 인정仁政을 행하고자 하는 자가 반드시 이 일로부터 시작해야 하는 이유이니, 폭군과 탐관오리들은 반드시 이를 태만히 하고 폐지하려 할 것이다. 이를 바로 잡을 수 있다면 토지를 나누고 봉록을 제정하는 일은 힘들이지 않고도 정할 수 있을 것이다.

**주해**

● 經界(경계) : 토지와 강역疆域의 경계境界를 나누는 일.

● 穀祿(곡록) : 봉록俸祿. 옛날에는 곡식의 양으로 봉록의 높고 낮음을 계산하였다.
《管子·立政》 편에 나온다. "修生則有軒冕服位穀祿田宅之分, 死則有棺槨絞衾壙壟之度." 絞(묶을 교) 衾(이불 금) 壙(구덩이 광) 壟(무덤 롱)

● 分田(분전) : 토지를 분배하는 일.
"分田屬養小人. 制祿屬養君子."(四書補註備旨)

● 經畫(경획) : 경영하고 구획하다.
宋나라 소식蘇軾의 〈答秦太虛書〉에 나온다. "度囊中尙可支一歲有餘, 至時別作經畫, 水到渠成, 不須預慮, 以此胸中都無一事." 囊(주머니 낭) 渠(도랑 거)

● 溝塗(구도) : 도랑과 도로. 溝(봇도랑 구) 塗(길 도)

● 封植(봉식) : 영지領地를 주고 제후로 봉함.

● 豪强(호강) : 권세를 믿고 함부로 횡포를 부리는 자.
한漢나라 환관桓寬의 《염철론鹽鐵論·복고復古》에 나온다. "往者豪强大家, 得管山海之利." 또한 《史記·혹리열전酷吏列傳》에도 나온다. "出告緡令, 鉏豪彊並兼之家, 舞文巧詆以輔法." 緡(낚시줄 민) 詆(꾸짖을 저)

【備旨】

滕文公이 因孟子言하여 遂使畢戰으로 主井地之事하고 又使之來問其詳한대
孟子曰 先王仁天下之政이 莫大於井田이어늘 今子之君이 將行仁政한대 特選擇於群臣中而使子委任하니 責成이 可謂專矣라 子ㅣ必勉力爲之하여 無負吾所託也어다
夫仁政之事多端이나 必自經劃其溝塗封植之界始니 使經界有不正이면 則公私之田이 無一定之分하여 而豪强得以兼幷이라 於是에 井地有不均矣요 賦出於田에 田無定分이면 則賦無定法하여 而貪暴得以多取라 於是에 穀祿有不平矣리라
是故로 暴君汙吏는 必慢其經界而廢之하나니 苟經界旣正이면 則豪强貪暴弊無所容이요 分田制祿은 可坐而定而不勞餘力矣리라 此는 仁政所以必自經界始也니라

등문공滕文公이 맹자의 말씀으로 인하여 마침내 필전畢戰에게 정지井地의 일을 주관하게 하고, 또 맹자를 뵙고 그 상세함을 묻게 하였다.

맹자 가라사대 "선왕들의 천하를 어질게 다스리는 정사政事가 정전井田보다 큰 것이 없다. 이제 그대의 군왕이 장차 인정仁政을 행하려고 하는데, 유독 여러 신하들 가운데 그대를 선택하여 이 일을 맡겼으니, 책무가 막중하다고 말할 수 있다. 그대는 반드시 힘써 이를 행하여 내가 부탁한 바를 저버리지 말라.

무릇 인정仁政의 일은 실마리가 많으나 반드시 그 구도溝塗와 봉식封植의 경계를 경영하고 구획하는 일로부터 시작해야 한다. 가사 경계經界가 바르지 않으면 공전公田과 사전私田에 일정한 분수가 없어, 권

세를 믿고 횡포를 부리는 자들이 겸병을 할 수 있기 때문에 이에 정지井地가 고르지 않게 된다. 부세賦稅는 토지에서 나오므로 정해진 분수가 없으면 부세에 정해진 법이 없어, 탐관오리들이 많이 취하게 되기 때문에 이에 곡록穀祿이 공정하지 못하게 된다.

이 때문에 폭군과 탐관오리들은 반드시 그 경계經界를 태만히 하고 폐지하려고 할 것이다. 만일 경계가 이미 바르게 되면 곧 권세를 믿고 횡포를 부리는 자와 탐관오리들의 폐단이 용납되지 못할 것이요, 토지를 나누고 봉록을 제정하는 일은 앉아서도 정할 수 있어 여력餘力을 수고롭게 하지 않을 것이다. 이는 인정仁政이 반드시 경계로부터 시작해야 하는 이유이다.

**주해**

- 責成(책성) : 책임, 직책.
  청淸나라 임칙서林則徐의 〈체찰양면도절정형절體察洋面堵截情形折〉에 나온다. "蒙委任之逾恒, 彌深感奮. 念責成之重大, 倍切悚惶." 悚(두려워할 송) 惶(두려워할 황)

夫滕이 壤地ㅣ褊小하나 將爲君子焉이며 將爲野人焉이니 無君子면 莫治野人이요 無野人이면 莫養君子니라

**"등滕나라의 땅이 협소하나 장차 벼슬하는 군자가 있을 것이며, 장차 경작하는 야인野人이 있을 것이다. 군자가 없으면 야인을 다스릴 수 없고, 야인이 없으면 군자를 봉양할 수 없다."**

言滕地雖小나 然이나 其間에 亦必有爲君子而仕者하며 亦必

有爲野人而耕者라
是以로 分田制祿之法을 不可偏廢也라

등滕나라의 땅이 비록 작으나, 그러나 그 사이에 또한 반드시 군자가 되어 벼슬하는 자가 있으며, 또한 반드시 야인野人이 되어 경작하는 자가 있다는 말이다.

이 때문에 토지를 나누고 봉록을 제정하는 법을 한 가지도 폐할 수 없는 것이다.

**주해**

- 偏廢(편폐) : 한쪽을 중시하여 다른 한쪽을 버리다.
《삼국지三國志·촉지蜀志·양의전楊儀傳》에 나온다. "亮深惜儀之才幹, 憑魏延之驍勇, 常恨二人之不平, 不忍有所偏廢也." 憑(기댈 빙) 驍(날랠 효)

【備旨】

今夫滕之爲國이 壤地雖云編小하나 然이나 將必有爲君子而仕者焉이며 將必有爲野人而耕者焉이니 使無君子면 則莫以出政令而治野人이라 故로 祿不可不制也요 使無野人이면 則莫以供賦稅而養君子라 故로 田不可不分也니라

지금 등滕나라의 국토가 비록 협소하다고 하나, 그러나 장차 반드시 군자가 되어 벼슬하는 자가 있을 것이며, 장차 반드시 야인野人이 되어 경작하는 자가 있을 것이다.

가사 군자가 없다면 정령政令을 내어 야인을 다스리지 못하기 때문에 봉록을 제정하지 않을 수 없고, 가사 야인이 없다면 부세賦稅를 바쳐 군자를 기르지 못하기 때문에 토지를 분배하지 않을 수 없는 것이다.

請野에 九一而助하고 國中에 什一하여 使自賦하라

**"청컨대 교외郊外의 지역에는 9분지 1의 조법助法을 시행하고, 교내郊內의 지역에는 10분지 1의 공법貢法을 시행하여 스스로 부세賦稅하도록 하라."**

此는 分田制祿之常法이니 所以治野人하여 使養君子也라

野는 郊外都鄙之地也라 九一而助는 爲公田而行助法也라 國中은 郊門之內 鄕遂之地也니 田不井授하고 但爲溝洫하여 使什而自賦其一이니 蓋用貢法也니 周所謂徹法者蓋如此하니라

以此推之하면 當時에 非惟助法不行이라 其貢亦不止什一矣라

이는 토지를 나누고 봉록을 제정하는 떳떳한 법이니, 야인野人을 다스려 군자를 봉양하게 하는 바이다.

'야野'는 교외郊外 도비都鄙의 땅이다. '九一而助'는 공전公田을 만들어 조법助法을 시행하는 것이다. '국중國中'은 교문郊門의 안에 있는 향수鄕遂의 땅이니, 토지에 정전井田을 주지 않고 다만 구혁溝洫을 만들어 10분지 1을 스스로 부세하도록 하니, 대개 공법貢法을 사용한 것이다. 이른바 주周나라의 철법徹法이 대개 이와 같았다.

이것으로 미루건대 당시에 오직 조법助法이 시행되지 않았을 뿐만 아니라 그 공법貢法 또한 10분지 1에 그치지 않았다.

주해

- 郊門(교문) : 사교四郊의 문. 곧 성읍城邑의 사방 국경을 지키는 관문을 말한다. '교관郊關'과 같다.
  《孟子·梁惠王下》 편에 나온다. "臣聞郊關之內, 有囿方四十里. 殺其麋鹿者, 如殺人之罪." 이에 대해 조기趙岐의 註에 "郊關, 齊四境之郊皆有關."이라 했고, 손석孫奭의 疏에 "四境郊皆有關者, 蓋四郊之門也."라고 풀이했다. 囿(동산 유) 麋(큰사슴 미)
- 溝洫(구혁) : 전답 사이의 수로水路. 溝(봇도랑 구) 洫(봇도랑 혁)
  《周禮·考工記·匠人》 편에 나온다. "匠人爲溝洫……九夫爲井, 井間廣四尺, 深四尺, 謂之溝, 方十里爲成, 成間廣八尺, 深八尺, 謂之洫." 이에 대해 鄭玄의 註에 "主通利田間之水道."라고 했다.

【備旨】

> 然이나 分田制祿之法은 必因地而制其宜하니 請於都鄙之野엔 田可井授면 則畫爲九一而行助法하고 於鄉遂之國中엔 田難井授면 則但十分取一하여 使自賦於上하라 亦所以濟助之不及也라 此周徹法이 正如此하여 而君子養野人治矣니라

그러나 토지를 나누고 녹봉을 제정하는 법은 반드시 지역에 따라 그 마땅함을 제정해야 한다.

청컨대 도비都鄙의 교외에는 토지에 정전井田을 줄 수 있으면 9분지 1로 구획하여 조법助法을 시행하고, 향鄉과 수遂의 국중國中에는 토지를 정전으로 주기 어려우면 다만 10분지 1을 취하여 스스로 위에 부세賦稅를 바치게 하니, 또한 조법이 미치지 못한 점을 보완한 것이다.

이는 주나라의 철법徹法이 바로 이와 같아서 군자가 봉양을 받고 야인이 다스려진 것이다.

卿以下는 必有圭田하니 圭田은 五十畝니라

**"공경公卿 이하는 반드시 규전圭田을 주었으니 규전圭田은 50묘이다."**

此는 世祿常制之外에 又有圭田이니 所以厚君子也라 圭는 潔也니 所以奉祭祀也라 不言世祿者는 滕已行之요 但此未備耳라

이는 세록世祿의 떳떳한 제도 이외에 또 규전圭田을 둔 것이니, 군자를 후대厚待하는 것이다. '규圭'는 깨끗함이니, 제사를 받드는 것이다.

세록世祿을 말하지 않은 것은 등滕나라가 이미 시행하고 있고, 다만 규전圭田이 미비되었기 때문이다.

**주해**

- 卿以下 : 공경公卿 이하의 관리. 곧 대부大夫와 선비士를 모두 포함한다. "包大夫士在內."(四書補註備旨)
- 圭田(규전) : 공경과 대부 및 선비들에게 제공하던 제사용 논밭. 《예기禮記·왕제王制》 편에 나온다. "夫圭田無徵." 조기趙岐의 註에 "古者卿以下至於士皆受圭田五十畝, 所以供祭祀也. 圭, 潔也."라고 했다. "圭田云者, 謂取先人德行潔白之義."(四書補註備旨)

【備旨】

不但此也라 又有出於常制之外者하니 蓋因田制祿은 固以厚君子라 然이나 卿以下는 其祿漸薄하여 不有以便之면 將祭享不備而不足以養廉矣라 於是에 有圭潔之田五十畝하여

使供祭祀焉하니 愛君子以及君子之先이니 又所以濟世祿之不及也라

다만 이 뿐만이 아니라 또한 상제常制의 밖에서 나온 것이 있다.

대개 田地로 인하여 봉록을 제정한 것은 본디 군자를 후대厚待하기 위한 것이다. 그러나 공경 이하는 그 봉록이 점점 적어져 편의를 제공하지 않으면, 장차 제향祭享을 갖추지 못하여 청렴한 미덕을 기르지 못할 것이다.

이에 규결圭潔의 토지 50묘를 주어서 제사를 모시게 하니, 이는 군자를 사랑하여 군자의 선조에까지 미치게 한 것이며 또한 세록世祿의 미치지 못한 경우를 구제하는 것이다.

주해

- 祭享(제향) : 제수용품을 갖추어 제사를 지내다.
《일주서逸周書·주월周月》에 나온다. "至於敬授民時, 巡狩祭享, 猶自夏焉."
- 養廉(양렴) : 청렴결백한 미덕을 간직하고 기르다.

## 餘夫는 二十五畝니라

**"여부餘夫에게는 25묘를 준다."**

程子曰 一夫는 上父母 下妻子하여 以五口八口爲率하여 受田百畝하니 如有弟면 是餘夫也라 年十六에 別受田二十五畝하고 俟其壯而有室 然後에 更受百畝之田하니라

愚按 此는 百畝常制之外에 又有餘夫之田이니 以厚野人也라

정자程子 가로되 "'일부一夫'는 위로 부모가 있고 아래로 처자가 있어, 다섯 식구와 여덟 식구로 비율을 삼아 토지 100묘를 받는데, 만약 아우가 있으면 이는 '여부餘夫'가 된다. 나이 16세에 별도로 토지 25묘를 받고, 그가 장성하여 아내를 두게 되면 다시 100묘의 토지를 받는다."

내가 살피건대 이는 100묘의 상제常制 외에 다시 여부餘夫의 토지가 있는 것이니, 야인野人을 후대하는 것이다.

**주해**

- 餘夫(여부) : 성년이 안 되어 농지를 받지 못하는 자.
  조기趙岐의 註에 "餘夫者, 一家一人受田, 其餘老小尙有餘力者, 受二十五畝, 半於圭田, 謂之餘夫也."라고 했다.
  또한《公羊傳·宣公十五年》條에 "什一者, 天下之中正也. 什一行而頌聲作矣."라고 했는데, 이에 대해 漢나라 하휴何休의 註에 "一夫一婦受田百畝以養父母妻子, 五口爲一家……多於五口, 名曰餘夫. 餘夫以率受田二十五畝."라고 풀이했다.

【備旨】

> 計丁授田은 固以厚野人이나 然이나 一夫之外에 有未成丁之餘夫한대 尙十授田도 不有以給之하니 則恒産有限而不足以相贍矣라 於是에 有餘夫之田 二十五畝焉이라 愛野人以及野人之弟니 亦所以濟分田之不及也라

장정壯丁의 수를 계산하여 토지를 주는 것은 본디 야인野人을 후대하기 위한 것이다. 그러나 일부一夫 외에 장정壯丁이 되지 못한 여부餘夫가 있는데도 10묘의 토지도 주지 않으니 항산恒産에 제한이 있어 넉넉할 수가 없다.

이에 여부餘夫에게 토지 25묘를 준 것이다. 이는 야인野人을 사랑하

는 마음이 야인의 아우에게까지 미치니, 또한 분전分田이 미치지 못한 경우를 구제하기 위한 것이다.

주해

● 丁(성할 정) 贍(넉넉할 섬)

**死徙에 無出鄕이니 鄕田同井이 出入에 相友하며 守望에 相助하며 疾病에 相扶持하면 則百姓이 親睦하리라**

**"죽거나 이사하더라도 고을을 나가지 않으니, 정전井田을 함께 행하는 각 가정은 출입할 때 서로 우애하며, 도적을 방어할 때 서로 도우며, 질병이 생길 때 서로 돕게 되면 곧 백성들이 친목親睦할 것이다."**

死는 謂葬也요 徙는 謂徙其居也라 同井者는 八家也라 友는 猶伴也라 守望은 防寇盜也라

'사死'는 장사지낸다는 말이다. '사徙'는 그 거처를 옮긴다는 말이다. '동정同井'은 8가구이다. '우友'는 '반伴'과 같다. '수망守望'은 도적을 방어하는 것이다.

주해

● 鄕田(향전) : 같은 마을에서 정전井田을 함께 사용하는 각 가정. 조기趙岐의 註에 "同鄕之田, 共井之家."이라 했다.

● 徙(옮길 사) 寇(도둑 구)

【備旨】

然이나 井田之法은 不但厚民生이라 且以善民俗이니 凡死葬生徙에 無出此鄕이니 蓋以此鄕之田에 八家同井故也라 惟其同井이라 是以로 出入則合同井之人而相友하며 守望則合同井之人而相助하며 疾病則合同井之人而相扶持하니 如是則百姓이 皆歸於淳厚而親遜和睦矣리라 助法之善이 有如此니라

그러나 정전법井田法은 민생을 후대厚待할 뿐만 아니라, 또 민속民俗을 선하게 만든다. 무릇 죽어서 장사지내고 살아서 이사하더라도 이 고을을 떠나는 이가 없으니, 대개 이 고을의 토지에 8가구가 정전井田을 함께 행하기 때문이다.

오직 그 정전을 함께 행하기 때문에 출입할 때 정전을 함께 행하는 사람들이 서로 우애하며, 도적을 방어할 때 정전을 함께 행하는 사람들이 서로 도우며, 질병이 생길 때 정전을 함께 행하는 사람들이 서로 돕는다. 이렇게 하면 백성들이 모두 순후淳厚한 곳으로 귀의하여 친하고 겸손하며 화목할 것이다. 조법助法의 좋은 점이 이와 같다.

方里而井이니 井이 九百畝니 其中이 爲公田이라 八家ㅣ皆私百畝하여 同養公田하여 公事를 畢然後에 敢治私事니 所以別野人也니라

**方 1리가 한 개의 정전井田이 되고, 한 개의 정전井田은 900畝이며, 그**

**가운데 100묘가 공전公田이 된다. 8가구가 모두 100묘씩을 사전私田으로 받아서 함께 공전公田을 경작하며, 공전公田의 일을 끝마친 후에 감히 사전私田의 일을 다스리니 야인野人과 구별되는 점이다.**

此는 詳言井田形體之制니 乃周之助法也라 公田은 以爲君子之祿이요 而私田은 野人之所受니 先公後私는 所以別君子野人之分也라 不言君子는 據野人而言하니 省文耳라
上言野及國中二法하고 此獨詳於治野者는 國中貢法은 當時已行이요 但取之過於什一爾라

이는 정전법井田法이 시행되는 지역의 제도를 상세히 말한 것이니, 곧 주周나라의 조법助法이다.

'공전公田'은 군자의 녹봉이 되고, 사전私田은 야인野人이 받은 것이니, 공전을 먼저 하고 사전을 뒤로 한 것은 군자와 야인의 신분을 구별하는 것이다. '군자'를 말하지 않은 것은 야인에 근거하여 말한 것으로 생략한 글이다.

위에서는 교외郊外의 지역野과 교내郊內의 지역國中 두 가지 법을 말하였고, 여기서는 다만 교외의 지역을 다스리는데 상세하게 말한 것은 국중國中의 공법이 당시에 이미 시행되고 있었으나, 다만 거둬들이는 것이 10분지 1보다 지나쳤기 때문이다.

주해

- 方里(방리) : 사방 1里의 면적이 되는 땅.
  《韓詩外傳》 卷4에 나온다. "古者八家而井田, 方里爲一井."
  "方里是方一里之地."(四書補註備旨)
- 養(양) : 여기서는 '경작하다'는 뜻으로 쓰였다.
  "養字作耕字看, 卽助耕也."(四書補註備旨)

● 公事(공사) : 밭갈고 김매고 수확하는 일을 말한다.

"公事畢是耕耘收穫之事已完畢."(四書補註備旨)

● 形體(형체) : 지역. 강계疆界.

《주례周禮·지방地官·수인遂人》 편에 나온다. "以土地之圖經田野, 造縣鄙形體之灋." 이에 대해 정현鄭玄의 註에 "經形體, 皆謂制分界也."라고 했다. 灋(법 법)

【備旨】

然이나 井田形體之制ㅣ何如오 地方一里而畫爲一井이니 井界九區而區各百畝니 其中百畝는 爲公田하여 以爲君子之祿하며 其外八百畝는 爲私田하여 以爲八家之受하니 當耕耘收穫之時하여 八家之民이 先出力以同養公田하되 必公田之事를 已畢然後에 敢治其私田之事하니 所以別野人하여 使不得擬君子之勞心以食於人者니 其分宜爾也라 井田形體之制ㅣ如此라

그러나 정전법이 시행되는 지역의 제도는 어떠한가? 땅이 方 1里를 구획하여 1井으로 삼고, 1井의 경계를 아홉 구역으로 나누면, 한 구역이 각각 100묘가 된다. 그 가운데 100묘는 공전公田이 되어 군자의 녹봉으로 삼고, 그 나머지 800묘는 사전私田이 되어 8가구가 받는다.

밭 갈고 김매고 수확하는 때를 당하여 8가구의 백성들이 먼저 힘을 써서 함께 공전公田을 경작하되, 반드시 공전의 일을 모두 마친 후에 감히 그 사전의 일을 다스린다. 이는 야인野人과 구별되는 것으로, 군자가 노심勞心한 공功으로 남이 수확한 것을 먹는 일과 비교할 수 없게 만드니, 그 분수가 마땅히 그러할 뿐이다. 그 정전법이 시행되는 지역의 제도가 이와 같다.

주해

● 勞心(노심) : 마음을 쓰다. 머리를 쓰다.
《孟子·滕文公上》에 나온다. "或勞心, 或勞力. 勞心者治人, 勞力者治於人."

**此其大略也니 若夫潤澤之則在君與子矣니라**

**"이것이 그 대략이니, 이것을 윤택하게 하는 일은 곧 군왕君王과 그대에게 달려있다."**

井地之法을 諸侯ㅣ皆去其籍하니 此特其大略而已라 潤澤은 謂因時制宜하여 使合於人情하고 宜於土俗하여 而不失乎先王之意也라

呂氏曰 子張子ㅣ慨然有意三代之治하여 論治人先務에 未始不以經界爲急하여 講求法制하여 粲然備具라 要之可以行於今이요 如有用我者면 擧而措之耳라하니라 嘗曰 仁政은 必自經界始니 貧富不均하며 敎養無法이면 雖欲言治나 皆苟而已라 世之病難行者는 未始不以亟奪富人之田爲辭나 然이나 玆法之行에 悅之者衆하니 苟處之有術하여 期以數年이면 不刑一人而可復이니 所病者는 特上之未行耳라하니라 乃言曰 縱不能行之天下나 猶可驗之一鄕이라하여 方與學者로 議古之法하여 買田一方하여 畫爲數井하여 上不失公家之賦役하고 退以其私로 正經界하고 分宅里하며 立斂法하고 廣儲蓄하며 興學校하고 成禮俗하며 救菑恤患하고 厚本抑末이면 足以推先王之遺法하여 明當今之可行이라하더니 有志未就而卒이라

愚按 喪禮經界兩章에 見孟子之學識其大者라 是以로 雖當禮法廢壞之後하여 制度節文을 不可復考나 而能因略以致詳하고 推舊而爲新하여 不屑屑於旣往之迹 而能合乎先王之意하니 眞可謂命世亞聖之才矣라

정전법을 제후들이 모두 그 전적典籍을 없애버렸으니, 이는 다만 그 대략일 뿐이다. '윤택潤澤'은 시대에 따라 타당한 조치를 만들어 인정에 부합하고, 토속土俗에 마땅하여 선왕의 뜻을 잃지 않게 한다는 말이다.

여씨呂氏(呂大臨) 가로되 "자장자子張子(장횡거張橫渠, 1020~1077)가 개연慨然히 삼대三代의 정치에 뜻을 두고 백성을 다스리는 급선무를 논할 때, 처음부터 경계를 다스리는 일을 급무로 여기지 않은 적이 없었으며, 법제를 강구하여 찬연燦然히 구비하였으니, 요약하면 당장 행할 수가 있고, 만약 나를 쓰는 자가 있다면 이를 들어서 조치할 뿐이라고 하였다.

일찍이 가로되 '인정仁政은 반드시 경계經界로부터 시작되니, 빈부가 고르지 못하고 백성을 교양敎養하는 법이 없으면, 비록 정치를 말하고자 하나 모두 구차할 따름이다. 세상에 시행하기 어려움을 근심하는 자는, 처음부터 부자의 토지를 급히 빼앗아야 하는 것을 구실로 삼지 않음이 없다. 그러나 이 법을 시행하면 기뻐하는 자들이 많을 것이니, 진실로 대처하는 방법이 있어 몇 년만 기약하면, 한 사람도 형벌하지 않고 옛 법을 회복할 수 있다. 근심할 바는 다만 위에서 행하지 않는 것이다.'라고 하였다.

이에 말하기를 '비록 이것을 천하에 시행할 수 없으나, 오히려 한 고을에서 시험해 볼 수는 있다'고 하였다. 그리고 바야흐로 학자들과 더불어 옛 법을 의론하고, 일방一方의 토지를 사서 구획하여 몇 개의 정전으로 만들어서, 위로는 공전公田의 부역을 잃지 않고, 물러나서는 그 사전私田의 경계를 바로 세우고 향리에 분배하며, 세금을 거두는 법을 세우고 저축을 넓히며, 학교를 일으키고 예속禮俗을 세우며, 재난을

구제하고 환난을 구휼하며, 농업을 후대하고 공상업을 억제하면, 선왕이 남기신 법을 미루어 지금 시행할 수 있음을 밝힐 수 있다고 하였다. 그러나 뜻은 있었으나 이루지 못하고 죽었다."

내가 살피건대 〈상례喪禮〉와 〈경계經界〉 두 章에서 맹자의 학식이 크다는 것을 알 수 있다. 이 때문에 비록 예법이 무너진 뒤를 당하여 제도制度와 절문節文을 다시 상고할 수 없으나, 소략한 것으로 인하여 상세한 것을 다할 수 있고, 옛 것을 미루어 새롭게 만들 수 있으며, 이미 지나간 자취에 연연하지 않으면서도 선왕의 뜻에 부합할 수 있었으니, 참으로 일세에 뛰어난 아성亞聖의 재주를 지녔다고 말할 수 있다.

**주해**

- 因時制宜(인시제의) : 서로 다른 시기의 구체적 상황에 따라 합당한 조치를 취하다.
  《회남자淮南子·범론훈氾論訓》에 나온다. "器械者, 因時變而制宜適也."
- 亟奪(극탈) : 급히 빼앗다. 亟(빠를 극)
- 宅里(택리) : 마을. 향리.
  《書·畢命》에 나온다. "旌別淑慝, 表厥宅里." 이에 대해 孔傳에 "言當識別頑民之善惡, 表異其居里."라고 했다. 旌(기 정) 慝(사특할 특)
- 斂法(염법) : 세금을 거둬들이는 법. 斂(거둘 렴)
  《周禮·地官·司稼》에 나온다. "巡野觀稼, 以年之上下出斂法." 이에 대해 鄭玄의 註에 "斂法者, 豐年從正, 凶荒則損若幹, 今十傷二三, 實除減半."이라 했고, 가공언賈公彦의 소疏에 "此觀稼, 亦謂秋熟時觀稼善惡, 則知年上下豐凶, 以此豐凶而出稅斂之法."이라 했다. 稼(심을 가)
- 救菑恤患(구재휼환) : 재난을 구제하고 환난을 구휼하다. '치菑'는 '재災'와 통한다. 菑(재앙 재)
  明나라 이지李贄의 《분서焚書·잡술雜述·한등소화寒燈小話》에 나온다. "今得人錢財, 視同糞土, 豈爲謀王圖霸, 用之以結客乎? 救災恤患, 而激於義之不能以已也?"
- 厚本抑末(후본억말) : 근본을 후대하고 말단을 억누르다. 곧 농업을 중시

하고 공상업을 경시한다는 말이다. '중본억말重本抑末'과 같다. 抑(누를 억)
《漢書·식화지상食貨志上》에 이런 내용이 나온다. "士農工商, 四民有業. 學以居位曰士, 辟土殖穀曰農, 作巧成器曰工, 通財鬻貨曰商." 鬻(팔 륙)

- 命世(명세) : 당세에 명성을 날리다. 곧 치국治國의 재주를 지닌 자를 칭찬하는 말이다.
  《한서漢書》 卷36의 〈초원왕열전楚元王列傳〉에 나온다. "聖人不出, 其間必有命世者焉."
- 屑屑(설설) : 마음을 쓰다. 연연하다.
  宋나라 유문표兪文豹의 《취검사록吹劍四錄》에 나온다. "上達之士, 能安時處順, 由行於天理之中, 故不屑屑於占算推測."

【備旨】

然이나 井田之法이 久廢矣라 凡我所言 正經界而常制餘制之並行과 畫井地而中公外私之不紊은 此特其大畧也라 若夫因時制宜하여 使合人情하고 宜土俗하여 不滯先王之法而亦不失先王之意니 潤而澤之는 則在滕君이 主持於上하고 吾子ㅣ協贊於下하여 同心共濟하여 各盡其責而已니 豈吾言所能悉哉아

그러나 정전법井田法은 오래전에 폐해졌다. 무릇 내가 말한 바 경계經界를 바르게 하여 상제常制와 여제餘制를 병행하는 일과, 정지井地를 구획하여 가운데의 공전公田과 나머지 사전私田을 문란하게 하지 않는 일들은, 이는 다만 그 대략일 뿐이다.

시대에 따라 타당한 조치를 만들어 인정에 부합하게 하고 토속土俗에 마땅하게 하며, 선왕의 법에 얽매이지 않으면서도 또한 선왕의 뜻을 잃지 않아야 한다. 그러므로 윤택하게 하는 일은 곧 등滕나라 군왕君王이 위에서 주지主持하고 그대는 아래에서 보좌하여, 한 마음으로

서로 도와 각각 그 책임을 다하는데 있을 뿐이니, 어찌 내가 말로 다 할 수 있으리오?

주해

- 協贊(협찬) : 협조하다. 보좌하다.
  《삼국지三國志·촉지蜀志·내민전來敏傳》에 나온다. "(來忠)與尙書向充等並能協贊大將軍姜維." 또 宋나라 사마광司馬光의 〈위방상공사관표爲龐相公謝官表〉에도 나온다. "監邊則盡護羣師, 侍幄則協贊萬幾." 幄(휘장 악)
- 共濟(공제) : 서로 돕다.
  唐나라 두보杜甫의 〈제갈묘諸葛廟〉 詩에 나온다. "君臣當共濟, 賢聖亦同時."
- 滯(막힐 체) 悉(다 실)

[5·4]

有爲神農之言者許行이 自楚之滕하여 踵門而告文公曰 遠方之人이 聞君의 行仁政하고 願受一廛而爲氓하노이다

文公이 與之處하시니 其徒數十人이 皆衣褐하고 捆屨織席하여 以爲食하더라

신농神農의 학설을 따르는 허행許行이란 자가 초楚나라에서 등滕나라로 찾아와 궁문宮門에 이르러 문공文公에게 고하여 가로되 "먼 곳에 사는 사람이 군왕께서 인정仁政을 베푼다는 말을 듣고 찾아왔으니, 원컨대 살 곳을 얻어 그대의 백성이 되고 싶습니다."
文公이 그에게 살 곳을 마련해주었다. 그 무리 수십 명이 모두 갈옷을 입고 신을 삼고 자리를 짜는 일로 양식을 마련하였다.

神農은 炎帝神農氏니 始爲耒耜하여 教民稼穡者也라 爲其言者은 史遷所謂農家者流也라 許는 姓이요 行은 名也라 踵門은 足至門也라 仁政은 上章所言井地之法也라 廛은 民所居也라 氓은 野人之稱이라 褐은 毛布니 賤者之服也라 捆은 扣椓之欲其堅也라 以爲食은 賣以供食也라

程子曰 許行所謂神農之言은 乃後世稱述上古之事하되 失其義理者耳니 猶陰陽醫方이 稱黃帝之說也라

'신농神農'은 염제炎帝 신농씨神農氏이니, 처음으로 쟁기와 보습을 만들어 백성들에게 농사짓는 법을 가르쳤다. 그 학설을 따르는 자는 사마천司馬遷이 말한 '농가자류農家者流'이다.

'허許'는 姓이요, '행行'은 이름이다. '종문踵門'은 발이 문에 이른 것이다. '인정仁政'은 앞 장에서 말한 정지법井地法이다. '전廛'은 백성들의 거처이다. '맹氓'은 야인野人을 말한다. '갈褐'은 모포毛布이니 천한 자가 입는 옷이다. '곤捆'은 두드려 견고하게 하려는 것이다. '이위식以爲食'은 팔아서 식량으로 공급하는 것이다.

정자程子 가로되 "허행許行이 말한 신농神農의 말은 곧 후세에 상고上古의 일을 칭술稱述하되 그 의리義理를 잃었으니, 마치 음양陰陽과 의술醫術과 방술方術을 황제黃帝의 설說이라고 일컫는 것과 같다."

주해

- 許行(허행) : 초楚나라 사람. 농가農家의 학설을 신봉한 인물로 보인다.
- 踵(종) : 이르다. 찾아오다. '至'와 같다. 踵(발꿈치 종)
- 廛(전) : 백성이 사는 집. 廛(집터 전)
  《주례周禮·전인廛人》의 註에 "廛, 民居區域之稱."라고 했다
  "廛當指左右各三區者言.(四書補註備旨)
- 處(처) : 거처. 곧 '전廛'을 말한다.

● 毛布(모포) : 짐승의 털로 짜서 덮거나 깔개로 쓰는 요.
● 氓(백성 맹) 褐(갈옷 갈) 捆(두드릴 곤) 屨(신 구) 拯(칠 탁)

【備旨】

昔文公이 因孟子之言하여 欲行三代井田之法하니 時有異端之徒하여 託爲神農之言者ㅣ許行이 乃自楚之滕하여 踵門而告文公曰 吾는 荊楚遠方之人이라 聞君行井田之仁政하니 斯民之幸也라 願受一廛而爲君之氓하여 庶得以被至治之澤焉하노이다
文公이 感其志之勤하여 乃與以所居之處하다 但見其從學之徒有數十人이 皆衣毛布之褐하고 梱屨織席하여 賣以供食하니 隱然有非力이면 不食之意矣라

옛날 文公이 맹자의 말씀으로 인하여 삼대三代의 정전법井田法을 시행하려고 하였다. 그런데 당시 이단異端의 무리 중에 신농씨神農氏의 학설을 따르는 허행許行이란 자가 초楚나라에서 등滕나라로 찾아와 궁문宮門에 이르러서 文公에게 고하여 가로되 "저는 먼 형초荊楚에서 온 사람입니다. 군왕께서 정전井田의 인정仁政을 시행하신다는 말씀을 들었는데 이는 백성들의 복입니다. 원컨대 살 곳을 얻어 군왕의 백성이 되어서 태평성세의 은택을 입고자 합니다."

文公이 그의 간절한 뜻에 감동하여 이에 거처할 곳을 마련해주었다. 그러나 그를 따르는 무리 수십 명을 살피건대, 모두 모포毛布로 만든 갈옷을 입었고, 신을 삼고 자리를 짜서 이를 시장에 팔아 식량을 마련하였으니, 은연중에 일을 하지 않으면 먹지 말아야 한다는 뜻이 있었다.

주해

● 至治(지치) : 지극히 선하고 지극히 아름다운 정치.

《여씨춘추呂氏春秋·심분람審分覽·지도知度》 편에 나온다. "至治之世, 其民不好空言虛辭."

《漢書》 권58, 〈공손홍전公孫弘傳〉에도 나온다. "蓋聞上古至治, 畫衣冠, 異章服, 而民不犯."

● 從學(종학) : 남을 좇아 그에게 학문을 배우다. 《詩·패풍邶風·격고擊鼓》 편에 나온다. 邶(나라이름 패)

陳良之徒陳相이 與其弟辛으로 負耒耜而自宋之滕하여 曰聞君의 行聖人之政호니 是亦聖人也시니 願爲聖人氓하노이다

**진량陳良을 따르는 무리 진상陳相이 그 아우 신辛으로 더불어 쟁기와 보습을 짊어지고 송宋나라에서 등滕나라로 찾아와 가로되 "군왕께서 성인의 정사政事를 행하신다는 말을 들었으니 또한 성인이십니다. 원컨대 성인의 백성이 되고자 합니다."**

陳良은 楚之儒者라 耜는 所以起土요 耒는 其柄也라

'진량陳良'은 초楚나라의 유자儒者이다. '사耜'는 땅을 가는 것이요, '뢰耒'는 그 자루다.

주해

● 耒(쟁기 뢰) 耜(보습 사)

【備旨】

時歸滕者ㅣ又不止一許行也라 有陳良之徒陳相이 與其弟名辛者로 亦負耒耜而自宋之滕하여 言於文公曰 井田之法은 古聖人所以治天下之政也라 聞君行之하니 是亦今之聖人也시니 願受田而耕하여 爲聖人之氓하여 以沾仁政之澤焉하노이다 此其歸附之意ㅣ出於誠然者也라

당시 등滕나라에 귀의한 자가 또한 허행許行 한 사람에 그치지 않았다. 진량陳良을 따르는 무리 진상陳相이 그 아우 신辛과 더불어 또한 쟁기와 보습을 짊어지고 송나라에서 등나라로 찾아와 文公에게 말하여 가로되 "정전법은 옛 성인들이 천하를 다스리던 정사政事입니다. 군왕께서 이를 행하신다고 들었으니, 이 또한 지금의 성인이십니다. 원컨대 정전井田을 받아 농사지으며 성인의 백성이 되어 인정仁政의 은택을 입고자 합니다."라고 하였다.

이는 그 귀부歸附한 뜻이 정성스러운 마음에서 나온 자이다.

주해

- 歸附(귀부) : 귀순하다. 의지하다. '귀순歸順' 또는 '의복依服'과 같다. 《자치통감資治通鑒》에 나온다. "孫討虜聰明仁惠, 敬賢禮士, 江表英豪咸歸附之."
- 沾(젖을 점)

陳相이 見許行而大悅하여 盡棄其學而學焉이러니 陳相이 見孟子하여 道許行之言曰 滕君則誠賢君也어니와 雖然이나 未聞道也로다 賢者는 與民並耕而食하며 饔飧而治하나니 今也에 滕有倉廩府庫하니 則是厲民而以自養也니 惡得賢이리오

**진상陳相이 허행許行을 보고 크게 기뻐하여 자신이 전에 배웠던 것을 다 버리고 허행에게서 배웠다.**
**진상이 맹자를 뵙고 허행이 한 말을 전하여 가로되 "등군滕君은 진실로 어진 군왕입니다. 비록 그렇기는 해도 아직 신농씨神農氏의 道는 듣지는 못한 것 같습니다. 어진 자는 백성과 더불어 함께 밭갈아 먹으며, 함께 밥지어 먹고 백성을 다스리는 법입니다. 지금 등나라에 창름倉廩과 부고府庫가 있는데, 이는 백성에게 해를 입혀 자신을 봉양하는 것이니 어찌 어질다고 하겠습니까?"**

饔飧은 熟食也라 朝曰饔이요 夕曰飧이라 言當自炊爨以爲食하고 而兼治民事也라 厲는 病也라
許行此言은 蓋欲陰壞孟子分別君子野人之法이라

'옹손饔飧'은 익힌 밥이다. 아침밥은 '옹饔'이요, 저녁밥은 '손飧'이다. 마땅히 스스로 불을 지펴 밥을 짓고 아울러 민사民事를 다스려야 한다는 말이다. '려厲'는 해치는 것이다.

허행許行의 이 말은 대개 맹자가 군자君子와 야인野人을 구별 짓는 법을 은근히 무너뜨리고자 한 것이다.

주해

- 道(도) : 여기서는 신농씨神農氏의 道를 말한다.
- 倉廩(창름) : 곡식을 저장하는 창고. 倉(곳집 창) 廩(곳집 름)
- 府庫(부고) : 재물을 저장하는 창고.
  "倉廩是貯粟者. 府庫是貯財者."(四書補註備旨)
- 饔飧(옹손) : 밥을 짓다. 饔(아침밥 옹) 飧(저녁밥 손)
  조기趙岐의 註에 "饔飧, 熟食也."라고 했다.
- 炊(불땔 취) 爨(불땔 찬) 厲(해칠 려) 壞(무너질 괴)

【備旨】

夫何邪說이 易以惑人이리오 陳相이 一見許行하여 聞所爲之言而大悅하여 盡棄其學於陳良者而學許行焉이라
於是에 陳相이 見孟子하고 稱道許行之言曰 滕君이 有志復古하여 以行仁政則誠賢君也라 雖然이나 猶未聞古聖人之道也로다 彼賢者之君은 不欲勞民自養하여 與民並耕以供己之食하며 自爲饔飧以治人之事하니 此古聖人之道而賢者所爲也라 今也에 滕有倉廩之實하고 府庫之充하여 皆取諸民者하니 則是厲病其民而取之以自養也요 其與並耕饔飧之道異矣니 惡得爲賢者哉리오하니 蓋欲陰壞孟子之法也라

무릇 그릇된 학설이 얼마나 쉽게 사람을 현혹시키는가? 진상陳相이 허행許行을 한 번 만나 그가 한 말을 듣고 크게 기뻐하며, 자신이 진량陳良에게 배운 것을 모두 버리고 허행을 따라 배웠다.

이에 진상이 맹자를 뵙고 허행이 한 말을 찬양하며 가로되 "등군滕君이 성인의 道를 회복하는데 뜻을 두고 인정仁政을 행하니 참으로 어진 군왕입니다. 비록 그렇지만 여전히 옛 성인의 道는 듣지 못한 것 같습

니다. 저 어진 군왕들은 백성을 수고롭게 하여 자신을 봉양하게 만들지 않으려고 백성들과 함께 밭을 갈면서 자신의 양식을 공급하였으며, 스스로 밥을 지어먹으면서 민사民事를 다스렸으니, 이것이 바로 옛 성인의 道이며 어진 자가 해야 할 일입니다.

하지만 지금 등滕나라는 창름倉廩이 충실하고 부고府庫가 채워진 것은 모두 백성에게 취한 것이니, 이는 그 백성들에게 해를 입혀 스스로를 봉양하게 만든 것이며, 함께 밭 갈고 밥 지어 먹는 道와는 다릅니다. 그러므로 어찌 어진 자가 될 수 있겠습니까?"라고 하였다.

이는 대개 맹자의 법을 은근히 무너뜨리려고 한 것이다.

주해

● 稱道(칭도) : 칭찬하다. 찬양하다.

《한비자韓非子·세의說疑》 편에 나온다. "稱道往古, 使良事沮, 善禪其主, 以集精微." 沮(막을 저)

당唐나라 한유韓愈의 〈원화성덕시元和聖德詩〉 序에도 나온다. "誠宜率先作歌詩, 以稱道盛德."

孟子曰 許子는 必種粟而後에 食乎아

曰 然하다

許子는 必織布而後에 衣乎아

曰 否라 許子는 衣褐이니라

許子는 冠乎아

曰 冠이니라

曰 奚冠고

曰 冠素니라

曰 自織之與아

曰 否라 以粟易之니라

曰 許子는 奚爲不自織고

曰 害於耕이니라

曰 許子는 以釜甑爨하며 以鐵耕乎아

曰 然하다

自爲之與아

曰 否라 以粟易之니라

맹자 가라사대 "허자許子는 반드시 농사를 지은 후에 먹는가?"
가로되 "그렇습니다."
(가라사대) "허자는 반드시 베를 짠 후에 옷을 해 입는가?"
가로되 "아닙니다. 허자는 갈옷을 입습니다."
"허자는 관을 쓰는가?"
가로되 "관을 씁니다."
가라사대 "어떤 관을 쓰는가?"
가로되 "흰 비단으로 만든 관을 씁니다."
가라사대 "스스로 짠 것인가?"
가로되 "아닙니다. 곡식으로써 바꾼 것입니다."
가라사대 "허자는 어찌 스스로 비단을 짜지 않는가?"
가로되 "농사에 방해가 되기 때문입니다."
가라사대 "허자는 솥과 시루로 불을 때며 쇠붙이로 밭을 가는가?"
가로되 "그렇습니다."
(가라사대) "스스로 만들어서 하는가?"
가로되 "아닙니다. 곡식으로 바꾼 것입니다."

釜는 所以煮요 甑은 所以炊라 爨은 然火也라 鐵은 耟屬也라 此語八反은 皆孟子問而陳相對也라

'부釜'는 익히는 것이요, '증甑'은 밥을 짓는 것이다. '찬爨'은 불 때는 것이다. '철鐵'은 따비의 등속이다.

여기에서 여덟 번 반문한 것은 모두 맹자께서 묻고 진상이 대답한 것이다.

**주해**

- 素(소) : 흰 비단. 素(명주 소)
  《詩·당풍唐風·양지수揚之水》 편에 나온다. "素衣朱繡, 從子於鵠." 鵠(흰빛 곡)
- 奚(어찌 해) 釜(가마 부) 煮(삶을 자) 甑(시루 증) 爨(불땔 찬) 耟(따비술 거)

【備旨】

孟子ㅣ闢許子並耕之非할새 先卽其身所難兼者하여 詰之曰 許子는 不能無食이니 必待種粟而後에 食乎아
相이 應之曰 然하다하니 盖徒知其所能爲而不知其所不能爲也라
故로 復問之曰 有食이면 必有衣니 許子는 必待織布以後에 衣乎아
相則應之曰 否라 許子는 衣褐이니 不待織布也니라
又問之曰 有衣면 必有冠이니 許子는 冠乎아
相則曰 冠하니이다
問其奚冠고
則曰 冠素니라

問其自織之與아
相則曰 以粟易之니라
及問其奚爲不自織하여 則曰害於耕이니 所以不自織也니라
孟子ㅣ猶欲多得其說而辯之라 故로 復問曰 許子之爨也에 亦必資於釜甑하며 其耕也에 亦必資於鐵與아
相曰 然하다
又問曰 自爲之與아
相曰 否라 以粟易之니라
是則許子之所能爲者는 獨一種粟耳요 自種粟外는 雖一衣冠 一器械라도 皆不能兼而爲之也라 蓋至此而相之言이 已窮하니 孟子可以伸其辨矣시니라

맹자께서 허자許子의 경작을 병행해야 한다는 잘못을 깨우쳐주기 위해 먼저 그 몸으로 겸하기 어려운 일을 들어 힐난하며 가라사대 "허자는 먹지 않을 수 없으니 반드시 농사지은 후에 먹는가?"

진상陳相이 응답하여 가로되 "그렇습니다."라고 하니, 대개 한갓 그가 할 수 있는 것만 알 뿐 그가 할 수 없는 것은 알지 못한 것이다.

그러므로 다시 물어 가라사대 "밥을 먹으면 반드시 옷을 입어야 하니, 허자는 반드시 베를 짠 후에 옷을 입는가?"

진상이 응답하여 가로되 "아닙니다. 허자는 갈옷을 입기 때문에 베를 짤 필요가 없습니다."

또 물어 가라사대 "옷을 입으면 반드시 관을 써야 하니, 허자는 관을 쓰는가?"

진상이 가로되 "관을 씁니다."

"그는 무슨 관을 쓰는가?"

가로되 "흰 관을 씁니다."

"그가 스스로 짠 것인가?"

진상이 가로되 "곡식으로 바꾼 것입니다."

"그가 어찌 스스로 짜지 않는가?"

가로되 "농사에 방해가 되기 때문에 스스로 짜지 않습니다"

맹자께서 여전히 그 말을 더 들어보고 논변論辨하기 위해서 다시 물어 가라사대 "허자가 불을 지펴서 밥을 할 때 또한 반드시 솥과 시루에 의지하며, 그가 밭을 갈 때도 반드시 쇠붙이에 의지하는가?"

진상이 가로되 "그렇습니다."

또 물어 가라사대 "스스로 그것들을 만드는가?"

진상이 가로되 "아닙니다. 곡식으로 바꾼 것입니다."

이 말은 곧 허자가 할 수 있는 일이 다만 농사짓는 한 가지일 뿐이요, 스스로 농사짓는 것 외에는 비록 옷 입고 관을 쓰는 한 가지 일과 기계器械 하나도 모두 겸해서 할 수가 없는 것이다.

대개 이에 이르러 진상의 말이 이미 궁해졌으니, 맹자께서 그 변별의 뜻을 펼 수 있었다.

**주해**

- 闢(깨우칠 벽) 辨(변별할 변)

**以粟易械器者ㅣ不爲厲陶冶니 陶冶ㅣ亦以其械器易粟者ㅣ豈爲厲農夫哉리오 且許子는 何不爲陶冶하여 舍皆取諸其宮中而用之하고 何爲紛紛然與百工交易고 何許子之不憚煩고**

曰 百工之事는 固不可耕且爲也니라

**(가라사대) "곡식을 기계器械와 바꾸는 것은 도야陶冶의 일을 해치는 것이 아니니, 도야陶冶 또한 그 기계로 곡식과 바꾸는 것이 어찌 농부를 해치는 일이겠는가? 또한 허자는 어찌 도야陶冶의 일을 직접 해서 다만 모두 자신의 집안에서 취하여 쓰지 않으며, 어찌 분분히 백공百工과 더불어 교역을 하는가? 어찌 허자는 번거로움을 꺼려하지 아니한가?"**

**가로되 "백공百工의 일은 본디 밭을 갈면서 또한 할 수 있는 일이 아니기 때문입니다."**

此는 孟子言而陳相對也라

械器는 釜甑之屬也라 陶는 爲甑者요 冶는 爲釜鐵者라 舍는 止也라 或讀屬上句하니 舍는 謂作陶冶之處也라

이는 맹자께서 말씀하시고 진상이 응답한 것이다.

'기계械器'는 솥과 시루의 등속이다. '도陶'는 시루는 만드는 것이요, '야冶'는 솥이나 철기를 만드는 것이다. '사舍'는 다만의 뜻이다. 혹자는 앞 구절에 붙여 읽는데, 이 때 사舍는 도야陶冶하는 장소를 말한다.

**주해**

- 器械(기계) : 기계. 도구. 여기서는 솥과 시루 및 쇠붙이 등을 말한다. "器械指上釜甑與鐵."(四書補註備旨)
- 陶冶(도야) : 도기를 만드는 일과 쇠를 주조하는 일.
- 宮中(궁중) : 집안. 여기서는 '室家之內'를 말한다. 宮(집 궁) 《이아爾雅·석궁석문釋宮釋文》에 "古者貴賤同稱宮. 秦漢以來惟王者所居稱宮焉."이라 했다.
- 舍(다만 사) 憚(꺼릴 탄) 屬(이을 촉)

【備旨】

孟子ㅣ遂闢之曰 農夫ㅣ以粟易械器者는 乃以濟陶冶所無니 固不爲厲陶冶며 而陶冶ㅣ亦以其械器易粟者는 乃以濟農夫所無이니 亦豈爲厲農夫哉리오 且許子는 旣欲人君並耕인댄 何不一身自爲陶冶하여 擧凡百工之器하여 止皆取其宮中而用之하고 何爲旣易乎陶하며 又易乎冶하여 紛紛然與百工之人으로 相交易고 煩亦甚矣어늘 何許子之不憚煩哉아

相曰 耕者는 農之事요 陶冶者는 百工之事니 許子ㅣ旣事於耕 則於百工之事에 固不可以耕而兼爲之也라하니 此는 其言이 蓋不覺自戾其並耕之說矣니라

맹자께서 마침내 진상을 깨우치기 위해 가라사대 "농부가 곡식으로 기계器械와 바꾸는 것은 곧 도야陶冶해서 만들 수 없는 것을 돕는 것이니 진실로 도야陶冶를 해치는 것이 아니다. 陶冶 또한 그 기계로 곡식과 바꾸는 것은 바로 농부에게 없는 것을 더해주는 것이니 또한 어찌 농부를 해치는 것이리오?

또한 허자는 이미 인군人君이 경작을 병행해야 한다고 하면서, 어찌 몸소 스스로 도야陶冶를 하고 모든 백공百工의 도기陶器를 들어 다만 모두 그 집안에서 취하여 쓰지 아니하며, 어찌 이미 도기陶器와 바꾸고서 다시 또 야금冶金과 바꾸어 분분히 백공百工들과 서로 교역하는가? 번거로움이 또한 심하거늘, 어찌 허자는 번거로움을 꺼려하지 아니하는가?"

진상이 가로되 "밭가는 것은 농부의 일이요, 도야陶冶하는 것은 백공百工의 일입니다. 허자는 이미 밭가는 것에 종사하고 있으니 백공의

일에 대해서는 진실로 밭 갈면서 겸할 수가 없습니다"라고 하니, 이는 그 말이 대개 스스로 그 경작을 병행해야 한다는 학설이 잘못되었다는 것을 깨닫지 못한 것이다."

然則治天下는 獨可耕且爲與아 有大人之事하고 有小人之事하며 且一人之身 而百工之所爲備하니 如必自爲而後用之면 是는 率天下而路也니라 故로 曰 或勞心하며 或勞力이니 勞心者는 治人하고 勞力者는 治於人이라하니 治於人者는 食人하고 治人者는 食於人이 天下之通義也니라

"그렇다면 천하를 다스리는 일은 유독 밭 갈면서 또한 다스릴 수 있다는 말인가? 대인의 일이 있고 소인의 일이 있는 법이다. 또한 한 사람의 몸으로 백공百工이 만든 것들을 모두 갖추어야 하는 것이다. 만약 반드시 스스로 만든 후에 이를 사용해야 한다면, 이는 천하 사람들을 이끌어 길에서 분망奔忙하게 만드는 것이다.
그러므로 고어古語에 '혹 마음을 쓰는 자가 있고, 혹 힘을 쓰는 자가 있으니, 마음을 쓰는 자는 남을 다스리고, 힘을 쓰는 자는 남에게 다스림을 받는다.' 라고 한 것이다. 남에게 다스림을 받는 자는 남을 먹여 살리고, 남을 다스리는 자는 남에게 얻어먹는 것이 천하에 통용되는 당연한 도리이다."

此以下는 皆孟子言也라 路는 謂奔走道路하여 無時休息也라 治於人者는 見治於人也라 食人者는 出賦稅하여 以給公上也요 食於人者는 見食於人也라 此四句는 皆古語而孟子引之也라

君子는 無小人則飢하고 小人은 無君子則亂하니 以此相易은 正猶農夫陶冶가 以粟與械器相易이니 乃所以相濟요 而非所以相病也라 治天下者ㅣ 豈必耕且爲哉리오

이 이하는 모두 맹자의 말씀이다. '로路'는 길에서 분주하여 휴식할 때가 없다는 말이다. '치어인治於人'은 남에게 다스림을 받는 것이다. '식인食人'은 부세賦稅를 내어 공상公上에게 공급하는 것이다. '식어인食於人'은 남에게 얻어먹는 것이다. 이 네 句는 모두 고어古語인데 맹자께서 인용한 것이다.

군자는 소인이 없으면 굶주리고, 소인은 군자가 없으면 어지럽게 된다. 이것으로 서로 바꾸는 것은 바로 농부와 도야陶冶를 만드는 자가 곡식과 기계械器를 서로 바꾸는 것과 같으니, 바로 서로 구제하는 것이요 서로 해를 주는 것이 아니다. 천하를 다스리는 자가 어찌 반드시 밭을 갈면서 또한 다스릴 수 있겠는가?

주해

- 大人(대인) : 여기서는 천하를 다스리는 자를 말한다.
- 小人(소인) : 여기서는 농사짓는 자를 말한다.
- 故曰(고왈) : 여기서는 '고어古語'를 말한다.
- 勞心(노심) : 마음을 다해 어진 정사政事를 펴다.
  "勞心, 盡心仁政."(四書補註備旨)
- 勞力(노력) : 힘을 다해 농사를 짓다.
  "勞力, 盡力田畝."(四書補註備旨)

● 通義(통의) : 통용되는 당연한 도리.
"通義是通行當然之道理."(四書補註備旨)
● 公上(공상) : 조정朝廷. 관가官家.

【備旨】

孟子ㅣ因折之曰 百工之事는 固不可耕且爲矣라 然則人君之治天下는 視農事之煩簡에 何如而獨可耕且兼爲之與아 彼治天下者는 大人責也니 大人은 自有大人之事요 耕者는 小人責也니 小人은 自有小人之事라 是以로 二者는 固不可得而兼也니 大人이 安得爲小人之事乎아
如必欲兼而爲之인댄 豈獨大人之不能兼哉아 且小人도 亦自有難兼者라 一小人之身이 其取足於百工之所爲者하여 固無不備하니 如必皆自爲而後用之면 則旣業於此하고 又騖於彼하니 是率天下之人하여 奔走道路하여 無時休息也라 可見凡有所事에 皆不敢一有所兼하고/이요 而大人治天下에 不可使爲小人有斷然也라
故로 古語曰 或爲君子而勞心焉하며 或爲小人而勞力焉하니 勞心者는 須政教以治人하고 勞力者는 惟聽其命令而見治於人하며 治於人者는 輸貢賦以食人하고 治人者는 收其貢賦하여 惟見食於人而已라 是故로 君子以治而易養하고 小人以養而易治하니 此乃天下通行之義라 皆自古及今에 未之有改也니 並耕之說이 何其不達於義乎아

맹자께서 인하여 판단해서 가라사대 "백공百工의 일은 진실로 밭 갈면서 또한 다스릴 수 없다. 그렇다면 인군人君이 천하를 다스리는 일은

농사일의 번간煩簡과 비교할 때 어찌 유독 밭 갈면서 또한 겸하여 다스릴 수 있겠는가?

저 천하를 다스리는 것은 대인大人의 책무이니, 대인에게는 스스로 대인의 일이 있는 법이다. 농사짓는 것은 소인의 책무이니, 소인에게는 스스로 소인의 일이 있는 법이다. 이 때문에 두 가지는 진실로 겸할 수 없는 것이니, 대인이 어찌 소인의 일을 다스릴 수 있겠는가?

만약 반드시 겸하여 다스리게 하고자 한다면, 어찌 유독 대인만이 겸할 수 없겠는가? 또한 소인도 스스로 겸하기 어려운 것이 있는 법이다. 소인의 한 몸으로 그 백공이 만든 것을 모두 취하여 진실로 갖추지 않음이 없게 하니, 만약 반드시 모두 스스로 만든 후에 그것을 사용하게 한다면 곧 이미 이 일을 본업으로 삼으면서 또한 저 일에도 힘쓰게 하는 것이니, 이는 천하 사람들을 이끌어 길거리에서 분망奔忙하게 만들며 휴식할 시간이 없게 하는 것이다. 그러므로 무릇 일을 하는 데에 있어서 모두 감히 하나라도 겸할 바가 있어서는 안 되며, 대인이 천하를 다스리는데 있어서 소인이 결단하도록 해서는 안된다는 것을 알 수 있다.

그러므로 옛말에 말하기를 '혹은 군자가 되어 마음을 쓰기도 하고, 혹 소인이 되어 힘을 쓰기도 한다'고 했다. 마음을 쓰는 자는 정교政教를 반포頒布하여 사람을 다스리고, 힘을 쓰는 자는 오직 명령을 듣고 남에게 다스림을 받는다. 남에게 다스림을 받는 자는 공부貢賦를 바쳐 남을 먹이고, 남을 다스리는 자는 그 공부貢賦를 거두어 오직 남에게 얻어먹을 따름이다.

이 때문에 군자는 다스리는 것으로 봉양을 바꾸고, 소인은 봉양으로 다스림을 바꾸는 것이니, 이는 곧 천하에 통용되는 당연한 도리이다. 모두 옛날부터 지금까지 바뀐 적이 없으니, (허자의) 아울러 경작해야 한다는 학설이 얼마나 그 도리에 맞지 않은 것인가?"

주해

- 折(절) : 결단하다. 판단하다.
- 煩簡(번간) : '생번종간省煩從簡'. 곧 '번잡한 절차를 줄이고 간편한 방법을 취하다'는 뜻이다.
  《晉書》 卷82 〈우예전虞預傳〉에 나온다. "窮奢竭費謂之忠義, 省煩從簡呼爲薄俗."
- 取足(취족) : 충분하게 얻다.
  위魏나라 혜강嵇康의 〈답석난택무길흉섭생론答釋難宅無吉凶攝生論〉에 나온다. "若命之成敗, 取足於信順, 故是吾前難壽夭成於愚智耳, 安得有性命自然也!"
- 貢賦(공부) : 백성이 나라에 바치는 부세賦稅. 貢(공물 공)
  《서경書經·우공禹貢》 편의 "作十有三載乃同"을 풀이한 공영달孔穎達의 《오경정의五經正義》에 "治水十三年, 乃有賦法, 始得貢賦與他州同也."라고 했다.

當堯之時하여 天下ㅣ猶未平하여 洪水ㅣ橫流하여 氾濫於天下하여 草木暢茂하며 禽獸繁殖이라 五穀不登하며 禽獸偪人하여 獸蹄鳥跡之道ㅣ 交於中國이어늘 堯獨憂之하사 擧舜而敷治焉이어시늘 舜이 使益掌火하신대 益이 烈山澤而焚之하니 禽獸ㅣ逃匿이어늘 禹ㅣ疏九河하며 瀹濟漯而注諸海하시며 決汝漢하며 排淮泗而注之江하시니 然後에 中國이 可得而食也하니 當是時也하여 禹ㅣ八年於外에 三過其門而不入하시니 雖欲耕이나 得乎아

"요堯의 때를 당하여 천하가 여전히 안정되지 못하였고, 홍수가 흘러 넘쳐 천하에 범람하자 초목이 무성하고 금수가 번식하였다. 오곡五穀이 익지 못하고 금수가 사람에게 달려들어 짐승의 발자국과 조수의 발자국으로 생겨난 길이 도처에 있었다.
요堯가 홀로 이를 근심하여 순舜을 등용해서 다스리게 하셨다. 순舜이 익益으로 하여금 화정火政을 관장하게 하자, 익益이 산과 연못의 초목에 불을 놓아 태우니 금수가 달아나 숨어버렸다.
우禹가 구하九河의 물줄기를 소통시키고 제수濟水와 탑수漯水를 다스려 바다로 흘러들게 하였으며, 여수汝水와 한수漢水을 소준疏濬시키고 회수淮水와 사수泗水를 소통시켜 강으로 흘러들게 만든 후에 나라의 백성들이 비로소 농사지어 먹고 살 수 있게 되었다.
이 때를 당하여 우禹가 8년 동안 밖에 있으면서 세 번 그 대문을 지나쳤지만 들어가지 않았으니, 비록 농사를 짓고자 하여도 가능하였겠는가?"

天下猶未平者는 洪荒之世에 生民之害多矣러니 聖人迭興하사 漸次除治하되 至此尙未盡平也라 洪은 大也라 橫流는 不由其道而散溢妄行也라 氾濫은 橫流之貌라 暢茂는 長盛也요 繁殖은 衆多也라 五穀은 稻黍稷麥菽也라 登은 成熟也라 道는 路也라 獸蹄鳥跡이 交於中國은 言禽獸多也라 敷는 布也라 益은 舜臣名이라 烈은 熾也라 禽獸逃匿 然後에 禹得施治水之功이라 疏는 通也며 分也라 九河는 曰徒駭 曰太史 曰馬頰 曰覆釜 曰胡蘇 曰簡 曰潔 曰鉤盤 曰鬲津이라 瀹은 亦疏通之意라 濟漯은 二水名이라 決排은 皆去其壅塞也라 汝漢淮泗는 亦皆水名也라 據禹貢及今水路컨대 惟漢水 入江耳요 汝泗則入淮而淮自入海하니 此謂四水皆入于江은 記者之誤也라

'천하가 여전히 안정되지 못하였다'는 것은 태고시대에 백성들의 해가 많았는데, 성인들이 차례로 출현하여 점차 제거하고 다스려졌으나, 이 때에 이르러서도 여전히 모두 안정되지 않았다는 말이다.

'홍洪'은 대大이다. '횡류橫流'는 그 길로 흐르지 않고 흘러 넘쳐 멋대로 흐르는 것이다. '범람氾濫'은 횡류橫流하는 모양이다. '창무暢茂'는 자라서 무성한 것이다. '번식繁殖'은 무리가 많은 것이다. '오곡五穀'은 벼(도稻)·기장(서黍)·피(직稷)·보리(맥麥)·콩(숙菽)을 말한다. '등登'은 익은 것이다. '도道'는 길이다. '짐승의 발자국과 조수의 발자국으로 생겨난 길이 도처에 있다'는 것은 금수가 많다는 말이다. '부敷'는 펴는 것이다. '익益'은 순舜 신하의 이름이다. '열烈'은 불꽃이 성한 것이다. 금수가 달아나 숨어버린 후에 우禹가 치수治水의 공功을 펼 수 있었다. '소疏'는 소통하여 분산시키는 것이다. '구하九河'는 도해徒駭·태사太史·마협馬頰·복부覆釜·호소胡蘇·간簡·결潔·구반鉤盤·격진鬲津 등을 말한다. '약瀹'은 또한 소통한다는 뜻이다. '제탑濟漯'은 두 물줄기의 이름이다. '결決'과 '배排'는 모두 그 막힌 것을 제거한다는 말이다. '여汝·한漢·회淮·사泗'는 또한 모두 물 이름이다. 〈우공禹貢〉 편과 지금의 수로水路에 의거하면 오직 한수漢水만이 강으로 흘러들어갈 뿐이요, 여수汝水와 사수泗水는 회수淮水로 흘러들고 회수淮水는 스스로 바다로 흘러든다. 그러므로 여기에서 사수四水가 모두 강으로 흘러든다고 말한 것은 기록한 자의 오류이다.

**주해**

- 交(교) : 뒤섞이다. 혼재하다. '교잡交雜' 또는 '혼잡混雜'의 뜻으로 쓰였다.
- 掌火(장화) : 불을 주관하다. 곧 화재火災를 다스리는 정사를 맡는 것을 말한다.

  "掌火是主火政."(四書補註備旨)
- 洪荒(홍황) : 혼돈몽매混沌蒙昧한 태고시대.
- 逃(달아날 도) 匿(숨을 닉) 瀹(씻을 약) 漯(강이름 탑) 偪(다가올 핍) 蹄(굽

제) 迭(갈마들 질) 黍(기장 서) 稷(피 직) 麥(보리 맥) 菽(콩 숙) 敷(펼 부) 熾(성할 치) 駭(놀랄 해) 頰(뺨 협) 覆(뒤집힐 복) 鉤(갈고랑이 구) 鬲(막을 격) 壅(막을 옹) 泗(물이름 사)

【備旨】

使並耕可爲인댄 堯舜이 當先爲之矣리니 當堯之時하여 洪荒初闢에 天下猶未盡平하여 洪水橫流하여 不由其道하여 遂至氾濫於天下하니라 由是로 草木이 得洪水而暢茂하고 禽獸得草木而繁殖하니 民無耕稼之地하여 而五穀不登矣요 禽獸偪近於人하여 而獸蹄鳥迹之道ㅣ交於中國矣라 洪水之害ㅣ一至於此어늘 堯以天下爲己責하여 獨勞心而憂之시니라 然이나 堯ㅣ又不能以一身治之也라

於是에 擧舜而敷治焉이어시늘 舜旣承命하여 遂擇官以分其任하고 將使禹治洪水也할새 乃先使益掌火한대 益則烈山澤而焚之라 於是에 禽獸失所依하여 皆逃匿而遠遁하니 則治水之功을 可施矣라

禹任治水之責하되 以西北之水는 莫大於九河濟漯이라 於是에 疏通乎九河하여 以分其勢하고 瀹濬乎濟漯하여 以殺其流而皆注諸海焉하시며 東南之水는 莫大於汝漢淮泗라 於是에 決汝漢以去其壅하고 排淮泗以通其塞하여 而皆注之江焉하시니라

洪水旣平하니 則耕稼有地然後에 中國之民이 皆將可得而粒食也라 然이나 當是治水之時也하여 禹ㅣ八年之久를 勞身於外에 三過其家門而不暇入이라 禹之急於治水ㅣ如此하시니 雖欲從事於耕이나 得乎아

가사 병경并耕하여 다스릴 수 있다면 요순堯舜이 마땅히 먼저 하셨을 것이다. 요堯의 때를 당하여 태고시대가 처음 열리자 천하가 여전히 안정되지 못하여 홍수가 넘쳐나 그 길로 흐르지 않고 마침내 천하에 범람하게 되었다.

이로 말미암아 초목이 홍수를 만나 무성해지고 금수가 초목을 만나 번식하니, 백성들이 경작할 땅이 없어 오곡五穀이 여물지 못했다. 금수가 사람에게 달려들어 짐승의 발자국과 새의 발자취로 생겨난 길이 도처에 있었다. 홍수의 피해가 한결같이 이 지경에 이르게 되자, 요堯가 천하를 자신의 책무로 삼아 홀로 노심하고 근심하셨으나, 또한 일신으로는 다스릴 수가 없었다.

이에 순舜을 등용하여 다스리게 하시니, 순舜이 이미 명을 받들어 마침내 관리를 뽑아서 그 임무를 분담하였다. 장차 우禹에게 홍수를 다스리게 하려는데, 이에 앞서 익益에게 불을 관장하게 하였다. 익益이 산과 연못의 초목을 불살라 태우니, 이에 금수들이 의지할 바를 잃고 모두 달아나 멀리 숨으니, 비로소 치수治水의 일을 다스릴 수 있었다.

우禹가 치수治水의 책무를 맡았는데 서북쪽의 물줄기는 구하九河와 제수濟水 및 탑수漯水 보다 큰 것이 없었다. 이에 구하九河를 소통하여 그 세력을 분산하고, 제수濟와 탑수漯水에 흘러들게 하여 그 흐름을 감쇄시켜 모두 바다로 흘러들게 하였다. 동남쪽의 물줄기는 여수汝水·한수漢水·회수淮水·사수泗水 보다 큰 것이 없었다. 그러므로 여수汝水와 한수漢水를 소준疏濬시켜 그 막힌 것을 제거하였고, 회수淮水와 사수泗水를 소통시켜 그 막힌 것을 통하게 해서 모두 강으로 흘러들게 하였다.

홍수가 이미 다스려지고 경작할 땅이 있게 된 후에 나라의 백성들이 모두 장차 밥을 지어 먹을 수 있었다. 그러나 이 치수治水의 때를 당하여 우禹가 오랜 8년 동안 밖에서 몸을 수고롭게 하면서 세 번이나 자신의 집 문을 지나면서도 들어갈 겨를이 없었다. 우禹가 치수에 급급急急함이 이와 같았으니, 비록 농사에 종사하고 싶어도 할 수 있었겠는가?

后稷이 教民稼穡하여 樹藝五穀한대 五穀이 熟而民人이 育하니 人之有道也에 飽食煖衣하여 逸居而無教면 則近於禽獸일새 聖人이 有憂之하사 使契爲司徒하여 教以人倫하시니 父子有親이며 君臣有義며 夫婦有別이며 長幼有序며 朋友有信이니라

放勳이 曰 勞之來之하며 匡之直之하며 輔之翼之하여 使自得之하고 又從而振德之라하시니 聖人之憂民이 如此하시니 而暇耕乎아

"후직后稷이 백성들에게 농사짓는 법을 가르쳐 오곡五穀을 심고 가꾸게 하였다. 오곡이 익자 백성들을 양육할 수 있었다. 사람에게 道가 있으니, 배불리 먹고 따뜻하게 옷 입으며 편안하게 살되 가르침이 없으면 곧 금수禽獸에 가깝게 된다. 성인聖人께서 이를 근심하여 설契을 사도司徒로 삼아 인륜人倫을 가르치시니, 부자유친父子有親과 군신유의君臣有義와 부부유별夫婦有別과 장유유서長幼有序와 붕우유신朋友有信이니라.

방훈放勳이 가로되 '백성들을 위로하고 이끌어주며, 바로 잡아주고 곧게 펴주며, 도와주고 보호해주어서 스스로 그 본성本性을 얻게 하고, 또 좇아서 일깨우고 덕을 베풀도록 하라.' 고 하셨다. 성인의 백성을 근심하는 마음이 이와 같으니 경작할 겨를이 있으시겠는가?"

言水土平 然後에 得以教稼穡하고 衣食足 然後에 得以施教化라 后稷은 官名이니 棄爲之라 然이나 言教民則亦非並耕矣라

樹는 亦種也라 藝는 殖也라 契은 亦舜臣名也라 司徒는 官名也라 人之有道는 言其皆有秉彝之性也라 然이나 無敎면 則亦放逸怠惰而失之라 故로 聖人이 設官而敎以人倫하니 亦因其固有者而道之耳라

書曰 天敍有典하니 敕我五典하사 五를 惇哉라하니 此之謂也라 放勳은 本史臣贊堯之辭어늘 孟子ㅣ因以爲堯號也라 德은 猶惠也라 堯言 勞者를 勞之하고 來者를 來之하며 邪者를 正之하고 枉者를 直之하며 輔以立之하고 翼以行之하여 使自得其性矣요 又從而提撕警覺以加惠焉하여 不使其放逸怠惰而或失之라하니 蓋命契之辭也라

수토水土가 안정된 후에 농사짓는 법을 가르칠 수 있고, 의식이 풍족한 후에 교화敎化를 베풀 수 있다는 말이다. '후직后稷'은 벼슬 이름이니 기棄를 후직으로 삼았으나, 백성을 가르치는 일은 또한 군민君民이 함께 경작할 수 있는 일이 아니다.

'수樹'는 또한 심는 것이다. '예藝'는 번식함이다. '설契'은 또한 순舜의 신하 이름이다. '사도司徒'는 벼슬 이름이다. '人之有道'는 백성 모두에게 상도常道를 간직한 본성이 있다는 말이다. 그러나 가르침이 없으면 또한 방일放逸하고 태타怠惰하여 그것을 잃게 된다. 그러므로 성인聖人이 벼슬을 두어 인륜을 가르치시니, 또한 백성이 본래 가지고 있는 것으로 인하여 인도하였을 뿐이다.

《서전書傳·우서虞書·고요모皐陶謨》에 가로되 "하늘의 질서에 법이 있으니, 우리 오전五典을 바로잡아 오상五常을 두텁게 할지니라.'라고 한 것이 이것이다. '방훈放勳'은 본래 사신史臣이 요堯를 찬미한 말인데, 맹자께서 이 때문에 요堯의 호칭으로 삼은 것이다. '덕德'은 '혜惠'와 같다.

요堯가 "수고로운 자를 위로하고 오는 자를 이끌어 주며, 사악한 자

를 바르게 하고 굽은 자를 곧게 하며, 도와서 바로 서게 하고, 보호해서 나아가게 하여 스스로 그 본성을 얻게 하는 것이다. 또한 좇아서 일깨우고 경각심으로 덕을 베풀며, 방일放逸과 태타怠惰로 그것을 잃지 않게 하는 것이다"라고 하였으니, 대개 설契에게 명한 말씀이다.

**주해**

- 樹藝(수예) : 심다. 재배하다. 樹(심을 수) 藝(심을 예)
  《周禮·地官·大司徒》 편에 나온다. "辨十有二壤之物, 而知其種, 以教稼穡樹藝." 이에 대해 가공언賈公彦의 소疏에 "教民春稼秋穡, 以樹其木, 以藝黍稷也."라고 했다. 黍(기장 서) 稷(피 직)
- 勞之來之(노지래지) : 백성들을 위로하고 면려하며 이끌어주다. '로勞'는 위면慰勉의 뜻이고, '래來'는 인진引進의 뜻이다.
  "勞是慰勉. 來是引進."(四書補註備旨)
- 匡之直之(광지직지) : 백성들을 바로 잡아주고 곧게 펴주다. '광匡'은 간사함을 막는 것이다. '직直'은 굽은 것을 바로잡는 것이다. 匡(바로잡을 광)
  "匡是閑其邪. 直是矯其枉."(四書補註備旨) 閑(막을 한) 枉(굽을 왕)
- 輔之翼之(보지익지) : 백성들을 도와주고 보호해주다. '보輔'는 의기소침하여 바로 서지 못한 자를 도와주는 것이다. '익翼'은 움츠러들어 나아가지 못한 자를 보호해주는 것이다.
  "輔是輔其萎靡不能立者. 翼是翼其退縮不得行者."(四書補註備旨) 萎(시들 위) 靡(쓰러질 미) 縮(오그라들 축)
- 自得(자득) : 본래 지니고 있는 성품을 얻다.
  "自得是得其本來小自有之性."(四書補註備旨)
- 振德(진덕) : 일깨우고 덕을 베풀다. '진振'은 일깨우는 것이다. '덕德'은 백성에게 은덕을 베푸는 것이다.
  "振是提撕警覺. 德是加惠於民."(四書補註備旨) 提(이끌 제) 撕(일깨울 시)
- 秉彝(병이) : 상도常道를 간직하다. 秉(잡을 병) 彝(떳떳할 이)
  《詩·대아大雅·증민烝民》 편에 나온다. "天生烝民, 有物有則. 民之秉彝, 好是懿德." 이에 대해 모전毛傳에 "彝, 常."이라 했고, 朱熹의 《詩集傳》에 "秉, 執."이라 했다. 烝(많을 증) 懿(아름다울 이)
- 稼(심을 가) 穡(거둘 색) 殖(번성할 식) 怠(게으름 태) 惰(게으를 타)

【備旨】

然이나 水土雖平이나 民利未興하니 聖人之心이 未已也라 舜又命后稷하여 教民稼穡之事하여 以樹藝乎五穀하시니 由是로 五穀이 成熟而民人이 不至艱食하여 皆得受生育之賜矣라
然이나 民莫不有秉彝之道也에 若使徒飽食煖衣하여 逸居而無教면 則不知由其道而近於禽獸라 故로 堯舜聖人이 有憂之하사 使契爲司徒之官하여 教以人倫之道하시니 父子則教以慈孝之親하며 君臣則教以令共之義하며 夫婦則教以內外之別하며 長幼則教以友恭之序하며 朋友則教以相孚之信하니 此五者는 人之大倫也니라
旣命契以教之하시고 而放勳이 又告戒之曰 民之用力於倫者는 則獎勸以勞之하며 民之歸向於倫者는 則誘掖以來之하며 民之立心이 背於倫者는 則匡而正之하며 民之所行이 戾乎倫者는 則矯而直之하니 凡此勞來匡直은 正所以輔而立之하고 翼而行之하여 使之自得其性也니 旣自得其性矣요 且又從而提撕警覺하여 以加曲成之惠焉이라하시니 堯之命契ㅣ如此라
夫水土方平엔 卽思所以養之하시고 衣食旣足엔 又思所以教之하시니 堯舜二聖人之勞心以憂民ㅣ如此어시늘 而暇爲耕之事乎哉아

그러나 수토水土가 비록 다스려졌으나 민리民利가 아직 일어나지 아니하니 성인聖人의 마음이 끝나지 않았다. 순舜이 다시 후직后稷에게 명

하여 백성들에게 농사짓는 법을 가르쳐 오곡을 심도록 하였다. 이로 말미암아 오곡이 익고 백성들이 식량 부족에 이르지 않게 되어 모두 생육生育의 은덕을 받을 수 있었다.

그러나 백성이 상도常道를 간직하지 않을 수 없으니, 가사 다만 배불리 먹고 따뜻하게 옷 입으며 편안하게 살되 가르침이 없게 하며 곧 그 道를 따를 줄 몰라 금수에 가깝게 된다.

그러므로 요순堯舜 같은 성인이 이를 근심하여 설契을 사도使徒의 관리로 삼아 인륜의 道를 가르치게 하셨다. 부자父子는 자애롭고 효도하는 친함으로 가르치고, 군신君臣은 명령과 받드는 의리로 가르치고, 부부夫婦는 내외의 분별로 가르치고, 장유長幼는 우애하고 공경하는 차례로 가르치고, 붕우朋友는 서로 신뢰하는 믿음으로 가르치니, 이 다섯 가지는 사람의 대륜大倫이다.

이미 설契에게 가르치도록 명한 다음, 방훈放勳이 또 고계告戒하여 가라사대 "백성 중에 인륜에 힘쓰는 자는 장려하고 권장하여 위로하며, 백성 중에 인륜에 귀의한 자는 이끌고 도와서 오게 하며, 백성 중에 입심立心이 인륜을 저버린 자는 바르게 잡아 주며, 백성 중에 행한 바가 인륜에 어긋난 자는 바로잡아 곧게 하라. 무릇 이렇게 위로하고 이끌어주고 바로 잡아주고 곧게 펴주는 것은 정히 도와주어서 바로 서게 하고, 보호해 주어서 행하게 하여 스스로 그 본성을 얻게 하는 것이다. 이미 스스로 그 본성을 얻고 또 좇아서 일깨우고 깨우쳐서 곡성曲成의 은혜를 베풀라."라고 하셨으니, 요堯가 설契에게 명한 것이 이와 같았다.

무릇 수토水土가 바야흐로 다스려지니 생육生育할 바를 생각하시고, 의식이 이미 풍족하니 또 가르칠 바를 생각하시니, 요堯와 순舜 두 성인이 노심으로 백성을 근심하는 것이 이와 같거늘 경작하는 일을 병행할 겨를이 있었겠는가?

**주해**

- 艱食(간식) : 식량이 부족하다. 艱(어려울 간)
  《書·하서夏書》에 나온다. "暨稷播, 奏庶艱食鮮食. 艱, 難也. 衆難得食處, 則與稷教民播種之, 決川有魚鱉, 使民鮮食之." 鱉(금계 별)
- 告戒(고계) : 권고하고 경계警戒하다.
- 歸向(귀향) : 귀의歸依하다. 귀부歸附하다.
  宋나라 사마광司馬光의 〈與範景仁書〉에 나온다. "皆知天之爲高, 日之爲明, 莫不瞻仰而歸向之." 瞻(볼 첨)
- 誘掖(유액) : 인도하고 도와주다. 誘(인도할 유) 掖(도와줄 액)
  《詩·진풍陳風·형문서衡門序》에 나온다. "誘僖公也. 願而無立志, 故作是詩以誘掖其君也." 이에 대해 정현鄭玄의 전箋에 "誘, 進也. 掖, 扶持也."라고 했고, 공영달孔穎達의 소疏에 "誘掖者, 誘謂在前導之, 掖謂在傍扶之, 故以掖爲扶持也."라고 했다. 掖(부축할 액)
- 曲成(곡성) : 다각적인 방법을 통하여 성취하도록 하다.
  《易·系辭上》에 나온다. "曲成萬物而不遺." 이에 대해 한강백韓康伯의 註에 "曲成者, 乘變以應物, 不系一方者也."라고 했고, 공영달孔穎達의 소疏에 "言聖人隨變而應, 屈曲委細, 成就萬物."이라고 했다.

堯ㅣ以不得舜으로 爲己憂하시고 舜이 以不得禹皐陶로 爲己憂하시니 夫以百畝之不易로 爲己憂者는 農夫也니라

**"요堯는 순舜을 얻지 못한 것을 자신의 근심으로 삼았고, 순舜은 우禹와 고요皐陶를 얻지 못한 것을 자신의 근심으로 삼았다. 무릇 백묘百畝의 토지를 다스리지 못한 것을 자신의 근심으로 삼는 자는 농부이다."**

易는 治也라

堯舜之憂民은 非事事而憂之也요 急先務而已니 所以憂民者ㅣ其大如此면 則不惟不暇耕이요 而亦不必耕矣니라

'이易'는 다스림이다.

요순堯舜이 백성을 근심한 것은 모든 일을 근심한 것이 아니요, 먼저 힘써야 할 일을 급무로 삼았을 뿐이다. 백성을 근심하는 바가 이와 같이 크면 경작할 겨를이 없을 뿐만 아니라, 또한 반드시 경작할 필요도 없다.

**주해**

- 경원보씨慶源輔氏가 말했다. "擧農者之所憂, 以幷堯舜之憂, 見其小大廣狹之不倫, 則不可耕與不必耕, 可知矣."(大全註疏)
- 易(다스릴 이)

【備旨】

堯舜之憂民은 固不暇於耕矣라 然이나 豈事事而憂之哉리오 堯之心은 惟以不得舜으로 爲己憂하시니 一得舜而堯之憂付之矣요 舜之心은 惟以不得禹皐陶로 爲己憂하시니 一得禹皐陶而舜之憂付之矣라 堯舜之憂ㅣ其大如此하시니 若夫以百畝之田不易로 爲己憂者는 農夫小人勞力者之所爲也니 豈聖人之所憂哉아

요순堯舜은 백성을 근심하여 진실로 경작할 겨를이 없었다. 그러나 어찌 일마다 모두 근심했겠는가? 요堯의 마음은 오직 순舜을 얻지 못한 것을 자신의 근심으로 삼았으니, 일단 순舜을 얻고 나서 자신의 근심을 그에게 맡기셨다. 순舜의 마음은 오직 우禹와 고요皐陶를 얻지 못

한 것을 자신의 근심으로 삼았으니, 일단 우禹와 고요皐陶를 얻고 나서 자신의 근심을 그들에게 맡기셨다.

요순堯舜의 근심이 이와 같이 컸으니, 백묘百畝의 토지를 다스리지 못한 것을 자신의 근심으로 삼는 것은 농부나 소인처럼 힘을 수고롭게 하는 자가 할 일이니, 어찌 성인이 근심할 바이겠는가?

**分人以財를 謂之惠요 敎人以善을 謂之忠이요 爲天下得人者를 謂之仁이니 是故로 以天下與人은 易하고 爲天下得人은 難하니라**

**"사람에게 재물을 나누어주는 것을 '은혜'라 말하고, 사람에게 선善을 가르치는 것을 '충忠'이라 말하며, 천하를 위하여 인재를 얻는 것을 '인仁'이라 말한다. 그러므로 천하를 남에게 주는 것은 쉽고, 천하를 위하여 인재를 얻는 것은 어려운 법이다."**

分人以財는 小惠而已요 敎人以善은 雖有愛民之實이나 然이나 其所及이 亦有限而難久라 惟若堯之得舜과 舜之得禹皐陶라야 乃所謂爲天下得人者 而其恩惠廣大하고 敎化無窮矣리니 此其所以爲仁也라

남에게 재물을 나누어주는 것은 작은 은혜일 뿐이요, 남에게 선善을 가르치는 것은 비록 백성을 사랑하는 실제가 있으나, 그 미치는 바가 또한 한계가 있어 오래하기 어렵다.

오직 요堯처럼 순舜을 얻고 순舜처럼 우禹와 고요皐陶를 얻어야 만이 이른바 천하를 위하여 인재를 얻었다고 할 수 있으며, 그 은혜가 광대

하고 교화가 무궁하게 되니 이것이 그 인仁을 행하는 바이다.

**주해**

- 分人以財 : 남에게 자신의 재물을 나누어 주다.
  "分人之財是分己之財以與人. 惠是小可恩惠."(四書補註備旨)
- 得人(득인) : 인재를 얻다. 곧 어진 이를 얻는다는 말이다.
  "得人是得賢者. 仁是天下被其澤."(四書補註備旨)

【備旨】

> 堯舜之憂는 惟在於得人하니 誠以得人之所係ㅣ爲甚大也라
> 彼憂人失養而分人以財하니 卽其及人之澤을 謂之惠ㅣ可也요 憂人無知而敎人以善하니 卽其愛民之實을 謂之忠이 可也로되 惟爲天下得人을 若堯之得舜과 舜之得禹皐陶라야 則其爲惠也ㅣ大하고 其爲忠也ㅣ溥니 斯謂之仁焉이라
> 夫仁覆天下 而惟係於得人하니 豈易言哉아 是故로 以天下與人은 但有公心者면 類能之猶易也어니와 若夫爲天下得人은 非有知人之哲者면 不能也니 不亦難哉아 此堯舜所以切切然而以不得人으로 爲己憂也라

요순堯舜의 근심은 오직 인재를 얻는데 있으니, 진실로 인재를 얻는데 관계되는 바가 크도다. 저 남들이 자신의 부모를 봉양하지 못하는 것을 근심하여 남들에게 자신의 재물을 나누어주니, 곧 그 남에게 미치는 은택을 '은혜恩惠'라고 말하는 것은 옳다. 사람들의 무지無知를 근심하여 남에게 선善을 가르치니, 곧 그 백성을 사랑하는 실제를 '충忠'이라 말하는 것이 옳다. 그러나 오직 천하를 위하여 인재를 얻는 것을 요堯가 순舜을 얻고, 순舜이 우禹와 고요皐陶를 얻는 것처럼 해야 만이

그 은혜가 크게 되고 그 충忠이 넓게 되니 이것을 '인仁'이라 말한다.

무릇 인仁이 천하를 덮는 일이 오직 인재를 얻는데 달려 있으니, 어찌 쉽게 말할 수 있으리오? 이 때문에 천하를 남에게 주는 것은 다만 공심公心이 있는 자라면 대개 쉽게 할 수 있으나, 천하를 위하여 인재를 얻는 경우는 명철하게 남을 아는 자가 아니라면 불가능 하니 또한 어렵지 않겠는가? 이는 요순堯舜이 간절하게 인재를 얻지 못한 것을 자신의 근심으로 삼은 이유이다.

**주해**

- 公心(공심) : 공정公正한 마음.
- 切切然(절절연) : 급박한 모양. 절박한 모양.
  宋나라 주희朱熹의 〈임오응조봉사壬午應詔封事〉에 나온다. "切切然今日降一詔, 明日行一事."
- 類(류) : 대개. 대략. 類(대개 류)
- 溥(넓을 부)

孔子曰 大哉라 堯之爲君이여 惟天이 惟大어늘 惟堯則之하시니 蕩蕩乎民無能名焉이로다 君哉라 舜也여 巍巍乎有天下而不與焉이라하시니 堯舜之治天下ㅣ 豈無所用其心哉시리요마는 亦不用於耕耳시니라

**"공자께서 말씀하시길 '위대하도다! 요堯가 임금이 됨이여! 오직 하늘이 위대하거늘 오직 요堯만이 하늘을 법으로 삼으셨으니, 탕탕蕩蕩**

하여 백성들이 능히 형언할 수 없도다. 임금답도다 순舜이여! 외외巍巍히 천하를 두었으되 간여干與하지 않았다' 라고 하셨다. 요순堯舜이 천하를 다스리는데 어찌 그 마음을 쓰는 바가 없었겠는가? 또한 밭가는데 마음을 쓰지 않으셨을 뿐이다."

則은 法也라 蕩蕩은 廣大之貌라 君哉는 言盡君道也라 巍巍는 高大之貌라 不與는 猶言不相關이니 言其不以位爲樂也라

'칙則'은 법法이다. '탕탕蕩蕩'은 광대廣大한 모양이다. '군재君哉'는 인군人君의 도道를 다했다는 말이다. '외외巍巍'는 높고 큰 모양이다. '불여不與'는 상관하지 않는다는 말이니, 그 천자天子의 자리로 즐거움을 삼지 않았다는 말이다.

주해

- 蕩蕩(탕탕) : 광대廣大하고 박대博大한 모양.
  《書·홍범洪範》에 나온다. "無偏無黨, 王道蕩蕩."《論語·泰伯》 편에도 나온다. "大哉, 堯之爲君也. 巍巍乎, 唯天爲大, 唯堯則之. 蕩蕩乎, 民無能名焉. 巍巍乎, 其有成功也, 煥乎. 其有文章."
- 用心(용심) : 심력心力을 쓰다. 마음이 전일專一하다.
  《論語·陽貨》 편에 나온다. "飽食終日, 無所用心, 難矣哉."
  "用心兼教養除害說."(四書補註備旨)

【備旨】

夫堯舜用心之大는 觀孔子所稱可見矣라 昔에 孔子ㅣ贊堯에 有曰 大哉라 堯之爲君也여 惟天爲大어늘 惟堯則之하니 蕩蕩乎德之廣大를 民無能名焉이라하시고 其贊舜에 有曰

君哉라 舜也여 巍巍乎以匹夫有天下로되 而若不與焉이라 하시니 由孔子之言觀之컨대 則知堯舜之治天下에 所以致此蕩蕩巍巍者ㅣ豈無所用其心哉리오마는 亦以所憂者ㅣ在於爲天下得人하여 以盡大人之事니 而不用於耕耳시니라 使堯舜用心於耕이면 則是以小人之事爲事矣니 何以成此蕩蕩巍巍之功哉리오 甚矣라 許行之謬也여

무릇 요순堯舜의 위대한 마음 씀씀이는 孔子의 찬미를 살펴보면 알 수 있다. 옛날 孔子가 요堯를 찬미하여 말씀하시길 '위대하도다, 요堯가 임금이 됨이여! 오직 하늘이 위대하거늘 오직 요堯 만이 하늘을 법으로 삼았도다. 탕탕蕩蕩하여 덕德의 광대廣大함을 백성들이 형언할 수 없도다.'라고 하셨고, 그 순舜을 찬미하여 말씀하시길 '임금답도다, 순舜이여! 외외巍巍히 필부의 신분으로 천하를 소유하였으나 간여干與하지 않는 듯하였다!'라고 하셨다.

孔子의 말로 말미암아 살피건대 요순堯舜이 천하를 다스릴 때 이 탕탕蕩蕩하고 외외巍巍함을 이루는데 어찌 그 마음을 쓰는 바가 없었겠는가? 또한 근심한 바가 천하를 위해 인재를 얻어서 그 대인大人의 일을 다하는데 있었으니, 밭가는 데 마음을 쓰지 않았다는 것을 알 수 있다.

가사 요순堯舜이 밭가는 데에 마음을 썼다면 이는 소인小人의 일로 일을 삼은 것이니, 어찌 이렇게 탕탕蕩蕩하고 외외巍巍한 功을 이룰 수 있었겠는가? 심하도다! 허행許行의 잘못이여!

吾聞用夏變夷者요 未聞變於夷者也케라 陳良은 楚產也니 悅周公 仲尼之道하여 北學於中國이어늘 北方之學者ㅣ未能或之先也하니 彼所謂豪傑之士也라 子之兄弟ㅣ事之數十年이라가 師死而遂倍之온여

"나는 제하諸夏의 가르침으로 이민족을 변화시켰다는 말은 들었어도, 이민족에게 변화를 당했다는 말은 들어보지 못했다. 진량陳良은 초楚나라에서 태어났는데, 주공周公과 중니仲尼의 도道를 좋아하여 북쪽으로 와서 중국에서 배웠다. 그런데도 북방의 학자 중에 혹 그보다 뛰어난 자가 없었으니, 그는 이른바 호걸豪傑의 선비이다. 그대 형제는 수십 년 동안 그를 섬기다가 스승이 죽자 마침내 배반하였구나."

此以下는 責陳相倍師而學許行也라

夏는 諸夏禮義之教也라 變夷는 變化蠻夷之人也요 變於夷는 反見變化於蠻夷之人也라 產은 生也라 陳良이 生於楚하니 在中國之南이라 故로 北遊而學於中國也라 先은 過也라 豪傑은 才德出衆之稱이니 言其能自拔於流俗也라 倍는 與背同이라 言陳良은用夏變夷어늘 陳相은 變於夷也라

이 이하는 진상陳相이 스승을 배반하고 허행許行에게서 배우는 것을 질책한 것이다.

'하夏'는 제하諸夏 예의禮義의 가르침이다. '만이變夷'는 이민족을 변화시키는 것이다. '변어인變於夷'는 반대로 이민족에게 변화를 당하는 것이다. '산產'은 태어남이다. '진량陳良'은 초나라에서 태어났으니 중국의

남쪽에 있다. 그러므로 북쪽으로 와서 중국에서 배운 것이다. '선先'은 넘어서다는 뜻이다. '호걸豪傑'은 재덕才德이 출중하다는 말이니, 그가 스스로 유속流俗에서 빼어난 것을 말한다. '배倍'는 '배背'와 같다. 진량陳良은 제하諸夏의 가르침으로 이민족을 변화시켰는데, 진상陳相은 이민족에게 변화를 당했다는 말이다.

**주해**

● 諸夏(제하) : 고대 중국에 대한 범칭. 봉건시대에 제후국이 많아서 나온 말이다.
《좌전左傳·희공僖公21年》 條에 나온다. "以服事諸夏."
《논어論語·팔일八佾》 편에도 나온다. "夷狄之有君, 不如諸夏之亡也."

● 兄弟(형제) : 여기에서 형은 진상陳相을 말하고, 동생은 진신陳辛을 말한다. 경원보씨慶源輔氏가 말했다. "陳良楚人而北學於中國, 則是用夏變夷. 陳相素學於陳良, 乃爲許行所變, 則是變於夷也."(大全註疏)

【備旨】

子ㅣ乃稱述許子하니 亦異乎吾所聞矣로다 吾聞用諸夏禮義之敎하여 變蠻夷之俗者요 未聞中國禮義之敎ㅣ反受變於蠻夷者也라 子之師陳良은 南楚所產之人也라 然이나 生於楚而不囿於楚하고 悅周公仲尼之道ㅣ聞得統於堯舜하여 遂北游學於中國하니 雖北方之人學於周孔者라도 亦不過與良相頡頏하여 未能或之先也라 彼誠拔出流俗하니 所謂豪傑之士也라 其用夏變夷ㅣ如此하니 夫固師之終身이 可也어늘 乃子之兄弟事之數年矣라 周孔之道를 聞之不爲不久矣어늘 迨師死未幾 而遂棄其學하여 以從異端之許行하니 若子者는 非所變於夷者耶아

그대가 이에 허자許子를 칭찬하여 말하니, 또한 내가 들은 바와 다르다. 나는 제하諸夏의 예의禮義의 가르침으로 이민족의 풍속을 변화시켰다는 말은 들었어도, 중국의 예의禮義의 가르침이 도리어 이민족에게 변화를 받았다는 말은 들어보지 못하였다.

그대의 스승 진량陳良은 남방 초楚나라에서 태어난 사람이다. 그러나 초나라에서 태어났으나 초나라에 구애받지 않고, 주공周公과 중니仲尼의 道가 요순堯舜에게 법통을 얻었다는 말을 듣고 기뻐하여, 마침내 북쪽으로 와서 중국에서 배웠다. 비록 북방 사람들이 주공周公과 공자孔子에게 배웠더라도 또한 진상陳相과 서로 우열을 가릴 수가 없었으며 혹 그보다 뛰어나지 못하였다.

그는 진실로 유속流俗에서 벗어났으니 이른바 호걸豪傑의 선비이다. 그가 제하諸夏의 예의로 이민족을 변화시킨 것이 이와 같으니, 진실로 종신토록 스승으로 삼는 것이 옳다. 그런데 너희 형제가 그를 섬긴지 몇 년이 지났으니 주공周公과 공자孔子의 도道를 들은 지 오래되지 않은 것이 아니거늘, 스승이 죽은 지 얼마 되지 않아 마침내 그 학문을 버리고 이단異端의 허행許行을 좇으니, 그대 같은 자는 이민족에게 변화를 받은 것이 아닌가?

**주해**

- 稱述(칭술) : 칭찬하여 말하다.
  《국어國語·진어晉語》 六에 나온다. "若夫三郤, 亡人之言也, 何稱述焉." 郤(고을이름 극)
- 頡頏(힐항) : 새가 오르내리며 나는 모양. 곧 상호 우열을 가릴 수 없다는 말이다. 頡(날아오를 힐) 頏(날아내릴 항)
  《宋書·사령운전謝靈運傳》에 나온다. "覩騰翰之頏頡, 視鼓鰓之往還." 宋나라 오증吳曾의 《능개재만록能改齋漫錄·악부樂府二》에도 나온다.(王君玉燕詞) '二月池塘新社過, 六朝宮殿舊巢空, 頏頡咨西東.'" 鰓(아가미 새) 巢(둥우리 소)
- 囿(얽매일 유) 拔(빼어날 발) 迨(미칠 태)

昔者에 孔子ㅣ沒커시늘 三年之外에 門人이 治任將歸할새 入揖於子貢하고 相嚮而哭하여 皆失聲然後에 歸어늘 子貢은 反하여 築室於場하여 獨居三年然後에 歸하니라 他日에 子夏子張子游ㅣ以有若似聖人이라하여 欲以所事孔子로 事之하여 彊曾子한대 曾子曰 不可하니 江漢以濯之며 秋陽以暴之라 皜皜乎不可尙已라하시니라

"옛날 孔子께서 돌아가시고 삼 년이 지나자 문인門人들이 짐을 정리하여 장차 돌아가려 할 때, 자공子貢의 처소로 찾아가 읍揖하고 서로 마주하며 곡哭을 하다가 목이 메고 나서야 돌아갔다.
자공子貢은 다시 제단 옆에 오두막을 짓고 홀로 삼 년을 지낸 뒤에 돌아갔다. 나중에 자하子夏·자장子張·자유子游는 유약有若이 성인聖人 공자를 닮았다고 하여 공자를 섬기던 예禮로 그를 섬기고자 하였다. 이에 억지로 증자曾子에게 강요하자, 증자가 가라사대 '옳지 않다. 부자夫子의 도덕은 강수江水와 한수漢水로 씻는 것과 같고, 가을 햇볕에 쪼이는 것과 같아서 호호皜皜하여 다시 더할 것이 없다.' 라고 하셨다."

三年은 古者에 爲師心喪三年이니 若喪父而無服也라 任은 擔也라 場은 冢上之壇場也라 有若似聖人은 蓋其言行氣象有似之者하니 如檀弓所記 子游謂有若之言이 似夫子之類ㅣ是也라 所事孔子는 所以事夫子之禮也라 江漢은 水多하니 言濯之

潔也요 秋日은 燥烈하니 言暴之乾也라 皜皜는 潔白貌라 尙은 加也라 言夫子道德明著하여 光輝潔白하니 非有若所能彷彿也라

或曰 此三語者는 孟子ㅣ贊美曾子之辭也라

'삼년三年'은 옛날에 스승을 위하여 삼년 심상心喪을 지냈으니, 부모상父母喪을 당한 것처럼 하되 상복은 입지 않았다. '임任'은 짐이다. '장場'은 무덤가에 제단을 세운 곳이다. '유약有若이 성인을 닮았다'는 것은 대개 언행言行과 기상氣象에 닮은 점이 있다는 것이니, 〈단궁檀弓〉 편의 기록처럼 자유子游가 '유약有若의 말이 부자夫子를 닮았다'고 말한 경우가 바로 이것이다. '소사공자所事孔子'는 부자夫子를 섬기던 禮이다.

'강수江水'와 '한수漢水'는 물이 많으니 깨끗이 씻는다는 말이다. 가을 햇볕은 강렬하므로 햇볕에 쬐어 말린다는 뜻이다. '호호皜皜'는 깨끗한 모양이다. '상尙'은 더함이다. 夫子의 도덕은 밝게 드러나 빛나고 결백하니, 유약有若이 방불彷彿할 수 없다는 말이다.

혹자 가로되 "이 세 마디는 맹자가 증자曾子를 찬미한 말이다."

**주해**

- 反(반) : 다시. '부復'와 같다. 反(다시 반)
- 心喪(심상) : 옛날 스승의 상喪을 당하여 제자들이 상복을 입지 않고 마음으로 애도를 표하는 일.
  《예기禮記·단궁상檀弓上》에 나온다. "事師無犯無隱, 左右就養無方, 服勤至死, 心喪三年." 이에 대해 정현鄭玄의 註에 "心喪, 戚容如父而無服也."라고 했다. 《후한서後漢書·방술전상方術傳上·이극李郃》에도 나온다. "門人上黨馮冑獨制服, 心喪三年, 時人異之." 馮(성 풍) 冑(맏아들 주)
- 壇場(단장) : 고대에 단壇을 세워 제사·계위繼位·맹회盟會 등의 대전大典을 거행하던 장소.

《사기史記·봉선서封禪書》에 나온다. "諸祠各增廣壇場, 珪幣俎豆, 以差加之." 珪(홀 규) 幣(폐백 폐) 俎(도마 조)

● 彷彿(방불) : 비슷하다. 본받다. '방불仿佛'과 같다. 彷(비슷할 방) 彿(비슷할 불)
《회남자淮南子·숙진훈俶眞訓》에 나온다. "天含和而未降, 地懷氣而未揚, 虛無寂寞, 蕭條霄雿, 無有彷彿, 氣遂而大通冥冥者也." 霄(하늘 소) 雿(어두울 조)

● 揖(읍 읍) 嚮(향할 향) 築(쌓을 축) 暴(햇빛쪼일 포) 皜(흴 호)

【備旨】

獨未聞聖門之尊其師者乎아 昔者에 孔子沒커시늘 至於三年之外에 門人이 心喪已畢하고 各治其任將歸時에 以子貢主喪事하여 入揖辭之하고 彼此相嚮而哭하여 皆至失聲然後에 歸하니 門人追慕其師ㅣ如此라
子貢은 獨不忍遽去하고 反而築室於壇場之上하여 獨居三年然後에 歸하니 子貢之追慕其師ㅣ又如此라
他日에 子夏子張子游ㅣ以有若言行氣象이 有似聖人이라하여 欲以所事孔子之禮로 事之하여 以慰其思慕之意 而彊曾子與之同事한대 曾子曰 不可하니 師는 原論道德이요 不論形似라 吾夫子之道德은 極其純粹而無雜하니 其諸江漢以濯之者矣며 又極其明著而無累하니 其諸秋陽以暴之者矣라 皜皜乎擧天下之言潔白이라도 無以加乎其上已니 豈有若所能彷彿哉아하시니라 是는 曾子篤信其師 而不忍倍者ㅣ又如此라

유독 성문聖門에서 그 스승을 존중했다는 말을 듣지 못했는가? 옛날에 孔子께서 돌아가시고 삼년이 지나자, 문인門人들이 이미 심상心喪을 마치고 각기 그 짐을 정리하여 장차 돌아가려고 할 때, 자공子貢이 상사喪事를 주관하였기 때문에 자공의 처소로 찾아가 읍揖하고 하직하며, 서로를 향해 마주하고 곡을 하다가 모두 목이 쉰 연후에 돌아가니, 문인들이 그 스승을 추모하는 것이 이와 같았다.

하지만 자공은 유독 차마 급히 떠나지 못하고 다시 제단 옆에 오두막을 짓고 홀로 삼년을 지낸 후에 돌아가니 자공이 그 스승을 추모함이 또한 이와 같았다.

나중에 자하子夏·자장子張·자유子游는 유약有若의 언행과 기상이 성인을 닮았다고 하여 孔子를 섬기던 예로 자공을 섬겨서 그 사모하는 마음을 위로하기로 하고 증자曾子에게 강요하여 억지로 자신들과 함께 자공을 섬기기로 하였다.

그러자 증자가 가라사대 "옳지 않다. 스승은 본래 도덕道德을 논할 뿐, 형체의 비슷함은 논하지 않는 법이다. 우리 夫子의 도덕은 지극히 순수하고 잡됨이 없으니 강수江水와 한수漢水에 씻는 것과 같으며, 또한 지극히 밝게 드러나 허물이 없으니 그 가을볕에 쪼이는 것과 같으시다. 호호皜皜하여 온 천하가 결백을 말할지라도 그 위에 더할 수가 없으니, 어찌 유약有若이 방불彷佛할 수 있으리오!"라고 하였다.

이는 증자가 그 스승의 도를 독실하게 믿고 차마 배반하지 않음이 또한 이와 같았다.

**주해**

- 形似(형사) : 모습(생김새)이 비슷하다. 곧 '형모상사形貌相似'를 말한다.
  《宋書》 卷67의 〈사령운전謝靈運傳〉에 나온다. (史臣曰) "相如巧爲形似之言, 班固長於情理之說."
- 篤信(독신) : 돈독하게 믿다. 독실하게 믿다.
  《論語·태백泰伯》 편에 나온다. "篤信好學, 守死善道, 危邦不入, 亂邦不居."

今也에 南蠻鴃舌之人이 非先王之道어늘 子倍子之師而學之하니 亦異於曾子矣로다

**"지금 남만南蠻의 박로조博勞鳥 소리를 내는 사람은 선왕의 도를 말하지 않거늘, 그대는 자신의 스승을 배반하고 그를 따라 배우니 또한 증자와 다르도다."**

鴃은 博勞也니 惡聲之鳥라 南蠻之聲이 似之하니 指許行也라

'격鴃'은 박로博勞이니 소리가 나쁜 새이다. 남만의 소리가 이와 비슷하니 허행許行을 가리킨다.

주해

● 鴃(격) : '격鴃'은 '격鵙'과 같으며, '박로조博勞鳥' 또는 '백로조伯勞鳥'를 말한다. 대개 알아듣기 힘든 남방 방언을 비유한다. 鴃(때까치 격) 鵙(대까치 격)

【備旨】

夫有若이 雖不及聖德이나 而猶有似於聖人하되 曾子ㅣ尚不忍以輕事之시니라 今許行은 乃南蠻鴃舌之人으로 所學異端이라 本非先王之道니 與子之師로 正相反者也어늘 乃倍子之師而學之하니 亦大異於曾子之尊師者矣로다

무릇 유약有若이 비록 성인의 덕德에 미치지 못하나 오히려 성인의 모습과 비슷하되, 증자曾子가 여전히 차마 가볍게 섬기지 않으셨다. 지

금 허행許行은 곧 남만南蠻의 박로조博勞鳥 소리를 내는 사람으로 배운 바가 이단異端이다. 본래 선왕先王의 道가 아니어서 그대의 스승과 더불어 정히 상반된 사람이거늘, 이에 그대의 스승을 배반하고 그를 따라 배우니 또한 증자가 스승을 존경하는 것과 크게 다르도다.

吾聞出於幽谷하여 遷于喬木者요 未聞下喬木而入於幽谷者케라

**"나는 깊고 어두운 계곡에서 날아와 높은 나무위로 옮겨간다는 말은 들었어도, 높은 나무에서 내려와 깊고 어두운 계곡으로 날아간다는 말은 듣지 못하였노라."**

小雅伐木之詩云 伐木丁丁이어늘 鳥鳴嚶嚶이로다 出自幽谷하여 遷于喬木이라하니라

《詩·소아小雅》의 〈벌목伐木〉 편의 시에 "나무 베는 소리가 정정丁丁하거늘 새 울음소리는 앵앵하도다. 깊숙한 계곡에서 날아와 높은 나무에 오르도다."라고 하였다.

**주해**

- 幽谷(유곡) : 깊고 어두운 계곡. 곧 깊고 어두운 이단異端의 학설을 말한다. "幽谷是幽暗之谷, 比異端幽暗."(四書補註備旨)
- 喬木(교목) : 높고 큰 나무. 곧 고명高明한 성현의 가르침을 말한다. 喬(높을 교)
  "喬木是高聳之木, 比聖賢高明."(四書補註備旨) 聳(솟을 용)
- 丁丁(정정) : 나무를 베는 소리.

● 遷(옮길 천) 嚶(새소리 앵)

【備旨】

> 且人之擇所從이 猶鳥之擇所止하니 吾聞出於幽谷之卑하여 遷於喬木之高者요 未聞反下喬木而入於幽谷者케라 今陳良誦法先王은 如喬木之高하고 許行溺於異端은 如幽谷之卑어늘 子ㅣ乃倍陳良而學許行하니 是下喬木而入於幽谷也라 誠鳥之不如矣니 豈吾所聞哉리오

또 사람이 좇아야할 바를 가리는 것이 새가 그칠 바를 가리는 것과 같으니, 나는 깊고 어두운 계곡에서 날아와 높은 나무위로 옮겨간다는 말은 들었어도, 반대로 높은 나무위에서 내려와 깊고 어두운 계곡으로 날아든다는 말은 들어보지 못하였다.

이제 진량陳良이 선왕을 칭송하고 법으로 삼는 것은 높은 나무와 같으며, 허행許行이 이단異端에 빠진 것은 깊고 어두운 계곡과 같다. 그대가 이에 진량을 배반하고 허행을 좇아 배우니, 이는 높은 나무에서 내려와 깊고 어두운 계곡으로 들어가는 것이다. 진실로 새만 같지 못하니 어찌 내가 들은 바이겠는가?

**주해**

● 誦法(송법) : 칭송하며 법으로 삼다.
《사기史記·진시황본기秦始皇本紀》에 나온다. "始皇長子扶蘇諫曰 : '天下初定, 遠方黔首未集, 諸生皆誦法孔子, 今上皆重法繩之, 臣恐天下不安.'" 黔(검을 검) 繩(법도 승)

魯頌에 曰戎狄是膺하니 荊舒是懲이라하니 周公이 方且膺之어시늘 子是之學하니 亦爲不善變矣로다

**"《詩·노송魯頌》에 이르기를 '융적戎狄을 이에 치고 형서荊舒를 이에 징계한다' 고 하니, 주공周公이 바야흐로 이들을 응징하려 했거늘 그대는 허행許行을 좇아 배우니 또한 좋게 변하지 못한 것이다."**

魯頌은 閟宮之篇也라 膺은 擊也라 荊은 楚本號也라 舒는 國名이니 近楚者也라 懲은 艾也라

按今此詩는 爲僖公之頌이어늘 而孟子以周公言之하니 亦斷章取義也라

'노송魯頌'은 〈비궁편閟宮篇〉이다. '응膺'은 공격하는 것이다. '형荊'은 초楚나라의 본래 이름이다. '서舒'는 나라 이름이니 초楚와 가까운 나라이다. '징懲'은 다스림이다.

살펴보건대 지금 이 詩는 희공僖公의 송頌인데, 孟子가 주공周公이라고 말했으니 또한 단장취의斷章取義한 것이다.

**주해**

- 方且(방차) : 장차 ~하려고 하다. '방장方將'과 같다.
  《사기史記》 卷70의 〈장의전張儀傳〉에 나온다. "張儀曰 賴子得顯, 方且報德, 何故去也?"
- 斷章取義(단장취의) : 문장이나 詩의 일부를 취하여 자신의 뜻을 드러내는 일.
  《좌전左傳》의 양공襄公28年條에 나온다. "宗不余辟, 余獨焉辟之? 賦詩斷章,

余取所求焉, 惡識宗?"

● 膺(징계할 응) 閟(문닫을 비) 艾(다스릴 예) 僖(기쁠 희)

【備旨】

> 且魯頌閟宮之詩에 曰於戎狄則膺而遂之하고 於荊舒則懲而伐之하니 夫戎狄荊舒는 周公이 方且膺之어늘 今子從是人而學之하니 所謂變於夷者요 亦爲不善變矣라 然則子不惟曾子之罪人이라 亦周公之罪人也라

또한 〈노송魯頌·비궁閟宮〉 편의 시에 이르기를 '융적戎狄에 대해서는 곧 공격하여 물리치고, 형서荊舒에 대해서는 곧 응징하여 정벌한다'고 하였으니, 융적과 형서는 주공周公이 바야흐로 응징하려고 하였다.

이제 그대가 허행許行을 좇아 배우니 이른바 오랑캐에게 변화된 것이요, 또한 좋게 변한 것이 아니다. 그러므로 그대는 증자曾子의 죄인일 뿐만 아니라 또한 주공周公의 죄인이다.

從許子之道則市賈ㅣ不貳하여 國中이 無僞하여 雖使五尺之童으로 適市라도 莫之或欺니 布帛長短이 同則賈相若하며 麻縷絲絮輕重이 同則賈相若하며 五穀多寡ㅣ同則賈相若하며 屨大小ㅣ同則賈相若이니라

**(진상陳相이 가로되) "허행의 도를 따르면 곧 시장의 물건 값이 두 가**

**지가 아니며, 나라에 거짓이 없게 됩니다. 비록 오척동자를 시장에 보낸다고 하여도 혹 속이는 사람이 없을 것입니다.**
**포백布帛의 장단이 같으면 곧 값이 서로 같아지며, 삼실과 명주솜의 경중이 같으면 곧 값이 서로 같아지며, 오곡의 많고 적음이 같으면 곧 값이 서로 같아지며, 신발의 크기가 같으면 곧 값이 서로 같아질 것입니다.”**

陳相이 又言許子之道ㅣ如此하니 蓋神農이 始爲市井이라 故로 許行又託於神農 而有是說也라 五尺之童은 言幼小無知也라
許行欲使市中所粥之物로 皆不論精粗美惡하고 但以長短輕重多寡大小로 爲價也라

진상陳相이 또한 허자許子의 道가 이와 같다고 말한 것이다. 대개 신농씨가 처음으로 시정市井을 만들었다. 그러므로 허행許行이 또한 신농씨에게 의탁하여 이러한 학설을 말한 것이다. ‘오척지동五尺之童’은 어려서 무지한 것을 말한다.

허행은 시중에서 파는 물건들을 모두 정밀하고 거친 것과 좋고 나쁜 것을 따지지 않고, 다만 장단長短·경중輕重·다과多寡·대소大小로써 값을 정하고자 한 것이다.

주해

- 道(도) : 여기서는 시장을 다스리는 도를 말한다.
- 麻縷(마루) : 삼으로 만든 실. ‘마선麻綫’과 같다.
- 絲絮(사서) : 명주솜. ‘사면絲綿’과 같다.
  《사기史記·흉노열전匈奴列傳》에 나온다. “匈奴處北地, 寒, 殺氣早降, 故詔吏遺單於秫糵金帛絲絮佗物歲有數.” 糵(누룩 얼) 佗(다를 타)

● 欺(속일 기) 賈(값 가) 縷(명주 루) 絮(솜 서) 屨(신 구)

【備旨】

陳相이 又變之辭曰 許行並耕之說은 雖不可從이나 然從許子治市之道면 則物得其平而市賈不貳하고 交易得宜而國中無僞하여 使五尺之童으로 適市以貿易이라도 人亦莫之或欺니 如布與帛이 但以丈尺長短이 同則賈卽相若하며 如麻與縷와 絲與絮ㅣ但以斤兩輕重이 同則賈卽相若하며 如五穀이 但以斗石多寡ㅣ同則賈卽相若하며 如屨ㅣ但以尺寸大小ㅣ同則賈卽相若이니 市賈之不貳ㅣ如此라 此許子之道之善 而有可從者也라

진상陳相이 또 말을 바꾸어 가로되 "허행許行의 경작을 병행해야 한다는 학설은 비록 따를 수 없으나, 그러나 허자許子의 시장을 다스리는 道를 따르면 곧 물건이 그 공평함을 얻어 시장의 물건 가격이 두 가지가 아니며, 교역이 마땅함을 얻어 나라에 거짓이 없게 됩니다.

비록 오척동자를 시장에 보내어 무역거래를 하게 해도 사람들이 또한 혹 속이지 않을 것입니다.

예를 들어 포백布帛은 다만 장척丈尺의 장단長短이 같으면 곧 가격이 서로 같아집니다. 예를 들어 삼과 실, 명주와 솜은 다만 근량斤量의 경중輕重이 같으면 곧 값이 서로 같아집니다. 예를 들어 오곡五穀은 다만 두석斗石의 다과多寡가 같으면 곧 값이 서로 같아집니다. 예를 들어 신발은 다만 척촌尺寸의 치수가 같으면 곧 값이 서로 같아집니다. 시장 가격이 두 가지가 아님이 이와 같으니, 이는 허자의 道가 善하여 따를 수가 있는 것입니다."

주해

- 丈尺(장척) : '장丈'과 '척尺'은 모두 도량형으로 1丈은 10尺에 해당한다. 《회남자淮南子·태족훈泰族訓》에 나온다. "故凡可度者小也, 可數者少也. 至大非度之所能及也……太山不可丈尺也."
- 斤兩(근량) : '근斤'과 '양兩'은 모두 도량형으로 1斤은 16兩에 해당한다. '중량重量' 또는 '분량分量'과 같다.
  《회남자淮南子·인간훈人間訓》에 나온다. "大鬭斛以出, 輕斤兩以內." 斛(휘 곡) 진晉나라 갈홍葛洪의 《포박자抱朴子·청감淸鑒》에도 나온다. "此爲絲線既經於銓衡, 布帛已歷於丈尺, 徐乃說其斤兩之輕重, 端匹之修短, 人皆能之, 何煩於哲哉." 銓(저울 전)
- 斗石(두석) : '두斗'와 '석石'은 모두 도량형으로 1石은 10斗에 해당한다. 尺寸(척촌) : '척尺'과 '촌寸'은 모두 도량형으로 1尺은 10寸에 해당한다. 《관자管子·형세해形勢解》에 나온다. "以規矩爲方圜則成, 以尺寸量長短則得, 以法數治民則安."

曰 夫物之不齊는 物之情也니 或相倍蓰하며 或相什伯하며 或相千萬이어늘 子ㅣ比而同之하니 是는 亂天下也로다 巨屨小屨ㅣ同賈면 人豈爲之哉리오 從許子之道면 相率而爲僞者也니 惡能治國家리오

**(맹자) 가라사대 "물건이 가지런하지 않음은 물건의 자연스런 이치이다. 혹은 가격이 서로 배가 되고 다섯 배가 되며, 혹은 서로 열 배가 되고 백 배가 되며, 혹은 서로 천 배가 되고 만 배가 된다.**
**그대 이것들을 나란히 하여 값을 같게 한다면 이는 천하를 어지럽히는 것이다. 큰 신발과 작은 신발이 값이 같다면 사람들이 어찌**

큰 신발을 만들겠는가? 허자許子의 도를 따르면 사람들을 서로 이끌어 거짓을 행하도록 하는 것이니, 어찌 국가를 다스릴 수 있겠는가?"

倍는 一倍也요 蓰는 五倍也요 什伯千萬은 皆倍數也라 比는 次也라

孟子言物之不齊는 乃其自然之理니 其有精粗는 猶其有大小也라 若大屨小屨同價 則人豈肯爲其大者哉리오 今不論精粗하고 使之同價면 是는 使天下之人으로 皆不肯爲其精者하고 而競爲濫惡之物하여 以相欺耳니라

'배倍'는 한 배이다. '사蓰'는 다섯 배이다. '십什'·'백伯'·'천千'·'만萬'은 모두 배수이다. '비比'는 나란히 하는 것이다.

맹자께서 말씀하시길 "물건의 가격이 다른 것은 곧 그 자연의 이치이다. 그 정밀하고 거친 차이가 있는 것은 그 크고 작음이 있는 것과 같다. 만약 큰 신발과 작은 신발이 값이 같으면 곧 사람들이 어찌 기꺼이 그 큰 신발을 만들겠는가? 이제 정밀하고 거칢은 논하지 않고 값을 같게 한다면, 이는 천하의 사람으로 하여금 모두 그 정밀한 것은 기꺼이 만들지 않고, 다투어 남악濫惡한 물건들을 만들어 서로 속이게 할 뿐이다."라고 하셨다.

**주해**

- 情(정) : 여기서는 사물의 자연스런 이치를 말한다.
  "情是自然之理."(四書補註備旨)
  신안진씨新安陳氏가 말했다. "情, 實也. 自然之理卽所謂物之實理也."(大全註疏)

● 濫惡(남악) : 지나치게 거칠다. '악열惡劣'과 같다. 濫(넘칠 람)
《자치통감資治通鑒·당현종개원唐玄宗開元22년》條에 나온다. "張九齡請不禁鑄錢, 三月, 庚辰, 敕百官議之. 裴耀卿 等皆曰 : '一啓此門, 恐小人棄農逐利, 而濫惡更甚.'" 鑄(도야할 주) 敕(조서 칙)
● 蓰(다섯곱 사) 比(나란할 비) 次(나란할 차) 屨(신 구) 惡(어찌 오)

【備旨】

孟子ㅣ又辯之曰 氣化有參差하고 人事有巧拙하니 夫物之美惡精麤不齊者는 乃其自然之情也라 就其不齊者而較之컨댄 或自一而相去一倍五倍焉이요 或自一而相去什倍百倍焉이요 或自一而相去千倍萬倍焉하니 物之不齊ㅣ如此라 子ㅣ欲比其不齊之物而同之하여 使無異賈則物情이 不得其平하고 人心이 日趨於詐니 是亂天下之道也라
試卽子之所謂屨者言之컨댄 物之有精麤美惡이 猶屨之有大小也라 設使巨屨與小屨ㅣ同賈則人豈肯爲其巨者哉아 然則精者與麤者ㅣ同賈則人豈肯爲其精者哉아 若從許子齊賈之道면 是使天下之人으로 相率而爭爲濫惡之物하여 以相欺僞也라 本欲去僞라가 適以長僞니 惡能治國家哉리오 是不惟並耕之說不可從이요 而治市之道도 亦不可從矣니 子從而學之何哉오

맹자께서 다시 논변하여 가라사대 "음양의 기운이 만물을 화생하는데 가지런하지 못한 경우가 있고 인사人事에는 교졸巧拙이 있는 법이니, 사물의 미악美惡과 정추精麤가 가지런하지 않는 것은 곧 그 자연스러운 이치이다.

그 가지런하지 않는 것에 나아가 비교해 보면 혹 하나로부터 서로

떨어져 한 배와 다섯 배가 되며, 혹 하나로부터 서로 떨어져 열 배와 백 배가 되며, 혹 하나로부터 서로 떨어져 천 배와 만 배가 된다. 사물이 가지런하지 않음이 이와 같거늘, 그대는 그 가지런하지 않는 물건을 나란히 하고 동일시하여 두 가지 가격이 없게 한다면 곧 사물의 이치가 그 공평함을 얻지 못하고, 인심이 날로 속이는 데로 나아갈 것이니, 이는 천하를 어지럽히는 도이다.

시험삼아 그대가 말한 신발을 들어 말하건대, 물건에 정추精麤하고 미악美惡한 것이 있는 것은 신발에 대소大小가 있는 것과 같다. 가사 큰 신발과 작은 신발이 가격이 같으면 곧 사람들이 어찌 기꺼이 그 큰 신발을 만들겠는가? 그러므로 정밀한 것과 거친 것이 가격이 같으면 곧 사람들이 어찌 기꺼이 그 정밀한 것을 만들겠는가? 만약 허자許子의 가격을 같게 하는 道를 따르면, 이는 천하의 사람들로 하여금 서로 이끌고 다투어서 남악濫惡한 물건을 만들어 서로 속이게 만드는 것이다.

본래는 거짓을 제거하고자 하다가 다만 거짓을 조장할 뿐이니, 어찌 국가를 다스릴 수 있으리오? 이는 다만 경작을 병행해야 한다는 학설을 따를 수 없을 뿐만 아니라 시장을 다스리는 道도 또한 따를 수 없는 것이니, 그대가 그를 좇아 배우려고 하는 것이 무엇인가?"

**주해**

- 氣化(기화) : 음양陰陽의 기氣가 만물을 화생化生하다.
  宋나라 장재張載의 《정몽正蒙·태화太和》에 나온다. "由太虛, 有天之名. 由氣化, 有道之名."《이정유서二程遺書》 卷5에도 나온다. "萬物之始皆氣化. 旣形然後以形相禪, 有形化. 形化長, 則氣化漸消."
- 參差(참치) : 장단長短과 고저高低가 가지런하지 않는 모양.
  《시경詩經·주남周南·관저關雎》 편에 나온다. "參差荇菜, 左右流之." 荇(마름 행)
- 日趨(일추) : 날마다 ~로 나아가다. 趨(나아갈 추)

宋나라 이여호李如篪의 《동원총설東園叢說·학자자출기견學者自出己見》에 나온다. "時世日趨浮薄, 學者觀書不探本源." 篪(긴대 호)

● 拙(졸렬할 졸) 麤(거칠 추)

[5·5]

墨者夷之ㅣ 因徐辟而求見孟子한대
孟子曰 吾ㅣ固願見이라니 今吾ㅣ尙病이라 病愈어든 我且往見호리니 夷子는 不來니라

**묵가墨家를 따르는 이지夷之가 서벽徐辟을 통하여 맹자를 뵙고자 하였다.**
**맹자 가라사대 "내가 진실로 만나보기를 원하였으나, 지금은 내가 아직 병중에 있다. 병이 나으면 내가 장차 찾아가 만날 것이니 이자夷子는 올 필요가 없느니라."**

墨者는 治墨翟之道者라 夷는 姓이요 之는 名이라 徐辟은 孟子弟子라
孟子稱疾은 疑亦託辭以觀其意之誠否라

'묵자墨者'는 묵적墨翟의 도를 배우는 자이다. '이夷'는 성이요 '지之'는 이름이다. '서벽徐辟'은 맹자의 제자이다.

맹자께서 병을 핑계삼은 것은 의심컨대 또한 말에 기탁하여 그의 뜻이 정성스러운가의 여부를 살피고자 한 것이다.

주해

- 因(인) : 의탁하다. 기탁하다.
- 운봉호씨雲峯胡氏가 말했다. "許行與民幷耕之說, 是欲以其君下同於庶民. 墨子兼愛之說, 是欲以其親泛同於衆人, 皆非聖人之道而自爲一端. 此孟子所以深闢之也."(大全註疏)

【備旨】

時有治墨翟之道名夷之者ㅣ因徐辟而求見孟子하니 蓋歸儒之一機也라
孟子ㅣ未知其意之誠否라 姑託病而辭之曰 夷子之來는 吾固願見이러니 今吾尙病이라 未能見也라 病愈커든 我且往見하리니 夷子는 不必來也하라
此는 非孟子眞欲往敎요 而卻其來하여 正待其能再來하여 以爲施敎之地耳라

당시 묵적墨翟의 도를 배우는 사람 중에 이지夷之라는 자가 서벽徐辟을 통하여 맹자를 뵙고자 하였으니, 대개 유가에 귀의하고자 하는 하나의 기미機微였다.

맹자께서 그의 뜻이 정성스러운가의 여부를 알지 못하였다. 그래서 잠시 병에 기탁해서 말씀하여 가라사대 "이자夷子가 찾아오면 내가 진실로 만나보기를 원한다. 그러나 내가 아직 병중이니 만날 수가 없다. 병이 나으면 내가 찾아가서 만날 것이니 이자夷子는 찾아올 필요가 없느니라."

이는 맹자께서 정말 찾아가 가르치려고 하신 것이 아니다. 그가 찾아오는 것을 물리쳐서 정히 그가 다시 찾아오기를 기다려 가르침을 베푸는 여지로 삼고자 했을 뿐이다.

주해

● 郤(물리칠 각)

他日에 又求見孟子한대

孟子曰 吾丨今則可以見矣어니와 不直則道不見하나니 我且直之하리라 吾聞夷子는 墨者라하니 墨之治喪也는 以薄爲其道也라 夷子丨思以易天下하나니 豈以爲非是而不貴也리오 然而夷子丨葬其親이 厚하니 則是以所賤事親也로다

얼마 후 다시 맹자를 뵙고자 하였다.

맹자께서 가라사대 "내가 이제는 만나 볼 수 있다. 그러나 직설로 말하지 않으면 도道가 드러나지 못하니, 내가 잠시 직설로 말하리라. 내 듣건대 이자夷子는 묵가墨家를 따르는 자라고 하니, 묵가의 치상治喪은 절검節儉하는 것을 道로 삼는다. 이자夷子는 이 道로써 천하를 바꾸려고 생각하니, 어찌 그 도가 옳지 않다고 여겨서 귀하게 여기지 않았겠는가? 그러나 이자夷子가 자신의 어버이를 장사지내는 것은 후厚하게 치렀으니, 이는 자신이 천賤하게 여기는 것으로 어버이를 섬긴 것이다."

又求見則其意已誠矣라 故로 因徐辟以質之如此니라 直은 盡言以相正也라

莊子曰 墨子는 生不歌하고 死無服하며 桐棺三寸而無槨이라

하니 是는 墨之治喪이 以薄爲道也라
易天下는 謂移易天下之風俗也라
夷子學於墨氏로되 而不從其敎하니 其心에 必有所不安者라
故孟子ㅣ 因以詰之리라

다시 뵙고자 한 것은 곧 그 뜻이 이미 정성스러운 것이다. 그러므로 서벽徐辟을 통하여 질정質正하신 것이 이와 같다. '직直'은 말을 다하여 질정하는 것이다.

장자莊子 가로되 "묵자는 살아서는 노래하지 않고, 죽어서는 상복喪服이 없으며, 오동나무 관은 세 치 두께로 하되 곽槨이 없다"라고 했으니, 이는 묵가墨家의 치상治喪이 절검節儉하는 것으로 道를 삼은 것이다.

'역천하易天下'는 천하의 풍속을 바꾼다는 말이다.

이자夷子는 묵씨에게 배웠으나 그 가르침을 따르지 않아 자신의 마음에 필시 불안한 바가 있었을 것이다. 그러므로 맹자께서 그로 인하여 힐문詰問하신 것이다.

주해

- 且(차) : 잠시. 잠깐. '고차姑且'와 같다.
  "且字, 對遽見言."(四書補註備旨)
- 豈以爲非是而不貴也 : '어찌 절검節儉을 옳지 않다고 하여 귀하지 않다고 여기겠는가?' 곧 '절검節儉을 옳지 않다고 여기고 않고, 절검節儉을 귀하지 않다고 여기지 않는다는 말이다.
  "猶言決不以薄道爲不是, 不以薄道爲不貴."(四書補註備旨)
- 移易(이역) : 변경하고 바꾸다. '갱개更改'와 같다.

【備旨】

他日에 夷子ㅣ又因徐辟以求見孟子하니 則其意已誠矣라 孟子ㅣ語徐辟曰 吾今病愈하니 可以見夷子矣로되 但墨道與吾道不同하니 使我不盡言以正其非면 則吾儒之道不見(현)其爲是也리니 我且未見而先直之하리라 吾聞 夷子는 乃學於墨氏之道者라하니 墨氏之治喪也는 凡棺槨之類를 槪以薄爲其道也라 夷子ㅣ思以其道移易天下之風俗하나니 豈以墨氏之道爲非是而不貴尙之哉리오 以薄爲貴면 則必以厚爲賤矣리니 然而夷子所以葬其親者ㅣ卻從厚하니 則是以墨氏所賤之道로 事其親也니 是何心哉아

얼마 후 이자夷子가 다시 서벽徐辟을 통하여 맹자를 뵙고자 하니 곧 그 뜻이 이미 정성스러운 것이다.

맹자께서 서벽에게 말하여 가라사대 "내가 지금 병이 나았으니 이자夷子를 만나 볼 수 있다. 다만 묵가墨家의 道와 우리의 道가 같지 않으니, 가사 내가 말을 다하여 그 잘못을 바로잡지 못하면 우리 유가儒家의 道가 옳다는 것을 나타낼 수 없을 것이다. 그러므로 내가 우선 만나지 않고 먼저 그에게 직설하리라.

내 듣건대 이자夷子는 곧 묵가의 道를 배우는 자라고 하니, 묵씨의 치상治喪은 관곽(棺槨)을 대개 절검하는 것으로 그 도를 삼는다. 이자夷子가 그 道로 천하의 풍속을 바꾸려고 생각하니, 어찌 묵씨의 도를 옳지 않다고 하며 귀하게 숭상하지 않으리오!

절검을 귀하게 여기면 반드시 후장厚葬을 천하게 여길 것이다. 그러나 이자夷子가 어버이를 장사지내는 것은 도리어 후함을 따랐다. 이는 묵씨가 천하게 여긴 바의 道로 그 어버이를 섬긴 것이니 이것이 무슨 마음인가?"

徐子ㅣ以告夷子한대

夷子曰 儒者之道에 古之人이 若保赤子라하니 此言은 何謂也오 之則以爲愛無差等이요 施由親始라하노라

徐子ㅣ以告孟子한대

孟子曰 夫夷子는 信以爲人之親其兄之子ㅣ爲若親其鄰之赤子乎아 彼有取爾也니 赤子匍匐將入井이 非赤子之罪也라 且天之生物也ㅣ使之一本이어늘 而夷子는 二本故也로다

서자徐子가 이 말을 이자夷子에게 고하였다.

이자夷子 가로되 "유가儒家의 道에 '옛 사람이 어린아이를 보호하는 것처럼 백성을 사랑한다' 고 하였으니, 이는 무슨 말입니까? 저는 곧 사랑은 차등이 없고, 사랑을 베푸는 것은 어버이로부터 시작해야 한다고 생각합니다."

서자徐子가 이 말을 맹자께 고하였다.

맹자 가라사대 "이자夷子는 진실로 사람들이 자신의 조카를 친애하는 것을 그 이웃집의 어린아이를 친애하는 것과 똑같이 한다고 생각하는가? 저 《서경書經》의 말은 달리 취한 뜻이 있으니, 어린아이가 기어서 장차 우물에 빠지려고 하는 것은 어린아이의 잘못이 아니다. 또한 하늘이 만물을 낳고서 하나의 근본을 두었는데, 이자夷子는 근본을 두 개로 삼았기 까닭이다."

若保赤子는 周書康誥篇文이니 此는 儒者之言也라 夷子ㅣ引之는 蓋欲援儒而入於墨하여 以拒孟子之非己라 又曰 愛無差

等이요 施由親始는 則推墨而附於儒하여 以釋己所以厚葬其親之意니 皆所謂遁辭也라

孟子言人之愛其兄子與鄰之子가 本有差等하니 書之取譬는 本爲小民無知而犯法이 如赤子無知而入井耳라 且人物之生이 必各本於父母而無二하니 乃自然之理니 若天使之然也라 故로 其愛由此立而推以及人하여 自有差等이어늘 今如夷子之言이면 則是視其父母本無異於路人이요 但其施之之序 姑自此始耳니 非二本而何哉리오

然이나 其於先後之間에 猶知所擇하니 則又其本心之明이 有終不得而息者라 此其所以卒能受命而自覺其非也니라

'약보적자若保赤子'는 《주서周書·강고편康誥篇》의 글이니, 이는 유자儒者의 말이다. 이자夷子가 이를 인용한 것은 대개 유가儒家의 말을 묵가로 끌고 들어가 맹자가 자신을 비난하는 것을 막기 위한 것이다. 또한 "사랑은 차등이 없고, 사랑을 베푸는 것은 어버이로부터 시작해야 한다"고 말한 것은 곧 묵가를 밀어내고 유가에 붙어서 자신이 그 어버이를 후장厚葬한 뜻을 해석한 것이니, 모두 이른바 둔사遁辭에 해당한다.

맹자께서 "사람들이 그 형의 아들과 이웃집의 아들을 사랑하는데 본래 차등이 있으니, 《서경書經》에서 취한 비유는 본래 소민小民들이 무지하여 법을 어기는 것이 마치 어린아이가 무지하여 우물에 빠져드는 것과 같을 뿐이다. 또 사람과 만물이 태어난 것은 반드시 각각 부모에게 근본하여 두 가지가 없으니, 이것이 바로 자연의 도리이며 하늘이 그렇게 시킨 것과 같다. 그러므로 그 사랑이 이로 말미암아 세워지고 미루어 남에게 미쳐서 저절로 차등이 있게 된다. 지금 이자夷子의 말과 같으면 곧 이는 그 부모를 본래 길가는 사람과 다르지 않게 간주하는 것이요, 다만 그 사랑을 베푸는 차례가 잠시 이로부터 시작될 뿐

이니, 두 가지 근본이 아니고 무엇이겠는가?"라고 말씀하셨다.

그러나 그 선후의 사이에 오히려 가릴 바를 아니, 또한 그 본심의 밝음이 끝내 능히 종식되지 않는 것이 있었다. 이는 이자夷子가 마침내 가르침을 받아 스스로 그 잘못을 깨닫게 된 이유이다.

**주해**

- 古之人(고지인) : 옛 사람. 여기서는 '선성先聖'을 말한다.
- 之(지) : 이자夷子의 이름이다.
- 赤子(적자) : 갓난아이. 곧 '백성'을 말한다.
- 彼(피) : 여기서는 《서경書經》을 말한다.
  "取爾, 如言有所取義."(四書補註備旨)
- 遁辭(둔사) : 이치가 막혀 궁하게 나오는 말. '둔사遯辭'와 같다. 遁(달아날 둔)
  《孟子·公孫丑上》에 나온다. "邪辭知其所離, 遁辭知其所窮."
  신안진씨新安陳氏가 말했다. "理屈辭窮, 强爲此說以自逃遁也."(大全註疏)
  逃(달아날 도)
- 匍(길 포) 匐(길 복)

【備旨】

徐子ㅣ以孟子之言으로 告夷子한대
夷子自辯其是曰 孟子謂我兼愛爲非하니 彼儒者之道에 未始不是兼愛니 如康誥所言에 古人保民이 若保赤子라하니 此言은 果何謂也오 不猶吾之兼愛者乎아 在之則以爲赤子는 至親也니 以赤子視天下하면 亦親也라 故로 愛本無差等之異요 但所施之序則由親始耳니 此吾所以厚葬其親也니 豈以所賤事親乎아
徐子ㅣ以夷子之言으로 告孟子한대

孟子ㅣ又解書之意以闢之曰 夫夷子據如保赤子之言은 信以爲人之親其兄之子ㅣ爲若愛其鄰之赤子而果無差等乎아 彼書之言은 固有所取爾也니 書之言은 本爲小民無知而犯法이 非小民之罪니 如赤子無知而匍匐將入井이 非赤子之罪也라 故로 保民을 若保赤子耳요 非謂愛其兄之子를 一若愛其鄰之赤子也니 謂儒者之道ㅣ亦兼愛는 不亦謬乎아 且天之生物也에 受氣於父하고 成形於母하여 其本原一而無二니 若天使之然者라 惟其本이 出於一故로 愛亦主於一이어늘 今夷子謂愛無差等은 則親固其親이요 而路人도 亦其親矣니 是는 人皆一本而夷子는 二本故也라 雖施由親始나 豈同於儒者之立愛惟親哉리오

서자徐子가 맹자의 말씀을 이자夷子에게 고하였다.

이자夷子가 스스로 자신이 옳다는 것을 변론하여 가로되 "맹자께서 내가 겸애兼愛를 하는 것이 그르다고 말씀하시니, 저 유자儒者의 道는 애초에 이 겸애兼愛가 아닌 것이 없습니다. 예를 들어 《주서周書·강고편康誥篇》에 '옛 사람이 백성을 보호하는 것이 마치 어린아이를 보호하는 것과 같다'고 말했으니, 이 말은 과연 무슨 뜻입니까? 우리의 겸애兼愛라는 것과 같지 않습니까?

저에게 있어서 어린아이는 지친至親이니 어린아이를 대하는 마음으로 천하를 보면 또한 친하게 됩니다. 그러므로 사랑은 본래 차등의 차이가 없으며, 다만 베푸는 순서는 친함으로부터 비롯될 뿐입니다. 이것이 바로 내가 그 어버이를 후장厚葬한 이유이니, 어찌 천함으로 어버이를 섬기겠습니까?"

서자徐子가 이자夷子의 말을 맹자께 고하였다.

맹자께서 또 《서경書經》의 뜻을 풀어서 이자夷子를 깨우쳐 가라사

대 "무릇 '여보적자如保赤子'에 의거한 이자夷子의 말은 진실로 사람들이 자신의 조카를 친애하는 것을 그 이웃집의 어린아이를 친애하는 것처럼 과연 차등이 없다고 생각하는가? 저 《서경書經》의 말은 진실로 달리 취한 뜻이 있다. 《서경》의 말은 본래 소민小民들이 무지하여 법을 어기는 것이 소민小民들의 죄가 아니라는 말은 마치 어린아이가 무지하여 엉금엉금 기어서 장차 우물에 빠져드는 것이 어린아이의 죄가 아니라는 말과 같다. 그러므로 어린아이를 보호하는 것처럼 백성을 보호할 뿐이요, 그 형의 자식을 그 이웃집의 어린아이를 사랑하는 것처럼 똑같이 사랑해야 한다는 사실을 말하는 것이 아니니, 유자儒者의 道가 또한 겸애兼愛와 같다고 말하는 것은 또한 잘못이 아닌가?

또 하늘이 만물을 낳아서 아버지에게 기氣를 받고 어머니에게 몸체를 이루어 그 근원이 하나요 둘이 아닌 것은 하늘이 그렇게 만든 것과 같다. 오직 그 근본이 하나에서 나왔기 때문에 사랑도 또한 하나에서 주장된다. 이제 이자夷子가 사랑은 차등差等이 없다고 말하는 것은 곧 어버이는 진실로 그 어버이요, 길가는 사람도 또한 그 어버이라고 하는 것이다. 이는 사람의 근본이 모두 하나인데 이자夷子는 근본을 두 개로 삼았기 때문이다. 그러므로 비록 사랑을 베푸는 것이 어버이로부터 시작되었으나, 어찌 유자儒者의 '사랑은 친인親人으로부터 시작된다'는 말과 같겠는가?"

**주해**

- 立愛惟親(입애유친) : 사랑은 친인親人으로부터 시작하여 점차 소원한 사람에게 미친다.
  《상서尙書·이훈伊訓》 편에 나온다. "立愛惟親, 立敬爲長, 始於家, 終於四海."
- 辟(풀 해) 闢(깨우칠 벽)

蓋上世에 嘗有不葬其親者러니 其親이 死커늘 則擧而委之於壑하고 他日過之할새 狐狸ㅣ食之하며 蠅蚋ㅣ姑嘬之어늘 其顙有泚하여 睨而不視하니 夫泚也는 非爲人泚라 中心이 達於面目이니 蓋歸하여 反虆梩而掩之하니 掩之ㅣ誠是也면 則孝子仁人之掩其親이 亦必有道矣니라

"대개 상고시대에 일찍이 그 어버이를 장사지내지 않은 자가 있었는데, 그 어버이가 죽자 곧 떠메어 산골짜기에 버렸다. 그러다가 나중에 그 곳을 지나는데 여우와 살쾡이가 어버이의 시신을 뜯어 먹고 파리와 모기떼가 이를 핥고 있었다.
그는 이마에 땀을 흥건히 흘리고 곁눈질하며 똑바로 보지를 못하였다. 무릇 땀을 흥건히 흘린 것은 남들 때문에 흘린 것이 아니라, 마음의 회한이 얼굴에 드러난 것이다.
대개 집으로 돌아와 삼태기와 가래를 가지고 가서 시신을 덮어 묻었으니 시신을 매장하는 것이 진실로 옳다면 곧 효자와 어진 이가 그 어버이를 매장하는데 또한 반드시 道가 있을 것이다."

因夷子厚葬其親而言此하여 以深明一本之意라 上世는 謂太古也라 委는 棄也라 壑은 山水所趨也라 蚋는 蚊屬이라 姑는 語助聲이니 或曰螻蛄也라 嘬는 攢共食之也라 顙은 額也라 泚는 泚然汗出之貌라 睨는 邪視也요 視는 正視也라 不能不視하고 而又不忍正視는 哀痛迫切하여 不能爲心之甚也라 非爲人泚는 言非爲他人見之而然也라

所謂一本者를 於此見之면 尤爲親切이니 蓋惟至親하여 故로 如此요 在他人이면 則雖有不忍之心이나 而其哀痛迫切이 不至若此之甚矣라

反은 覆也라 虆는 土籠也요 梩는 土轝也라 於是에 歸而掩覆其親之尸하니 此는 葬埋之禮所由起也라 此掩其親者ㅣ若所當然이면 則孝子仁人所以掩其親者ㅣ必有其道 而不以薄爲貴矣리라

이자夷子가 그 어버이를 후장厚葬하였기 때문에 이를 말하여 근본이 하나라는 뜻을 깊이 밝히신 것이다. '상세上世'는 태고시대를 말한다. '위委'는 버리는 것이다. '학壑'은 산물이 급히 흘러가는 곳이다. '예蚋'는 모기 종류이다. '고姑'는 어조사이니, 혹은 누고螻蛄라고도 말한다. '최嘬'는 떼지어 함께 먹는 것이다. '상顙'은 이마이다. '자泚'는 흥건히 땀이 나는 모양이다. '예睨'는 곁눈질이요, '시視'는 똑바로 보는 것이다. 똑바로 보지 않을 수도 없고, 또한 차마 똑바로 보지 못하는 것은 애통하고 절박하여 심히 마음을 다스릴 수 없는 것이다. '비위인자非爲人泚'는 남들이 보기 때문에 그러한 것이 아니라는 말이다.

이른바 '일본一本'이란 것을 여기에서 보면 더욱 자세하고 적확的確하니, 대개 지극히 친하기 때문에 이와 같은 것이요, 타인의 경우라면 비록 차마하지 못하는 마음이 있으나 그 애통하고 절박함이 이처럼 심하게 되지는 않았을 것이다. '반反'은 뒤덮는 것이다. '류虆'는 흙을 담는 도구이다. '리梩'는 흙을 나르는 도구이다. 이에 집으로 돌아와 삼태기와 가래를 가지고 가서 시신을 덮어 묻으니, 이는 매장埋葬의 예禮가 말미암아 일어난 바이다. 이는 그 어버이를 매장하는 것이 만약 당연한 것이라면 곧 효자와 어진 이가 그 어버이를 매장하는데 반드시 그 道가 있을 것이니, 장사葬事를 절검節儉하게 지내는 것을 귀하게 여기

지 않을 것이다.

**주해**

- 螻蛄(누고) : 땅강아지. 螻(땅강아지 루) 蛄(땅강아지 고)
- 泚然(자연) : 흥건히 땀이 나는 모양. 泚(땀이날 자)
  漢나라 조기趙岐의 註에 "泚, 汗出泚泚然也."라고 했다.
- 虆梩(유리) : 삼태기와 가래. '류虆'는 흙을 담는 도구이다. '이梩'는 흙을 파거나 나르는 도구이니, '초鍬' 또는 '사耜'와 같다. 虆(삼태기 류) 梩(가래 리) 鍬(가래 초) 耜(보습 사)
- 道(도) : 여기서는 후장厚葬의 도를 말한다.
- 親切(친절) : 자세하고 적확的確하다.
  《삼국유사三國演義》 第18回에 나온다. "暗地拈弓搭箭, 覷得親切, 一箭射去, 正中夏侯惇左目." 拈(잡을 념) 覷(엿볼 처) 惇(도타울 돈)
- 葬埋(장매) : 장사葬事하여 매장埋葬하다. 곧 '매장埋葬'과 같다.
- 壑(골짜기 학) 蠅(파리 승) 蚋(모기 예) 嘬(물 최) 顙(이마 상) 睨(흘겨볼 예) 掩(묻을 엄) 攢(모일 찬) 埋(묻을 매) 轝(수레 여)

【備旨】

以一本之理로 言之컨댄 蓋上古之世에 法制未備하여 嘗有不葬其親者러니 其親ㅣ死커늘 則擧而委之於山水所趨之壑하고 至於他日過之할새 則見夫狐狸群而食之하며 蠅蚋姑聚而嘬之어늘 於是에 其顙泚然汗出하여 但邪視而不忍正視라 夫泚也는 非爲他人見之而有此泚也라 乃其哀痛迫切之情이 由中心而達於面目하여 無所爲而然者也라 於是에 歸取虆梩하여 反土而掩之하니 後世葬埋之理ㅣ從玆起矣라 夫此掩其親者ㅣ若所當然이면 則孝子仁人之所以掩其親者ㅣ亦必有道而不以薄爲貴矣니라 蓋惟其本之一故로 其葬之

厚하니 彼夷子之厚葬은 正於仁孝之心 一本之道에 有合焉이어늘 顧乃蔽於愛無差等之學하니 謂之何哉아

일본一本의 이치로 말하건대, 대개 상고시대에 법제가 아직 마련되지 못하여 일찍이 그 어버이를 장사지내지 않은 자가 있었는데, 그 어버이가 죽자 곧 시신을 떠메어 산물이 급하게 흐르는 산골짜기에 버렸다. 나중에 그 곳을 지나다가 여우와 살쾡이 무리들이 어버이의 시신을 뜯어 먹고 파리와 모기떼가 이를 핥고 있는 것을 보았다. 이에 그 이마에 땀이 흥건히 흐르고 다만 곁눈질하며 차마 똑바로 보지 못하였다. 땀을 흥건히 흘린 것은 다른 사람이 보기 때문에 그런 것이 아니요, 곧 애통하고 절박한 마음이 마음으로부터 우러나와 얼굴에 드러나서 저절로 그렇게 된 것이다. 이에 집으로 돌아와 삼태기와 가래를 가지고 가서 시신을 덮어 묻으니, 후세에 매장埋葬의 도리가 이로부터 시작되었다.

이처럼 그 어버이를 매장하는 것이 만약 당연하다면 곧 효자와 어진 이가 그 어버이를 매장하는데 또한 반드시 도가 있어 장사葬事를 절검節儉하게 지내는 것을 귀하게 여기지 않았을 것이다. 대개 오직 그 근본이 하나이기 때문에 그 장사를 두텁게 한 것이니, 저 이자夷子의 후장厚葬은 인효仁孝의 마음과 일본一本의 道에 부합하거늘, 다만 이에 사랑은 차등이 없다는 학설에 가려 있으니 무엇을 말해주리오!

주해

- 玆(이 자) 顧(다만 고)

徐子丨以告夷子한대
夷子丨憮然爲間曰 命之矣샷다

**서자徐子가 이자夷子에게 이 말씀을 고하였다.**
**이자夷子가 무연憮然한 모습을 보이다가 잠시 후 가로되 "나를 가르쳐 주셨도다."**

憮然은 茫然自失之貌라 爲間者는 有頃之閒也라 命은 猶敎也라 言孟子已敎我矣라
蓋因其本心之明하여 以攻其所學之蔽라 是以로 吾之言易入하고 而彼之惑易解也니라

'무연憮然'은 망연자실한 모양이다. '위간爲間'은 잠깐 동안의 시간이다. '명命'은 가르침과 같다. 맹자께서 이미 나를 가르쳐 주셨다는 말이다.

대개 그 본심의 명덕明德으로 인하여 그가 배운 폐단을 지적하신 것이다. 이로써 내가 한 말이 쉽게 들어가고 그의 미혹迷惑이 쉽게 풀린 것이다.

**주해**

● 憮然(무연) : 실의한 모양. 창연자실悵然自失한 모양. 憮(실의할 무) 悵(실망할 창)
《논어論語·미자微子》 편에 나온다. "夫子憮然曰 '鳥獸不可與同羣, 吾非斯人之徒與而誰與?'" 이에 대해 형병邢昺의 疏에 "憮, 失意貌."라고 풀이했다.

【備旨】

徐子ㅣ以孟子之言으로 告夷子한대
夷子ㅣ卽自覺墨道之非하고 悟儒道之正하여 憮然自失하여 爲間曰 始吾學於墨氏 而不知其非也러니 今聞夫子之言하고 乃知天性果無二本이라 葬親은 果當從厚니 夫子固已敎我矣샷다

서자徐子가 맹자의 말씀을 이자夷子에게 고하였다.

이자夷子가 곧 묵가의 도가 그르다는 것을 자각하였고 유도儒道가 옳다는 것을 깨달았다. 이에 무연자실憮然自失하다가 잠시 후 가로되 "처음에는 내가 묵씨墨氏의 도를 배워서 그 잘못을 알지 못했는데, 이제 夫子의 말씀을 듣고 이에 천성天性은 과연 두 가지 근본이 없다는 사실을 알았다. 어버이를 장사지내는데 과연 마땅히 후장厚葬을 따라야 하니, 夫子께서 진실로 이미 나를 가르쳐 주셨도다."

# 孟子集註

## 卷六

# 滕文公章句下
## 등문공장구하

凡十章

모두 10장이다.

[6·1]

**陳代曰 不見諸侯ㅣ宜若小然하이다 今一見之하시면 大則以王이요 小則以霸니 且志에 曰 枉尺而直尋이라하니 宜若可爲也로소이다**

**진대陳代 가로되 "제후諸侯를 만나지 않으신 것이 마치 소절小節로 여겨 그러신 듯합니다. 이제 한번 가서 만나보시면 크게는 곧 왕업王業을 이룰 수 있고, 작게는 곧 패업霸業을 이룰 수 있습니다. 또한 기록에 '한 자를 굽혀 여덟 자를 편다' 고 했으니, 마땅히 해볼 만한 일입니다."**

陳代는 孟子弟子也라 小는 謂小節也라 枉은 屈也요 直은 伸也라 八尺曰尋이라 枉尺直尋은 猶屈己一見諸侯而可以致王霸니 所屈者ㅣ小하고 所伸者ㅣ大也라

'진대陳代'는 맹자 제자이다. '소小'는 소절小節을 말한다. '왕枉'은 굽히

는 것이요, '직直'은 펴는 것이다. 팔척八尺을 심尋이라 한다. '왕척직심枉直尋'은 자신을 굽혀 한 번 제후를 만나면 왕도王道와 패도覇道를 이룰 수 있으니, 굽힌 것이 작고 편 것이 큰 것과 같다.

주해

- 小(소) : 소절小節. 곧 '수기守己'와 같다.
  "小是只能守己."(四書補註備旨)
  신안진씨新安陳氏가 말했다. "孟子平生以不見諸侯自守, 故以此爲問."(大全註疏)

【備旨】

陳代以孟子守不見諸候之義故로 諷之曰 君子之不見諸候ㅣ意以此爲大節也라 以代言之컨댄 宜若小然하니 今但一往而見之하시면 大則輔其君以王이요 小則輔其君以覇니 所屈者小而所伸者大ㅣ如此라
且志에 曰枉尺而直尋이라하니 夫屈己一見은 所謂枉尺也요 以王以覇는 所謂直尋也니 以志之言而審事之理인댄 宜若可爲也로니 夫子ㅣ何拘於小節哉아

진대陳代가 맹자께서 제후를 만나지 않으려는 뜻을 고수固守하기 때문에 이를 풍간諷諫하여 가로되 "군자께서 제후를 만나지 않으시니, 생각건대 이것은 대절大節입니다.

제가 말씀드리건대 의당 소절小節로 여기신 듯하니, 이제 다만 한 번 찾아가서 그를 만나면 크게는 그 인군人君을 보좌하여 왕업을 이룰 수 있고, 작게는 그 인군을 보좌하여 패업을 이룰 수 있으니, 굽힌 것은 작고 편 것은 큰 것이 이와 같습니다.

또한 기록에 '한 자를 굽혀 여덟 자를 편다'고 했으니, 자신을 굽혀 한 번 제후를 만나는 것은 이른바 한 자를 굽힌 것이요, 왕업과 패업을 이루는 것은 이른바 여덟 자를 펴는 것입니다. 기록의 말로 일의 이치를 살피건대 마땅히 해볼 만한 일입니다. 夫子께서는 어찌 소절小節에 얽매이십니까?"

孟子曰 昔에 齊景公이 田할새 招虞人以旌한대 不至어늘 將殺之러니 志士는 不忘在溝壑이요 勇士는 不忘喪其元이라하시니 孔子는 奚取焉고 取非其招不往也시니 如不待其招而往앤 何哉오

**맹자 가라사대 "옛날 제齊나라 경공景公이 사냥할 때 우인虞人을 깃발로 불렀는데 그가 오지를 않자 장차 그를 죽이려 하였다. '지사志士는 구학溝壑에 그 시신이 버려지는 것을 잊지 아니하고, 용사勇士는 싸우다가 그 머리를 잃게 되는 것을 잊지 않는다' 고 하셨으니, 공자孔子는 여기에서 어떤 점을 취하신 것인가? 그 부르는 예禮가 아니면 가지 않는 점을 취하신 것이니, 만약 그 부르는 예禮를 기다리지 않고 간다면 어떻게 되겠는가?"**

田은 獵也라 虞人은 守苑囿之吏也라 招大夫以旌하고 招虞人以皮冠이라 元은 首也라 志士는 固窮하여 常念死無棺槨하여 棄溝壑而不恨하고 勇士는 輕生하여 常念戰鬪而死하여 喪其

首而不顧也라 此二句는 乃孔子歎美虞人之言라 夫虞人은 招之不以其物이라도 尙守死而不往이어든 況君子豈可不待其招而自往見之邪아 此以上은 告之以不可往見之意니라

'전田'은 사냥이다. '우인虞人'은 원유苑囿를 지키는 관리이다. 대부大夫는 정旌으로 부르고, 우인虞人은 피관皮冠으로 부른다. '원元'은 머리이다.

지사志士는 곤궁함을 지켜 죽어서 관곽棺槨도 없이 골짜기에 버려지더라고 항상 한스럽게 여기지 않기를 생각하고, 용사勇士는 목숨을 가볍게 여겨 싸우다 죽으면서 그 머리를 잃을지라도 항상 뒤돌아보지 않을 것을 생각한다.

이 두 구절은 공자孔子께서 우인虞人을 찬미하신 말씀이다. 우인虞人은 자신을 그 물건(피관皮冠)으로 부르지 않더라도 오히려 죽음을 지키면서 가지 않았거늘, 하물며 군자가 어찌 그 부름을 기다리지도 않고 스스로 가서 만나겠는가? 이 이상은 가서 만날 수 없다는 뜻을 고한 것이다.

**주해**

- 招虞人(초우인) : 우인虞人을 부르다. '초招'는 물건을 사용하여 오라고 부르는 것이다. '우인虞人'은 고대에 산택山澤을 관리하는 벼슬이름이다. '우虞' 또는 '산우山虞'라고도 한다.
  《상서尙書·순전舜典》에 나온다. "帝曰 : 疇若予上下草木鳥獸, 僉曰益哉. 帝曰 : 兪咨益, 汝作朕虞。益拜稽首." 疇(밭두둑 주) 稽(조아릴 계)
  《좌전左傳》에 "景公將殺虞人, 虞人辭曰 '臣不見皮冠, 故不敢進.'"이라고 하였다.
  "招是以物招之使來."(四書補註備旨)
- 固窮(고궁) : 곤궁함을 지키다. 곧 군자는 빈곤貧困함에 처해도 절조를 잃지 않는다는 말이다.
  《논어論語·위령공衛靈公》 편에 나온다. "君子固窮, 小人窮斯濫矣."

● 朱子가 말했다. "'不忘'二字是活句, 須向這裏參取. 若果識得此意, 辨得此心, 則無入而不自得, 而彼之權勢威力, 亦皆無所施矣."(大全註疏)
● 溝(봇도랑 구) 壑(골 학) 旌(기 정) 棺(널 관) 槨(덧널 곽)

【備旨】

> 孟子曰 君子之不見諸侯者는 以義之不可枉耳라 昔者에 齊景公이 田獵할새 因招守苑囿之虞人以大夫之旌하여 虞人守分不至어늘 景公이 將殺之러니
> 孔子美之曰 志士는 固窮하여 不忘在溝壑이요 勇士는 輕生하여 不忘喪其元이니 虞人은 可謂志士勇士矣라하시니 夫孔子는 奚取於虞人哉아 取非其所招之皮冠而守死不往也시니 夫招之不以其物이면 在虞人小吏라도 尚且不往이어든 況不待諸侯之招而往見은 其如屈己何哉아 君子義不出虞人下矣니라

맹자 가라사대 "군자가 제후를 만나지 않는 것은 의리를 굽힐 수 없기 때문이다. 옛날 제齊나라 경공景公이 사냥을 할 때 대부大夫를 부르는 깃발로 원유苑囿를 지키는 우인虞人을 불렀는데, 우인虞人이 분수를 지켜 오지 않자 경공이 장차 그를 죽이려 하였다.

孔子께서 그를 찬미하여 '지사志士는 곤궁함을 지켜 죽어서 골짜기에 그 시신이 버려지는 것을 잊지 않고, 용사勇士는 목숨을 가볍게 여겨 싸우다 그 머리를 잃게 되는 것을 잊지 않는다.'고 하셨으니, 우인虞人은 지사志士요 용사勇士라고 말할 수 있다.

무릇 공자께서는 우인虞人에게서 무엇을 취하신 것인가? 그 부르는 것이 피관皮冠이 아니기 때문에 죽음을 지키며 가지 않은 점을 취

하신 것이다. 부르는 것을 그 물건으로 하지 아니하면, 우인虞人같은 소리小吏라도 오히려 가지 않았거늘, 하물며 제후의 부름을 기다리지 않고 가서 만나는 것은 그 자신을 굽히는 것이 어떻겠는가? 군자의 의義는 우인虞人의 아래에서 나온 것이 아니다."

**且夫枉尺而直尋者는 以利言也니 如以利則枉尋直尺而利라도 亦可爲與아**

**"또한 한 자를 굽혀 여덟 자를 편다는 것은 이利로써 말한 것이니, 만약 이利로써 한다면 곧 여덟 자를 굽혀 한 자를 펴서 이롭게 된다고 해도 또한 할 수 있겠는가?"**

此以下는 正其所稱枉尺直尋之非라
夫所謂枉小而所伸者ㅣ大則爲之者는 計其利耳니 一有計利之心이면 則雖枉多伸少而有利라도 亦將爲之邪아하시니 甚言其不可也니라

이 이하는 그가 말한 '왕척직심枉尺直尋'의 그릇됨을 바로잡는 것이다.

무릇 이른바 '굽힌 것이 작고 편 것이 크다고 해서 이를 하는 것은 그 이利를 계교計較한 것이니, 한번이라도 이利를 계교하는 마음이 있으면 곧 비록 굽히는 것이 많고 펴는 것이 적다고 해도 이利가 있으면 또한 장차 그것을 하겠는가?'라고 하시니, 그 불가함을 크게 말씀하신 것이다.

주해

- 화정윤씨和靖尹氏가 말했다. "有枉尺而直尋之心, 則亦必至于枉尋而直尺矣." 大全註疏)

【備旨】

> 夫君子之不見諸侯者는 以義言也요 而利非所計矣라 且夫所謂枉尺而直尋者는 不顧道義而急於功效니 不過以利言也라
> 如以計利爲心이면 則惟利是徇이니 不但枉尺直尋而後爲之요 卽枉尋直尺하여 盡喪其所守之節하여 而可以小得富貴之利라도 亦將爲之與아 吾知其必不可矣니라

무릇 군자가 제후를 찾아가 만나지 않는 것은 의義로써 말한 것이요, 이利로 계교計較한 것이 아니다. 또한 이른바 '한 자를 굽혀서 여덟 자를 편다'는 것은 도의道義를 돌아보지 않고 공효功效에만 급급한 것이니, 이利로써 말하는 것에 지나지 않는다.

만약 이利를 계교計較하는 것으로 마음으로 삼는다면 곧 오직 이利만을 좇을 뿐이니, 다만 한 자를 굽혀 여덟 자를 편 후에 그것을 행할 뿐만 아니다. 여덟 자를 굽혀 한 자를 펴서 그 지킨 바의 절개를 모두 잃으면서 조금이라고 부귀富貴의 이利를 얻을 수 있다면 또한 장차 그것을 하겠는가? 내 그것이 반드시 불가함을 알겠노라.

주해

- 徇(좇을 순)

昔者에 趙簡子ㅣ使王良으로 與嬖奚乘한대 終日而不獲一禽하고 嬖奚ㅣ反命曰 天下之賤工也러이다 或이 以告王良한대

良이 曰請復之호리라 彊而後可라하여늘 一朝而獲十禽하고 嬖奚ㅣ反命曰 天下之良工也러이다 簡子曰 我ㅣ使掌與女乘호리라하고 謂王良한대

良이 不可曰 吾ㅣ爲之範我馳驅하니 終日不獲一하고 爲之詭遇하니 一朝而獲十하니 詩云 不失其馳어늘 舍矢如破라하니 我는 不貫與小人乘하니 請辭라하니라

옛날에 조간자趙簡子가 왕량王良으로 하여금 행신幸臣인 해奚와 더불어 수레를 타고 사냥하도록 하였는데, 종일토록 짐승 한 마리도 잡지 못하였다. 폐해嬖奚가 돌아와 복명하기를 '천하의 졸렬한 마부입니다.' 라고 하자, 어떤 사람이 왕량王良에게 고하였다.

그러자 왕량이 말하기를 '청컨대 다시한번 시도해 봅시다.' 라고 하며 억지로 동의를 얻고 나서 하루아침에 짐승 열 마리를 잡았다. 폐해嬖奚가 돌아와 복명하기를 '천하의 뛰어난 마부입니다.' 라고 하였다.

간자簡子가 말하기를 '내가 그에게 너와 더불어 수레를 타도록 전담시킬 것이다.' 라고 하면서, 이를 왕량에게 일렀다.

그러자 왕량이 불가하다고 하면서 말하기를 '제가 그를 위해 말 모는 것을 법대로 하였더니 종일토록 한 마리도 잡지 못하였고, 그를 위해

옳지 못한 방법으로 짐승과 마주치게 하였더니 하루아침에 열 마리를 잡았습니다. 《시경詩經》에 「법도를 잃지 않고 말을 모니, 활을 쏘아 과녁을 적중하였네.」라고 하였습니다. 저는 소인과 더불어 수레를 타는데 익숙하지 않으니, 청컨대 사양하겠습니다.' 라고 하였다.

趙簡子는 晉大夫趙鞅也라 王良은 善御者也라 嬖奚는 簡子幸臣이라 與之乘은 爲之御也라 復之는 再乘也라 彊而後可는 嬖奚不肯하여 彊之而後肯也라 一朝는 自晨至食時也라 掌은 專主也라 範은 法度也라 詭遇는 不正而與禽遇也라 言奚不善射하여 以法馳驅則不獲하고 廢法詭遇而後 中也라 詩는 小雅車攻之篇이라 言御者ㅣ不失其馳驅之法하고 而射者ㅣ發矢皆中而力이어늘 今嬖奚不能也라 貫은 習也라

'조간자趙簡子'는 진晉나라 대부 조앙趙鞅이다. '왕량王良'은 마차를 잘 모는 자이다. '폐해嬖奚'는 간자簡子의 행신幸臣이다. '여지승與之乘'은 해奚를 위하여 말을 모는 것이다. '부지復之'는 다시 말을 모는 것이다. '강이후가彊而後可'는 폐해嬖奚가 동의하지 않자 억지로 동의하게 만든 것이다. '일조一朝'는 새벽부터 조식朝食 때까지이다. '장掌'은 전담하여 맡는 것이다. '범範'은 법도이다. '궤우詭遇'는 옳지 못한 방법으로 짐승과 마주치는 것이다. 폐해嬖奚가 활을 잘 쏘지 못하여 법도대로 말을 몰면 짐승을 잡지 못하고, 법도를 버리고 옳지 못한 방법으로 짐승을 마주치게 한 후에 짐승을 잡았다는 말이다. '시詩'는 〈소아小雅·거공車攻〉 편이다. 말을 모는 자가 그 말을 모는 법도를 잃지 않고, 활을 쏘는 자가 그 화살이 모두 적중하도록 힘이 있어야 하는데 지금 폐해는 그렇지 못하다는 말이다. '관貫'은 습관이다.

주해

- 嬖(폐) : 총애를 받는 근신近臣이나 소인小人. 곧 '행인幸人' 또는 '폐신嬖臣'을 말한다.
- 嬖(사랑할 폐)
- 反命(반명) : 간자簡子에게 복명하다. '복명覆命'과 같다.
- 賤工(천공) : 재주가 없는 장인. '졸공拙工'과 같다.
- 如破(여파) : 과녁을 맞추다. '중적中的'과 같다.
- 詭遇(궤우) : 법도에 맞지 않게 짐승을 사냥하다. 詭(속일 궤) 遇(만날 우) 주자朱子가 말했다. "詭遇, 是做人不當做底. 行險, 是做人不敢做底."(大全註疏)

【備旨】

且利之不可計는 卽藝士도 亦知之矣니 昔者에 趙簡子ㅣ使御者王良으로 與嬖奚乘하니 本以從禽也라 乃終日之久而不獲一禽하고 嬖奚ㅣ反命於簡子曰 王良은 天下之賤工也러이다 或이 以嬖奚之言으로 告王良한대 良自知其非御之罪하니 乃曰 請復爲之라한대 嬖奚不肯이어늘 乃彊之而後可라하여늘 遂以一朝之暫而獲十禽之多하고 嬖奚ㅣ反命於簡子曰 王良은 天下之良工也러이다

簡子曰 王良은 旣爲良工이니 我使良專與汝乘하리라하고 因而謂王良한대

良ㅣ辭之以不可曰 始吾於奚也엔 爲之範我法度以馳驅하니 則終日不獲一하니 是非我之不善御요 乃彼之不善射也며 繼吾於奚也엔 爲之廢法而詭遇하니 則一朝而獲十하니 是非彼之善射요 乃吾之御枉法以成之也라 小雅車攻之詩云 御者ㅣ不失其馳驅之法이어늘 而射者ㅣ有舍矢如破之能이

라하니 此君子之技也라 今變奚不能하고 必爲之詭遇而後에 中하니 乃小人也라 我不貫與小人乘하니 請辭掌乘之命焉이라하니라

또한 이利를 계교計較하지 말아야 한다는 점은 곧 예사藝士도 알고 있다. 옛날에 조간자趙簡子가 말을 모는 왕량王良으로 하여금 행신幸臣인 해奚와 더불어 수레를 타고 사냥하도록 하였으니, 본래 짐승을 쫓도록 한 것이다. 그러나 종일토록 짐승을 한 마리도 잡지 못하자, 폐해가 조간자에게 복명하여 말하기를 '왕량은 천하의 졸렬한 마부입니다.'라고 하였다.

혹자가 폐해의 말을 왕량에게 고하자, 왕량은 그것이 말 모는 사람의 죄가 아님을 스스로 알기 때문에 이에 말하기를 '청컨대 다시 한번 시도해봅시다.'라고 하였다. 그러나 폐해가 동의하지 않자 억지로 동의하게 만든 후에 마침내 하루 아침나절의 짧은 시간에 열 마리나 되는 많은 짐승을 잡았다. 폐해가 조간자에게 복명하여 말하기를 '왕량은 천하의 뛰어난 마부입니다.'라고 하니, 조간자가 말하기를 '왕량이 이미 뛰어난 마부라고 하니, 내가 왕량으로 하여금 너와 더불어 수레를 타도록 전담시키겠다.'라고 하였다.

이에 따라 왕량에게 이르니 왕량은 불가하다고 사양하며 말하기를 '처음에는 제가 폐해에게 저의 법도대로 말을 몰아서 종일토록 짐승 한 마리도 잡지 못했으니, 이는 제가 말을 잘 부리지 못한 것이 아니라, 바로 그가 활을 잘 쏘지 못한 것입니다. 이어서 제가 폐해에게 그를 위해 법도를 버리고 옳지 못한 방법으로 짐승을 마주치게 하여 하루아침에 짐승 열 마리를 잡았으니, 이는 그가 활을 잘 쏜 것이 아니라, 바로 제가 옳지 못한 방법으로 말을 몰아서 잡은 것입니다. 〈소아小雅·거공車攻〉 편에 「말을 모는 자가 그 모는 법도를 잃지 않으니,

활을 쏘는 자가 화살을 쏘아 과녁에 적중시키는 능력이 있도다.」라고 했으니, 이는 군자의 기예입니다. 지금 폐해는 활을 잘 쏘지 못하다가 반드시 그를 위해 옳지 못한 방법을 쓴 후에 적중시키니 바로 소인입니다. 제가 소인과 더불어 마차를 타는 것에 익숙하지 않으니, 청컨대 그와 마차를 타도록 전담시키는 명을 사양합니다.'라고 하였다.

**주해**

● 藝士(예사) : 기예技藝와 재능이 있는 사람.
청淸나라 주량공周亮工의 《서영書影》 卷1에 나온다. "《小品》 中載 : 有薦藝士於顯貴者, 其人固平易, 顯貴雖禮之, 然未嘗問其所長."

**御者ㅣ且羞與射者比하여 比而得禽獸ㅣ雖若丘陵이라도 弗爲也하니 如枉道而從彼엔 何也오 且子ㅣ過矣로다 枉己者ㅣ未有能直人者也니라**

**"말을 모는 자도 활을 잘못 쏘는 자에게 아첨하는 것을 부끄러워하였다. 아첨해서 짐승을 잡은 것이 비록 산더미처럼 쌓인다고 해도 하지 않았는데, 만약 도道를 굽혀 제후를 따른다면 어떠하겠는가? 또한 그대가 잘못한 것이다. 자신을 굽히고서 남을 펴게 할 수 있는 자는 있지 않느니라."**

比는 阿黨也라 若丘陵은 言多也라
或曰 居今之世하여 出處去就를 不必一一中節이니 欲其一一中節 則道不得行矣라하니

楊氏曰 何其不自重也오 枉己면 其能直人乎아 古之人은 寧道之不行 而不輕其去就라 是以로 孔孟이 雖在春秋戰國之時나 而進必以正하사 以至終不得行而死也하시니 使不恤其去就而可以行道면 孔孟이 當先爲之矣리라 孔孟이 豈不欲道之行哉시리오

'비比'는 아첨이다. '약구릉若丘陵'은 많다는 말이다.

혹자가 가로되 "지금 세상에 출처出處와 거취去就를 반드시 하나하나 절도에 맞출 필요가 없다. 그 하나하나를 모두 절도에 맞추려고 하면 도道를 행할 수가 없다."라고 하였다.

이에 대해 양씨楊氏 가로되 "어찌 그 자중自重하지 않는가? 자신을 굽힌다면 그가 남을 펴게 할 수 있는가? 옛 사람들은 차라리 도道를 행하지 않을지언정 그 거취去就를 가볍게 하지 않았다. 이 때문에 공자와 맹자가 비록 춘추春秋와 전국戰國 시대에 살았지만 나아감을 반드시 정도正道로써 하여 끝내 도를 행하지 못하고 죽음에 이르셨으니, 가사 그 거취를 염려하지 않고 도를 행할 수 있었다면 공자와 맹자께서 마땅히 먼저 하셨을 것이다. 공자와 맹자께서 어찌 도를 행하려고 하지 않았겠는가?"

**주해**

- 阿黨(아당) : 윗사람에게 아첨하고 아랫사람에게 사사로운 정을 주는 행위. 《예기禮記·월령月令》에 나온다. "(孟冬之月)是察阿黨, 則罪無有掩蔽." 이에 대해 정현鄭玄의 주註에 "阿黨, 謂治獄吏以私恩曲橈相爲也."라고 했고, 손희단孫希旦의 《集解》에 "阿, 謂有所曲徇於上. 黨, 謂有所私附於下."라고 풀이했다. 掩(가릴 엄) 橈(꺾일 요)
- 出處(출처) : 출사出仕와 은퇴隱退.
  한漢나라 채옹蔡邕의 《천황보규표薦皇甫規表》에 나온다. "修身力行, 忠亮闡

著, 出處抱義, 皦然不汙." 闡(밝힐 천) 皦(흰빛 교)
또 당唐나라 한유韓愈의 《여최군서與崔群書》에도 나온다. "無入而不自得, 樂天知命者, 固前修之所以禦外物者也. 況足下度越此等百千輩, 豈以出處近遠累其靈台邪!"

● 去就(거취) : 관직을 맡거나 맡지 않는 일.
진晉나라 황보밀皇甫謐의 《고사전高士傳》 序에 나온다. "身不屈於王公, 名不耗於終始, 自堯至魏, 凡九十餘人, 雖執節若夷齊, 去就若兩龔, 皆不錄也." 謐(고요할 밀) 龔(공손할 공)
경원보씨慶源輔氏가 말했다. "欲道之行, 仁也. 進必以正, 義也. 仁義竝行而不悖, 所以爲聖賢."(大全註疏) 悖(어그러질 패)

【備旨】

夫王良은 特一御者耳라 雖比於人이 奚不可者리오만 且羞與射者 詭遇以阿比니 推其羞比之心하여 使比而得禽獸ㅣ 雖若丘陵之多라도 弗爲也하니 況君子以道自高한대 如枉道而從彼諸侯면/엔 何也오 不亦御者之不如乎아
子ㅣ枉尺直尋之言은 過矣로다 蓋直己而能直人은 理之常也니 若枉己者ㅣ先失其濟時之具하고 未有能直人而成其王霸之業者也라 此吾守不往見之義니 奈何以小節視之哉아

무릇 왕량王良은 다만 말을 모는 사람일 뿐이다. 비록 남에게 아첨하는 것이 어찌 있을 수 없겠는가마는 또한 활을 쏘는 자와 더불어 옳지 않은 방법으로 아첨하는 것을 부끄럽게 여겼다. 그 아첨을 부끄럽게 여기는 마음을 미루어서 가령 아첨하여 짐승을 잡은 것이 비록 산더미처럼 쌓인다고 해도 하지 않았다. 하물며 군자는 도道가 스스로 높은데, 만약 道를 굽혀 저 제후를 따른다면 어떠하겠는가? 또한 말 모는 자만도 못하지 않겠는가?

또한 그대가 한 자를 굽혀 여덟 자를 편다고 한 말은 잘못된 것이다. 대개 자신을 펴서 남을 펼 수 있는 것은 이치의 떳떳함이다. 만약 자신을 굽힌 자가 먼저 그 세상을 구하는 방법을 버렸는데, 남을 펴게 해서 그 왕업王業과 패업霸業을 이룰 수 있는 자는 있지 않다.

이는 내가 제후를 찾아가서 만나지 않는 뜻을 지킨 것이니, 어찌 소절小節로 비교하는가?

**주해**

- 濟時(제시) : 세상이나 시대를 구함. '제시濟世', '구시救時'와 같다. 《국어國語·주어중周語中》에 나온다. "寬, 所以保本也. 肅, 所以濟時也."
- 䚦(견줄 시)

[6·2]

**景春曰 公孫衍張儀는 豈不誠大丈夫哉리오 一怒而諸侯ㅣ懼하고 安居而天下ㅣ熄하니라**

**경춘景春이 가로되 "공손연公孫衍과 장의張儀는 어찌 진실로 대장부가 아니겠습니까? 한번 화를 내니 제후諸侯들이 두려워하고, 조용히 있자 천하가 전쟁을 그치고 태평해졌습니다."**

景春은 人姓名이라 公孫衍 張儀는 皆魏人이니 怒則說諸侯하여 使相攻伐이라 故로 諸侯懼也라

'경춘景春'은 사람의 성명이다. '공손연公孫衍'과 '장의張儀'는 모두 위魏나라 사람이니, 화가 나면 제후諸侯에게 유세遊說하여 서로 공격하고 토벌하게 하였다. 그러므로 제후들이 두려워한 것이다.

주해

- 安居(안거) : 유세하지 않고 조용히 있다는 뜻이다.
- 熄(식) : 공격하고 토벌하는 싸움이 그치다. 熄(불꺼질 식)
  신안진씨新安陳氏가 말했다. "二人皆破六國之從以爲衡者. 熄, 如火之熄滅, 以兵猶火故也."(大全註疏)

【備旨】

> 景春이 謂孟子曰 我觀當世之士 | 所稱赫然名高天下威震諸侯者하니 公孫衍 張儀는 豈不誠大丈夫哉리오 其一怒也엔 則遊說諸侯하여 使相攻伐而諸侯皆懼하고 其安居也엔 則遊說不行하여 兵甲不用而天下以熄하니 一己之喜怒에 天下之安危 | 係之하니 非大丈夫而何哉아

경춘景春이 맹자께 일러 가로되 "제가 당세의 선비들이 혁연赫然히 명성이 천하에 높고 위엄이 제후諸侯들을 두렵게 만든다고 일컫는 자를 살펴보니, 공손연公孫衍과 장의張儀가 어찌 진실로 대장부가 아니겠습니까? 그가 한번 화가 나면 제후들에게 유세遊說하여 서로 공격하고 토벌하게 만드니 제후들이 모두 두려워합니다. 그가 조용히 있으면 유세를 하지 않아 병갑兵甲을 쓰지 않으니 천하가 태평해집니다. 한 사람의 희노喜怒에 천하의 안위가 달려있으니, 대장부가 아니고 무엇이겠습니까?"

주해

- 赫然(혁연) : 성대한 모양.

孟子曰 是焉得爲大丈夫乎리오 子ㅣ未學禮乎아 丈夫之冠也에 父ㅣ命之하고 女子之嫁也에 母ㅣ命之하나니 往에 送之門할새 戒之曰 往之女家하여 必敬必戒하여 無違夫子라하나니 以順爲正者는 妾婦之道也니라

**맹자 가라사대 "이 어찌 대장부라 할 수 있으리오? 그대는 예禮를 배우지 않았는가? 대장부가 관례冠禮를 행할 때는 아버지가 명하고, 여자가 시집갈 때는 어머니가 명한다. 딸을 보내며 문에서 전송할 때 경계하여 말하기를 '남편의 집에 가서는 반드시 공경하고 반드시 경계하여 남편의 뜻을 어기지 말라' 고 하니, 순종을 정도로 삼는 것이 첩부妾婦의 도道이니라."**

加冠於首曰冠이라 女家는 夫家也라 婦人은 內夫家하니 以嫁爲歸也라 夫子는 夫也라 女子는 從人이니 以順爲正道也라 蓋言二子ㅣ阿諛苟容하여 竊取權勢하니 乃妾婦順從之道耳요 非丈夫之事也라

머리에 관을 쓰는 것을 '관冠'이라 한다. '여가女家'는 남편의 집이다. 부인婦人은 남편의 집을 '안(內)'으로 삼으니, 시집가는 것을 '돌아간다(歸)'고 한다. '부자夫子'는 남편이다. 여자는 남편을 따르니, 순順을 정도正道로 삼는다.

대개 두 사람이 아유阿諛하고 구용苟容하여 몰래 권세權勢를 취하니, 바로 첩부妾婦의 순종하는 도道일 뿐이요, 장부의 일은 아니라는 말이다.

주해

- 必敬必戒(필경필계) : 반드시 공경하고 반드시 경계하라. '경敬'은 남에게 공경하고 순종하는 것이다. '戒'는 자신에게 삼가고 경계하는 것이다. "敬是敬順於人. 戒是謹戒於己."(四書補註備旨)
- 妾婦(첩부) : 여기서는 부녀婦女의 뜻이다.
- 阿諛(아유) : 아첨하다. 阿(할 아), 諛(아첨할 유)
- 苟容(구용) : 굴종하고 아부하여 남의 비위를 맞추다. 《예기禮記·단궁상檀弓上》에 나온다. "君子之愛人也以德, 細人之愛人也以姑息." 이에 대해 정현鄭玄의 註에 "息猶安也, 言苟容取安."이라고 했다.

【備旨】

孟子曰 是儀衍之爲ㅣ焉得爲大丈夫乎리오 夫丈夫之道與妾婦不同하니 子豈未學禮乎아 禮有云 丈夫之冠也엔 則父ㅣ命之하니 盖責以成人之道요 女子嫁之也엔 則母ㅣ命之하나니 盖示以婦順之意라 當其往에 送之門而戒之曰 往之汝夫之家하여 當恪守內則하여 必敬必戒하여 無違爾夫子之命이라하나니 禮言如此에 可見以順從爲正者는 乃妾婦當然之道也라 今二子ㅣ雖假權力以炫耀一時나 其實은 皆揣摩諸侯之欲惡而順從之하니 眞妾婦者流耳요 且不可爲丈夫어늘 況大丈夫乎아

맹자 가라사대 "이 장의張儀와 공손연公孫衍의 행위가 어찌 대장부가 될 수 있겠는가? 대장부의 도道는 첩부妾婦와 같지 않으니, 그대는 어찌 예禮를 배우지 않았는가?

《예기禮記》에 이르기를 '장부丈夫가 관례를 할 때는 아버지가 명하니, 대개 성인成人의 도道로 가르친다. 여자가 시집갈 때는 어머니가 명하니, 대개 아내가 순종하는 뜻으로 가르친다. 딸을 보낼 때 대문에서

전송하며 「네 남편의 집에 가서 마땅히 내칙內則을 각별히 지켜서, 반드시 공경하고 반드시 경계하여 네 남편의 뜻을 거스르지 말라.」고 경계한다.'라고 하였다. 《예기》의 말이 이와 같으니, 순종을 정도正道로 삼는 것이 바로 첩부妾婦의 당연한 도道라는 것을 알 수 있다.

이제 두 사람이 비록 권력을 빌어 한 때 자신을 과시하나, 실제로는 모두 제후諸侯가 원하거나 싫어하는 뜻을 헤아려서 그것에 순종하는 것이니, 진실로 첩부妾婦와 같은 자이다. 장부丈夫도 될 수 없거늘, 하물며 대장부라 하겠는가?"

**주해**

- 恪守(각수) : 정성을 다하여 지키다. 恪(삼갈 각)
- 炫耀(현요) : 뽐내고 자랑하다. 곧 자신을 과시하고 남을 무시한다는 뜻이다. 炫(빛날 현) 耀(빛날 요)
- 揣摩(췌마) : 남의 마음을 미루어서 헤아리다. 揣(헤아릴 췌) 摩(어루만질 마)

**居天下之廣居하며 立天下之正位하며 行天下之大道하여 得志하얀 與民由之하고 不得志하얀 獨行其道하여 富貴ㅣ不能淫하며 貧賤이 不能移하며 威武ㅣ不能屈이 此之謂大丈夫니라**

**"천하에 가장 넓은 집에 거처하며, 천하에 가장 바른 위치에 서며, 천하에 가장 광대光大한 길을 가되, 뜻을 얻으면 백성과 더불어 이것으로 말미암고, 뜻을 얻지 못하면 홀로 그 길을 가되, 부귀富貴로도 능히 그 마음을 어지럽히지 못하며, 빈천貧賤으로도 능히 그 절개를 변하게 하지 못하며, 위무威武로도 능히 그 뜻을 굴복시키지 못하니, 이것을 일컬어 대장부라고 하느니라."**

廣居는 仁也요 正位는 禮也요 大道는 義也라 與民由之는 推其所得於人也요 獨行其道는 守其所得於己也라 淫은 蕩其心也요 移는 變其節也요 屈은 挫其志也라

何叔京曰 戰國之時에 聖賢道否하여 天下ㅣ不復見其德業之盛하고 但見姦巧之徒ㅣ得志橫行하여 氣焰可畏하고 遂以爲大丈夫라하니 不知由君子觀之면 是乃妾婦之道耳니 何足道哉리오

'광거廣居'는 인仁이요, '정위正位'는 예禮요, '대도大道'는 의義이다. '여민유지與民由之'는 그 얻은 바를 남에게 미루는 것이요, '독행기도獨行其道'는 그 얻은 바를 자신에게 지키는 것이다. '음淫'은 그 마음을 어지럽히는 것이요, '이移'는 그 절개를 바꾸는 것이요, '굴屈'은 그 뜻을 꺾는 것이다.

하경숙何叔京이 가로되 "전국시대에 성현聖賢의 도道가 막혀 천하에 다시 그 덕업德業의 융성함을 보지 못하고, 다만 간교姦巧한 무리들이 뜻을 얻어 횡행한 것을 보고는, 기세를 두려워하여 마침내 대장부라고 여겼다. 군자로 말미암아 보면 이는 곧 첩부妾婦의 도道에 불과하다는 것을 알지 못한 것이니, 어찌 말할 것이 있겠는가?"

**주해**

- 居(거) : 거처하다. 곧 인仁의 자리에 거처한다는 뜻이다.
  "居以存心言."(四書補註備旨)
- 立(입) : 서다. 곧 예禮의 자리에 선다는 뜻이다.
  "立以持身言."(四書補註備旨)
- 行(행) : 가다. 곧 의義의 길을 간다는 뜻이다.
  "行以處事言."(四書補註備旨)
- 氣焰(기염) : 사람이나 사물의 위풍 또는 기세. 焰(불꽃 염)
  《左傳·莊公十四年》 조에 나온다. "人之所忌, 其氣燄以取之."
  운봉호씨雲峯胡氏가 말했다. "當時但見奸巧之人, 氣焰可畏, 豈知聖賢剛大

浩然之氣哉!"(大全註疏)

- 何叔京(하숙경, 1128～1175) : 자는 숙경叔京, 名은 호鎬, 소무인邵武人이다. 주희朱熹의 제자이며, 태계선생台溪先生으로 불린다. 저서로《논어설論語說》이 있다.
- 挫(꺾을 좌) 否(막힐 비)

【備旨】

夫所謂大丈夫者는 何如오 蓋仁統天下之善하니 乃廣居也라 彼則存心以仁而居天下之廣居하며 禮嘉天下之會하니 乃正位也라 彼則持身以禮而立天下之正位하며 義公天下之利하니 乃大道也라 彼則制事以義而行天下之大道하여 時乎得志하얀 則推其仁義禮之所得於人하여 而與民由之하고 時乎不得志하얀 則守其仁義禮之所得於己하여 而獨行其道하여 遇富貴則以仁義禮之道로 養其心하니 不能爲之淫也며 又貧賤則以仁義禮之道로 安於命하니 不能爲之移也며 至於威武之臨에도 亦以仁義禮之道로 貞其節하니 不能爲之屈也라 此其內重外輕하여 超乎常人之上하니 不謂之大丈夫而何哉오 彼儀衍者는 吾不知其何所學而何所守也어늘 子奈何輕言大丈夫乎아

이른바 대장부大丈夫란 어떠한 사람인가? 대개 인仁은 천하의 선善을 통괄하니 바로 가장 넓은 집이요, 대장부는 곧 仁으로써 마음에 보존하여 천하에 가장 넓은 집에 거처한다. 예禮로써 천하의 만남을 아름답게 하니 바로 가장 바른 위치요, 대장부는 곧 禮를 몸에 간직하여 천하에 가장 바른 위치에 선다. 의義는 천하의 이로움을 공정하게 하니 바로 가장 광명정대한 길이요, 대장부는 곧 義로써 일을 제재하여

천하에 가장 광명정대한 길을 간다.

때로 뜻을 얻으면 그 인의예仁義禮에서 얻은 것을 남에게 미루어 백성과 더불어 이것으로 말미암고, 때로 뜻을 얻지 못하면 그 인의예仁義禮에서 얻은 것을 자신에게 지켜 홀로 그 道를 행한다.

부귀富貴를 만나면 곧 인의예仁義禮의 道로써 그 마음을 기르니 부귀 때문에 어지럽게 하지 못하며, 또 빈천을 만나면 곧 인의예仁義禮의 道로써 명命에 편안하니 빈천 때문에 절개를 변하게 하지 못하며, 위무威武가 닥치게 되어도 역시 인의예仁義禮의 道로써 그 절개를 곧게 하니 위무威武 때문에 뜻을 굴복시키지 못한다. 이는 그 내면을 중시하고 외면을 가볍게 여겨 보통사람의 위를 뛰어넘은 것이니, 대장부라고 말하지 않고 무엇이라 말하겠는가? 저 장의張儀와 공손연公孫衍 같은 사람은 그가 배운 바가 무엇이고 지킨 바가 무언인지를 내가 알지 못하거늘, 그대는 어찌 경솔하게 대장부라고 말하는가?

[6·3]

周霄ㅣ問曰 古之君子ㅣ仕乎잇가
孟子曰 仕니라 傳曰 孔子ㅣ三月無君則皇皇如也하사 出疆에 必載質라하고 公明儀曰 古之人이 三月無君則弔라하니라

**주소周霄가 물어 가로되 "옛날의 군자는 벼슬을 하였습니까?" 맹자 가라사대 "벼슬을 하였다. 전傳에 이르기를 '공자께서는 벼슬해서 모실 인군人君이 석 달만 없어도 황황皇皇한 듯 국경을 벗어날 때 반드시 폐백을 싣고 갔다' 고 하였다. 공명의公明儀가 말하기를 '옛날 사람은 삼 개월만 모실 인군人君이 없으면 위로하였다' 고 했다."**

周霄는 魏人이라 無君은 謂不得仕而事君也라 皇皇은 如有求而弗得之意라 出疆은 謂失位而去國也라 質는 所執以見人者니 如士則執雉也라 出疆載之者는 將以見所適國之君而事之也니라

'주소周霄'는 위魏나라 사람이다. '무군無君'은 벼슬하여 인군人君을 섬길 기회를 얻지 못했다는 말이다. '황황皇皇'은 구했으나 얻지 못하는 것과 같은 뜻이다. '출강出疆'은 지위를 잃고 나라를 떠난다는 말이다. '지質'는 가지고 남을 만나는 것이니, 선비의 경우는 꿩을 가지고 남을 만난다. 강역을 벗어날 때 이를 싣고 가는 것은 장차 찾아가는 나라의 인군人君을 뵙고 섬기고자 한 것이다.

**주해**

- 皇皇(황황) : 방황하고 근심하는 모양.
  《예기禮記·단궁상檀弓上》에 나온다. "旣葬, 皇皇如有望而弗至."
- 質(지) : 폐백. 선물. '지贄'와 같다. 質(폐백 지) 贄(폐백 지)
  《주례周禮·춘관春官·대종백大宗伯》에 "以禽作六贄以等諸侯, 孤執皮帛, 卿執羔, 大夫執雁, 士執雉, 庶人執鶩, 工商執鷄."라고 하였다. 羔(새끼양 고) 鶩(집오리 목)
- 霄(하늘 소)

【備旨】

周霄ㅣ以孟子不見諸侯爲難仕而欲諷之라 故로 先問曰 古之君子ㅣ仕乎잇가
孟子曰 仕以行道하니 古之君子ㅣ仕也니라 傳有曰 孔子ㅣ三月之間에 苟不得仕而無君이면 則其心有皇皇然하사 如有求而非得也라 故로 失位出疆에 必載質而往하사 以爲見

君之禮焉이라하고 公明儀ㅣ亦嘗言曰 古之人이 三月之間에 不仕而無君이면 則人皆來弔而慰安之라하니 觀傳與公明儀之言컨대 而知古君子之必仕矣니라

주소周霄가 맹자께서 제후를 만나지 않으니 벼슬하기 어렵다고 생각하여 이를 풍간한 것이다. 그러므로 먼저 물어 가로되 "옛날의 군자는 벼슬을 하였습니까?"라고 하였다.

맹자 가라사대 "벼슬을 해야 도道를 행할 수 있으니, 옛날의 군자는 벼슬을 하였다. 전傳에 이르기를 '공자께서는 만일 벼슬을 얻지 못하여 모실 인군人君이 석 달만 없으면 곧 그 마음이 황황皇皇한 듯 구했으나 얻지 못하는 것과 같이 하셨다. 그러므로 지위를 잃고 국경을 벗어날 때 반드시 폐백을 싣고 가서 장차 人君을 만나는 예禮로 삼으셨다.'고 하였다. 공명의公明儀도 일찍이 말하기를 '옛사람들은 석 달 동안 벼슬하지 못하여 모실 人君이 없으면, 곧 남들이 모두 찾아와 위로해주고 그를 위안했다.'고 하였다. 전傳과 공명의公明儀의 말을 살피건대 옛날에 군자는 반드시 벼슬하였다는 것을 알 수 있다."

## 三月無君則弔ㅣ不以急乎잇가

**"석 달 동안 모실 인군人君이 없다고 위로하는 것은 너무 급한 것이 아닙니까?"**

周霄 問也라 以는 已通하니 太也라 後章放此하니라

주소周霄가 물은 것이다. '이以'는 '이已'와 통하니 '너무'의 뜻이다. 뒷

장도 이와 같다.

주해

● 放(방) : 같다. 비슷하다. '방倣'과 같다. 放(닮을 방)
● 쌍봉요씨雙峯饒氏가 말했다. "一年有四時之祭, 若失位三月, 便廢此一祭, 故可弔. 弔其不得祭, 非弔其不得君."(大全註疏)

【備旨】

周霄曰 三月이 未爲時之久也며 三月無君이 未爲道之終窮也어늘 遂至相弔하니 其於仕也에 不太急乎잇가

주소周霄가 가로되 "석 달은 시간이 오래 된 것이 아니며, 석 달 동안 모실 人君이 없다고 해서 도道가 끝내 궁해지는 것도 아닙니다. 그런데 마침내 서로 찾아가 위로하게 되니, 그 벼슬하는 일에 대해 너무 급한 것이 아닙니까?"

曰 士之失位也ㅣ猶諸侯之失國家也니 禮曰 諸侯ㅣ耕助하여 以供粢盛하고 夫人이 蠶繅하여 以爲衣服하나니 犧牲이 不成하며 粢盛이 不潔하며 衣服이 不備하면 不敢以祭하고 惟士ㅣ無田則亦不祭라하니 牲殺器皿衣服이 不備하여 不敢以祭則不敢以宴이니 亦不足弔乎아

가라사대 "선비가 지위를 잃는 것은 제후가 국가를 잃는 것과 같다. 《예기禮記》에 '제후가 자전藉田을 경작하여 자성粢盛을 바치고, 부인이 직접 누에치고 고치실을 뽑아 의복을 만든다. 희생犧牲이 살찌지 못하며, 자성粢盛이 깨끗하지 못하며, 의복이 갖추어지지 못하면 감히 제사를 지내지 못한다. 오직 선비가 제사용 토지가 없으면 또한 제사를 지내지 못한다.' 고 하였다,
희생牲殺과 기명器皿과 의복衣服이 갖추어지지 못하여 감히 제사지내지 못하면 감히 연회를 열지 못하나니, 또한 위로할 만하지 않는가?"

禮曰 諸侯ㅣ爲藉百畝하여 冕而青紘하여 躬秉耒以耕이어든 而庶人이 助以終畝하여 收而藏之御廩하여 以供宗廟之粢盛이라 使世婦로 蠶于公桑蠶室하여 奉繭以示于君하고 遂獻于夫人이어든 夫人이 副褘受之하여 繅三盆手하고 遂布于三宮世婦하여 使繅以爲黼黻文章하여 而服以祀先王先公이라하니라 又曰 士有田則祭하고 無田則薦이라하니라
黍稷曰粢요 在器曰盛이라 牲殺은 牲必特殺也라 皿은 所以覆器者라

《예기禮記》에 가로되 "제후가 자전藉田 백묘百畝를 만들어 면류관을 쓰고 푸른 끈을 매고 몸소 쟁기를 잡고 밭을 갈면, 서인들이 도와서 밭갈이를 끝낸다. 나중에 수확해서 어름御廩에 보관하여 종묘의 자성粢盛에 바친다. 세부世婦로 하여금 공상公桑의 잠실蠶室에서 누에를 치게 하여 누에고치를 받들어 인군人君에게 보여주고 마침내 부인夫人에게 바친다. 夫人이 부휘副褘로 이를 받아 누에고치를 뽑아서 손을 세 번 동이에 담그고, 마침내 삼궁三宮과 세부世婦들에게 나누어 주고 누

에고치를 뽑아서 왕이 입을 보불黼黻의 문장文章을 만들도록 하여 이를 입고 선왕先王과 선공先公에게 제사지낸다."고 하였다. 또 가로되 "선비가 제전祭田이 있으면 제사지내고, 제전祭田이 없으면 소박한 제사를 지낸다."고 하였다.

'서직黍稷'을 '자粢'라 하고, 그릇에 있는 것을 '성盛'이라 한다. '생살牲殺'에서 '생牲'은 반드시 큰 것을 잡는다. '명皿'은 뚜껑을 덮는 그릇이다.

**주해**

- 粢盛(자성) : 제기祭器안에 담아서 제사에 쓰는 곡물. 粢(기장 자) 盛(담을 성)
  《공양전公羊傳·환공桓公十四年》 條에 나온다. "御廩者何? 粢盛委之所藏也." 이에 대해 하주何休의 註에 "黍稷曰粢, 在器曰盛."이라고 했다. 廩(곳집 름)
- 犧牲(희생) : 천지나 종묘에 제사를 지낼 때 제물로 쓰는 살아 있는 소. 색이 순수한 소를 '희犧'라 하고, 우양牛羊을 '생(牲)'이라 한다. 犧(희생 희) 牲(희생 생)
  "純色曰犧, 牛羊曰牲."(四書補註備旨)
- 無田(무전) : 규전圭田이 없다. 곧 제사용 토지가 없다는 뜻이다. '규전圭田'은 공경과 대부 및 선비들에게 제공하던 제사용 논밭을 말한다.
  《예기禮記·왕제王制》 편에 나온다. "夫圭田無徵." 이에 대해 조기趙岐의 註에 "古者卿以下至於士皆受圭田五十畝, 所以供祭祀也. 圭, 潔也."라고 했다. "圭田云者, 謂取先人德行潔白之義."(四書補註備旨)
- 牲殺(생살) : 가축을 기르거나 사냥해서 얻은 희생犧牲을 말한다. '생牲'은 집에서 기른 동물이고, '살殺'은 사냥해서 잡은 동물을 말한다. 殺(희생물 살) 왕부지王夫之의 《맹자패소孟子稗疏》에 "畜牧曰牲, 漁獵曰殺. 大夫用麋, 士用兎, 皆漁獵所獲, 所謂殺也."라고 했다. 麋(큰사슴 미)
- 黼黻(보불) : 임금이 예복으로 입던 下衣인 袞裳에 놓은, 도끼와 '亞' 자 모양의 수. 黼(수 보) 黻(수 불)
- 藉田(자전) : 옛날 천자나 제후가 백성의 힘을 동원하여 농사짓던 땅. 매년 춘경春耕 전에 천자나 제후가 몸소 자전藉田을 경작함으로써 농업의 중요성을 널리 알리는 행위이다. '자藉'는 '자籍'와 통한다.

《한서漢書·문제기文帝紀》에 "夫農, 天下之本也, 其開藉田, 朕親率耕, 以給宗廟粢盛."이라 했다.

- 終畝(종묘) : 모든 논밭의 밭갈이를 다 마치다. 옛날 입춘일立春日에 천자가 처음 밭갈이 의식을 마치게 되면, 공경 이하 벼슬아치들이 몇 차례 괭이질을 한 다음 백성들이 나머지 밭갈이를 마치게 된다.
《국어國語·주어周語》上에 나온다. "王耕一墢, 班三之, 庶民終於千畝." 이에 대해 위소韋昭의 註에 "終, 盡耕之也."라고 해석했다. 墢(밭갈 발)
- 御廩(어름) : 천자가 몸소 경작하여 수확한 곡식을 제사에 쓰기 위해 저장한 창고.
- 世婦(세부) : 궁중의 여관女官.
《주례周禮·천관天官·총재冢宰》에 나온다. "世婦掌祭祀, 賓客, 喪紀之事."
- 公桑(공상) : 천자와 제후의 뽕나무 밭.
《예기禮記·제의祭義》 편에 나온다. "古者, 天子諸侯, 必有公桑蠶室, 近川而爲之……蔔三宮之夫人, 世婦之吉者, 使入蠶於蠶室, 奉種浴於川, 桑於公桑, 風戾以食之." 蔔(무 복)
- 副褘(부휘) : 왕후의 수식首飾과 윗옷. 褘(왕후의 제복 휘)
《예기禮記·제의祭義》 편에 나온다. "歲既單矣, 世婦卒蠶, 奉繭以示於君, 遂獻繭於夫人. 夫人曰 : '此所以爲君服與.' 遂副褘而受之, 因少牢以禮之." 또한 《예기禮記·명당위明堂位》 편에도 나온다. "君卷冕立於阼, 夫人副褘立於房中." 이에 대해 정현鄭玄의 註에 "副, 首飾也……褘, 王後之上服."이라고 풀이했다. 繭(누에고치 견) 阼(동편층계 조)
- 三宮(삼궁) : 제후의 후궁.
《예기禮記·제의祭義》 편에 나온다. "卜三宮之夫人、世婦之吉者, 使入蠶于蠶室."
- 薦(천) : 술과 고기 없이 지내는 소박한 제사. 薦(제사드릴 천).
- 繅(고치켤 소) 冕(면류관 면) 紘(면류관끈 굉) 繭(고치 견) 盆(동이 분)

【備旨】

孟子曰 三月無君則弔者는 其獨急於君哉아 蓋亦急於親耳라 士之有位而失位也는 猶諸候之有國家而失國家也니 彼禮有曰 諸侯ㅣ耕助하여 以供祭祀之粢盛하고 夫人이 蠶繅하여 以爲祭祀之衣服이라하니 此可見諸侯必有國家而後에 能供祭祀也라 使失其國則犧牲ㅣ不能告成하며 粢盛이 不能精潔하며 衣服이 不能虔備而不敢以祭니 知諸侯則知士矣라

禮又曰 惟士失位而無田이면 則亦薦而不祭라하니 此可見士必有田而後에 可祭也라 若失位而無田이면 則牲殺器皿衣服三者不備하여 而不敢以祭也니 旣不敢以祭면 則不得遂其孝享之心하여 而不敢以自宴矣라 夫無君에 若不足弔면 因無君之故하여 至不得孝其親이니 亦不足弔乎아 此三月無君이면 所以則弔也니라

맹자 가라사대 "석 달 동안 모실 인군人君이 없으면 위로한다는 것이 그것이 다만 人君에게만 급한 일이겠는가? 대개 또한 어버이에게도 급한 일을 뿐이다. 선비에게 지위가 있다가 지위가 없게 되는 것은 제후에게 나라를 가지고 있다가 나라를 잃어버린 경우와 같다.

저《예기禮記》에 이르기를 '제후가 자전耤田을 경작하여 제사용 자성粢盛을 바치고, 夫人이 누에치고 누에고치를 뽑아 제사용 의복을 만든다.'고 하였으니, 이는 제후가 반드시 나라가 있은 후에 제사를 드릴 수 있다는 것을 알 수 있다. 가사 그 나라를 잃으면 희생犧牲이 살쪘다고 고하지 못하며, 자성粢盛이 정결精潔하지 못하며, 의복을 경건하게

준비하지 못하여 감히 제사지내지 못하니, 제후의 경우를 알면 곧 선비의 경우를 알 것이다.

《예기禮記》에 또 이르기를 '선비가 지위를 잃어 제전祭田이 없으면, 또한 소박하게 제사지내되 제대로 제사지내지 않는다.'고 하였으니, 이는 선비가 반드시 제전祭田이 있은 후에 제사지낼 수 있다는 것을 알 수 있다. 만약 지위를 잃어 제전祭田이 없으면 생살牲殺과 기명器皿과 의복衣服의 세 가지가 갖추어지지 못하여 감히 제사를 지내지 못한다. 이미 감히 제사지내지 못하면 마침내 효성으로 제사지내는 마음을 이루지 못하여 감히 스스로 연회를 열지 못한다.

무릇 人君이 없는데도 만약 위로할 만하지 않다고 생각한다면, 人君이 없는 연고로 인하여 그 어버이께 효도할 수 없게 되니 또한 위로할 만하지 않는가? 이곳이 석 달 동안 모시는 人君이 없으면 곧 위로하는 이유이다."

**주해**

- 告成(고성) : 일이 완성되었다고 고하다.
  《시詩·대아大雅·강한江漢》 편에 나온다. "經營四方, 告成於王."
- 精潔(정결) : 정치精致하고 깨끗하다.
  宋나라 심괄沈括의 《몽계필담夢溪筆談·인사人事》一에 나온다. "飮食有不精潔者, 但不食而已."
- 孝享(효향) : 제사祭祀.
  《주역周易·췌괘萃卦》에 나온다. "王假有廟, 致孝享也." 《시詩·소아小雅·천보天保》에도 나온다. "吉蠲爲饎, 是用孝享." 이에 대해 공영달孔穎達의 소疏에 "享, 獻也. 聚道旣全, 可以至於有廟設祭祀而致孝享也."라고 풀이했다.
  蠲(밝을 견)
- 虔(정성 건)

出疆에 必載質는 何也잇고

**"국경을 나설 때 반드시 폐백幣帛을 싣고 가는 것은 무엇 때문입니까?"**

周霄問也라

주소周霄가 물은 것이다.

**【備旨】**

周霄ㅣ又曰 三月無君에 不得盡奉先之孝하니 是誠可弔矣로되 若出疆則初失位耳니 必載質而行者는 果何謂也잇고

주소周霄가 또 물어 가로되 "석 달 동안 모실 人君이 없어 선조를 받드는 효를 다할 수 없으니, 이는 진실로 위로할만한 일입니다. 하지만 국경을 떠날 때는 이제 막 지위를 잃었을 뿐이거늘, 반드시 폐백을 싣고 가는 것은 과연 무엇을 말하는 것입니까?"

曰 士之仕也ㅣ猶農夫之耕也니 農夫ㅣ豈爲出疆하여 舍其耒耜哉리오

**가라사대 "선비가 벼슬하는 것은 농부가 경작하는 것과 같다. 농부가 국경을 떠날 때 어찌 그 쟁기와 보습을 버려두고 가겠는가?"**

주해

● 耒(쟁기 뢰) 耜(보습 사)

【備旨】

孟子曰 仕以行道爲事하고 耕以謀食爲事하니 是士之仕也 ㅣ猶農夫之耕也라 士見君에 不可以無質ㅣ猶農夫之耕에 不可以無耒耜니 農夫豈爲出疆하여 可以廢耕而遂舍其耒耜哉리오 然則士ㅣ豈爲去國하여 可以廢仕而遂舍其質哉리오 此出疆所以必載質也니라

맹자 가라사대 "벼슬은 행도行道를 일로 삼고, 경작은 모식謀食을 일로 삼으니, 이는 선비가 벼슬하는 것이 농부가 경작하는 것과 같다. 선비가 인군人君을 만나는데 폐백이 없을 수 없는 것은 농부가 경작하는데 쟁기와 보습이 없을 수 없는 것과 같으니, 농부가 국경을 떠날 때 어찌 경작을 그만두었다고 해서 마침내 그 쟁기와 보습을 버려두고 가겠는가? 그러므로 선비가 나라를 떠날 때 어찌 벼슬을 그만두었다고 해서 마침내 그 폐백을 버려두고 가겠는가? 이는 국경을 떠날 때 반드시 폐백을 싣고 가는 이유이니라."

曰 晉國이 亦仕國也로되 未嘗聞仕ㅣ如此其急호니 仕ㅣ如此其急也인댄 君子之難仕는 何也잇고

曰 丈夫ㅣ生而願爲之有室하며 女子ㅣ生而願

爲之有家는 父母之心이라 人皆有之언마는 不待父母之命과 媒妁之言하고 鑽穴隙相窺하며 踰牆相從하면 則父母國人이 皆賤之하나니 古之人이 未嘗不欲仕也언마는 又惡不由其道하니 不由其道而往者는 與鑽穴隙之類也니라

가로되 "진晋나라 또한 벼슬할만한 나라이지만, 벼슬을 이처럼 급하게 서둘렀다는 말은 일찍이 들어보지 못했습니다. 벼슬을 구하는 일이 이처럼 급하다고 하면서, 군자가 벼슬하는 것을 어렵다고 여기는 것은 무엇 때문입니까?"

가라사대 "장부가 태어나면 그를 위해 처실妻室을 구해주기 원하며, 여자가 태어나면 그를 위해 부가夫家를 구해주기 원하는 것은 부모의 마음이다. 사람마다 모두 이러한 마음이 있으나, 부모의 명과 중매쟁이의 말을 기다리지 않고, 담장 구멍을 뚫어 서로 엿보며 담장을 넘어 서로 만난다면, 곧 부모와 나라 사람들이 모두 천하게 여길 것이다. 옛 사람이 일찍이 벼슬하고자 하지 않은 적이 없지만, 또한 그 道로 말미암지 않은 것을 싫어한다. 그 道로 말미암지 않고 찾아가는 것은 담장 구멍을 뚫는 것과 같으니라."

晋國은 解見首篇하니라 仕國는 謂君子游宦之國이라

霄意以孟子不見諸侯爲難仕라 故로 先問古之君子仕否然後에 言此하여 以風切之也니라 男은 以女爲室하고 女 以男爲家라 妁은 亦媒也라

言爲父母者ㅣ非不願其男女之有室家로되 而亦惡其不由道하나니 蓋君子ㅣ雖不潔身以亂倫이나 而亦不徇利而忘義也니라

'진국晋國'은 해석이 첫 편에 보인다. '사국仕國'은 군자가 유환游宦하는 나라를 말한다.

주소周霄는 맹자가 제후를 만나지 않은 것은 벼슬하기가 어렵다고 여긴 것으로 생각하였다. 그러므로 먼저 옛날 군자들이 벼슬하였는가의 여부를 물은 다음, 이를 말하여 풍절風切한 것이다.

남자는 여자로 처실妻室을 삼고, 여자는 남자로 부가夫家를 삼는다. '작妁'은 또한 중매의 뜻이다.

부모가 된 자가 그 남녀 자식들에게 처실妻室과 부가夫家를 구해주는 것을 바라지 않은 것이 아니지만, 또한 그 道로 말미암지 않은 것을 싫어한다. 대개 군자가 비록 몸을 결백하게 하려고 인륜을 어지럽히지도 않지만, 또한 이익을 좇아 의義를 잊지도 않는다는 말이다.

### 주해

- 遊宦(유환) : 다른 나라 또는 먼 곳에 가서 벼슬하는 일. 宦(벼슬 환).
  《한서漢書·지리지地理志》 下에 나온다. "及司馬相如遊宦京師諸侯, 以文辭顯於世, 鄕黨慕循其跡."
- 風切(풍절) : 풍유諷諭하고 절책切責하다. '풍절諷切'과 같다.
  宋나라 완열阮閱의 《시화총구후집詩話總龜後集·은일문隱逸門》에 나온다. "淮南小山作 〈招隱〉, 極道山中窮苦之狀, 以風切遁世之士使無遐心, 其旨深矣." 遁(달아날 둔) 遐(멀 하)
- 穴隙(혈극) : 구멍. 곧 담장의 구멍을 말한다. '공혈孔穴'과 같다. 隙(틈 극)
- 潔身以亂倫(결신이난륜) : 자신의 몸을 결백하게 하려고 인륜을 어지럽히다.
  《논어論語·미자微子》 편에 나온다. "不仕無義, 長幼之節, 不可廢也, 君臣之義, 如之何其廢之. 欲潔其身而亂大倫."
- 徇(주창할 순) 妁(중매 작) 鑽(뚫을 찬) 窺(엿볼 규)

【備旨】

周霄ㅣ既得孟子欲仕之心하고 遂諷之曰 晋國이 亦君子遊宦之國也로되 未嘗聞三月無君則弔하고 出疆必載質하여 仕ㅣ如此其急者하니 仕ㅣ既如此其急也인댄 則君子ㅣ當易於仕矣어늘 乃又不見諸侯而難於仕는 何也잇고
孟子曰 君子之難仕者는 以道不可枉耳니 彼丈夫之生也에 而願爲之有女以爲室하며 女子之生也에 而願爲之有男以爲家는 此父母之心이라 不但一人爲然이라 人皆有之니라 然이나 必由之以禮ㅣ斯可貴耳라 若不待父母婚媾之命과 與媒妁通好之言하고 竟鑽穴隙以相窺하며 踰越垣墻以相從하면 則內而父母와 外而國人이 皆從而輕賤之라 故로 古之人이 知君臣之義ㅣ不可一日廢하여 未嘗不欲出而仕也ㅣ亦猶爲父母者之願男女有室家也라 然이나 出處之分明하고 又惡夫自卑自小하여 枉己徇人而不由其道義之正焉하니 彼不由其道義之正하고 而自往見乎君者는 與鑽穴隙之類로 無異也니 其可賤何如哉아 此君子所以雖急於仕(나) 而又難於仕也니라

주소周霄가 이미 맹자의 벼슬하고자 하는 마음을 알고서, 마침내 이를 풍절諷切하여 가로되 "진晉나라는 또한 군자가 유환遊宦할만한 나라입니다. 하지만 석 달 동안 모실 人君이 없으면 위로해주고, 국경을 떠날 때 반드시 폐백을 싣고 가니, 벼슬하는 것을 이처럼 급하게 서둘렀다는 말은 일찍이 듣지 못했습니다. 벼슬하는 것을 이미 이처럼 급하게 여긴다면, 군자가 마땅히 벼슬하는 것을 쉽게 여겨야 하거늘, 이

에 또한 제후를 만나지도 않고 벼슬하는 것이 어렵다고 하는 것은 무엇 때문입니까?"

맹자 가라사대 "군자가 벼슬하기 어렵다는 것은 道를 굽힐 수 없기 때문이다. 저 장부가 태어나면 그를 위해 여자를 찾아 처실妻室을 구해주기 원하며, 여자가 태어나면 그를 위해 남자를 찾아 부가夫家를 구해주기 원하는 것은 이는 부모의 마음이다. 다만 한 사람만 그런 것이 아니라 모든 사람에 그런 마음이 있다. 그러나 반드시 예禮로 말미암아야 이에 귀하게 된다. 만약 부모의 혼구婚媾의 명과 중매쟁이의 통호通好의 말을 기다리지 않고, 마침내 담장의 구멍을 뚫어 서로 엿보며, 담장을 뛰어넘어 서로 만난다면, 안으로는 부모와 밖으로는 나라 사람들이 모두 따라서 경시하고 천대할 것이다.

그러므로 옛 사람들이 군신의 의리는 하루도 폐할 수 없다는 점을 알고서, 일찍이 나아가 벼슬하고자 하지 않은 적이 없었으니, 이는 또한 부모가 된 자가 남녀를 위해 처실妻室과 부가夫家를 구해주는 것을 원하는 것과 같은 경우이다.

그러나 출사出仕와 은퇴隱退를 분명히 하였으며, 또한 스스로를 하찮게 여기고 자신을 굽히고 남을 좇으며, 그 도의道義의 정도正道를 말미암지 않은 것을 싫어하였다. 저 그 도의道義의 정도正道를 말미암지 않고 스스로 찾아가 人君을 만나는 자는 담장 구멍을 뚫는 자들과 다름이 없으니, 그 천한 모습이 어떠하겠는가? 이는 군자가 비록 벼슬하는 것을 급하게 여기나, 또한 벼슬하는 것이 어렵다고 여기는 이유이니라."

**주해**

● 婚媾(혼구) : 남녀가 예를 갖추어 부부가 되다. '婚姻'과 같다. 媾(화친할 구)
진晋나라 갈홍葛洪의 《포박자抱朴子·미송弭訟》 편에 나온다. "夫婚媾之結,

義無逼迫, 彼則簡擇而求, 此則可意乃許."

● 通好(통호) : 서로 우호적으로 왕래하다.
당唐나라 유정柳珵의 《상청전上淸傳》에 나온다. "會宣武節度使劉士寧通好於郴州, 廉使條疏上聞." 郴(고을이름 침)

● 出處(출처) : 출사出仕와 은퇴隱退.
한漢나라 채옹蔡邕의 《천황보규표薦皇甫規表》에 나온다. "修身力行, 忠亮闡著, 出處抱義, 皦然不汙." 皦(옥석힐 교)
당唐나라 한유韓愈의 《여최군서與崔群書》에도 나온다. "無入而不自得, 樂天知命者, 固前修之所以禦外物者也. 況足下度越此等百千輩, 豈以出處近遠累其靈台邪!"

[6·4]

彭更이 問曰 後車數十乘과 從者數百人으로 以傳食於諸侯ㅣ不以泰乎잇가
孟子曰 非其道則一簞食라도 不可受於人이어니와 如其道則舜이 受堯之天下하사되 不以爲泰하시니 子ㅣ以爲泰乎아

**팽경彭更이 물어 가로되 "뒤따르는 수레가 수십 승乘이며 종자從者가 수백 명으로 제후에게 전식傳食하니 너무 지나치지 않습니까?"**
**맹자 가라사대 "그 道가 아니면 곧 한 표주박의 밥이라도 남에게 받을 수 없거니와, 만약 그 道라면 곧 순舜은 요堯에게 천하를 받고서도 지나치다고 여기지 않으셨으니, 그대는 이것이 지나치다고 여기는가?"**

彭更은 孟子弟子也라 泰는 侈也라

'팽경彭更'은 맹자의 제자이다. '태泰'는 지나침이다.

주해

● 傳食(전식) : 남의 대접을 받으며 전전輾轉하다. '전식轉食'과 같다. 《서경잡기西京雜記》 卷2에 나온다. "婁護、豐辯傳食五侯間, 各得其懽心, 競致奇膳." 懽(기뻐할 환) 膳(반찬 선)
"傳食, 是相爲供薦以食."(四書補註備旨)
신안진씨新安陳氏가 말했다. "孟子歷聘, 徒御衆多, 食於諸侯. 故更以爲泰, 陋矣."(大全註疏)

【備旨】

彭更이 見孟子丨道不行而傳食諸候하고 疑其過分이라 故로 問曰 今有一介之士하니 後車則數十乘과 從者則數百人으로 以傳食於諸候之國丨不以過分而侈泰乎잇가
孟子曰 君子之辭受取舍는 一視道之可否何如耳니 苟非其道면 則不惟大者不可受也요 卽一簞之食라도 不可受於人이니 簞食而上을 可知已요
如其道면 則不惟小者可受也요 卽舜受堯之天下하사대 不以爲泰하시니 天下而下를 又可知已니 子以士傳食爲泰하니 亦將以舜受天下之大爲泰乎아

팽갱彭更이 맹자께서 道를 행할 수 없는데도 제후에게 전식傳食하는 것을 보고 그것이 분수에 지나치다고 의심하였다. 그래서 물어 가로되 "지금 한 선비가 있는데, 뒤따르는 수레 수십 승乘과 종자從者 수백

명으로 제후의 나라에서 전식傳食하는 것이 과분하고 사치스럽지 않습니까?"

맹자 가라사대 "군자가 사양하고 받고 취하고 버리는 것은 한결같이 道의 가부可否가 어떠한가를 볼 뿐이다. 진실로 그 道가 아니면 큰 것도 받을 수 없을 뿐만 아니라, 곧 한 표주박의 밥이라도 남에게 받을 수 없으니 단사簞食 이상을 가히 알 수 있다. 만약 그 道라면 작은 것도 받을 수 있을 뿐만 아니라, 곧 순舜이 요堯의 천하를 받고서도 지나치다고 여기시지 않았으니, 천하 이하를 또한 가히 알 수 있다. 그대는 선비가 전식傳食하는 것을 지나치다고 여기니, 또한 장차 순舜이 커다란 천하를 받은 것이 지나치다고 여기는가?"

曰 否라 士ㅣ無事而食이 不可也니이다

**가로되 "아닙니다. 선비가 일 없이 먹는 것이 불가不可하다는 것입니다."**

言不以舜爲泰요 但謂今之士ㅣ無功而食人之食은 則不可也라

순舜이 지나치다는 말이 아니라, 다만 지금의 선비들이 아무런 공功도 없이 남의 식록食祿을 먹는 것이 불가하다는 말이다.

【備旨】

更曰 否라 非以舜爲泰也요 但以士於人國에 無所事事而晏然食人之食이 爲不可也니 吾所以疑其爲泰也니이다

팽경彭更이 가로되 "아닙니다. 순舜이 지나치다는 것이 아닙니다. 다만 선비가 남의 나라에서 일을 일삼는 바도 없이 편안히 남의 식록食祿을 먹는 것이 불가하다는 것이니, 저는 그것이 지나치다고 의심하는 것입니다."

**주해**

- 事事(사사) : 일하다. 일을 다스리다.
《한비자韓非子·내저설상內儲說上》에 나온다. "吾之吏不事事也, 求簪三日不得之. 吾令人求之, 不移日而得之." 《사기史記·조상국세가曹相國世家》에도 나온다. "卿大夫以下吏及賓客見 參不事事, 來者皆欲有爲言." 簪(비녀 잠)

曰 子ㅣ不通功易事하여 以羨補不足이면 則農有餘粟하며 女有餘布어니와 子如通之면 則梓匠輪輿ㅣ皆得食於子하리니 於此有人焉하니 入則孝하고 出則悌하여 守先王之道하여 以待後之學者호되 而不得食於子하나니 子ㅣ何尊梓匠輪輿而輕爲仁義者哉오

**맹자 가라사대 "그대가 통공역사通功易事하여 남는 것으로 부족한 것을 보충하지 않으면, 곧 농부는 남아도는 곡식이 있으며, 부녀는 남아도는 베가 있게 된다. 그대가 만약 이를 통하게 하면 재인梓人·장인匠人과 윤인輪人·여인輿人이 모두 그대를 통해 먹고 살 수가 있다.**
**여기에 어떤 사람이 있는데, 들어와서는 효도하고 나가서는 공손하며, 선왕의 道를 지켜 후세의 학자를 기다린다고 해도 그대를 통해 먹고 살 수가 없으니, 그대는 어찌 재인梓人·장인匠人과 윤인輪人·여인輿人은 존중하면서 인의仁義를 행하는 자는 경시하는가?"**

通功易事은 謂通人之功而交易其事라 羨은 餘也라 有餘는 言無所貿易而積於無用也라 梓人匠人은 木工也요 輪人輿人은 車工也라

'통공역사通功易事'는 남의 공功을 통하여 그 일과 교역하는 것을 말한다. '연羨'은 나머지다. '유여有餘'는 무역貿易하는 바가 없어 무용無用한 데에 쌓이는 것을 말한다. 재인梓人과 장인匠人은 목공木工이요, 윤인輪人과 여인輿人은 거공車工이다.

주해

- 通功易事(통공역사) : 서로 다른 일을 하면서 남는 것으로 부족한 것을 보충하다.
  신안진씨新安陳氏가 말했다. "傳先王之道, 雖未得行于當時, 守先王之道, 乃可以傳之來世, 此其繼往聖開來學, 有功於吾道甚大. 孟子蓋自謂也."(大全註疏)
- 梓(가래나무 재) 匠(장인 장) 羨(남을 연)

【備旨】

孟子曰 子ㅣ謂士無事而不可食이라하니 不知其人有功也라 試以農工之事觀之컨댄 使子ㅣ不通人之功而交易其事하여 以己之羨餘로 補彼之不足이면 如是則農夫有餘粟하고 女子亦有餘布而皆積於無用矣리니 勢其可乎아
子ㅣ如通之면 則木工之梓匠과 車工之輪輿ㅣ皆得以其事而食於子하리니 於此異端競起之時而有人焉하니 知先王之道ㅣ莫大於仁義요 而仁義之道ㅣ不越於孝悌也라 故로 入則孝於親以盡仁하고 出則悌於長以盡義하여 守先王仁義之道

하여 以待後世之學者라 此其繼往開來之功이 非梓匠輪輿者比矣어늘 乃反以爲無功而不得食於子하나니 子ㅣ何尊梓匠輪輿之人而輕爲仁義之士者哉오 夫以待士者로 同於待工도 猶失其輕重之宜어니와 況輕於此而尊於彼하니 吾不知子何所見而云然也케라

맹자 가라사대 "그대는 선비가 일 없이 남의 식록食祿을 먹을 수 없다고 말하는데, 이는 그 선비에게 공효功效가 있음을 알지 못한 것이다. 시험 삼아 농공農工의 일로 살피건대, 가사 그대가 남의 공功을 통하여 그 일을 교역交易시켜서, 자신에게 남은 것으로 남의 부족한 것을 보충해주지 않는다면, 이와 같으면 농부는 남아도는 곡식이 있고 부녀에게는 남아도는 베가 있게 되어 모두 무용無用한 데에 쌓이게 될 것이니, 그 형세가 괜찮겠는가?

그대가 만약 이를 통하게 하면 곧 목공인 재인梓人·장인匠人과 거공車工인 윤인輪人·여인輿人이 모두 그 일 때문에 그대를 통해 먹고 살 수 있다. 이처럼 이단이 다투어 일어나는 때에 어떤 사람이 있어, 선왕의 道가 인의仁義 보다 큰 것이 없으며, 仁義의 도가 효제孝悌를 벗어나지 않는다는 것을 알기 때문에 들어와서는 부모에게 효도하여 인仁을 다하고, 나아서는 어른께 공손하여 의義를 다하며, 선왕의 인의仁義의 道를 지켜 후세의 학자를 기다린다. 이는 그 계왕개래繼往開來의 功이 재인梓人·장인匠人·윤인輪人·여인輿人이 비할 바가 아닌데도, 이에 도리어 공이 없다고 하여 그대를 통해 먹고 살 수가 없으니, 그대는 어찌 재인梓人·장인匠人·윤인輪人·여인輿人은 존중하면서 인의仁義를 행하는 선비는 경시하는가?

무릇 선비를 대하는 것으로 공인工人을 대하는 것도 오히려 그 경중輕重의 마땅함을 잃을 것인데, 하물며 이런 선비는 경시하고 저런 공

인工人은 존중하니, 나는 그대가 무슨 소견으로 그렇게 말하는지 알지 못하겠다."

주해

● 繼往開來(계왕개래) : 전인前人의 사업事業을 계승하여 앞 길을 열어주다. 宋나라 주희朱熹의 《융흥부학렴계선생사기隆興府學濂溪先生祠記》에 나온다. "此先生之教, 所以繼往圣, 開來學, 有功于斯世也."

曰 梓匠輪輿는 其志ㅣ將以求食也어니와 君子之爲道也도 其志ㅣ亦將以求食與잇가
曰 子ㅣ何以其志爲哉리오 其有功於子에 可食而食之矣니 且子는 食志乎아 食功乎아
曰 食志니이다

가로되 "재인梓人·장인匠人·윤인輪人·여인輿人은 그 뜻이 장차 먹는 것을 구하기 위한 것이지만, 君子가 道를 행하는 것도 그 뜻이 또한 장차 먹는 것을 구하기 위한 것입니까?"
가라사대 "그대는 어찌 뜻을 따지는가? 그가 그대에게 공이 있어 가히 먹여줄 만하면 먹이는 것이니, 또한 그대는 뜻에 따라 먹이는가? 功에 따라 먹이는가?"
가로되 "뜻에 따라 먹입니다."

孟子言自我而言이면 固不求食이어니와 自彼而言이면 凡有功者를 則當食之니라

맹자께서 "나로부터 말하자면 진실로 먹는 것을 구하지 않거니와, 저들로부터 말하자면 무릇 공이 있는 자는 마땅히 먹여주어야 한다." 고 말씀하신 것이다.

【備旨】

彭更이 於此에 無辭以對라 乃舍功而論志曰 梓匠輪輿는 執藝以事人하니 其志ㅣ將以求食也는 食之可也어니와 若君子之爲道也는 方務其遠者大者니 其志ㅣ亦將以求食與잇가 孟子曰 子ㅣ何以君子之志爲哉오 其有仁義之功於子면 則在彼固有可食而子ㅣ亦當食之矣니 且子ㅣ平日之食人也에 以其志之所在而食之乎아 抑以其功之所在而食之乎아 更이 强爲之說曰 食志니 功非所論也니이다

팽경彭更이 이에 대답할 말이 없었다. 그래서 공功을 버리고 뜻에 대해 논하여 가로되 "재인梓人·장인匠人·윤인輪人·여인輿人은 기예를 가지고 남을 섬기니, 그 뜻이 장차 먹는 것을 구하는데 있으므로 그를 먹이는 것이 옳습니다. 그러나 君子가 道를 행하는 경우는 바야흐로 그 원대한 것에 힘쓰니, 그 뜻이 또한 장차 먹는 것을 구하기 위한 것입니까?"

맹자 가라사대 "그대는 어찌 君子의 뜻을 따지는가? 그가 그대에게 인의仁義의 功이 있으면, 그에게 진실로 먹여줄만한 것이 있으니 그대가 또한 마땅히 그를 먹여야 한다. 또한 그대가 평소에 남을 먹일 때 그 뜻이 있는 바에 따라 먹이는가? 아니면 그 功이 있는 바에 따라 먹이는가?"

팽경彭更이 억지로 말하여 가로되 "뜻에 따라 먹이니, 공功은 논할

바가 아닙니다."

**曰 有人於此하니 毁瓦畫墁이요 其志ㅣ將以求食也則子ㅣ食之乎아**
**曰 否라**
**曰 然則子ㅣ非食志也라 食功也로다**

**가라사대 "여기에 사람이 있는데, 기왓장을 부수고 새 담장에 함부로 색칠을 하면서, 그 뜻이 장차 먹는 것을 구하기 위한 것이라면 그대는 그를 먹이겠는가?"**
**가로되 "아닙니다."**
**가라사대 "그렇다면 뜻에 따라 먹이는 것이 아니라 공에 따라 먹이는 것이다."**

墁은 牆壁之飾也라 毁瓦畫墁은 言無功而有害也라
旣曰食功이면 則以士爲無事而食者는 眞尊梓匠輪輿而輕爲仁義者矣니라

'만墁'은 새 담장에 함부로 색칠하는 것이다. '훼와화만毁瓦畫墁'은 공이 없고 해로움만 있다는 말이다.

이미 공功에 따라 먹인다고 말했다면, 선비를 일 없이 먹는 자라고 여긴 것은 진실로 재인梓人·장인匠人·윤인輪人·여인輿人은 존중하고, 인의仁義를 행하는 자는 경시한 것이다.

주해

● 墁(만) : 원래는 담장에 흙칠을 하는 흙손을 말하는데, 여기서는 새 담장에 색칠을 한다는 뜻으로 쓰였다. 墁(흙손 만)

【備旨】

> 彭更之言이 與前所謂無事而食者로 已相悖馳矣라
> 孟子ㅣ又從而詰之曰 子ㅣ旣食志矣라하니 設若有人於此하니 毁子之瓦하고 畵子之墁하여 無功而有害如此로되 但原其志하여 亦將以求食也면 則子ㅣ亦因其志而食之乎아
> 更對之曰 否라 此無功之志니 吾不食之也로라
> 孟子曰 毁瓦畵墁을 子ㅣ旣不食之니 然則子之所食者는 非食人之志也요 實食人之功也라 旣曰食功이면 則有功於吾道者ㅣ在所當食矣어늘 乃以士爲無事而食은 豈非尊梓匠輪輿而輕爲仁義者哉리오

팽경彭更의 말은 앞에서 말한 '일 없이 먹는다'는 말과 이미 서로 어긋난다.

맹자께서 또한 이에 따라 그를 힐책詰責하여 가라사대 "그대는 이미 뜻에 따라 먹인다고 하였다. 가사 여기에 어떤 사람이 있는데 그대의 기왓장을 부수고 그대의 새 담장에 함부로 색칠을 하여 공功은 없고 이처럼 해로움만 있는데도, 다만 그 뜻을 살펴 또한 장차 먹는 것을 구하려고 한다면, 그대는 또한 그 뜻에 따라 그를 먹이겠는가?"

팽경彭更이 대답하여 가로되 "아닙니다. 이는 공功이 없는 뜻이니, 저는 그를 먹이지 않을 것입니다."

맹자 가라사대 "기왓장을 부수고 새 담장에 함부로 색칠을 하면, 그

대는 이미 그를 먹이지 않는다고 하였다. 그렇다면 그대가 먹이는 것은 사람의 뜻에 따라 먹이는 것이 아니라 실제로는 사람의 공功에 따라 먹이는 것이다. 이미 공功에 따라 먹인다면 곧 우리 道에 공功이 있는 자를 마땅히 먹여야 하거늘, 이에 선비가 일 없이 먹는다고 하니, 어찌 재인梓人·장인匠人·윤인輪人·여인輿人은 존중하고 인의仁義를 행하는 선비는 경시하는 것이 아니겠는가?"

**주해**

- 悖馳(패치) : 어긋나다. 悖(어그러질 패) 馳(달릴 치)
- 詰(꾸짖을 힐)

[6·5]

萬章이 問曰 宋은 小國也라 今에 將行王政하나니 齊楚ㅣ惡而伐之면 則如之何니잇고

**만장萬章이 물어 가로되 "송宋나라는 소국小國입니다. 지금 장차 왕도정치王道政治를 행하려고 하는데, 제齊나라와 초楚나라가 이를 미워하여 공격한다면 어떻게 해야 합니까?"**

萬章은 孟子弟子라 宋王偃이 嘗滅滕伐薛하고 敗齊楚魏之兵하여 欲霸天下하니 疑卽此時也라

'만장萬章'은 맹자의 제자이다. 송宋나라 왕 언偃이 일찍이 등滕나라를 멸망시키고 설薛나라를 공격했으며, 제齊·초楚·위魏나라의 군대를 패퇴敗退시켜 천하의 패자霸者가 되려고 하였는데, 아마도 바로 이 때인 듯하다.

주해

- 宋王偃(송왕언) : 전국시대 송宋나라의 마지막 인군人君인 강왕康王(?～기원전 286年)을 말한다. 姓은 자子. 이름은 언偃으로 재위기간은 기원전 328년부터 기원전 286년까지이다.

【備旨】

萬章이 問於孟子曰 宋은 小國也라 今將伐暴安民하여 以行王政하나니 齊楚惡而伐之 則如之何니잇고하니 恐其小不可以敵大也라

만장萬章이 맹자에게 물어 가로되 "송宋나라는 소국小國입니다. 이제 장차 포악한 군주를 정벌하여 백성을 편안하게 하고 왕도정치를 행하려고 하는데, 제齊나라와 초楚나라가 이를 미워하여 공격한다면 어떻게 해야 합니까?"라고 하니, 그 소국이 대국을 대적할 수 없을까 염려한 것이다."

孟子曰 湯이 居亳하실새 與葛爲鄰이러시니
葛伯丨放而不祀어늘
湯이 使人問之曰 何爲不祀오
曰 無以供犧牲也이로다
湯丨使遺之牛羊하신대 葛伯이 食之하고 又不以祀어늘

湯이 又使人問之曰 何爲不祀오

曰 無以供粢盛也로이다

湯이 使亳衆으로 往爲之耕이어시늘 老弱이 饋食러니 葛伯이 帥其民하여 要其有酒食黍稻者하여 奪之호되 不授者를 殺之하더니 有童子ㅣ以黍肉餉이어늘 殺而奪之하니 書에 曰葛伯이 仇餉이라하니 此之謂也라

맹자께서 다음과 같이 말씀하셨다.

"탕왕湯王이 박읍亳邑에 거주할 때, 갈葛나라와 이웃하고 있었다. 갈백葛伯이 방종하여 제사를 지내지 않자, 탕왕湯王이 사람을 시켜 물었다.

'어찌하여 제사를 지내지 않는가?'

갈백이 말하기를 '바칠 희생犧牲이 없습니다.'

탕왕湯王이 소와 양을 보내자, 갈백이 이를 잡아먹고 또 제사를 지내지 않았다. 탕왕이 다시 사람을 시켜 물었다.

'어찌하여 제사를 지내지 않는가?'

갈백이 말하기를 '바칠 자성粢盛이 없습니다.'

탕왕이 박읍亳邑의 백성들에게 가서 경작해주도록 하니, 박읍의 노약자들이 경작해주는 사람들에게 음식을 보내왔다. 그러자 갈백이 자기 백성들을 이끌고 가서 그 술과 밥과 기장과 쌀을 가져온 사람들을 가로막고 이를 빼앗았으며, 내놓지 않으려는 자는 죽였다. 그 때 어떤 동자가 기장과 고기를 가져와 밭가는 자를 먹이자, 그를 죽이고 음식까지 빼앗았다. 《서경書經》에 '갈백葛伯이 음식을 보내온 자를 원수로 여겼다' 고 하였으니, 이것을 말한 것이다."

葛은 國名이라 伯은 爵也라 放而不祀는 放縱無道하여 不祀先祖也라 亳衆은 湯之民이오 其民은 葛民也라 授는 與也라 餉은 亦饋也라 書는 商書仲虺之誥也라 仇餉은 言與餉者爲仇也라

'갈葛'은 나라이름이다. '백伯'은 작위爵位이다. '방이불사放而不祀'는 방종放縱하고 무도無道하여 선조의 제사를 지내지 않는 것이다. '박중亳衆'은 탕왕의 백성이요, '기민其民'은 갈葛나라의 백성이다. '수授'는 주다는 말이다. '향餉'은 또한 보내어 대접한다는 뜻이다. '서書'는 《서경書經·상서商書·중훼지고仲虺之誥》 편이다. '구향仇餉'은 음식을 대접하는 자를 원수로 여긴다는 말이다.

주해

- 要(요) : 막아서다. 가로막다. '난절攔截'의 뜻이다. 攔(막을 란)
- 仇餉(구향) : 음식을 대접한 사람을 죽이고 그 음식을 빼앗다. 仇(원수 구) 餉(먹일 향)
  주자朱子가 말했다. "《書》 소위 '葛伯仇餉', 若非孟子之言, 人孰知其曲折如此哉."(大全註疏)
- 饋(먹일 궤) 虺(살무사 훼)

【備旨】

孟子曰 古有行王政而王於天下者하니 湯武ㅣ是也라 以湯之事로 言之컨대 湯은 宋之先祖也라 湯居亳하실새 與葛國爲鄰이러시니 葛伯이 放縱無道而不祀其先祖어늘 湯이 使人問之曰 祀는 大典也어늘 何爲不祀오

葛伯이 託言曰 祭必備物이니 無以供犧牲也로이다
湯欲其祭하여 乃使人遺之牛羊하여 以供其犧牲之用하신대 葛伯이 食之하고 又不以祀어늘 湯이 又使人問之曰 犧牲備矣어늘 又何爲不祀오
葛伯이 託言曰 祭必黍稷이니 無以供粢盛也로이다
湯이 使亳衆往葛而爲之耕하여 以爲粢盛之需하고 又使亳衆之老弱者로 饋食以食耕者하니 是湯之於葛에 曲盡其睦鄰之道矣어늘 夫何葛伯이 率其民하여 要其所饋之有酒食黍稻者하여 奪之하되 其不授者를 殺之오 時에 亳有童子ㅣ以黍肉餉其耕者어늘 葛伯이 殺而奪之하니 書曰 葛伯이 仇視餉耕者라하니 正此殺童子而奪其黍肉之謂也라

맹자께서 다음과 같이 말씀하셨다.

"옛날 왕도정치를 행하여 천하에 왕 노릇을 한 자가 있었으니, 탕왕湯王과 무왕武王이 이들이다. 탕왕의 일로 말하건대, 탕왕은 송宋나라의 선조이다. 탕왕이 박읍亳邑에 거주할 때 갈국葛國과 이웃하고 있었는데, 갈백葛伯이 방종하고 무도하여 그 선조에게 제사를 지내지 않았다.

탕왕이 사람을 시켜 물었다. '제사는 대전大典인데, 어찌하여 제사를 지내지 않는가?'

갈백이 핑계를 대고 말했다. '제사에는 반드시 제물祭物이 구비되어야 하는데, 바칠 희생犧牲이 없습니다.'

탕왕이 그가 제사를 지내게 하려고, 이에 사람을 시켜 소와 양을 보내 그 희생의 제물로 바치게 하였다. 그런데 갈백이 이를 잡아먹고 또 제사를 지내지 않았다.

탕왕이 다시 사람을 시켜 물었다. '희생이 갖춰졌는데 또 어찌하여 제사를 지내지 않는가?'

갈백이 핑계를 대고 말했다. '제사에는 반드시 서직黍稷이 필요한데 바칠 자성粢盛이 없습니다.'

탕왕이 박읍亳邑의 백성들에게 갈葛나라로 가서 대신 경작하여 필요한 자성粢盛을 마련하도록 하고, 또 박읍의 노약자들로 하여금 음식을 보내어 경작해주는 사람들을 먹이도록 하였다. 이는 탕왕이 갈葛나라에 대해 그 이웃간에 화목하게 지내는 道를 다한 것이다.

그런데 어찌 갈백은 자기 백성들을 거느리고 저 술과 밥과 기장과 쌀을 가져온 사람들을 가로막고 이를 빼앗았으며, 내놓지 않는 자를 죽이기까지 하였는가? 당시 박읍의 어떤 동자가 기장과 고기를 가져와 밭가는 자를 먹이자, 그를 죽이고 음식까지 빼앗았다. 《서경書經》에 '갈백葛伯이 밭가는 자에게 음식을 대접하는 사람을 원수처럼 여겼다'고 하였으니, 바로 이 동자를 죽이고 그 서육黍肉까지 빼앗은 것을 말한 것이다."

**주해**

● 大典(대전) : 성대하고 중요한 의식.
《남제서南齊書·왕검전王儉傳》에 나온다. "時大典將行, 儉爲佐命, 禮儀詔策, 皆出於儉."

● 託言(탁언) : 핑계. 구실.
《동주열국지東周列國志》 第5回에 나온다. "大夫祭足曰 '以臣愚見, 二臣之言, 當兼用之. 臣願帥兵直抵周疆, 托言歲凶, 就食溫、洛之間. 若周王遣使責讓, 吾有辭矣. 如其無言, 主公入朝未晚.'" 抵(막을 저)

爲其殺是童子而征之하신대
四海之內ㅣ皆曰 非富天下也라 爲匹夫匹婦하여 復讎也라하니라

"이 동자를 죽인 일 때문에 탕왕이 갈백葛伯을 정벌하자, 사해四海의 백성들이 모두 가로되 '천하의 재부財富를 탐한 것이 아니라, 필부필부匹夫匹婦를 위하여 원수를 갚고자 한 것이다.' 라고 하였다."

非富天下는 言湯之心이 非以天下爲富而欲得之也라

'비부천하非富天下'는 탕왕의 마음이 천하를 재부財富로 삼아 이를 얻고자 한 것이 아니라는 말이다.

주해

- 匹夫匹婦(필부필부) : 일반 백성. 곧 평민平民을 말한다.
  《상서尙書·함유일덕咸有一德》에 나온다. "匹夫匹婦, 不獲自盡."
  《논어論語·헌문憲問》 편에도 나온다. "豈若匹夫匹婦之爲諒也, 自經於溝瀆而莫知之也."

【備旨】

夫葛伯無道하여 至殺童子極矣라 湯이 爲其殺是童子而擧兵征之하신대
四海之內ㅣ皆曰 湯之征葛은 非以天下爲富而征之也라 爲匹夫匹婦하여 復其無罪被殺之讎也라하니 天下莫不諒湯之心矣라

갈백葛伯이 무도하여 동자를 죽이는 지경에까지 이르렀다. 그러자 이 동자를 죽인 일 때문에 탕왕이 군사를 일으켜 정벌하니, 사해四海의 백성들이 모두 가로되 '탕왕이 갈백葛伯을 정벌한 것은 천하를 재부財富로 삼아 이를 정벌한 것이 아니다. 필부필부를 위하여 그 무고하게 살해된 동자의 원한을 갚기 위한 것이다.'라고 하니, 천하에 탕왕의 마음을 믿지 않은 자가 없었다.

湯이 始征을 自葛로 載하샤 十一征而無敵於天下하니 東面而征에 西夷怨하며 南面而征에 北狄이 怨하여 曰 奚爲後我오하여 民之望之ㅣ若大旱之望雨也하여 歸市者ㅣ弗止하며 芸者ㅣ不變이어늘 誅其君弔其民하신대 如時雨降이라 民이 大悅하니 書曰 徯我后하노소니 后來하시면 其無罰아하니라

**"탕왕이 첫 번째 정벌을 갈葛나라로부터 시작하여 십 일개 국을 정벌하니 천하에 대적할 자가 없었다. 동쪽을 향해 정벌하면 서쪽 이민족이 원망하였고, 남쪽을 향해 정벌하면 북쪽 이민족이 원망하여 가로되 '어찌하여 우리를 먼저 정벌하지 않으신가?' 라고 하였다. 백성들이 탕왕에 대해 기대하는 것이 마치 큰 가뭄에 단비를 기다리듯 하여 시장으로 돌아가는 자들도 발길을 멈추지 않았고, 김매는 자들도 몸을 피하지 않았다. 그 인군人君을 죽이고 그 백성들을 위로하자, 마치 시우時雨가 내리듯 백성들이 크게 기뻐하였다. 《서경書經》에 말하기를 '우리 인군人君을 기다리나니, 人君이 오시면 형벌이 없어지겠지!' 라고 하였다."**

載는 亦始也라 十一征은 所征十一國也라 餘는 已見前篇하니라

'재載'는 또한 시작이다. '십일정十一征'은 정벌한 나라가 11개국이라는 말이다. 나머지는 이미 전편에 보인다.

주해

- 신안진씨新安陳氏가 말했다. "此湯行王政而王之事也."(大全註疏)
- 無罰(무벌) : 형벌이 없다. 곧 폭군의 형벌에서 벗어난다는 말이다. "無罰是免暴君之刑罰."(四書補註備旨)
- 載(비로소 재)徯(기다릴 혜) 后(임금 후)

【備旨】

觀周書仲虺之誥컨대 又云 成湯이 始興兵以征伐無道之國을 乃自葛始하사 從此討罪伐暴에 凡十一征而皆無敵於天下하니 東面而征則西夷怨之하며 南面而征則北狄怨之하여 怨之者ㅣ皆曰 奚爲後我오하니 觀書所言컨대 可見湯師未至에 民之望之가 惟恐其弗至하여 若大旱之望雨也라가 及其旣至엔 則商安於市 而歸市者ㅣ弗止하고 農安於野而芸者ㅣ不變이어늘 誅其虐民之君하고 弔其受虐之民하신대 如時雨降於大旱之後하여 而民心不勝其大悅焉이라
故로 商書太甲篇曰 徯我后하노소니 我后來하시면 其庶幾無虐政之罰乎아하니 蓋其大悅이 有如此하니 此湯之行王政에 未有惡而伐之者也라

《주서周書·중훼지고仲虺之誥》를 살피건대, 또 이르기를 '성탕成湯이 비로소 군사를 일으켜 무도한 나라를 정벌하는데, 곧 갈국葛國으로부터 시작하였다. 이로부터 무도한 폭군을 정벌하되 모두 십 일개 국을 정벌하였는데, 모두 천하에 대적할 자가 없었다. 동쪽으로 정벌하면 서쪽 이민족들이 원망하였고, 남쪽으로 정벌하면 북쪽 이민족들이 원망하였다. 원망하는 자들이 모두 가로되 '어찌하여 우리를 먼저 정벌하지 않으신가?'라고 하였다.

《서경書經》에서 말한 바를 살피건대, 탕왕의 군사가 아직 이르지 않았을 때 백성들이 탕왕에 대해 기대하는 것이 탕왕의 군사가 오지 않을까 염려하여 마치 큰 가뭄에 단비를 기다리듯 하였다. 탕왕의 군사가 이미 도착하면 상인들은 시장에서 편안하여 시장으로 돌아온 자가 그치지 않았으며, 농부는 들에서 편안하여 김매는 자가 몸을 피하지 않았다. 그 백성을 학대한 인군人君을 죽이고, 학대받은 백성들을 위로하니, 마치 시우時雨가 큰 가뭄 뒤에 내리듯 백성들의 마음이 그 큰 기쁨을 이기지 못한 것 같았다.

그러므로 《상서商書·태갑太甲》 편에 가로되 '우리 인군人君을 기다리나니, 우리 人君이 오시면 아마도 학정의 형벌이 없어지겠지!'라고 하였다. 대개 백성들이 크게 기뻐한 것이 이와 같았으니, 이처럼 탕왕이 왕도정치를 행하는데 그를 미워하여 정벌한 경우가 있지 않았다.

**주해**

● 庶幾(서기) : 아마도. 혹은.
《사기史記·진시황본기秦始皇本紀》에 나온다. "寡人以爲善, 庶幾息兵革." 《사기史記·효무본기孝武本紀》에도 나온다. "朕臨天下二十有八年, 天若遺朕士而大通焉。《乾》稱 '蜚龍', '鴻漸於般', 意庶幾與焉. 其以二千戶封地士將軍大(指欒大) 爲樂通侯." 蜚(곤충이름 비) 欒(가름대 난)

有攸不爲臣이어늘 東征하사 綏厥士女하신대 匪厥玄黃하여 紹我周王見休하여 惟臣附于大邑周라하니 其君子는 實玄黃于匪하여 以迎其君子하고 其小人은 簞食壺漿으로 以迎其小人하니 救民於水火之中하여 取其殘而已矣니라

"'신하가 되지 않은 자가 있으니, 동쪽으로 정벌하여 그 사녀士女들을 편안하게 하셨다. 그들이 그 검은 색과 황색 비단을 대광주리에 담아 우리 주왕周王을 섬기고 광영光榮을 입어 대읍大邑인 주周나라의 신하로 귀순하였다.' 고 하였다.
그 군자들은 검은 색과 황색 비단을 대바구니에 담아 그 군자를 환영하였고, 그 소인들은 단사호장簞食壺漿으로 그 소인을 환영하였으니, 이는 백성들을 수화水火의 가운데서 구하여 잔학殘虐한 군왕을 잡아 죽이기만 하였기 때문이다."

按周書武成篇컨대 載武王之言이어늘 孟子約其文如此라 然이나 其辭 特與今書文不類하니 今姑依此文解之하노라
有所不爲臣은 謂助紂爲惡하여 而不爲周臣者라 匪는 與篚同이라 玄黃은 幣也라 紹는 繼也니 猶言事也라 言其士女以匪盛玄黃之幣하여 迎武王而事之也라 商人而曰我周王은 猶商書所謂我后也라 休는 美也라 言武王이 能順天休命하여 而事之者ㅣ皆見休也라 臣附는 歸服也라
孟子ㅣ又釋其意하사 言商人이 聞周師之來하고 各以其類相迎者는 以武王能救民於水火之中하여 取其殘民者하여 誅之

하시고 而不爲暴虐耳라 君子는 謂在位之人이요 小人은 謂細民也라

《주서周書·무성武成》 편을 살피건대, 무왕武王의 말이 실려 있는데 맹자께서 그 문장을 이와 같이 요약한 것이다. 그러나 그 내용이 다만 지금의 《상서尙書》와 같지 않으니, 이제 잠시 이 글에 의거하여 풀이한다.

'유소불위신有所不爲臣'은 주왕紂王을 도와 악행을 저지르며 주周나라의 신하가 되지 않은 자를 말한다. '비匪'는 '비篚'와 같다. '현황玄黃'은 폐백이다. '소紹'는 잇는 것이니 섬긴다는 말과 같다.

그 사녀士女들이 대광주리에 검은 색과 황색의 폐백을 담아 가지고 무왕武王을 맞이하여 섬겼다는 말이다. 상商나라 사람들이 말한 '우리 주왕周王[我周王]'은 〈상서商書〉에서 말한 '우리 인군人君[我后]'과 같다. '휴休'는 아름답다는 말이다. 무왕武王이 능히 하늘의 아름다운 명命을 따르니, 섬기는 자들이 모두 광영光榮을 입는다는 말이다. '신부臣附'는 신하로 귀순하다는 뜻이다.

맹자께서 또 그 뜻을 해석하여 '상商나라 사람들이 주周나라 군대가 온다는 말을 듣고 각각 그 부류에 따라 서로 맞이한 것은, 무왕武王이 능히 백성을 수화水火의 가운데에서 구하여 그 백성을 잔학하게 대한 자를 잡아서 죽이고, 포학한 짓은 하지 않았기 때문이다.'라고 말한 것이다.

'군자君子'는 지위에 있는 사람을 말하고, '소인小人'은 세민細民을 말한다.

**주해**

- 攸(유) : '所'와 같다. 攸(바 유)
- 士女(사녀) : 남녀. '사士'는 남자, '여女'는 부녀를 말한다. 곧 백성을 말한다. 《초사楚辭·초혼招魂》 편에 나온다. "吳歈蔡謳, 奏大呂些. 士女雜坐, 亂而不

分些." 歈(노래 유) 謳(노래할 구)

- 順天休命(순천휴명) : 하늘의 아름다운 명을 따르다. 곧 하늘의 명이나 천자의 명을 말한다.

  《주역周易·대유大有》 卦에 나온다. "군자가 보고서 악을 막고 선을 드날려, 하늘의 아름다운 명을 따른다.[君子以, 遏惡揚善, 順天休命.]"

  《서경書經·열명하說命下》에도 나온다. "감히 천자의 아름다운 명을 선양하겠습니다.[敢對揚天子之休命.]"

- 臣附(신부) : 신속의부臣屬依附. 곧 신하로 귀순歸順하다는 뜻이다.

  《후한서後漢書·서역전서西域傳序》에 나온다. "於是遠國蒙奇、兜勒皆來歸服, 遣使貢獻." 兜(투구 두) 勒(굴레 륵)

- 君子(군자) : 앞의 군자君子는 상商나라의 신하를 말하고, 뒤의 君子는 주周나라의 장수를 말한다.

  "上君子指商臣, 下君子指周將帥."(四書補註備旨)

- 小人(소인) : 앞의 小人은 상商나라의 백성을 말하고, 뒤의 小人은 주周나라의 사졸士卒을 말한다.

  "上小人指商民, 下小人指周士卒."(四書補註備旨)

- 簞食壺漿(단사호장) : 대바구니의 밥과 호리병의 술이나 음료.

  《맹자孟子·양혜왕하梁惠王下》에 나온다. "以萬乘之國伐萬乘之國, 簞食壺漿以迎王師, 豈有他哉!避水火也."

- 細民(세민) : 평민.

  《안자춘추晏子春秋·간하이십諫下二十》에 나온다. "遂欲滿求, 不顧細民, 非存之道."

- 實(담을 실) 綏(편안할 수) 匪(대상자 비) 篚(대광주리 비) 紹(섬길 소) 漿(미음 장)

【備旨】

以武王之事로 言之컨대 武成之書曰 當紂之時하여 有所助紂爲虐하여 不爲周臣者어늘 武王이 以其爲士女之害로 於是에 東征以綏厥士女하신대 但見士女 皆以篚盛厥玄黃之

幣하여 以迎武王之師하고 且以吾昔事商이러니 今繼事我周王하여 庶得蒙其休澤而見美也라 於是相率하여 惟臣服歸附於大邑周焉이라하니라

觀書所言컨대 是武王東征一擧에 商之君子는 則實玄黃於匪하여 以迎周之君子하고 商之小人은 則簞食壺漿으로 以迎周之小人하니 夫民之悅武王如此는 果何爲哉아 蓋以紂之暴虐斯民하여 陷民於水火久矣어늘 而武王이 能救民於水火之中하여 取其殘民者誅之而已矣니라

무왕武王의 일로 살피건대, 《주서周書·무성武成》 편에 가로되 '주왕紂王 때 주왕紂王을 도와 학정虐政을 저지르며 주周나라의 신하가 되지 않은 자가 있거늘, 무왕武王은 그들이 사녀士女들에게 해가 된다고 여겼다. 이에 동쪽으로 정벌하여 그 士女들을 편안하게 하시자, 다만 士女들이 모두 대광주리에 그 검은색과 황색의 폐백을 담아서 무왕의 군대를 환영하는 것만 볼 수 있었다. 또한 우리가 옛날 상나라를 섬겼는데, 이제 계속하여 우리 주왕周王을 섬겨 그 아름다운 은택을 입고 광영光榮을 받기를 원한다면서, 이에 서로 이끌고 신하의 예禮를 갖추어 대읍大邑 주周나라에 귀순하였다.'고 하였다.

《상서尙書》에서 말한 바를 살피건대, 이는 무왕武王이 동쪽으로 정벌을 한번 일으키자 상商나라의 군자들은 대광주리에 검은 색과 황색의 폐백을 담아 주周나라의 군자를 환영하였고, 상商나라의 소인들은 단사호장簞食壺漿으로 周나라의 小人들을 맞이하였다. 무릇 백성들이 武王의 정벌을 이처럼 기뻐한 것은 과연 무엇 때문인가? 대개 주왕紂王이 이 백성들을 포학暴虐하게 대하여 백성들을 수화水火의 가운데로 빠지게 한 지가 오래되었는데, 武王이 능히 백성들을 水火의 가운데서 구제하여 그 백성을 잔학하게 대한 자를 잡아 죽였기 때문이다.

주해

- 臣服(신복) : 신하의 예禮를 갖추어 군명君命에 복종하다.
  《서書·강왕지고康王之誥》에 나온다. "今予一二伯父, 尙胥曁顧, 綏爾先公之臣服於先王."

**太誓에 曰 我武를 惟揚하여 侵于之疆하여 則取于殘하여 殺伐用張하니 于湯에 有光이라하니라**

**"〈태서太誓〉에 가로되 '우리들의 위무威武(위무)를 드러내기 위해 저들의 강토疆土를 공격하여 잔포殘暴한 군왕을 잡아 죽이고 살벌殺伐의 공이 베풀어지니, 탕왕湯王 보다 더욱 빛나도다.' 라고 하였다."**

太誓는 周書也라 今書文亦小異라 言武王이 威武奮揚하여 侵彼紂之疆界하여 取其殘賊하여 而殺伐之功이 因以張大하니 比於湯之伐桀에 又有光焉이라 引此하여 以證上文取其殘之義니라

'태서太誓'는 〈주서周書〉이다. 지금 《상서尙書》의 문장과도 약간 다르다. 무왕武王이 위무威武를 떨쳐 저 주왕紂王의 강토疆土를 공격하고 그 잔학殘虐한 군왕을 잡아 죽여서 살벌殺伐의 功이 이 때문에 크게 베풀어지니, 탕왕이 걸왕桀王을 정벌한 것과 비하여 더욱 빛이 났다. 이를 인용하여 윗글의 그 잔학殘虐한 군왕을 잡아 죽였다는 뜻을 증명하였다.

주해

- 太誓(태서) : 《尙書》의 편명으로 '〈태서泰誓〉'라고도 한다.
- 張大(장대) : 넓히다. 확대하다.
  《서경書經·강왕지고康王之誥》에 나온다. "張皇六師." 이에 대해 《공전孔傳》에 "言當張大六師之衆."이라 했다. 송宋나라 사마광司馬光의 〈언수성관어용찰자言壽星觀禦容箚子〉에도 나온다. "意欲張大事體, 廣有興修, 自爲勞效, 別圖恩賞."
- 신안진씨新安陳氏가 말했다. "此武王行王政而王之事也."(大全註疏)

【備旨】

然이나 所謂取其殘者를 何以徵之오 周書泰誓之辭曰 我之威武를 惟揚하여 侵於紂之疆界하여 則取其殘賊而誅之하니 罪其一人而威加四海하여 殺伐之功이 用以張大하니 比於湯之伐桀에 又有光焉이라하니라 武王之取殘이 如此하於湯之伐桀에 又有光焉이라하니라 武王之取殘이 如此하

그러나 이른바 그 잔학殘虐한 군왕을 잡아 죽였다는 사실을 무엇으로 증험할 것인가? 〈주서周書·태서泰誓〉 편의 말씀에 가로되 '우리의 위무威武를 드러내기 위해 주왕紂王의 강토疆土를 공격하여 그 잔학한 군왕을 잡아 죽였다. 그 한 사람에게 죄를 물어 위엄을 사해四海에 떨치고 살벌殺伐의 功이 크게 베풀어지니, 탕왕湯王이 걸왕桀王을 정벌한 것에 비하여 더욱 빛나도다.'라고 하였다.

무왕武王이 잔학한 군왕을 잡아 죽인 것이 이와 같으니, 이처럼 武王이 왕도정치를 행하는데 또한 미워하여 그들을 정벌한 경우가 있지 않았다.

不行王政云爾언정 苟行王政이면 四海之內 | 皆擧首而望之하여 欲以爲君하리니 齊楚 | 雖大나 何畏焉이리오

**"왕도정치를 행하지 않으면 그 뿐이지만, 진실로 왕정을 행한다면 사해四海의 백성들이 모두 고개를 들고 그를 바라보며 군왕으로 삼고자 할 것이니, 제齊나라와 초楚나라가 비록 강대하다고 하나 어찌 두려워하겠는가?"**

宋은 實不能行王政이러니 後果爲齊所滅하여 王偃이 走死하니라

尹氏曰 爲國者 | 能自治而得民心이면 則天下 | 皆將歸往之하여 恨其征伐之不早也리니 尙何强國之足畏哉리오 苟不自治하고 而以强弱之勢言之면 是는 可畏而已矣니라

송宋나라는 실제로 왕도정치를 행하지 못했으니, 뒤에 결과적으로 제齊나라에게 멸망당하여 군왕인 언偃은 패주敗走하여 죽었다.

윤씨[尹焞] 가로되 "나라를 다스리는 자가 능히 스스로를 다스려 민심을 얻으면, 곧 천하가 모두 장차 그에게로 돌아가서 그가 일찍 정벌征伐해주지 않는다고 한스럽게 여길 것이니, 오히려 어찌 강국이라고 두려워하겠는가? 만일 스스로를 다스리지 못하고 강약强弱의 형세만 가지고 말한다면 이것이 두려워할 만한 일이다."

**주해**

- 云爾(운이) : 어조사. '이와 같을 뿐이다'의 뜻이며, '如此而已'와 같다.

《옥대신영玉台新詠·고시위초중경처작古詩爲焦仲卿妻作》에 나온다. "爲詩云爾." 당唐나라 유종원柳宗元의 《유하동집柳河東集》에도 나온다. "何以師云爾哉."

- 擧首(거수) : 고개를 들다. 곧 간절히 바란다는 뜻이다.
- 경원보씨慶源輔氏가 말했다. "尹氏說盡後世爲國而不自强, 但以强大爲畏者之病. 誠能反是道而求之於己, 則知仁者之果無敵, 而帝王之道, 是誠在我而已."(大全註疏)

【備旨】

| 由湯武事로 觀之컨대 可見宋惟不行王政故로 受制於齊楚云爾언정 苟能如湯武ㅣ行弔民伐罪之仁政이면 則四海之內ㅣ皆擧首而望之하여 欲以宋爲君하여 而有我后之仰玄黃之迎矣리니 齊楚雖大나 必不能率戴我之民以攻我也리니 又何惡而伐之之足畏哉리오 |
|---|

탕왕湯王과 무왕武王의 일로 말미암아 살피건대, 宋나라가 오직 왕도정치를 행하지 않아서 제齊나라와 초楚나라에게 제어를 당한다는 것을 알 뿐이다. 만일 능히 탕왕과 무왕처럼 백성을 위로하고 무도한 군왕을 토벌하는 인정仁政을 시행한다면, 사해四海의 백성들이 모두 고개를 들고 바라보며, 宋나라를 군왕의 나라로 삼아 우리 군왕이라고 우러르고 검은 색과 황색의 폐백으로 맞이할 것이다. 제齊나라와 초楚나라가 비록 강대하다고 하나 반드시 나를 따르고 받드는 백성들을 거느리고 나를 공격하지는 못할 것이니, 또한 어찌 미워하여 정벌하는 것을 두려워하겠는가?

주해

● 受制(수제) : 남의 통제를 받다. '할제轄制'와 같다.
《후한서後漢書·여포전呂布傳》에 나온다. "君擁十萬之衆. 當四戰之地, 撫劍顧眄, 亦足以爲人豪, 而反受制, 不以鄙乎." 眄(곁눈질할 면)

## [6·6]

孟子ㅣ謂戴不勝曰 子欲子之王之善與아 我ㅣ明告子호리라 有楚大夫於此하니 欲其子之齊語也 則使齊人傅諸아 使楚人傅諸아

曰 使齊人傅之니라

曰 一齊人이 傅之어든 衆楚人이 咻之면 雖日撻而求其齊也라도 不可得矣어니와 引而置之莊嶽之間數年이면 雖日撻而求其楚라도 亦不可得矣리라

맹자께서 대불승戴不勝에게 일러 가라사대 "그대는 그대의 왕이 선善하기를 바라는가? 내 분명히 그대에게 고하리라. 여기에 초楚나라 대부가 있는데, 그 자식에게 제齊나라 말을 가르치려 하면 곧 제나라 사람에게 가르치게 하겠는가? 초나라 사람에게 가르치게 하겠는가?"
가로되 "제나라 사람에게 가르치게 할 것입니다."
가라사대 "한 명의 제나라 사람이 가르치고 많은 초나라 사람들이 시끄럽게 떠든다면, 비록 날마다 회초리를 치면서 그에게 제나라 말을 하라고 해도 할 수 없을 것이다. 그러나 그를 데려다가 제나라 거리인 장악莊嶽에 수년 동안 놓아두면, 비록 날마다 회초리를 치면서 초나라 말을 하라고 해도 또한 할 수 없을 것이다."

戴不勝은 宋臣也라 齊語는 齊人語也라 傅는 教也라 咻는 讙也라 齊는 齊語也라 莊嶽은 齊街里名也라 楚는 楚語也라 此는 先設譬以曉之也라

'대불승戴不勝'은 송宋나라 신하이다. '제어齊語'는 제나라 사람의 말이다. '부傅'는 가르치는 것이다. '휴咻'는 시끄럽게 떠드는 것이다. '제齊'는 제나라 말이다. '장악莊嶽'은 제나라 거리 이름이다. '초楚'는 초나라 말이다.

이는 먼저 비유를 설정하여 깨우친 것이다.

**주해**

- 王(왕) : 여기서는 송왕宋王 언偃을 말한다.
- 楚大夫(초대부) : 초楚나라 대부. 여기서는 대불승戴不勝을 말한다.
- 其子(기자) : 그 아들. 여기서는 송나라 왕을 비유한 말이다.
- 一齊人(일제인) : 한 명의 제나라 사람. 곧 군자가 홀로라는 의미이다.
  "一齊人喻君子獨."(四書補註備旨)
- 衆楚人(중초인) : 수많은 초나라 사람. 곧 소인이 많다는 의미이다.
  "衆楚人喻小人衆,"(四書補註備旨)
- 莊嶽(장악) : 제나라 국도國都 임치臨淄에 있는 거리이름.
- 咻(떠들 휴) 讙(시끄러울 환)

【備旨】

孟子ㅣ謂宋臣戴不勝曰 吾觀子之事而知子之心하니 無乃欲子之王之善與아 我ㅣ明告子以善王之道하리라 盖臣欲善其君이 猶父欲善其子하니 有楚大夫於此하니 欲其子變楚語而爲齊語也면 則使齊人傅諸乎아 抑使楚人傅諸乎아
戴不勝曰 旣欲學齊語면 則當使齊人傅之니라

孟子曰 傅之以齊人이 誠是也나 設使以一齊人傅而敎之하고 又有衆楚人咻而讙之면 則傅之者寡에 不勝其咻之者多하리니 雖日撻其子而求其能爲齊語也나 勢必不可得矣리라 誠使引其子而置之於齊地莊嶽之間하고 且至於數年之久면 則所見皆齊人이요 所聞皆齊語라 雖日撻其子而求其復爲楚語也나 勢亦不可得矣리라 是敎子者ㅣ且然이온 而況於正君子乎아

맹자께서 宋나라 신하인 대불승戴不勝에게 일러 가라사대 "내 그대가 군왕을 섬기는 것을 보고 그대의 마음을 알겠으니, 그대의 왕이 선하기를 바라지 않는가? 내 분명히 그대에게 王을 선하게 하는 道를 고하리라. 대개 신하가 그 군왕을 선하게 하려는 것이 아버지가 그 자식을 선하게 하려는 것과 같다. 여기에 초楚나라 대부가 있는데, 그 자식에게 초나라 말 대신 제나라 말을 가르치려고 하면, 제나라 사람에게 가르치게 하겠는가? 아니면 초나라 사람에게 가르치게 하겠는가?"

대불승戴不勝이 가로되 "이미 제나라 말을 배우게 하려면, 마땅히 제나라 사람에게 가르치게 할 것입니다."

맹자 가라사대 "제나라 사람에게 그를 가르치게 하는 것이 진실로 옳다. 가령 한 명의 제나라 사람을 스승삼아 가르치고, 또 많은 초나라 사람들이 시끄럽게 떠든다면, 가르치는 자가 적어서 시끄럽게 하는 많은 사람을 이길 수 없을 것이다. 그러므로 비록 날마다 그 자식에게 회초리를 쳐서 그가 능히 제나라 말을 하라고 해도 형세로 보아 할 수 없을 것이다.

가사 그 자식을 데려다 제나라 땅 장악莊嶽에 놓아두고 다시 오랜 몇 년의 시간이 지나면, 보는 사람이 모두 제나라 사람이요 듣는 말이

모두 제나라 말이니, 비록 날마다 그 자식에게 회초리를 쳐서 그에게 다시 초나라 말을 하라고 해도 형세로 보아 할 수 없을 것이다. 이처럼 자식을 가르치는 일도 그러하거늘, 하물며 君子를 바르게 하는 일임에랴!"

주해

- 無乃(무내) : ~이 아닌가? '豈不是'의 뜻이다.
- 設使(설사) : 가사假使. 가사假令.
  《갈관자鶡冠子·천권天權》에 나온다. "設使知之, 其知之者屈已知之矣. 若其弗知者, 雖師而說尙不曉也." 鶡(관이름 갈)
- 誠使(성사) : 가사假使.
  宋나라 왕안석王安石의 《상인서上人書》에 나온다. "所謂辭者, 猶器之有刻鏤繪畫也, 誠使巧且華, 不必適用. 誠使適用, 亦不必巧且華." 鏤(새길 루)

子ㅣ謂薛居州를 善士也라하여 使之居於王所하나니 在於王所者ㅣ長幼卑尊이 皆薛居州也면 王誰與爲不善이며 在王所者ㅣ長幼卑尊이 皆非薛居州也면 王誰與爲善이리오 一薛居州ㅣ獨如宋王에 何리오

"그대는 설거주薛居州를 훌륭한 선비라고 하여, 그를 왕의 좌우에 머물게 하였다. 만일 왕의 좌우에 있는 장유비존자長幼卑尊者가 모두 설거주와 같은 사람이라면, 왕이 누구와 더불어 불선不善한 일을 할 것이며, 왕의 좌우에 있는 장유비존자長幼卑尊者가 모두 설거주와 같지 않은 사람이라면 왕이 누구와 더불어 선善한 일을 할 것인가? 한 사람의 설거주가 홀로 송나라 왕을 어떻게 하겠는가?"

居州는 亦宋臣이라 言小人衆而君子獨이면 無以成正君之功이라

'거주居州'는 또한 송나라 신하이다. 소인이 많고 君子가 혼자이면, 왕을 바르게 하는 공功을 이룰 수 없다는 말이다.

**주해**

- 王所(왕소) : 왕이 있는 곳. 곧 왕의 좌우를 가리킨다.
  "王所指王之左右言."(四書補註備旨)
- 長幼卑尊(장유비존) : 나이가 많고 적은 사람과 지위가 낮고 높은 사람.
  "長幼以年言, 卑尊以位言."(四書補註備旨)
- 운봉호씨雲峰胡氏가 말했다. "此篇言宋事者三章, 正好通看. 前章謂宋不行王政, 後章不能十一去關市之徵, 見得實不能行王政. 此章言小人衆而君子獨, 見宋之所以不能行王政也."(大全註疏)

【備旨】

今子ㅣ謂薛居州善士也니 是必能以善引其君者也라하여 乃使之居於王所하나니 亦可謂有心於王而得以人事君之義矣라
然이나 宋之善士는 不特一居州已也요 其居王所者도 亦不可止一居州已也라 誠使在於王所者ㅣ無論年之長幼爵之尊卑하고 其善이 皆如薛居州也면 則朝夕承弼에 無非正人이니 王雖欲爲不善이나 皆將相率而匡救之矣리니 其誰與之爲不善哉아 如在於王所者ㅣ無論年之長幼爵之尊卑하고 其善이 皆非如薛居州也면 則左右前後에 無一端士니 王雖欲爲善이나 皆將相率而蠱惑之矣리니 其誰與之爲善哉아

然則今日子所使者는 特一薛居州也니 正所謂一齊人이 傅之어든 衆楚人이 咻之也라 居州雖善士나 獨如宋王에 何哉아 子ㅣ欲王爲善而求賢之路를 誠不可以不廣矣리라

"이제 그대는 설거주薛居州가 훌륭한 선비라善士이므로 반드시 선善으로 그 왕을 인도할 수 있는 사람이라 하여 그를 왕의 좌우에 머물게 하였으니, 또한 마음을 왕에게 두고 사람으로서 왕을 섬기는 의리를 얻었다고 말할 수 있다.

그러나 송나라의 훌륭한 선비가 다만 설거주 한 사람 뿐이 아니요, 그 왕의 좌우에 머무는 사람도 또한 설거주 한 사람에 그치지 않는다. 가령 왕의 좌우에 있는 자가 나이의 많고 적음과 작위爵位의 높고 낮음을 막론하고 그 善이 모두 설거주와 같다면, 조석으로 명을 받들고 보좌하는 사람 중에 정인正人 아닌 자가 없을 것이다. 그러니 왕이 비록 불선不善을 행하고자 해도 모두가 장차 서로 이끌며 왕을 바로잡을 것이니, 그 누가 왕과 더불어 불선不善을 행하겠는가?

만약 왕의 좌우에 있는 자가 나이의 많고 적음과 작위爵位의 높고 낮음을 막론하고 그 善이 모두 설거주와 같지 않다면, 왕의 좌우와 전후에 한 사람의 단사端士도 없을 것이다. 그러니 왕이 비록 善을 행하고자 해도 모두가 장차 서로 이끌며 왕을 미혹하게 만들 것이니, 그 누가 왕과 더불어 善을 행하겠는가?

그러므로 오늘 그대가 부린 자는 다만 한 사람의 설거주일 뿐이니, 바로 이른바 한 명의 제나라 사람이 가르치면 많은 초나라 사람들이 시끄럽게 떠드는 것과 같은 경우이다. 설거주가 비록 훌륭한 선비일지라도 혼자서 송왕宋王을 어떻게 하겠는가? 그대가 王을 善하게 하려면, 어진 이를 구하는 방법을 진실로 넓히지 않을 수 없다."

주해

- 承弼(승필) : 명을 받들어 보좌하다.

《서경書經·경명冏命》에 나온다. "其侍御仆從……以旦夕承弼厥辟."

- 匡救(광구) : '광정보구匡正補救'. 잘못된 것을 바로 잡아 보완하다. 匡(바룰 광)

《서경書經·태갑중太甲中》에 나온다. "旣往背師保之訓, 弗克於厥初, 尙賴匡救之德, 圖惟厥終." 《사기史記·원앙조착열전론袁盎晁錯列傳論》에도 나온다. "諸侯發難, 不急匡救, 欲報私讎, 反以亡軀."

- 端士(단사) : 단정한 선비. '단인端人'과 같다.

《대대례기大戴禮記·보부保傅》 편에 나온다. "於是皆選天下端士, 孝悌閑博有道術者以輔翼之, 使之與太子居處出入, 故太子乃目見正事, 聞正言, 行正道, 左視右視前後皆正人, 夫習與正人居, 不能不正也."

- 蠱惑(고혹) : 어지럽히다. 심신을 迷惑하게 만들다. '혹란惑亂'과 같다. 蠱(벌레 고)

漢나라 왕충王符의 《잠부론潛夫論·잠탄潛歎》에 나온다. "末世則不然, 徒信貴人驕妒之議, 獨用苟媚蠱惑之言."

## 【6·7】

**公孫丑ㅣ問曰 不見諸侯ㅣ何義잇가**
**孟子曰 古者에 不爲臣하여는 不見하더니라**

**공손추公孫丑가 물어 가로되 "제후를 만나러 가지 않으신 것은 무슨 의리입니까?"**
**맹자 가라사대 "옛날에는 신하가 되지 않으면 만나러 가지 않았느니라."**

不爲臣은 謂未仕於其國者也라 此는 不見諸侯之義也라

'불위신不爲臣'은 그 나라에서 벼슬하지 않는다는 말이다. 이것이 제후를 만나러 가지 않은 의리이다.

**주해**

● 不見(불견) : 만나러 가지 않다.
"不見, 不肯往見."(四書補註備旨)

【備旨】

> 公孫丑ㅣ問於孟子曰 君子之進退ㅣ莫不有義存焉하니 若不見諸候는 果何義也잇고
> 孟子曰 古者之士는 必爲臣而後에 見君하니 若不委質爲臣이면 則不屈己以徃見焉하니 此自重之義也니라

공손추公孫丑가 맹자에게 물어 가로되 "군자의 진퇴에는 의리가 있지 않음이 없으니, 제후를 만나러 가지 않은 경우는 과연 무슨 의리입니까?"

맹자 가라사대 "옛날의 선비는 반드시 신하가 된 후에 군왕을 만났다. 만약 예물을 바쳐 신하가 되지 않았다면, 자신을 굽히고 찾아가 만나지 않았으니 이는 자중自重의 의리이다."

**주해**

● 委質(위지) : 예물을 놓다. 또는 군왕에게 예를 갖춰 헌신의 뜻을 드러내다. 옛날에 나이가 어리거나 지위가 낮은 사람이 나이가 많거나 지위가 높은 사람을 만날 때, 예물을 땅에 두고 자리에서 물러나던 일을 말한다. '위지委贄'와 같다. 質(폐백 지) 贄(폐백 지)
《예기禮記·곡례하曲禮下》에 나온다. "卿羔, 大夫鴈, 士雉, 庶人之摯匹, 童子委摯而退." 이에 대해 공영달孔穎達의 소疏에 "童子見先生或朋友, 既未成人,

不敢與主人相授受拜伉之儀, 但奠委其摯於地而自退辟之."라고 했다. 《국어國語·진어구晉語九》에도 나온다. "臣委質於狄之鼓, 未委質於晉之鼓也. 臣聞之, 委質爲臣, 無有二心, 委質而策死, 古之法也." 이에 대해 위소韋昭의 註에 "言委贄於君, 書名於冊, 示必死也."리고 했다.

段干木은 踰垣而辟之하고 泄柳는 閉門而不內하니 是皆已甚하니 迫이어든 斯可以見矣니라

**"단간목段干木은 담장을 넘어 피하고, 설류泄柳는 문을 닫고 들여보내지 않았으니, 이는 모두 지나치게 심한 것이다. 그러나 간절하게 만나고자 하면 만나볼 수도 있다."**

段干木은 魏文侯時人이요 泄柳는 魯穆公時人이라 文侯繆公이 欲見此二人 이로되 而二人이 不肯見之하니 蓋未爲臣也라 已甚은 過甚也라 迫은 謂求見之切也라

'단간목段干木'은 위魏나라 문후文侯 때의 사람이요, 설류泄柳는 노魯나라 목공穆公 때의 사람이다. 문후와 목공이 이 두 사람을 만나고자 했으나, 두 사람이 기꺼이 만나려고 하지 않았으니, 대개 신하가 되지 않았기 때문이다. '이심已甚'은 지나치게 심한 것이다. '박迫'은 간절하게 만나고자 한다는 말이다.

주해

● 段干木(단간목, 약 기원전475~기원전396) : 姓은 단段, 名은 간목干木, 전국시대 위魏나라의 현자이다. 자하子夏와 전자방田子方을 사사師事하여 孔子의 재전제자再傳弟子가 되었다.

경원보씨慶源輔氏가 말했다. "士固當守義而不往見國君, 如二君屈己求見, 意已誠切, 聖賢處此, 必將出見. 今拒絶之如此, 則過甚而非義矣."(大全註疏)

● 內(납) : 받아들이다. '납納'과 같다.

● 辟(피할 피)

【備旨】

吾觀古之人에 有段干木者하여 未爲臣於魏也러니 文侯往見한대 彼則踰垣而辟之하고 泄柳者ㅣ未爲臣於魯也러니 繆公往見한대 彼則閉門而不內하니 是皆守不見之節이나 而未免已甚也라

盖士ㅣ雖無往見之禮나 苟君求見於我者ㅣ旣迫이어든 斯亦可以出而見之矣요 若不迫則不見也어늘 可以見而猶不見하니 二子之高는 亦二子之過也니라

내가 옛사람을 살피건대 단간목段干木이란 자가 위魏나라의 신하가 되지 않았는데, 위魏나라 문후文侯가 그를 만나러 오자 담장을 넘어 피해버렸다. 설류泄柳라는 자는 노魯나라의 신하지 되지 않았는데 목공穆公이 그를 만나러 오자 문을 닫고 들여보내지 않았다. 이들은 모두 제후를 만나러 가지 않은 절개를 지켰으나, 지나치게 심한 것을 면할 수 없다.

대개 선비는 비록 만나러 가는 예禮가 없으나, 만일 군왕이 나를 만나보고자 하는 마음이 이미 간절하다면 이 또한 나가서 만날 수 있고, 간절하지 않다면 만나지 말아야 한다. 만날 수 있는데도 오히려 만나지 않았으니, 두 사람의 고상함은 또한 두 사람의 허물인 것이다.

陽貨ㅣ欲見孔子而惡無禮하여 大夫ㅣ有賜於士어든 不得受於其家면 則往拜其門일새 陽貨ㅣ瞯孔子之亡也 而饋孔子蒸豚한대 孔子ㅣ亦瞯其亡也而往拜之하시니 當是時하여 陽貨ㅣ先이면 豈得不見이시리오

**"양화陽貨가 공자孔子를 불러서 자신을 만나보게 하고 싶었으나, 무례하다고 여길까 싫어하였다. 대부大夫가 선비에게 물건을 하사하였는데, 선비가 그 집에서 받지 못하였으면 곧 대부의 집을 찾아가 사례를 해야 한다.**
**양화가 공자께서 집에 없을 때를 엿보아 공자에게 삶은 돼지를 보내자, 공자께서도 또한 그가 없을 때를 엿보아 찾아가 답례를 하셨다. 이 때를 당하여 양화가 먼저 공자를 찾았다면, 공자께서 어찌 만나보지 않았겠는가?**

此는 又引孔子之事하여 以明可見之節也라 欲見孔子는 欲召孔子하여 來見己也라 惡無禮는 畏人以己爲無禮也라 受於其家는 對使人하여 拜受於家也라 其門은 大夫之門也라 瞯은 窺也라 陽貨는 於魯에 爲大夫요 孔子는 爲士라 故로 以此物로 及其不在而饋之하여 欲其來拜而見之也라 先은 謂先來加禮也라

이는 또한 공자孔子의 일을 인용하여 만나볼 수 있는 예절을 밝힌 것이다. '욕현공자欲見孔子'는 孔子를 불러서 자신을 만나보게 하려는 것이다. '오무례惡無禮'는 남들이 자신을 무례하다고 여길까 두려워한

것이다. '수어기가受於其家'는 심부름 온 사람에게 절하고 집에서 받는 것이다. '기문其門'은 대부의 문이다. '감瞰'은 엿보는 것이다.

양화陽貨는 노魯나라의 대부이고, 공자孔子는 선비이다. 그러므로 이 예물을 공자가 없을 때 보내와서, 공자가 사례하기 위해 자신을 찾아와 만나보게 하려는 것이다. '선先'은 먼저 예를 더 갖추는 것을 말한다.

주해

- 往拜(왕배) : 대부大夫를 찾아가 사례하다.
  "往拜是謝大夫之賜."(四書補註備旨)
  신안진씨新安陳氏가 말했다. "往答其禮, 禮也. 不欲見其人, 義也."(大全註疏)
- 亡(무) : 없다. 곧 공자가 외출하고 없다는 뜻이다. '무無'와 통한다.
- 是時(시시) : 이 때. 곧 공자에게 예물을 보낼 때를 말한다.
  "是時, 指貨致饋孔子往拜之時."(四書補註備旨)
- 加禮(가례) : 상례常禮 보다 더 예를 갖추다.
  《좌전左傳·양공삼십일년襄公三十一年》條에 나온다. "晉侯見鄭伯, 有加禮, 厚其宴好而歸之."
- 瞰(엿볼 감) 窺(엿볼 규)

【備旨】

然이나 求其不爲已甚者는 其惟孔子乎이신저 昔陽貨ㅣ欲召孔子하여 來見己 而惡人以己爲無禮하여 乃考諸禮云 大夫ㅣ有以物賜於士어든 爲士者ㅣ在外不得受於其家면 則當往拜其門이라하니라

時陽貨以大夫自居라 於是에 瞰孔子之亡也而饋孔子以蒸豚하니 盖欲其來拜而見之也라 孔子以報施欲其稱하여 亦瞰貨之亡也而往拜以答之하시니 夫陽貨ㅣ雖瞰亡而饋나 然이

나 其饋也도 亦禮之先加者也요 孔子ㅣ雖瞯亡而拜나 然이나 其拜也도 亦禮之往見者也니 蓋當是時하여 陽貨先來加禮면 孔子豈得不往見之시리오 若不先則不見也니 此孔子所以爲禮義之中正哉인저

그러나 그 지나치게 심하지 않기를 구한 자는 그 오직 공자孔子이실 것이다! 옛날 양화陽貨가 孔子를 불러서 자신을 만나보게 하려고 하였으나, 남들이 자신을 무례하다고 여길까 싫어하였다. 이에 여러 가지 예禮를 상고하여 말하기를 '大夫가 물건을 선비에게 하사하였는데 선비가 외출하여 그 집에서 받지 못했으면, 마땅히 대부의 집을 찾아가 답례를 해야 한다.'고 하였다.

이 때 양화는 大夫로 자처하였다. 그래서 공자가 없을 때를 엿보아 공자에게 삶은 돼지를 보냈으니, 대개 공자가 사례하러 찾아와 자신을 만나보게 하려는 것이었다. 그러자 공자께서 이에 걸맞게 보답을 하려고, 또한 양화가 없을 때를 엿보아 찾아가서 사례하셨다.

무릇 양화가 비록 공자가 없을 때를 엿보아 물건을 보냈으나, 그러나 그가 물건을 보낸 것은 또한 먼저 예禮를 더 갖춘 것이요, 공자께서 비록 양화가 없을 때를 엿보아 찾아가 사례하였으나, 그러나 그 사례도 또한 예禮로써 가서 만난 것이다. 대개 이때를 당하여 양화가 먼저 찾아가 예禮를 더 갖추었다면, 공자께서 어찌 찾아가서 만나지 않았겠는가? 만약 먼저 예禮를 갖추지 않으면 만나지 않았으니, 이것이 공자께서 예의禮義의 중정中正을 행하신 이유이다.

**주해**

- 報施(보시) : 보답하다. 하사하다. '報嗣'와 같다.
  《좌전左傳·희공이십사년僖公二十四年》 條에 나온다. "報者倦矣, 施者未厭." 두예杜預의 註에 "施, 功勞也, 有勞則望報過甚."이라 했다.

《사기史記·백이열전伯夷列傳》에도 나온다. "天之報施善人, 其何如哉?"

- 中正(중정) : 마땅함을 얻다. 곧 '불편불의不偏不倚'하다는 말이다. 《서경書經·여형呂刑》 편에 나온다. "明啓刑書, 胥占, 咸庶中正." 이에 대해 채침蔡沉의 《集傳》에 "咸庶中正者, 皆庶幾其無過忒也."라고 했다. 忒(어긋날 특)

曾子曰 脅肩諂笑ㅣ病于夏畦라하며 子路曰 未同而言을 觀其色컨댄 赧赧然이라 非由之所知也라하니 由是觀之則君子之所養을 可知已矣니라

"증자曾子 가로되 '어깨를 움츠리며 몸을 삼가고, 아첨하듯 억지로 웃는 것이 여름날 밭에서 일하는 사람보다 더 힘들다.' 고 했으며, 자로子路 가로되 '뜻이 같지 않는데 억지로 말하면 그 안색에 부끄러운 기색을 띠는 사람을 내(由)가 알 바 아니다.' 라고 하였다. 이로 말미암아 살피건대 군자가 길러야 할 바를 알 수 있다."

脅肩은 竦體요 諂笑는 强笑니 皆小人側媚之態也라 病은 勞也라 夏畦는 夏月治畦之人也니 言爲此者ㅣ其勞過於夏畦之人也라 未同而言은 與人未合而强與之言也라 赧赧은 慚而面赤之貌라 由는 子路名이라 言非己所知는 甚惡之之辭也라 孟子言由此二言觀之면 則二子之所養를 可知라 必不肯不俟其禮之至 而輒往見之也리라

此章은 言聖人은 禮義之中正이니 過之者는 傷於迫切而不洪하고 不及者는 淪於汙賤而可恥니라

'협견脅肩'은 어깨를 움츠리며 몸을 삼가는 것이요, '첨소諂笑'는 억지로 웃는 것이니 모두 소인들의 아첨하는 모습이다. '병病'은 수고로움이다. '하휴夏畦'는 여름날 밭일을 다스리는 사람이니, 이런 짓을 하는 것은 그 수고로움이 여름날 밭일을 다스리는 사람보다 힘들다는 말이다.

'미동이언未同而言'은 남들과 뜻이 맞지 않는데도 억지로 함께 말하는 것이다. '난난赧赧'은 부끄러워 얼굴이 붉어지는 모양이다. '유由'는 자로子路의 이름이다. '자신이 알 바가 아니다'라고 말한 것은 매우 싫어한다는 말이다.

맹자께서 '이 두 가지 말씀으로 말미암아 살피건대 두 분이 기른 바를 알 수 있으니, 반드시 그 예禮가 지극하기를 기다리지 않고 문득 찾아가 기꺼이 만나지는 않을 것이다'라고 말씀하신 것이다.

이 章은 '성인聖人은 예의禮義의 중정中正이시니, 지나친 자는 박절迫切함에 상하여 넓지 못하게 되고, 미치지 못한 자는 오천汚淺에 빠져 부끄러울 것이다'고 말한 것이다.

**주해**

- 脅肩(협견) : 어깨를 움츠리며 몸을 삼가는 듯하다. 脅(으쓱거릴 협) 肩(어깨 견)
  진晉나라 갈홍葛洪의 《포박자抱朴子·명실名實》 편에 나온다. "寧潔身以守滯, 耻脅肩以苟合." 寧(차라리 녕)
  남헌장씨南軒張氏가 말했다. "若不當往見而往見, 是苟賤以苟合, 與脇肩諂笑未同而言者, 何以異."(大全註疏)
- 諂笑(첨소) : 아첨하듯 억지로 웃다. 諂(아첨할 첨)
- 側媚(측미) : 정당하지 못한 수단을 써서 남에게 아첨하다. 媚(아첨할 미)
  《서경書經·경명冏命》 편에 나온다. "愼簡乃僚, 無以巧言令色, 便辟側媚." 이에 대해 공영달孔穎達의 소疏에 "側媚者, 爲僻側之事以求媚於君."이라 했다.
- 畦(밭두둑 휴) 赧(얼굴붉힐 난) 竦(삼갈 송)

【備旨】

然이나 已甚은 雖不可爲나 而汙賤則尤可耻라 曾子ㅣ有曰 吾甚憐彼脅肩諂笑하여 以求媚悅於人者하니 其勞過於夏月治畦之人이라하며 子路ㅣ有曰 吾竊惡夫未同而强與之言者하니 觀其色컨댄 則赧赧然而慙이라 是人也는 非由之所知也라하니

由二子之言으로 觀之컨대 惡側媚者는 必能以禮自閑하며 惡强合者는 必能以義自守하니 則君子平日之養을 可知已矣어늘 豈肯不待其禮之至而輒往見之哉아 合而觀之컨대 而不見諸侯之義를 可識矣리라

그러나 지나치게 심한 일도 비록 해서는 안 되지만, 오천汙淺한 일은 더욱 부끄러운 짓이다. 증자曾子 가로되 '나는 어깨를 움츠리고 몸을 삼가며, 아첨하듯 억지로 웃으며 남에게 환심을 사는 자를 매우 가련하게 여기니, 이는 여름날 밭에서 일하는 사람보다 더 힘들다.'고 했다. 자로子路 가로되 '나는 뜻이 같지 않는데 억지로 말하는 자를 속으로 싫어하니, 그 안색을 살피면 부끄러워 얼굴이 붉어진다. 이런 사람은 내가 알 바 아니다.'라고 하였다.

두 사람의 말로 말미암아 살피건대 정당하지 못한 수단으로 남에게 아첨하는 것을 미워하는 자는 반드시 예禮로써 스스로 경계하고 막을 수 있으며, 억지로 남에게 영합하는 것을 미워하는 자는 반드시 의義로써 스스로 지킬 수 있으니, 곧 君子가 평소 길러야 할 것을 알 수 있거늘, 어찌 그 예禮가 지극하기를 기다리지 않고 문득 기꺼이 찾아가 만나겠는가? 종합하여 살피건대 제후를 찾아가 만나지 않은 의리를 알 수 있을 것이다.

주해

● 自閑(자한) : 스스로 경계하고 막다. 閑(막을 한)
《신당서新唐書·이이간전李夷簡傳》에 나온다. "夷簡致位顯處, 以直自閑, 未嘗苟辭氣悅人."

● 自守(자수) : 평소의 품행을 굳게 지키다.
한漢나라 양웅揚雄의 《해조解嘲》 편에 나온다. "攫挐者亡, 默默者存. 位極者宗危, 自守者身全." 挐(붙잡을 나)

## [6·8]

**戴盈之曰 什一와 去關市之征을 今茲未能인대 請輕之하여 以待來年 然後에 已호되 何如하니잇고**

**대영지戴盈之 가로되 "십분지 일의 세율과 관시關市의 부세賦稅를 없애는 일을 금년에 시행할 수 없으니, 청컨대 먼저 경감해주고 내년을 기다린 후에 완전히 시행하는 것이 어떻습니까?"**

盈之는 亦宋大夫也라 什一은 井田之法也라 關市之征은 商賈之稅也라 已는 止也라

'영지盈之'는 또한 송宋나라 대부이다. '십일什一'은 정전법井田法이다. '관시지정關市之征'은 상인의 세금이다. '이已'는 그침이다.

주해

● 關市(관시) : 변방 지역의 교역 장소를 말한다.

《국어國語·제어齊語》에 "關市幾(稽)而不征"이라 했고, 《주례周禮·천관天官》의 '九賦' 중에 "關市之賦"라고 했다.

● 今玆(금자) : 금년.

《좌전左傳·희공십육년僖公十六年》條에 나온다. "今玆魯多大喪, 明年齊有亂." 이에 대해 두예杜預의 註에 "今玆, 此歲."라고 했다.

《후한서後漢書·명제기明帝紀》에도 나온다. "昔歲五穀登衍, 今玆蠶麥善收."

【備旨】

宋大夫戴盈之曰 自什一之法廢而天下之農이 困矣요 自關市之征行而天下之商이 困矣라 吾欲止厚斂而復什一之法하며 寬商賈而去關市之征하되 顧更化貴於有漸하나 今尙未能遽行인대 姑請輕之하여 以待來年然後에 擧厚斂重征之法 而盡已之하되 夫子以爲何如하니잇고

송宋나라 대부 대영지戴盈之가 가로되 "십분지 일의 정전법井田法이 철폐되면서 천하의 농부들이 곤궁해졌고, 관시關市의 부세賦稅가 시행되면서 천하의 상인들이 곤궁해졌습니다.

제가 무거운 세금을 없애고 십분지 일의 세율을 회복하며, 상인들에게 관대하게 대하여 관시關市의 부세를 없애려고 합니다. 다만 경화更化가 점차 변화하는 것보다 낫지만, 금년에는 아직 갑자기 시행할 수 없으니, 청컨대 우선 경감해주고 내년을 기다린 후에 무거운 세금과 이중징수의 세법을 모두 없애려고 하는데, 부자夫子께서는 어떻게 생각하십니까?"

주해

● 寬(관) : 경감輕減해주다. 곧 '관징寬征'의 뜻이다.

당唐나라 한유韓愈와 맹교孟郊의 《성남연구城南聯句》시에 나온다. "蔬甲喜臨社, 田毛樂寬征."

- 顧(고) : 다만. 도리어.
- 更化(경화) : 개혁하다. 제도를 바꾸다. '개혁改革'과 같다.

《한서漢書·예악지禮樂志》에 나온다. "爲政而不行, 甚者必變而更化之, 乃可理也."

- 重徵(중징) : 이중 부세하다. '중세重稅'와 같다.

《상군서商君書·외내外內》 편에 나온다. "食貴, 糴食不利, 而又加重征, 則民不得無去其商賈技巧而事地利矣." 糴(쌀사들일 적)

孟子曰 今有人이 日攘其鄰之雞者어든 或告之曰 是非君子之道라한대 曰請損之하여 月攘一雞하여 以待來年然後에 已로다

**맹자 가라사대 "지금 어떤 사람이 날마다 그 이웃의 닭을 훔치는데, 혹자가 고하기를 '이는 군자의 道가 아니다.' 라고 하였다. 그러자 대답하기를 '청컨대 이를 줄여서 한 달에 닭 한 마리씩만 훔치다가 내년이 되면 완전히 그치겠다.' 고 하였다."**

攘은 物自來而取之也라 損은 減也라

'양攘'은 물건이 스스로 와서 취하는 것이다. '손損'은 줄임이다.

주해

- 攘(훔칠 양)

已(이) : 닭을 훔치는 일을 그만둔다는 뜻이다.

"已是止而不攘."(四書補註備旨)

【備旨】

| 孟子ㅣ設諭以曉之曰 天下之弊ㅣ患乎不知하고 知之면 又患乎去之不果어늘 今有人이 日攘其鄰之鷄者어든 或이 告之曰 是攘鷄者는 乃小人所爲요 非君子之道也라한대 其人이 答之曰 自今請損之而月攘其一鷄하여 以待來年然後에 已而不攘이라하니 夫知日攘之非義나 而不知月攘之亦非義요 知來年之可已나 而不知今日之卽可已니 然則革弊而有待者ㅣ何以異於是리오 |
|---|

맹자가 비유를 들어 깨우쳐 가라사대 "천하의 폐단은 알지 못하는데 병폐가 있고, 알고 나면 다시 그 폐단을 과감하게 제거하지 못하는데 병폐가 있다.

지금 어떤 사람이 날마다 그 이웃의 닭을 훔치는데, 혹자가 고하기를 '이렇게 남의 닭을 훔치는 것은 소인이 하는 짓이요, 군자의 도가 아니다.'라고 하였다. 그 사람이 답하기를 '청컨대 지금부터 이를 줄여서 한 달에 닭 한 마리씩만 훔치다가, 내년이 되면 완전히 그치고 훔치지 않겠다.'고 하였다.

이는 날마다 남의 닭을 훔치는 것이 옳지 않다는 것은 알지만 매달 한 마리씩 훔치는 것도 옳지 않다는 것은 알지 못한 것이요, 내년이 되면 그칠 수 있다는 것은 알지만 오늘 즉시 그칠 수 있다는 것은 알지 못한 것이다. 그러므로 폐단을 고치는데 다음을 기다리는 자와 어찌 이와 다르겠는가?"

## 如知其非義인댄 斯速已矣니 何待來年이리오

**"만약 그것이 옳지 않다는 것을 알았다면, 이에 속히 그만둘 일이지 어찌 내년까지 기다린단 말인가?"**

### 知義理之不可而不能速改는 與月攘一雞로 何以異哉리오

의리義理상 불가한지를 알면서도 속히 고치지 못하는 것은 매달 닭 한 마리씩을 훔치는 것과 무엇이 다르겠는가?

**주해**

- 非義(비의) : 옳지 못한 일. 곧 '후렴중징厚斂重征'의 폐단을 말한다. 신안진씨新安陳氏가 말했다. "請輕之, 如減日攘爲月攘, 不知其非義, 不智也. 知其非義而不速改, 不勇也. 不智之罪小, 不勇之罪大."(大全註疏)

【備旨】

子ㅣ如不知厚斂重征之不可인댄 猶曰 出於不知也니 其不速已ㅣ無怪也어니와 如知其非義면 斯當不崇朝而速已矣리니 何必因循苟且以待來年하여 而自類於攘鷄者流哉아 願子大夫는 勿以攘鷄貽誚ㅣ可也리라

그대가 만약 후렴厚斂과 중징重征이 옳지 않다는 것을 몰랐다면, 오히려 알지 못한데서 나온 것이니, 빨리 그치지 않은 것이 이상하지 않다고 말할 수 있다. 그러나 만약 그것이 옳지 않다는 것을 알았다면 이는 마땅히 잠시도 기다리지 않고 빨리 그쳐야 하거늘, 어찌 반드시 구차苟且함을 따라서 내년까지 기다리며 스스로 닭을 훔치는 자들과

같아지려고 하는가? 원컨대 그대 대부는 닭을 훔침으로써 남의 비웃음을 받지 않는 것이 좋을 것이다.

주해

- 崇朝(숭조) : 이른 아침. 곧 새벽부터 아침밥을 먹기 전까지의 짧은 시간을 말한다. 崇(마칠 숭)
  《시경詩經·용풍鄘風·체동蝃蝀》 편에 나온다. "朝隮於西, 崇朝而雨." 이에 대해 毛傳에 "崇, 終也. 從旦至食時爲終朝."라고 했다. 蝃(무지개 체) 蝀(무지개 동) 隮(오를 제)
- 因循(인순) : 따르다. 계승하다.
  《한서漢書·백관공경표상百官公卿表上》에 나온다. "秦兼天下, 建皇帝之號. 立百官之職. 漢 因循而不革, 明簡易, 隨時宜也."
- 貽誚(이초) : 비웃음을 받다. '見笑'와 같다. 貽(끼칠 이) 誚(꾸짖을 초)
  남조南朝 양梁나라 유협劉勰의 《문심조룡文心雕龍·전부詮賦》 편에 나온다. "此揚子所以追悔於雕蟲, 貽誚於霧縠者也." 勰(뜻맞을 협) 雕(새길 조) 縠(명주 곡)

[6·9]

**公都子曰 外人이 皆稱夫子好辯하나니 敢問何也잇고**

**孟子曰 予豈好辯哉리오 予ㅣ不得已也로라 天下之生ㅣ久矣라 一治一亂이니라**

**공도자公都子 가로되 "남들이 모두 부자夫子께서 변론辯論을 좋아한다고 말합니다. 감히 여쭙건대 무엇 때문입니까?"**
**맹자 가라사대 "내가 어찌 변론을 좋아하겠는가? 내가 마지못해서 그럴 뿐이다. 천하에 생민生民이 생겨난 지 오래 되어서, 한번 다스려지고 한번 어지러워진 것이다."**

生은 謂生民也라 一治一亂은 氣化盛衰와 人事得失이 反覆相尋이니 理之常也라

'생生'은 생민生民을 말한다. '일치일란一治一亂'은 기화氣化의 성쇠盛衰와 인사人事의 득실得失이 반복하여 서로 찾아오는 것이니 이치의 떳떳함이다.

주해

- 好辯(호변) : 변론을 좋아하다.
  "好辯是好與人爭辯, 照闢楊墨說."(四書補註備旨)
- 一治一亂(일치일란) : 한번 다스려지고 한번 어지러워지다. 곧 치란治亂이 서로 반복되는 것을 말한다.
  《육도六韜·영허盈虛》에 나온다. "文王問太公曰 '天下熙熙, 一盈一虛, 一治一亂, 所以然者何也? 『孟子·滕文公下』 '天下之生久矣, 一治一亂.'"
  운봉호씨雲峰胡氏가 말했다. "古今一治一亂, 只是氣化人事, 反復相尋于無窮, 或氣化有盛衰, 而人事之得失于是乎生. 或人事有得失, 而氣化之盛衰于是乎轉. 反復相尋, 皆理之常也."(大全註疏)
- 尋(이어질 심)

【備旨】

公都子ㅣ問於孟子曰 外人이 皆稱夫子好辯하나니 敢問何爲而好辯也잇고 豈外人之所稱者ㅣ亦有見耶아 抑夫子之好辯者ㅣ固自有說也라
孟子曰 辯則予有之나 豈好爲此辯論哉리오 予之辯은 蓋實出於不得已而然也니라

공도자公都子가 맹자에게 물어 가로되 "남들이 모두 부자夫子께서 변

론을 좋아 한다고 말합니다. 감히 여쭙건대 무엇 때문에 변론을 좋아하십니까? 남들이 말하는 것이 또한 어찌 식견이 있겠습니까? 생각건대 부자께서 변론을 좋아하시는데 진실로 스스로 하실 말씀이 있을 것입니다."

맹자 가라사대 "내가 변론은 하지만, 어찌 이런 변론을 좋아하겠는가? 나의 변론은 대개 진실로 마지못해서 변론할 뿐이다."

**주해**

- 有見(유견) : 견지見地가 있다. 곧 어떤 사물에 대해 남들보다 뛰어난 자신만의 인식을 말한다.

【備旨】

所以不得已는 爲何오 盖自天下之生民以來로 亦已久矣라 其間에 氣化盛人事得則治하고 氣化衰人事失則亂하여 一治一亂이 反覆相尋하니 其勢然也라 夫由治而之亂은 雖聖賢이라도 不能止其來나 然이나 撥亂而反治는 在聖賢이니 豈得辭其責이리오 故로 雖至艱至大之事나 亦有不得已而爲者이어늘 而況於言乎아

"부득이하게 변론하는 이유는 무엇인가? 대개 천하에 생민生民이 생겨난 지 또한 이미 오래되었다. 그 동안 기화氣化가 성하고 인사人事를 얻으면 다스려지고 기화가 쇠하고 인사를 잃으면 어지러워져서, 한번 다스려지고 한번 어지러워짐이 반복하여 서로 찾아오는 것은 그 형세가 그러한 것이다.

다스림에서 어지러움으로 가는 것은 비록 성현이라도 그 어지러움이 다가오는 것을 그치게 할 수 없다. 그러나 어지러움을 다스려 다스림으로 되돌리는 것은 성현에게 달려 있으니, 어찌 그 책임을 사양할

수 있겠는가? 그러므로 비록 지극히 어렵고 지극히 큰일이라도 또한 마지못하여 하는 경우가 있거늘, 하물며 변론하는 일에 있어서랴!"

**주해**

● 撥亂(발란) : 화란禍亂을 평정시키다. 난정亂政을 다스리다. 撥(다스릴 발) 《시경詩經·대아大雅·강한서江漢序》에 나온다. "〈江漢〉, 尹吉甫美宣王也. 能興衰撥亂, 命 召公平淮夷." 淮(강이름 회)

當堯之時하여 水ㅣ逆行하여 氾濫於中國하여 蛇龍이 居之하니 民無所定하여 下者는 爲巢하고 上者는 爲營窟하니
書에 曰 洚水ㅣ警余라하니 洚水者는 洪水也니라

"요堯 당시에 물이 역류하여 도처가 범람하였다. 이에 뱀과 용이 서식하여 백성들이 살 곳이 없었다. 낮은 지역에 사는 사람들은 나무위에 둥지를 짓고, 높은 지역에 사는 사람들은 굴을 파고 살았다. 《상서尙書》에 가로되 '홍수가 우리를 경계시키도다.' 라고 하니, 홍수洚水는 곧 홍수洪水이다."

水逆行는 下流壅塞이라 故로 水倒流而旁溢也라 下는 下地요 上은 高地也라 營窟은 穴處也라 書는 虞書大禹謨也라 洚水는 洚洞無涯之水也라 警은 戒也라
此는 一亂也라

‘수역행水逆行’은 하류가 막혔기 때문에 물이 거꾸로 흘러 사방으로 넘치는 것이다. ‘하下’는 낮은 땅이요, ‘상上’은 높은 땅이다. ‘영굴營屈’은 동굴 속의 거처이다. ‘서書’는 〈우서虞書·대우모大禹謨〉 편이다. ‘홍수洚水’는 홍동洚洞하여 끝이 없는 물이다. ‘경警’은 경계함이다.

이는 ‘일란一亂’을 말한 것이다.

주해

- 爲巢(위소) : 나무를 얽어매어 둥지를 만들다.
  “爲巢是架木結巢.”(四書補註備旨)
- 營屈(영굴) : 땅을 파서 굴을 만들어 살다.
  “爲營屈是掘地開穴而處.”(四書補註備旨) 掘(팔 굴)
- 洚洞(홍동) : 큰물이 가득 넘치다. ‘미만瀰漫’과 같다. ‘홍洚’은 ‘홍洪’과 통한다. 洚(큰물 홍)
  조기趙岐의 註에 “水逆行, 洚洞無涯, 故曰洚水也.”라고 했다.
- 一亂(일란) : 한번 어지러워지다. 곧 기화氣化로 인한 어지러움을 말한다.
  경원보씨慶源輔氏가 말했다. “此一亂, 純由乎氣化也.”(大全註疏)

【備旨】

自生民以來로 治亂不一이라 試以其大者言之컨대 當堯之時하여 洪水壅塞而逆行하여 氾濫橫流於中國하니 水盛則蛇龍得水而居之라 故로 天下之民이 無所定處하여 地之下者則爲巢以居하여 無所定於下也요 地之上者則爲營窟以居하여 無所定於上也라 故로 虞書有曰 洚水警余라하니 彼舜所云 洚水者는 正指堯此時之洪水也라 是洪水之害ㅣ徵諸書而益信矣니 此氣化未開하고 人事未施而天下一亂也라

생민生民이 생겨난 후로 치란治亂이 번갈아 일어난 적이 한 두 번이 아니다. 시험 삼아 그 큰 것을 들어 말하건대, 요堯 당시에 큰물의 하류가 막혀 물이 역행하고 도처가 범람하여 제멋대로 흘렀다. 물이 성하니 뱀과 용이 물을 얻어 서식하였다. 이 때문에 천하의 백성들이 살 곳이 없어 낮은 지역에 사는 사람들은 나무위에 둥우리를 지어 살며 낮은 곳에 정착할 수가 없었고, 높은 지역에 사는 사람들은 땅굴을 파고 살며 높은 곳에 정착할 수가 없었다.

그러므로 〈우서虞書·대우모大禹謨〉 편에 '홍수가 나를 경계시키도다.' 라고 하였으니, 저 순舜이 말한 홍수洚水는 바로 요堯 당시의 홍수洪水를 가리킨다. 이 홍수의 피해가 《상서尙書》에서 징험되어 더욱 믿을 수 있으니, 이는 기화氣化가 열리지 않고 인사人事가 시행되지 못하여 천하가 한번 어지러워진 것이다.

使禹治之어시늘 禹ㅣ掘地而注之海하시고 驅蛇龍而放之菹하신대 水由地中行하니 江淮河漢이 是也라 險阻ㅣ旣遠하며 鳥獸之害人者ㅣ消然後에 人得平土而

"우禹로 하여금 이를 다스리게 하자, 우禹가 땅을 파서 바다로 흘러가게 하고 뱀과 용을 몰아 저택菹澤으로 내쫓았다. 이에 물이 땅의 중앙을 통하여 흐르게 되니, 강수江水와 회수淮水와 하수河水와 한수漢水가 이것이다. 물의 범람이 이미 사라지고, 사람을 해치는 조수鳥獸도 제거된 후에 사람들이 평토平土를 얻어 살게 되었다."

掘地는 掘去壅塞也라 菹는 澤生草者也라 地中은 兩涯之間也라 險阻는 謂水之氾濫也라 遠은 去也요 消는 除也라

此는 一治也라

'굴지掘地'는 막힌 것을 파내서 제거하는 것이다. '저菹'는 연못에 수초水草가 생겨난 것이다. '지중地中'은 두 물가 사이이다. '험조險阻'는 물이 범람한 것을 말한다. '원遠'은 멀리 떠난 것이요, '소消'는 제거함이다.

이는 한번 다스려진 것이다.

**주해**

- 菹(저) : '저택菹澤'. 곧 수초水草가 무성한 연못을 말한다. 菹(마른풀 저)
  《관자管子·경중갑輕重甲》에 나온다. "山林菹澤草萊者, 薪蒸之所出, 犧牲之所起也." 萊(명아주 래)
- 險阻(험조) : 지세가 험난하고 가로막힌 땅. 여기서는 홍수가 범람한 것을 말한다. 阻(험할 조)
  《좌전左傳·성공십삼년成公十三年》 條에 나온다. "文公躬擐甲冑, 跋履山川, 逾越險阻, 征東之諸侯." 擐(입을 환) 逾(넘을 유)
- 一治(일치) : 한번 다스려지다. 곧 기화氣化와 인사人事가 서로 참예參預한 것을 말한다.
  경원보씨慶源輔氏가 말했다. "此一治, 氣化人事相參者也. "(大全註疏)
  신안진씨新安陳氏가 말했다. "洪水乃治世之一亂, 禹反其亂而治之, 此禹之不得已于有爲者也."(大全註疏)
- 壅(막을 옹) 塞(막을 색)

【備旨】

於是에 帝堯憂之하사 擧舜而敷治하신대 舜乃使禹治之어시늘 禹以海者水之所歸也니 乃掘地之壅塞而注之海하시고 菹者는 蛇龍之所聚也니 乃驅蛇龍之異類而放之菹하시니 由是로 水得所趨而由地中行하니 卽今之江淮河漢이 是也라 水循其道하니 則險阻之爲患者ㅣ既遠하고 蛇龍已驅而鳥獸之害人者ㅣ又消然後에 天下之人이 向無所定者ㅣ不必爲巢爲窟하여 皆得平土而居之矣라
此禹以人事挽回氣化而天下一治也니라

이에 제요帝堯가 이를 근심하여 순舜을 등용해서 다스리게 하고, 순舜은 이에 우禹로 하여금 다스리게 하였다. 우禹는 바다가 물이 돌아가는 곳이니 이에 땅의 막힌 곳을 파서 바다로 흘러가게 하고, 저택菹澤은 뱀과 용이 모여드는 곳이니 이에 뱀과 용의 이류異類들을 몰아 저택菹澤으로 내쫓았다. 이로 말미암아 물이 흘러갈 곳을 얻어 땅 가운데를 통해 흘러가니, 지금의 강수江水와 회수淮水와 하수河水와 한수漢水가 이것이다.

물이 그 길을 따라 흐르게 되니, 물길이 막히는 근심이 이미 멀리 사라지고, 뱀과 용이 이미 내쫓겨 사람을 해치는 조수鳥獸의 해로움이 또한 제거된 후에, 천하 사람들 중에 전에 정착할 곳이 없던 자들이 둥지를 짓고 영굴營窟을 만들 필요가 없이 모두 평토平土를 얻어 살게 되었다.

이는 우禹가 인사人事로써 기화氣化를 만회挽回하여 천하가 한번 다스려진 것이다.

주해

● 敷治(부치) : 다스리다. 분치分治하다. 敷(다스릴 부)
《맹자孟子·등문공상滕文公上》에 나온다. "堯獨憂之, 擧舜而敷治焉." 이에 대해 조기趙岐의 註에 "敷, 治也. 書曰 '禹敷土.' 是言治其土也."라고 했다. 일설에는 '분치分治'로 해석하기도 한다. 초순焦循의 《맹자정의孟子正義》에 "敷訓布, 布, 散也. 散亦分也. 敷治卽分治. 堯不能一人獨治, 故使舜分治之."라고 했다.

堯舜이 旣沒하시니 聖人之道ㅣ衰하여 暴君이 代作하여 壞宮室以爲汙池하여 民無所安息하며 棄田以爲園囿하여 使民不得衣食하고 邪說暴行이 又作하여 園囿汙池沛澤이 多而禽獸ㅣ至하니 及紂之身하여 天下ㅣ又大亂하니라

"요순堯舜이 이미 돌아가시니 성인聖人의 道가 쇠미하여 폭군暴君이 번갈아 일어났다. 백성들이 사는 궁실宮室을 무너뜨리고 연못을 만들어 백성들은 안식할 곳이 없게 되었고, 전답을 파괴하고 정원을 만들어 백성들로 하여금 의식을 얻지 못하게 하였으며, 사설邪說과 폭행暴行이 또 일어나 원유園囿·오지汙池·패택沛澤이 많아져서 금수禽獸들이 모여들었다. 주왕紂王의 몸에 미쳐 천하가 다시 크게 어지러워졌다."

暴君은 謂夏太康孔甲履癸와 商武乙之類也라 宮室은 民居也라 沛는 草木之所生也요 澤은 水所鍾也라
自堯舜沒로 至此에 治亂非一이 及紂而又一大亂也라

'폭군暴君'은 하夏나라의 태강太康·공갑孔甲, 이계履癸와 상商나라의 무을武乙 같은 부류이다. '궁실宮室'은 백성들의 거처이다. '패沛'는 초목이 자라는 곳이요, '택澤'은 물이 모이는 곳이다.

요순堯舜이 돌아가시고 이때에 이르기까지 치란治亂이 한 번이 아니었으며, 주왕紂王에 이르러 다시 한 번의 대란이 일어났다.

주해

● 代作(대작) : 번갈아 일어나다.
조기趙岐의 註에 "亂君更興."이라 했고, 초순焦循의 《맹자정의孟子正義》에 "《說文》, 代, 更也. 代作, 謂更代而作, 非一君也."라고 했다.
《후한서後漢書·중장통전仲長統傳》에도 나온다. "盜賊凶荒, 九州代作, 饑饉暴至, 軍旅卒發." 饑(굶주릴 기) 饉(흉년들 근)

● 宮室(궁실) : 고대 가옥의 통칭. 여기서는 백성들이 사는 집을 말한다.
《주역周易·계사하繫辭下》에 나온다. "上古穴居而野處, 後世聖人易之以宮室, 上棟下宇, 以待風雨."

● 汙池(오지) : 여기서는 유람하는 곳을 말한다. 汙(연못 오)
《안자춘추晏子春秋·간하십사諫下十四》 편에 나온다. "今君窮台榭之高, 極汙池之深而不止."榭(정자 사)
"汙池, 遊觀之地."(四書補註備旨)

● 園囿(원유) : 조수鳥獸와 화목花木을 기르는 황실의 화원. 囿(동산 유)
《순자荀子·성상成相》 편에 나온다. "大其園囿, 高其台."
"園是種植花木之也. 囿是蕃育鳥獸之所."(四書補註備旨) 蕃(많을 번)

● 경원보씨慶源輔氏가 말했다. "此一亂, 氣化人事相符者也. 自堯舜沒, 其間夏太康至商武乙等, 暴君不一, 難以類數. 至紂而大敗, 極亂而無以復加矣."(大

全註疏)

● 沛(늪 패) 鍾(모일 종)

【備旨】

| 然이나 又不能以常治也라 及堯舜旣沒에 聖人之正道ㅣ衰하여 歷夏商之間에 暴君이 代作하여 壞民之宮室以爲汙池하여 使民無所安息하며 棄民之田以爲園囿하여 使民不得衣食하고 至於後하여 害民之邪說暴行이 又作하여 園囿汙池沛澤이 愈以多而禽獸ㅣ且交至焉이러니 及紂之身하여 天下ㅣ又大亂하니 是固人事之失이요 而亦氣化之衰니 爲天下一大亂也니라 |
|---|

그러나 또 항상 잘 다스려질 수 없었다. 요순堯舜이 이미 돌아가시자 성인聖人의 정도正道가 쇠퇴하여 하夏나라와 상商나라를 지나는 사이에 폭군이 번갈아 일어났다. 백성들의 가옥을 파괴하여 연못으로 만드니 백성들은 안식할 곳이 없게 되었고, 백성들의 전답을 파괴하여 정원으로 만드니 백성들은 의식을 해결할 수 없었으며, 나중에 백성들을 해치는 사설邪說과 폭행暴行이 다시 일어나고 원유園囿·오지汙池·패택沛澤이 더욱 많아져서 금수禽獸들이 또한 서로 모여들었다.

주왕紂王의 몸에 미쳐 천하가 다시 크게 어지러워지니, 이는 진실로 인사人事를 잃은 것이요 또한 기화氣化가 쇠미한 것이니, 천하가 한번 크게 어지러워진 것이다.

周公이 相武王하사 誅紂하시고 伐奄三年에 討其君하시고 驅飛廉於海隅而戮之하시니 滅國者ㅣ五十이요 驅虎豹犀象而遠之하신대 天下ㅣ大悅하니 書曰 丕顯哉라 文王謨여 丕承哉라 武王烈이여 佑啓我後人하사되 咸以正無缺이라하니라

**"주공周公이 무왕武王을 도와 주왕紂王을 죽이고, 엄奄나라를 정벌한 지 삼 년 만에 그 군왕을 토벌하였으며, 비렴飛廉을 바닷가로 내몰아 죽였다. 멸망시킨 나라가 50개국이요, 호랑이·표범·무소·코끼리를 내몰아 멀리 쫓아버리니 천하가 크게 기뻐하였다. 《상서尙書》에 '크게 빛나도다, 문왕文王의 모략謨略이여! 크게 계승하였도다, 무왕武王의 공적이여! 우리 후손을 보우하고 계도啓導하여, 모두 정대正大하고 결점이 없게 하셨네.' 라고 하였다."**

奄은 東方之國이니 助紂爲虐者也라 飛廉은 紂幸臣也라 五十國은 皆紂黨虐民者也라 書는 周書君牙之篇이라 丕는 大也라 顯은 明也라 謨는 謀也라 承은 繼也라 烈은 光也라 佑는 助也라 啓는 開也라 缺은 壞也라
此는 一治也라

'엄奄'은 동방의 나라이니, 주왕紂王을 도와 포악한 짓을 한 자이다. '비렴飛廉'은 주왕紂王이 총애하는 신하이다. '오십국五十國'은 모두 紂王의 무리로 백성들을 학대한 자들이다. '서書'는 〈주서周書·군아君牙〉의 편이다. '비丕'는 크다는 뜻이다. '현顯'은 밝음이다. '모謨'는 모략謀略이

다. '승承'은 계승함이다. '열烈'은 빛남이다. '우佑'는 돕는 것이다. '계啓'는 열어주는 것이다. '결缺'은 무너짐이다.

이는 한번 다스려진 것이다.

**주해**

- 謨(모) : 모략謨略. 곧 창업의 계책計策을 말한다.
  "謨是創業之謨."(四書補註備旨)
- 丕顯(비현) : 크게 빛나다. 곧 천자天子를 말한다.
- 丕承(비승) : 크게 계승하다. 곧 제왕이 천명天命을 이어 받은 것을 말한다. 《상서尙書·군석君奭》 편에 나온다. "惟文王德丕承无疆之恤."
- 烈(열) : 공열功烈. 곧 공업功業이 이루어진 것을 말한다.
  "烈是功業之成."(四書補註備旨)
- 正無缺(정무결) : 정대正大하여 결점이 없다. 곧 상세하고 주밀周密하다는 뜻이다.
  "正是正大. 無缺是詳密."(四書補註備旨)

【備旨】

然이나 不終於亂也라 周公이 因紂之亂하여 而輔相武王以誅紂하시고 且伐奄國之助紂爲虐者三年에 乃得奄國之君而誅之하시고 又驅紂之幸臣飛廉於海隅而戮之하시니 滅其紂黨虐民之國五十而人害消矣요 驅虎豹犀象之害人者而遠去之하여 而物害消矣니 由是로 天下之人이 皆得遂樂生之願而大悅焉하니라

凡此는 皆周公相業之偉ㅣ揚武烈하여 以顯文謨者也니 周書君牙之篇에 有曰 丕顯哉라 文王創業之謨여 丕承哉라 武王大定之烈이여 所以佑啓我後人者ㅣ咸以中正而不偏하고

精密而無缺이라하니라 觀此則文謨武烈이 得公而顯揚이라 故로 頌文王之德 而稱周公之功不衰하니 此周公이 以人事挽回氣化 而天下ㅣ又一治也니라

그러나 어지러움이 끝나지 않았다. 주공周公이 주왕紂王의 어지러운 정사政事로 인하여 무왕武王을 도와 주왕紂王을 죽이고, 또한 紂王을 도와 포악한 짓을 저지른 엄奄나라를 정벌한지 삼 년만에 곧 엄奄나라의 군왕을 잡아 죽이고, 또한 紂王이 총애하는 신하 비렴飛廉을 바닷가로 내몰아 죽였다. 그 紂王의 무리로 백성들을 학대한 50개국을 멸망시키니 백성들의 해악이 사라졌고, 사람을 해치는 호랑이·표범·무소·코끼리를 내몰아 멀리 쫓아버리니 동물들의 해악이 사라졌다. 이로 말미암아 천하 사람들이 모두 낙생樂生의 소원을 이루어 크게 기뻐하였다.

무릇 이는 모두 주공周公의 위대한 재상으로서의 공업功業이 무왕武王의 공열功烈을 드날려 문왕文王의 모략謀略을 드러낸 것이다. 〈주서周書·군아君牙〉의 편에 '크게 빛나도다, 문왕文王의 창업의 모략謀略이여! 크게 계승하였도다, 무왕武王의 대정大定의 공적이여! 우리 후손을 보우하고 계도啓導한 바가 모두 중정中正하여 치우치지 않고, 정밀하여 부족함이 없도다.'라고 하였다. 이를 살피건대 문왕의 모략謀略과 무왕의 공열功烈이 공정함을 얻어 널리 드러났기 때문에, 문왕의 덕을 칭송하고 주공의 공을 칭송하는 일이 쇠락하지 않은 것이다.

이는 주공이 인사人事로써 기화氣化를 만회挽回하여 천하가 다시 한 번 다스려진 것이다.

**주해**

● 相業(상업) : 재상의 공업功業. 곧 위대한 공적을 말한다.
《송사宋史·진요좌전론陳堯佐傳論》에 나온다. "堯佐相業雖不多見, 世以寬厚

長者稱之."

- 大定(대정) : 천하를 크게 안정시키다.
- 中正(중정) : 마땅함을 얻다. 곧 '불편불의不偏不倚'한 경지를 말한다.
《상서尙書·여형呂刑》 편에 나온다. "明啓刑書, 胥占, 咸庶中正." 이에 대해 채침蔡沉의 《서집전書集傳》에 "咸庶中正者, 皆庶幾其無過忒也."라고 풀이했다. 忒(어긋날 특)
- 顯揚(현양) : 찬양하다. 드러내다. '표창表彰'과 같다.
《예기禮記·제통祭統》 편에 나온다. "顯揚先祖, 所以崇孝也."

## 世衰道微하여 邪說暴行이 有作하여 臣弑其君者ㅣ有之하며 子弑其父者ㅣ有之하니라

**"세상이 쇠미하고 성인의 道가 미약해져 사설邪說과 폭행暴行이 다시 일어나, 신하가 그 인군人君을 시해弑害하는 자가 있으며, 자식이 그 부모를 시해弑害하는 자가 있었다."**

## 此는 周室東遷之後니 又一亂也라

이는 주周나라 왕실이 동천東遷한 뒤니, 다시 한 번 어지러워진 것이다.

주해

- 有作(유작) : 또 일어나다. 有(또 유)
- 경원보씨慶源輔氏가 말했다. "此一亂, 又氣化人事相符者也. 前乎此者, 雖曰世亂, 然但禽獸繁殖, 有以戕民之生, 而猶未至賊人之性. 至此以後, 則遂至傷壞人倫, 將使人盡爲禽獸之歸, 其禍又慘矣. 此一亂又甚于前日, 是亦氣化人事之使然也."(大全註疏) 戕(죽일 장)

【備旨】

夫周至平王東遷之後로 世衰而治不振하고 道微而理不明하여 邪說暴行이 又乘之而作하여 至於臣弑其君者ㅣ有之하며 子弑其父者ㅣ有之하니 蓋大倫已斁하고 天性已殘하여 其爲害也ㅣ又甚於前矣니 此氣化衰人事失하여 又一亂也니라

무릇 주周나라가 평왕平王이 동천東遷한 후로 세상이 쇠미하여 다스림이 진작振作되지 못하고, 道가 미약하여 이치가 밝혀지지 못하니, 사설邪說과 폭행暴行이 다시 이에 편승하여 일어났다. 이에 신하가 그 인군人君을 시해弑害하는 자가 있으며, 자식이 그 부모를 시해弑害하는 자가 있었다.

대개 대륜大倫이 이미 무너지고 천성天性이 이미 파괴되어 그 해害가 또한 이전 보다 심하니, 이는 기화氣化가 쇠퇴하고 인사人事를 상실하여 다시 한 번 어지러워진 것이다.

주해

- 斁(무너질 역) 殘(파괴될 잔)

## 孔子ㅣ懼하사 作春秋하시니 春秋는 天子之事也라 是故로 孔子曰 知我者도 其惟春秋乎며 罪我者도 其惟春秋乎인저하시니라

**"공자孔子께서 이를 근심하여 《춘추春秋》를 지으시니, 《춘추春秋》는 천자天子에 관한 일이다. 이 때문에 공자께서 '나를 알아주는 것도 그 오직 《춘추春秋》이며, 나에게 죄를 묻는 것도 그 오직 《춘추春秋》일 것이다' 라고 하셨다."**

胡氏曰 仲尼作春秋하여 以寓王法하니 惇典庸禮와 命德討罪가 其大要ㅣ皆天子之事也라 知孔子者는 謂此書之作이 遏人欲於橫流하고 存天理於旣滅하여 爲後世慮가 至深遠也라하고 罪孔子者는 以謂無其位而託二百四十二年南面之權하여 使亂臣賊子로 禁其欲而不得肆하니 則戚矣라하니라

愚謂孔子作春秋하여 以討亂賊하니 則致治之法이 垂於萬世하니 是亦一治也라

호씨(胡安國, 1074~1138)이 말했다. "중니仲尼가 《춘추春秋》를 지어 왕법을 우탁寓托하니, '후전厚典'과 '용례庸禮'와 '명덕命德'과 '토죄討罪' 등의 대요大要가 모두 천자天子에 관한 일이다.

孔子를 아는 자는 이 책을 지은 것은 횡류橫流에서 인욕人欲을 막고, 이미 소멸된 데서 천리天理를 보존시켜 후세를 위한 염려가 지극히 심원深遠하다고 말한다. 孔子에게 죄를 묻는 자는 그 지위도 없으면서 242년간 남면南面의 권세에 가탁하여 난신적자亂臣賊子로 하여금 그 인욕을 금하게 하고 제멋대로 하지 못하게 하였으니 슬프다고 말한다."

내 생각건대 "孔子께서 《춘추春秋》를 지어 난적亂賊을 토벌하였으니, 곧 태평성세의 법이 만세에 드리운 것이다. 그러므로 이는 또한 한번 다스려진 것이다."

주해

- 知我(지아) : 나를 알아주다. 곧 세상을 근심한 공자의 마음을 헤아린다는 뜻이다.
  "知我, 諒其憂世之心."(四書補註備旨)
- 罪我(죄아) : 나에게 죄를 묻다. 곧 공자가 남면南面을 참칭僭稱한 죄를 말한다.
  "罪我, 責其僭假之迹."(四書補註備旨) 僭(참람할 참)
- 惇典(돈전) : 예경禮敬을 두텁게 하다. 곧 전적典籍을 정리한다는 뜻이다.

惇(도타울 돈)

《상서尙書·낙고洛誥》에 나온다. "孺子來相宅, 其大惇典殷獻民." 孔傳에 "其大厚行典常於殷賢人."이라 했다.

신안예씨新安倪氏가 말했다. "《書·皐陶謨篇》云: '天敍有典, 敕我五典五惇哉. 天秩有禮, 自我五禮有庸哉. 同寅協恭和衷哉. 天命有德, 五服五章哉. 天討有罪, 五刑五用哉. 政事懋哉懋哉.'《書》言天子治天下之事, 孔子作《春秋》, 其大旨正以明此治天下之事而爲後世法也."(大全註疏) 敕(조서 칙) 衷(속마음 충) 懋(힘쓸 무)

- 庸禮(용례) : 예의禮義를 제정하다.
- 命德(명덕) : 덕행德行이 있는 자를 임명하다.
- 討罪(토죄) : 죄 있는 자를 토벌하다.
- 橫流(횡류) : 큰물이 범람하다.
- 致治(치치) : 나라의 안정과 태평성세를 이루다.

《사기史記·범저채택열전조范雎蔡澤列傳》에 나온다. "公孫鞅之事孝公也…… 設刀鋸以禁奸邪, 信賞罰以致治." 雎(물수리 저) 鋸(톱 거)

- 懼(두려워할 구)

【備旨】

孔子生當其時하여 旣不得君相之位하여 操賞罰之權하여 以施其撥亂反治之術하고 深爲世道人心憂懼시니라 乃因魯史之舊文하여 加筆削之新法而作春秋하니 是春秋也ㅣ有德者는 必褒하고 有罪者는 必討하여 其大要ㅣ皆天子之事也라 惟春秋爲天子之事니 則理雖公而迹似僭矣라 是故로 孔子曰 知我者는 謂我此書之作이 爲後世存王者之法이니 其惟春秋乎이며 罪我者는 謂我此書之作이 以匹夫로 託天子之權이니 其惟春秋乎인저하시니라

夫孔子作春秋하여 以警人心垂萬世ㅣ如此하시니 此는 以人事挽回氣化하여 而天下亦一治也니라

공자孔子께서 당시에 태어나 이미 군상君相의 지위를 얻고 상벌賞罰의 권세를 잡아 난세를 다스리고 지극한 정치로 돌아가는 방법을 펴지 못하고, 세도世道와 인심人心을 위해 깊이 근심하고 두려워하셨다.

이에 노魯나라 사관의 옛글에 따라 필삭筆削의 새로운 법을 더하여 《춘추春秋》를 지었다. 이 《춘추春秋》는 德이 있는 자는 반드시 포상하고, 죄가 있는 자는 반드시 토벌하여 그 대요大要가 모두 천자에 관한 일이었다.

오직 《춘추春秋》는 천자의 일이니, 이치가 비록 공정하나 자취는 참람한 것처럼 보였다. 이 때문에 공자께서 '내가 이 책을 저술한 것은 후세를 위하여 왕자王者의 법을 보존한 것이니, 나를 알아주는 것은 그 오직 《춘추春秋》일 것이다.'고 하셨다. 또한 '내가 이 책을 저술한 것은 필부로서 천자의 권한을 가탁假託한 것이니, 나에게 죄를 묻는 것은 그 오직 《춘추春秋》일 것이다'라고 하셨다.

무릇 공자께서 《춘추春秋》를 지어 인심人心을 경계하여 만세萬世에 법을 세운 것이 이와 같았다. 이는 인사人事로 기화氣化를 만회挽回하여 천하가 또한 한번 다스려진 것이다.

**주해**

● 筆削(필삭) : 문장을 쓰거나 고치는 일. 여기서는 역사저술을 말한다. 削(깎을 삭)
《사기史記·공자세가孔子世家》에 나온다. "至於爲《春秋》, 筆則筆, 削則削. 子夏之徒不能贊一辭."

聖王이 不作하여 諸侯ㅣ放恣하며 處士ㅣ橫議하여 楊朱墨翟之言이 盈天下하여 天下之言이 不歸楊則歸墨하니 楊氏는 爲我하니 是는 無君也요 墨氏는 兼愛하니 是는 無父也니 無父無君은 是ㅣ禽獸也니라

公明儀曰 庖有肥肉하며 廐有肥馬어든 民有飢色하며 野有餓莩면 此는 率獸而食人也라하니 楊墨之道ㅣ不息하면 孔子之道ㅣ不著하리니 是는 邪說이 誣民하여 充塞仁義也니 仁義充塞이면 則率獸食人하다가 人將相食하리라

"성왕聖王이 나오지 않자 제후諸侯들은 방자해지고, 처사處士들은 멋대로 의론하였다. 양주楊朱와 묵적墨翟의 학설이 천하를 가득 채우니, 천하의 주장이 양주에 속하지 않으면 곧 묵적에 속하게 되었다. 양씨는 '위아爲我'를 주장하니 이는 인군人君이 없는 것이요, 묵씨는 '겸애兼愛'를 주장하니 이는 부모가 없는 것이다. 부모가 없고 人君이 없다면 이는 금수禽獸이다.

공명의公明儀 가로되 '푸줏간에 살진 고기가 있고 마구간에 살진 말이 있는데도, 백성들에게 굶주린 기색이 있고 들판에 굶어죽은 시체가 있다면, 이는 짐승을 이끌고 백성을 잡아먹게 하는 짓이다.' 고 하였다.

양묵楊墨의 도가 소멸되지 않으면 공자의 道가 드러날 수 없으니, 이는 사설邪說이 백성을 속여 인의仁義를 막아버린 것이다. 인의仁義가 막히면 짐승을 이끌고 백성을 잡아먹게 만들고, 장차 사람끼리도 서로 잡아먹게 될 것이다."

楊朱는 但知愛身하고 而不復知有致身之義라 故로 無君이요 墨子는 愛無差等하여 而視其至親을 無異衆人라 故로 無父라 無父無君則人道滅絶이니 是亦禽獸而已라

公明儀之言은 義見首篇하니라 充塞仁義는 謂邪說徧滿하여 妨於仁義也라 孟子引儀之言하사 以明楊墨道行이면 則人皆無父無君하여 以陷於禽獸而大亂將起하리니 是亦率獸食人而人又相食也라

此는 又一亂也라

'양주楊朱'는 다만 자신만을 사랑할 줄만 알고 몸을 바치는 의리가 있음을 다시 알지 못하기 때문에 인군人君이 없다. 묵자墨子는 사랑에 차등이 없으니 그 지친至親을 중인衆人과 다름없이 간주하기 때문에 부모가 없다. 부모가 없고 인군이 없으면 인도人道가 끊어진 것이니, 이는 또한 금수禽獸일 따름이다.

공명의公明儀의 말은 뜻이 첫 편에 보인다. '인의충색仁義充塞'은 사설邪說이 두루 가득 차서 인의仁義에 방해가 되는 것을 말한다. 맹자가 공명의公明儀의 말을 인용하여 양묵楊墨의 도가 행해지면 사람들은 모두 부모도 없고 인군도 없어서 금수禽獸에 빠져 장차 큰 혼란이 일어날 것이니, 이는 또한 짐승을 이끌어 사람을 잡아먹게 하고 사람들도 또한 서로 잡아먹게 된다는 것을 밝히신 것이다.

이는 다시 한 번 어지러워진 것이다.

**주해**

- 餓莩(아표) : 굶어죽다. 굶어죽은 사람. '아표餓殍'와 같다. 莩(굶주릴 표) 殍(굶어죽을 표)
《후한서後漢書·중장통전仲長統傳》에 나온다. "及至一方有警, 一面被災, 未逮三年, 校計騫短, 坐視戰士之蔬食, 立望餓殍之滿道." 騫(이지러질 건)

● 운봉호씨雲峰胡氏가 말했다. “不中則曰橫議, 不正則曰邪說.”(大全註疏)
● 쌍봉요씨雙峯饒氏가 말했다. “墨氏無父之敎, 便充塞了仁. 揚氏無君之敎, 便充塞了義. 有仁義則天下治, 無仁義則天下亂. 今仁義旣充塞, 則亂將起而率獸食人, 人又將相食矣.”(大全註疏)
● 廐(마구간 구) 徧(두루 편) 誣(속일 무)

【備旨】

由孔子而來至於今에 聖王이 不作於上하니 則主持世道者ㅣ無其人이라 故로 諸侯ㅣ無所忌憚而放恣하며 處士ㅣ遂倡橫議以惑人이라 楊朱墨翟은 乃橫議之尤者니 其言盈滿於天下하여 天下之言仁義者ㅣ不歸於楊則歸於墨하니 是橫議之惑人이 如此라
楊氏는 爲我則但知有身하고 不復知致身之義하니 是無君也요 墨氏는 兼愛則愛無差等하여 視至親無異路人하니 是無父也라 夫人之所以爲人者는 以其有君臣父子之倫이어늘 今而無父無君이면 則人道滅絶이니 是亦禽獸也라 夫楊墨禽獸之敎ㅣ如此하니 其爲害可勝言哉아
昔에 公明儀ㅣ嘗曰 庖有肥肉하며 廐有肥馬어든 以至民有饑色하며 野有餓莩면 此는 率禽獸而食人也라하니 今楊墨爲我兼愛之道ㅣ不息하면 則孔子仁以事親하고 義以事君之道不著하리니 是는 邪僻之說이 有以誣民而充塞乎仁義之道也라 仁義充塞이면 則人皆無父無君하여 以陷於禽獸而大亂將起하리니 是亦率獸食人而人又將相食也라
此는 氣化衰人事失而天下一亂也니라

공자孔子로부터 지금에 이르기까지 성왕聖王이 위에서 나오지 않으시니, 곧 세도世道를 주관하는 사람이 없었다. 그러므로 제후들은 꺼리는 바가 없이 방자해졌고, 처사處士들은 마침내 횡의橫議를 주장하여 사람을 미혹시켰다.

양주楊朱와 묵적墨翟은 이에 횡의橫議가 심한 자들이니, 그 말이 천하에 가득 넘쳐서 천하에 인의仁義를 말하는 자들이 양주楊朱에 속하지 않으면 곧 묵적墨翟에 속하게 되었으니, 횡의橫議가 사람을 미혹케 하는 것이 이와 같았다. 양씨楊氏는 '위아爲我'를 주장하니, 다만 내 몸만 알고 몸을 바치는 의리가 있음을 다시 알지 못하니 이는 인군人君이 없는 것이요, 묵씨墨氏는 '겸애兼愛'를 주장하니, 사랑에 차등이 없어 지친至親을 행인과 다름이 없이 간주하니 이는 부모가 없는 것이다.

무릇 사람이 곧 사람이 되는 이유는 그 군신君臣과 부자父子 간의 인륜이 있기 때문이다. 이제 부모도 없고 人君도 없다면 인도人道가 끊어진 것이니 이는 또한 금수禽獸와 같다. 양묵楊墨의 금수禽獸와 같은 가르침이 이와 같으니, 그 해로움을 이루 다 말할 수 있겠는가?

전에 공명의公明儀가 일찍이 가로되 '푸줏간에 살진 고기가 있고 마구간에 살진 말이 있는데도, 백성들에게 굶주린 기색이 있고 들판에 굶어죽은 사람이 있다면, 이는 짐승을 이끌고 사람을 잡아먹게 하는 짓이다.'라고 하였다. 이제 양묵楊墨의 '위아爲我'와 '겸애兼愛'의 道가 없어지지 않으면, 인仁으로 어버이를 섬기고 의義로 人君을 섬기는 孔子의 道가 드러나지 못할 것이다. 이는 사벽邪僻의 학설이 백성을 속여 인의仁義의 道를 막아버린 것이다. 인의仁義가 막히면 사람들이 모두 부모도 없고 人君도 없어 금수禽獸에 빠져서 대란大亂이 장차 일어날 것이니, 이는 또한 짐승을 이끌고 사람을 잡아먹게 만들고 사람들도 또한 장차 서로 잡아먹게 되는 것이다.

이는 기화氣化가 쇠퇴하고 인사人事를 잃어 천하가 다시 한 번 어지러워진 것이다.

吾ㅣ爲此懼하여 閑先聖之道하여 距楊墨하며 放淫辭하여 邪說者ㅣ不得作케하노니 作於其心하여 害於其事하며 作於其事하여 害於其政하나니 聖人이 復起사도 不易吾言矣시리라

**"내가 이 때문에 근심하여 선성先聖의 道를 지켜서 양묵楊墨을 막고, 음사淫辭를 추방하여 사설邪說을 말하는 자가 나타나지 못하게 하였다. 그 마음에서 생겨나 그 일을 해롭게 하며, 그 일에서 생겨나 그 정사政事를 해롭게 한다. 성인이 다시 나타난다고 해도 내 말을 바꾸지 못할 것이다."**

閑은 衛也라 放은 驅而遠之也라 作은 起也라 事는 所行이요 政은 大體也라 孟子ㅣ雖不得志於時나 然이나 楊墨之害ㅣ自是滅息하여 而君臣父子之道ㅣ賴以不墜하니 是亦一治也라 程子曰 楊墨之害는 甚於申韓하고 佛氏之害는 甚於楊墨하니 蓋楊氏는 爲我하니 疑於義하고 墨氏는 兼愛하니 疑於仁이요 申韓則淺陋易見이라 故로 孟子ㅣ止闢楊墨하시니 爲其惑世之甚也라 佛氏之言은 近理하니 又非楊墨之比라 所以爲害尤甚이니라

'한閑'은 지킴이다. '방放'은 몰아서 멀리 보내는 것이다. '작作'은 일어남이다. '사事'는 행하는 바요, '정政'은 대요大要이다.

맹자가 비록 당시에 뜻을 얻지 못했으나, 양묵楊墨의 폐해가 이로부터 사라져서 군신君臣과 부자父子의 道가 이에 힘입어 실추하지 않았으니, 이는 또한 한번 다스려진 것이다.

정자程子 가로되 "양묵楊墨의 폐해는 신불해申不害와 한비자韓非子보다 심하고, 불씨佛氏의 폐해는 양묵楊墨보다 심하다. 대개 양씨楊氏는 '위아爲我'를 주장하니 의義에 의심스럽고, 묵씨墨氏는 '겸애兼愛'를 주장하니 인仁에 의심스러우며, 신불해申不害와 한비자韓非子는 내용이 천루淺陋하여 쉽게 드러난다. 그러므로 맹자께서 다만 양묵楊墨만을 물리친 것은 그 혹세惑世가 심하기 때문이다. 불씨佛氏의 말은 이치에 가까우니, 또한 양묵楊墨이 비할 바가 아니다. 그러므로 그 폐해가 더욱 심하다."

**주해**

- 大體(대체) : 대요大要. 강령綱領.
  《삼국지三國志·위지魏志·진교전陳矯傳》에 나온다. "操綱領, 擧大體."
  서산진씨西山眞氏가 말했다. "事者政之目, 政者事之綱."(大全註疏)
  쌍봉요씨雙峯饒氏가 말했다. "無父無君, 乃楊墨之見于行事者, 少焉充塞仁義而至于率獸食人, 是害于其政了."(大全註疏)
- 申不害(신불해, 기원전 385~337) : '신자申子'. 전국시대 법가사상가로 저서에 《신자申子》가 있다.
  《사기史記·노자한비열전老子韓非列傳》에 나온다. "申不害, 故鄭之賤臣, 學術於黃老而主刑名, 著書二篇號曰申子."。
- 韓非子(한비자, 기원전 약 280~233) : 전국시대 법가사상가. 상앙商鞅의 '법法'과 신불해申不害의 '술術'과 신도愼到의 '세勢'를 종합하여 법가사상을 집대성하였다. 저서로 《한비자韓非子》가 있다.
  《사기史記·노자한비열전老子韓非列傳》에 나온다. "韓非者, 韓之諸公子也, 喜刑名法術之學, 而其歸本於黃老, 善著書, 與李斯俱事荀卿, 斯自以爲不如非."
- 闢(물리칠 벽)

【備旨】

楊墨流禍之深이 如此하니 吾爲此楊墨之禍而懼하여 於是에 大嚴其防以閑衛乎先聖仁義之道하되 楊墨之人은 害乎聖道者也니 則距而絶之하며 楊墨淫蕩之辭는 悖乎聖道者也니 則放而遠之하여 使天下之人으로 曉然知其非하여 而邪說者ㅣ不得作以誣民케하노니
蓋邪說之作하여 雖倡爲橫議나 實本於心術이라
旣作於其心이면 則見之一身하여 凡擧止應接이 必不得其當而害於其事하며
旣作於其事면 則措之天下하여 凡綱紀法度ㅣ不得其理而害於其政하나니 端甚微而禍甚大니 此理之必然이라
雖聖人이 復起하사도 亦不易吾作心害事作事害政之言矣시리니 然則吾所以距之放之하여 以使邪說之息者는 正所以除其必然之害以閑聖道也니라 此亦將以人事挽回氣化니 而或者ㅣ冀必一治也歟인저

양묵楊墨의 만연된 재앙이 이처럼 심하니, 내가 양묵楊墨의 이러한 재앙 때문에 근심하였다. 이에 그 방비를 크고 엄하게 하여 선성先聖의 인의지도仁義之道를 지키되, 양묵楊墨을 따르는 자는 성도聖道에 해를 끼치는 자니 막아서 끊었으며, 양묵楊墨의 음탕지사淫蕩之辭는 성도聖道에 어긋난 것이니 몰아서 멀리 내쫓았다. 천하의 사람들로 하여금 명확하게 그 잘못을 알게 하여, 사설邪說을 따르는 자가 나타나 백성을 속이지 못하게 하였다.

대개 사설邪說이 출현하여 비록 멋대로 의론을 벌이지만, 실제로는

심술心術에서 나온 것이다. 이미 그 마음에서 나왔다면 그 일신에 나타나게 되니, 무릇 행동거지行動擧止와 응대應待하는 것이 반드시 그것이 마땅함을 얻지 못하여 그 일을 해치게 된다. 이미 그 일에서 나왔다면 그것이 천하에 베풀어지게 되니, 무릇 기강紀綱과 법도法度가 그 이치를 얻지 못하여 그 정사政事를 해치게 된다. 이처럼 실마리는 매우 미세하나 재앙은 매우 크니 이는 필연적인 이치이다. 비록 성인이 다시 출현한다고 해도 또한 내가 말한 '그 마음에서 생겨나 그 일을 해롭게 하며, 그 일에서 생겨나 그 정사政事를 해롭게 한다'는 말을 바꾸지 못할 것이다.

그러므로 내가 막고 내쫓아 사설邪說을 없애려고 한 것은 바로 그 필연적인 폐해를 제거하여 성도聖道를 지키기 위한 것이다. 이는 또한 장차 인사人事로 기화氣化를 만회하는 것이니, 아마도 반드시 한번 다스려지기를 바라는 것이리라.

**주해**

- 流禍(유화) : 널리 퍼진 재앙. 만연된 폐해.
  明나라 고계高啓의 《우감寓感》 詩에 나온다. "乾坤動殺機, 流禍及蒸民." 蒸(백성 증)
- 作心害事(작심해사) : 그 마음에서 생겨나 그 일을 해롭게 하다.[作於其心, 害於其事.]
- 作事害政(작사해정) : 그 일에서 생겨나 그 정사政事를 해롭게 하다.[作於其事, 害於其政.]
- 或者(혹자) : 아마도. '야허也許'와 같다.
  《좌전左傳·희공십구년僖公十九年》 條에 나온다. "今邢方無道, 諸侯無伯, 天其或者欲使衛討邢乎?"
  《맹자孟子·공손추하公孫丑下》에도 나온다. "昔者辭以病, 今日吊, 或者不可乎?"

昔者에 禹ㅣ抑洪水而天下ㅣ平하고 周公이 兼夷狄驅猛獸而百姓이 寧하고 孔子ㅣ成春秋而亂臣賊子ㅣ懼하니라

**"옛날에 우禹가 홍수를 억지抑止하니 천하가 다스려지고, 주공周公이 이적夷狄을 겸병兼幷하고 맹수를 몰아내니 백성들이 편안해지고, 공자孔子께서 《춘추春秋》를 완성하니 난신적자亂臣賊子가 두려워하였다."**

抑은 止也라 兼은 幷之也라
總結上文也라

'억抑'은 억지抑止하다는 뜻이다. '겸兼'은 병탄並呑의 뜻이다.
상문上文을 총괄하여 맺었다.

**주해**

- 抑(억) : 억지抑止하다. 제지制止하다.
- 平(평) : 평치平治. 곧 '태평하게 다스려지다'는 뜻이다.
- 兼並(겸병) : 합병合並. 병탄並呑. 呑(삼킬 탄)
  한漢나라 조착晁錯의 《논귀속서論貴粟疏》에 나온다. "此商人所以兼並農人, 農人所以流亡者也."
- 서산진씨西山眞氏가 말했다. "三聖事雖不同, 而其救天下之患, 立生民之極, 則一也."(大全註疏)

【備旨】

合而觀之컨대 生民以來로 未有常治而不亂者니 而維持救正則存乎其人이라 昔者에 禹ㅣ抑洪水而天下平하니 則天下는 非禹면 不能平也요 周公이 兼夷狄驅猛獸而百姓寧하니 則百姓은 非周公이면 不能安也요 孔子ㅣ成春秋而亂臣賊子ㅣ懼하니 則亂賊은 非孔子면 不能止也라
此天下之治는 賴三聖人之功이니 而三聖人所以不得已ㅣ如此也시니라

종합하여 살피건대 생민生民이 나온 이래로 항상 잘 다스려지고 어지럽지 않은 경우는 없었다. 다스림을 유지하고 바로잡는 것은 그 사람에게 달려있다.

옛날 우禹가 홍수를 억지抑止하여 천하가 다스려지니, 천하에 우禹가 아니었으면 태평하게 다스리지 못했을 것이다. 주공周公이 이적夷狄을 겸병兼并하고 맹수를 내몰아 백성들이 편안해지니, 백성들은 주공周公이 아니었으면 편안하지 못했을 것이다. 孔子께서 《춘추春秋》를 완성하자 난신적자亂臣賊子가 두려워하니, 난신적자는 孔子가 아니었으면 능히 저지할 수 없었을 것이다.

이는 천하의 다스림이 세 성인聖人의 공功에 힘입은 것이니, 세 성인이 부득이하게 변론하신 바가 이와 같다.

**주해**

● 救正(구정) : 바로잡다. 광정匡正. 규정糾正.
宋나라 무명씨의 《유림공의儒林公議》 卷下에 나온다. "事下中書, 夷簡乃貶修爲峽州夷陵令. 時王曾同在相位, 意甚不平, 然不能救正, 但令親戚寬諭貶者而已." 貶(귀양갈 폄)

詩云 戎狄是膺하고 荊舒是懲하니 則莫我敢承이라하니 無父無君은 是周公所膺也니라

**"《시경詩經》에 이르되 '융戎과 적狄을 이에 막고, 형荊과 서舒를 이에 징계하니, 곧 우리를 감히 맞서지 못하도다.' 라고 하니, 안중에 부모도 없고 인군人君도 없는 자들은 바로 주공周公이 응징하였다."**

說見上篇이라 承은 當也라

해설이 상편에 보인다. '승承'은 막다는 뜻이다.

**주해**

- 詩는〈노송魯頌·비궁閟宮〉 편이다. 閟(문닫을 비)
- 膺(응) : 막다. 공격하다. '당當'과 같다.
- 荊舒(형서) : '형荊'과 '서舒'는 모두 나라이름이다. '형荊'은 초楚나라의 별칭이고, '서舒'는 초楚나라의 동맹국을 말한다. 荊(모형나무 형) 舒(펼 서) 쌍봉요씨雙峯饒氏가 말했다. "孟子所以引戎狄荊舒者, 以楊墨乃夷狄之敎也."(大全註疏)
- 懲(징) : 징계하다. '애艾'와 같다. 艾(다스릴 애)
- 承(승) : 감당하다. 막다. '어禦'와 같다. 禦(막을 어)

【備旨】

魯頌閟宮之詩에 有云 戎狄是膺하고 荊舒是懲하니 則莫敢有承而當我者라하니 此言周公이 於戎狄荊舒之國에 膺擊懲創하여 使之畏威從化하여 莫敢抗違니 聖人所以正夷狄之防ㅣ其嚴이 如此시니라 今楊墨無父無君은 與戎狄無異하니 正是周公所膺者也라 我生斯世에 豈可不以撥亂爲己責而膺之也乎아

〈노송魯頌·비궁閟宮〉 詩에 이르기를 '융적戎狄을 이에 막고 형서荊舒를 이에 징계하니, 감히 우리를 막거나 감당하지 못하도다.'라고 하였다. 이는 주공周公이 융적戎狄과 형서荊舒의 나라를 정벌하고 징계하여, 그들로 하여금 위엄을 두려워하고 교화를 따르며 감히 대항하지 못하게 한 것이니, 성인聖人이 이적夷狄을 바로잡는 방비가 이처럼 엄격하였다.

지금 양묵楊墨의 '무부무군無父無君'이 학설이 이적戎狄과 다름이 없으니, 바로 이는 주공周公이 응징하는 바이다. 내가 이 세상에 태어나 어찌 가히 화란禍亂을 평정하는 것을 자신의 책무로 삼아 이들을 막지 않겠는가?

**주해**

- 懲創(징창) : 징계懲戒하다. 경계하다. 懲(응징할 징)
  당唐나라 한유韓愈의 《독동방삭잡사讀東方朔雜事》 詩에 나온다. "方朔不懲創, 挾恩更矜誇."
- 畏威(외위) : '외위회덕畏威懷德'. 곧 '위엄을 두려워하고 덕을 그리워하다'는 뜻이다.
  《국어國語·진어팔晉語八》에 나온다. "民畏其威, 而懷其德, 莫能勿從."

**我ㅣ亦欲正人心하여 息邪說하며 距詖行하며 放淫辭하여 以承三聖者로니 豈好辯哉리오 予ㅣ不得已也니라**

**"나는 또한 인심人心을 바로잡아 사설邪說을 종식시키고, 피행詖行을 막으며, 음사淫辭를 추방하여 세 성인聖人을 계승하고자 하는 사람이니, 어찌 변론을 좋아하겠는가? 내가 부득이 변론을 한 것이다."**

詖淫는 解見前篇하니라 辭者는 說之詳也라 承은 繼也라 三聖은 禹周公孔子也라

蓋邪說橫流하여 壞人心術이 甚於洪水猛獸之災하고 慘於夷狄簒弑之禍라 故로 孟子ㅣ深懼而力救之하시니라

再言豈好辯哉予不得已也는 所以深致意焉이라 然非知道之君子면 孰能眞知其所以不得已之故哉리오

'피詖'와 '음淫'은 해설이 전편에 보인다. '사辭'는 말이 상세한 것이다. '승承'은 계승이다. '삼성三聖'은 우禹·주공周公·공자孔子이다.

대개 사설邪說이 횡류橫流하여 사람의 마음을 파괴하는 것이 홍수나 맹수의 재앙 보다 심하고, 이적夷狄과 찬시簒弑의 화란禍亂보다 참혹하다. 그러므로 맹자께서 깊이 근심하여 힘써 구원하신 것이다.

재차 '어찌 변론을 좋아하겠는가? 내가 부득이해서 변론한 것이다'라고 말한 것은 깊이 뜻을 다한 것이다. 그러나 道를 아는 君子가 아니라면, 누가 능히 진실로 그 부득이하게 변론한 연고를 알 수 있겠는가?

**주해**

- 簒弑(찬시) : 군왕을 시해하고 왕위를 찬탈하다. 弑(죽일 시) 簒(빼앗을 찬).

  한漢나라 채염蔡琰의 《비분시悲憤詩》에 나온다. "漢季失權柄, 董卓亂天常. 志欲圖簒弑, 先害諸賢良." 琰(옥갈 염)

  신안진씨新安陳氏가 말했다. "洪水猛獸, 夷狄簒弑, 皆災禍之害人身者, 惟有于一時. 若邪說, 乃災禍之壞人心者, 且流于無窮, 而爲害尤甚慘. 此孟子所以不得已而深排力救之也."(大全註疏)

【備旨】

故로 我在今日에 亦欲講明仁義之道하여 以正陷溺之人心하고 而息楊墨之邪說하여 使不得逞其兼愛爲我之言하나니 於邪說之見於行而爲詖行者엔 則嚴以距之는 距其害人心者也요 於邪說之見於言而爲淫辭者엔 則驅而放之는 放其亂人心者也라
凡以上承三聖之功於不墜耳라 是予之汲汲乎起而闢之者니 豈好辯哉리오 乃其憂之也ㅣ深故로 其言之也ㅣ切하고 其慮之也遠故로 其說之也詳하니 誠有大不得已者ㅣ在也라 不然則三聖之功이 將無所繼하고 生民之亂이 不知所終이니 而何以成一治之效哉아

그러므로 내가 금일에 또한 인의仁義의 道를 강해講解하고 발명發明하여 사설邪說에 빠진 인심人心을 바로 잡고, 양묵楊墨의 사설邪說을 종식하여 그 겸애兼愛와 위아爲我의 학설이 유행하지 못하게 하고자 한다. 사설邪說이 행동에 나타나 피행詖行을 일삼는 자를 엄하게 막는 것은 그 인심人心을 해치는 것을 막는 것이요, 사설邪說이 말에 나타나 음사淫辭를 일삼는 자를 내몰아 멀리 보내는 것은 그 인심人心을 어지럽히는 것을 추방하는 것이다.

무릇 위로 세 성인의 공功이 실추되지 않도록 계승할 뿐이다. 이것이 내가 급급汲汲하게 일어나 사설邪說을 물리친 이유이니, 어찌 변론을 좋아하겠는가? 이에 그 근심이 크기 때문에 그 말이 간절하고, 그 염려가 심원하기 때문에 그 말이 자상하니, 진실로 크게 부득이한 경우가 있는 것이다.

그렇지 않으면 세 성인의 공功을 장차 계승할 수가 없고, 생민生民의 혼란이 언제 끝날 지 알 수가 없으니, 어찌 한번 다스려지는 효험을 이룰 수 있겠는가?

**주해**

- 講明(강명) : 강해講解하여 발명發明하다.
  송宋나라 한원길韓元吉의 《고우군증사군묘지명高郵軍曾使君墓志銘》에 나온다. "而天隱獨欲探性命之理, 從上蔡謝先生, 龜山楊先生遊, 以講明聖人之道, 善類至今稱之."
- 得逞(득령) : 목적을 달성하다. 계획을 실현시키다. 逞(다할 령)
  《신당서新唐書·동이전東夷傳·고려高麗》 편에 나온다. "陛下之兵度遼而克固善, 萬分一不得逞, 且再用師, 再用師, 安危不可億."
- 汲汲(급급) : 마음이 급박한 모양.
  《예기禮記·문상問喪》 편에 나온다. "其往送也, 望望然, 汲汲然, 如有追而弗及也." 이에 대해 공영달孔穎達의 소疏에 "汲汲然者, 促急之情也."라고 했다.

## 能言距楊墨者는 聖人之徒也니라

**"능히 양묵楊墨을 막을 수 있다고 말하는 자는 성인聖人의 무리이다."**

言苟有能爲此距楊墨之說者면 則其所趨正矣니 雖未必知道나 是亦聖人之徒也라 孟子ㅣ旣答公都子之問而意有未盡이라 故로 復言此시니라

蓋邪說害正이면 人人得而攻之니 不必聖賢이라 如春秋之法에 亂臣賊子를 人人得而討之요 不必士師也라 聖人救世立法之意가 其切如此하시니 若以此意推之면 則不能攻討하고 而

又唱爲不必攻討之說者는 其爲邪詖之徒亂賊之黨을 可知矣라 尹氏曰 學者於是非之原에 毫釐有差면 則害流於生民하고 禍及於後世라 故로 孟子辯邪說을 如是之嚴하시고 而自以爲承三聖之功也어시늘 當是時하여 方且以好辯目之하니 是는 以常人之心으로 而度聖賢之心也니라

진실로 능히 이 양묵楊墨의 학설을 막을 자가 있다면 그가 추향趨向하는 바가 바른 것이니, 비록 반드시 道를 안다고 할 수는 없으나 이 또한 성인聖人의 무리라는 말이다. 맹자께서 이미 공도자公都子의 물음에 답하였으나, 뜻에 미진한 바가 있어 다시 이렇게 말씀하신 것이다.

대개 사설邪說이 정도正道를 해치면 사람들이 모두 이를 공격할 수 있으니, 반드시 성현聖賢만이 해야 하는 것은 아니다. 예를 들어 《춘추春秋》의 法에 난신적자亂臣賊子는 사람들이 모두 이를 토벌할 수 있으니, 반드시 사사士師만이 해야 하는 것은 아니다.

성인聖人의 세상을 구제하고 법을 세우는 뜻이 이처럼 간절하다. 만약 이 뜻을 미루어 보면 공토攻討하지도 못하고 또 반드시 공토攻討할 필요가 없다는 학설을 주장하는 자들은 바로 사피邪詖의 무리요 난적亂賊의 무리가 된다는 것을 알 수 있다.

尹氏(尹焞) 가로되 "배우는 자가 시비是非의 근원에 호리毫釐라도 어긋남이 있으면 곧 폐해가 생민生民에게 미치고 재앙이 후세에 미치게 된다. 그러므로 맹자께서 사설邪說에 대한 변론을 이처럼 엄하게 하시면서, 스스로 세 성인의 공功을 계승하였다고 여기신 것이다. 이때를 당하여 또한 변론을 좋아한다고 지목하니, 이는 상인常人의 마음으로 성현聖賢의 마음을 헤아린 것이다."

주해

- 士師(사사) : 옥관獄官. '사사士史'라고도 한다.

《주례周禮·추관秋官·사사士師》에 나온다. "士師之職, 掌國之五禁之灋, 以左右刑罰. 一曰宮禁, 二曰官禁, 三曰國禁, 四曰野禁, 五曰軍禁." 灋(법 법)

- 攻討(공토) : 공격하여 토벌하다.

《삼국지三國志·오지吳志·여대전呂岱傳》에 나온다. "廖式作亂……權遣使追拜岱交州牧, 及遣諸將唐咨等駱驛相繼, 攻討一年破之."

新安陳氏가 말했다. "如解攻乎異端爲攻擊, 先聖之道爲習, 皆是不必攻討之說."(大全註疏)

- 方且(방차) : 하물며. 또한. '상차尙且'와 같다.
- 毫(가는털 호) 釐(수량단위 리)

【備旨】

然이나 三聖之道는 人人得而承之하고 而距楊墨之言도 亦人人得而言之라 故로 苟有能爲距楊墨之說하고 而深斥其爲我兼愛之非者는 則其所趨者ㅣ正이니 雖未必爲聖人이나 亦聖人之徒也라

夫人之距楊墨者를 吾方引而進之어늘 況任世道之責者로 而能以無辯哉아 予之辯은 信非得已矣니라

그러나 세 성인聖人의 道는 사람들이 모두 계승할 수 있으며, 양묵楊墨의 학설도 사람들이 모두 말할 수 있다. 그러므로 진실로 능히 양묵楊墨의 학설을 막고 그 '위아爲我'와 '겸애兼愛'의 그릇된 주장을 크게 물리칠 수 있는 자가 있다면, 곧 그가 추향趨向하는 바가 바른 것이니, 비록 반드시 성인聖人이라고 할 수는 없으나, 또한 성인의 무리라고 할 수 있다.

무릇 양묵楊墨을 막는 자를 내가 바야흐로 이끌어 나아가게 할 것인

데, 하물며 세도世道의 책무를 자임自任하는 자가 능히 변론이 없겠는가? 내가 변론하는 것은 진실로 내 뜻에서 나온 것이 아니다.

**주해**

● 得已(득이) : 자신의 뜻에서 나오다.
당唐나라 왕창령王昌齡의 《공후인箜篌引》 시에 나온다. "何用班超定遠侯, 史臣書之得已不?"

## [6·10]

匡章이 曰陳仲子는 豈不誠廉士哉리오 居於陵할새 三日不食하여 耳無聞하며 目無見也러니 井上有李ㅣ螬食實者ㅣ過半矣어늘 匍匐往將食之하여 三咽 然後에야 耳有聞하며 目有見하니라

**광장匡章이 가로되 "진중자陳仲子가 어찌 진실로 염사廉士가 아니겠습니까? 오릉於陵에 살면서 사흘 동안 아무것도 먹지 못하여 귀로 들을 수가 없었고, 눈으로 볼 수가 없었습니다. 그러다가 우물가에 굼벵이가 절반 넘게 갉아 먹은 오얏나무 열매가 있었는데, 손발로 기어가서 그것을 먹고 세 번 삼킨 후에야 귀로 들을 수 있고 눈으로 볼 수 있었습니다."**

匡章陳仲子는 皆齊人이라 廉은 有分辨하여 不苟取也라 於陵은 地名이라 螬는 蠐螬蟲也라 匍匐은 言無力不能行也라 咽은 呑也라

광장匡章과 진중자陳仲子는 모두 제齊나라 사람이다. '염廉'은 분별이 있어 구차하게 취하지 않는 것이다. '오릉於陵'은 지명이다. '조螬'는 굼벵이다. '포복匍匐'은 힘이 없어 걷지 못한다는 말이다. '인咽'은 삼키는 것이다.

**주해**

- 匍匐(포복) : 손발로 기어가다. 匍(길 포) 匐(길 복)
  《시경詩經·대아大雅·생민生民》 편에 나온다. "誕實匍匐, 克岐克嶷, 以就口食." 이에 대해 朱熹의 註에 "匍匐, 手足並行也."라고 했다.
- 匡(바룰 광) 陵(큰언덕 릉) 螬(굼벵이 조) 咽(삼킬 인)

**【備旨】**

匡章曰 廉은 美節也니 若陳仲子者ㅣ 豈不誠廉士哉리오 以言其居則居於於陵이요 以言其食則三日不食하여 飢餓之甚이 至於耳不能聽而無聞하며 目不能視而無見也러니 適井上有李하여 而螬蟲食其實者ㅣ 過半矣어늘 乃匍匐往取而將食之하여 至於三咽然後에야 耳無聞者ㅣ 始有聞하며 目無見者ㅣ 始有見하여 自井李而外에 不苟食也라 夫以世家之子而安於窮約이 如此하니 豈非廉士哉아

광장匡章이 가로되 "청렴淸廉은 아름다운 절조이니, 진중자陳仲子 같은 이가 어찌 진실로 염사廉士가 아니리오? 그 거처하는 것으로 말하자면 오릉於陵에 살고 있으며, 그 먹는 것으로 말하자면 삼 일 동안 아무것도 먹지 못하여 심하게 굶주리다가, 귀로는 듣되 듣지를 못하고, 눈으로는 보되 보지를 못하게 되었다. 그러다가 마침 우물가에 굼벵이가 절반 넘게 갉아 먹은 오얏나무 열매가 있었는데, 손발로 기어가서 장

차 그것을 먹고 세 번 삼킨 후에야 귀에 들리지 않던 소리를 비로소 들을 수 있었고, 눈에 보이지 않던 것을 비로소 볼 수 있었다. 이처럼 우물가 오얏나무 열매 외에는 구차히 먹지 않았다. 무릇 세가世家의 자손으로 빈궁에도 이처럼 편안하니, 어찌 염사廉士가 아니겠는가?"

**주해**

- 世家(세가) : 대대로 벼슬하는 명문가.
  《맹자孟子·등문공하滕文公下》에 나온다. "仲子, 齊之世家也."
  《한서漢書·식화지하食貨志下》에도 나온다. "世家子弟富人或鬪雞走狗馬, 弋獵博戲, 亂齊民." 弋(주살 익)
- 窮約(궁약) : 빈곤하다. 빈궁하다.
  《안자춘추晏子春秋·간상오諫上五》에 나온다. "使民饑餓窮約而無告."
  《장자莊子·선성繕性》에도 나온다. "故不爲軒冕肆志, 不爲窮約趨俗."

孟子曰 於齊國之士에 吾必以仲子로 爲巨擘焉이어니와 雖然이나 仲子는 惡能廉이리오 充仲子之操면 則蚓而後可者也니라

**맹자 가라사대 "제齊나라 선비 중에 내가 반드시 중자仲子를 으뜸으로 삼을 것이다. 비록 그러하나 중자仲子가 어찌 청렴할 수 있겠는가? 중자仲子의 지조志操를 다 채우려면 지렁이가 된 후에야 가능할 것이다."**

巨擘은 大指也니 言齊人中에 有仲子는 如衆小指中에 有大指也라

充은 推而滿之也라 操는 所守也라 蚓은 丘蚓也라

言仲子ㅣ 未得爲廉也니 必若滿其所守之志면 則惟丘蚓之無求

於世 然後에 可以爲廉耳니라

'거벽巨擘'은 엄지손가락이니, 제齊나라 사람 중에 중자仲子가 있는 것은 여러 작은 손가락 가운데 엄지손가락이 있는 것과 같다는 말이다. '충充'은 미루어 채우는 것이다. '조操'는 지키는 바이다. '인蚓'은 지렁이다.

중자仲子는 염사廉士가 될 수 없으니, 반드시 만약 그가 지키는 바의 지조를 채우려면 오직 지렁이가 세상에 구하는 것이 없게 된 연후에야 청렴할 수 있다는 말이다.

주해

● 巨擘(거벽) : 걸출한 인물. 여기서는 큰 인물이 못된다는 뜻으로 쓰였다. 擘(엄지손가락 벽)

조기趙岐의 註에 "巨擘, 大指也. 比於齊國之士, 吾必以仲子爲指中之大者耳, 非大器也."

경원보씨慶源輔氏가 말했다. "齊俗奢侈放縱, 當戰國時, 士之傷廉者必多有之, 此匡正所以推仲子之廉, 而孟子亦以爲齊人之巨擘也."(大全註疏)

● 蚓(지렁이 인)

【備旨】

孟子曰 今齊國之士ㅣ溺富貴而貪功利者ㅣ皆是矣어늘 乃仲子ㅣ獨淸苦自守如此하니 能幾人哉아 吾於齊國之士에 必以仲子爲其中之巨擘焉이어니와 雖然이나 仲子ㅣ亦惡能爲廉士哉리오 吾姑勿論廉하고 但論仲子之操인댄 必若就仲子之操行하여 充而極之면 則如蚓之無求於世而後에 可者也니라

맹자 가라사대 "지금 제齊나라 선비들이 부귀에 빠져 공리功利를 탐하는 자들이 대부분이거늘, 이에 중자仲子처럼 홀로 청고淸高하고 자수自守한 자가 능히 몇 사람이나 되겠는가?

내가 제齊나라 선비 중에 반드시 중자仲子를 그 가운데 엄지손가락으로 삼을 것이다. 비록 그러하나 중자仲子가 또한 어찌 염사廉士가 될 수 있겠는가? 내가 잠시 청렴은 논하지 않고 다만 중자仲子의 지조만을 논하건대, 반드시 만약 중자仲子의 조행操行에 나아가 끝까지 다 채우려면 마치 지렁이가 세상에 아무것도 구할 것이 없게 된 연후에야 가능할 것이다."

**주해**

- 淸苦(청고) : 순결고상純潔高尙하며 명리를 탐하지 않다.
  한漢나라 왕충王充의 《논형論衡·정현定賢》 편에 나온다. "鴻卓之義, 發於顚沛之朝. 淸高之行, 顯於衰亂之世."
- 操行(조행) : 평소의 품행. '조수操守'와 같다.
  《사기史記·백이열전론伯夷列傳論》에 나온다. "操行不軌, 專犯忌諱, 而終身逸樂, 富厚累世不絕."

**夫蚓은 上食槁壤하고 下飮黃泉하나니 仲子所居之室은 伯夷之所築與아 抑亦盜跖之所築與아 所食之粟은 伯夷之所樹與아 抑亦盜跖之所樹與아 是未可知也로다**

**"무릇 지렁이는 위로 마른 흙을 먹고 아래로 땅 속의 물을 먹고 산다. 중자仲子가 거처하는 집은 백이伯夷가 지은 것인가, 아니면 또한 도척盜跖이 지은 것인가? 중자仲子가 먹는 곡식은 백이伯夷가 심은 것인가, 아니면 또한 도척盜跖의 심은 것인가? 이는 알 수가 없다.**

槁壤는 乾土也오 黃泉은 濁水也라 抑은 發語辭也라 言蚓은 無求於人而自足이어니와 而仲子는 未免居室食粟하니 若所從來가 或有非義면 則是未能如蚓之廉也라

'고괴槁壤'는 마른 땅이요, '황천黃泉'은 흐린 물이다. '억抑'은 발어사이다. 지렁이는 남에게 구하는 것이 없고 자족하지만, 중자仲子는 집에서 살며 곡식을 먹는 것을 면할 수 없다. 만약 소종래所從來가 혹 옳지 못하다면, 이는 지렁이와 같이 청렴할 수 없다는 말이다.

**주해**

- 黃泉(황천) : 땅 속의 물.
- 樹(수) : 심다. '종種'과 같다. 樹(심을 수)
- 槁(마를 고) 築(집지을 축) 跖(밟을 척)

【備旨】

何以知蚓之無求而自足也오 夫蚓之爲物은 上則食乎乾槁之壤하고 下則飮乎黃濁之泉하여 皆無求於人而自足이어늘 今仲子則人也니 未免居室而食粟이라 其所居之室은 果出於義而爲伯夷之所築與아 抑亦出於不義而爲盜跖之所築與아 所食之粟은 果出於義而爲伯夷之所樹與아 抑亦出於不義而爲盜跖之所樹與아 是其所從來ㅣ爲夷爲盜跖을 皆未可知也니 若不能皆夷而無跖이면 則是未能如蚓之廉也라

지렁이는 남에게 구함이 없이 자족한다는 사실을 어떻게 알 수 있는가? 무릇 지렁이란 물건은 위로는 마른 흙을 먹고, 아래로는 땅 속의 물을 먹고 살면서, 모두 남에게 구하지 않고 자족한다.

이제 중자仲子는 사람이기 때문에 집에서 살며 곡식을 먹는 일을 면할 수 없다. 그렇다면 그가 사는 집은 과연 의義에서 나와 백이伯夷가 지은 것인가, 아니면 또한 불의不義에서 나와 도척盜跖이 지은 것인가? 먹는 곡식은 과연 의義에서 나와 백이伯夷가 심은 것인가? 아니면 불의不義에서 나와 도척盜跖이 심은 것인가? 이는 그 소종래所從來가 백이伯夷인지 도척盜跖인지를 모두 알 수 없는 것이다. 만약 모두 백이伯夷가 한 것이며 도척盜跖이 한 것이 아니라고 할 수 없다면, 이는 지렁이와 같이 청렴할 수 없는 것이다.

## 曰 是何傷哉리오 彼ㅣ身織屨하고 妻辟纑하여 以易之也니라

**(광장匡章이) 가로되 "이것이 청렴에 무슨 해가 되겠습니까? 그는 몸소 신을 삼고, 아내는 길쌈을 하고 연마練麻를 하여 곡식과 바꾸어 먹습니다."**

### 辟은 績也요 纑는 練麻也라

'벽辟'은 길쌈이요, '로纑'는 연마練麻이다.

주해

- 何傷(하상) : 어찌 해가 되겠는가? 곧 아무런 방해도 되지 않는다는 말이다. '하방何妨' 또는 '하해何害'와 같다.
  《논어論語·선진先進》 편에 나온다. "子曰 何傷乎?亦各言其志也."
  《초사楚辭·구장九章》에도 나온다. "苟餘心其端直兮, 雖僻遠之何傷?"
  "何傷言無害於廉."(四書補註備旨)

● 辟(벽) : 베를 짜다. 길쌈하다. 곧 '적마績麻'의 뜻이다. 辟(길쌈할 벽)
조기趙岐의 註에 "緝績其麻曰辟, 練其麻曰纑, 故曰辟纑."이라 했다.

● 纑(로) : '연마練麻'. 곧 삼[麻]을 푹 삶아서 부드럽고 하얗게 만드는 과정을 말한다. 纑(모시 로)
《사기史記·화식전貨殖傳》에 나온다. "林竹穀纑." 그 註에 "纑, 紵屬, 可以爲布."라고 했는데, '저紵'는 '저마苧麻'를 말한다. 紵(모시 저)

● 屨(신 구)

【備旨】

章曰 仲子居食은 雖未究其從來나 是亦何傷於廉哉리오 盖人只能安貧守約하여 不取諸人이면 此便是廉이어늘 今彼所居之室所食之粟은 則身自織屨하고 其妻辟纑以易之也라 此未必出於伯夷나 然이나 亦非出於盜跖이니 又何傷於廉也리오

광장匡章이 가로되 "중자仲子가 살고 먹는 것은 비록 그 소종래所從來를 알 수 없으나, 이것이 또한 어찌 청렴에 해가 되겠습니까? 대개 사람이 다만 가난에 편안하고 검약儉約을 지켜 남에게 취하지 않으면 이는 곧 청렴한 것입니다. 이제 저 중자仲子가 사는 집과 먹는 곡식은 자신이 몸소 신을 삼고 그 아내가 길쌈하고 연마練麻하여 바꾼 것입니다. 이것이 반드시 백이伯夷에게 나온 것은 아니지만, 그러나 도척盜跖에게 나온 것도 아니니, 또한 어찌 청렴에 해가 되겠습니까?"

주해

● 守約(수약) : 검박儉朴을 지키는 품덕品德.
《맹자孟子·진심하盡心下》에 나온다. "言近而指遠者, 善言也. 守約而施博者, 善道也."

曰 仲子는 齊之世家也라 兄戴ㅣ 蓋祿이 萬鍾이러니 以兄之祿으로 爲不義之祿而不食也하며 以兄之室로 爲不義之室而不居也하고 辟兄離母하여 處於於陵이러니 他日에 歸則有饋其兄生鵝者어늘 己頻顣曰 惡用是鶃鶃者爲哉리오 他日에 其母ㅣ殺是鵝也하여 與之食之러니 其兄自外至曰 是ㅣ鶃鶃之肉也라한대 出而哇之하니라

가라사대 "중자仲子는 제齊나라의 세가世家이다. 그의 형 진대陳戴는 합읍蓋邑의 봉록俸祿이 만종萬鍾이었는데, 兄의 봉록을 불의不義한 봉록이라고 하여 먹지 않았으며, 兄의 집을 불의不義한 집이라고 하여 살지 않았다. 이에 兄을 피하고 어머니를 떠나 오릉於陵에 살았다.
나중에 집에 돌아오니 어떤 자가 그 兄에게 살아있는 거위를 보내오자, 중자仲子는 이마를 찌푸리며 '꽥꽥 우는 이 거위를 어디에 쓰리오?' 라고 하였다. 다른 날 그 어머니가 이 거위를 잡아 그에게 먹였는데, 그 兄이 밖에서 돌아와 말하기를 '이것이 꽥꽥거리고 울던 거위의 고기다.' 라고 하자, 밖으로 나가 이를 토해버렸다."

世家는 世卿之家라 兄名戴가 食采於蓋하니 其入萬鍾也라 歸는 自於陵歸也라 己는 仲子也라 鶃鶃는 鵝聲也라 頻顣而言은 以其兄受饋爲不義也라 哇는 吐之也라

'세가世家'는 세경世卿의 집안이다. 형 진대陳戴가 합읍蓋邑에서 식록食祿을 받으니 그 수입이 만종萬鍾이었다. '귀歸'는 오릉於陵에서 돌아

온 것이다. '기已'는 중자仲子이다. '예예鶃鶃'는 거위소리이다. 이마를 찡그리면 말하는 것은 그 형이 받는 것이 의롭지 않다고 여겼기 때문이다. '와哇'는 토하는 것이다.

**주해**

- 食采(식채) : 봉읍封邑의 식록食祿을 받다. '식채食菜'와 같다.
  《한서漢書·지리지하地理志下》에 나온다. "周宣王弟友, 爲周司徒, 食采於宗周畿內, 是爲鄭."
- 惡用(오용) : 어디에 쓰겠는가? '하용何用'과 같다. 惡(어찌 오)
- 鶃(거위소리 예) 鵝(거위 아) 饋(보낼 궤) 嚬(찡그릴 빈) 蹙(찌푸릴 축) 哇(토할 와)

【備旨】

孟子曰 子謂仲子自食其力이라하여 遂以爲廉乎아 不知處仲子之地니 亦有不必然者라 盖仲子는 齊國世臣之家也니 則非不義之居ㅣ明矣요 其兄名戴ㅣ食采於蓋邑하여 所入之祿이 有萬種則非不義之食이 明矣로되 顧乃以兄所得之祿으로 爲不義之祿而不食也하며 以兄所居之室로 爲不義之室而不居也하고 不惟辟兄이라 且離其母하여 處於於陵之地하니 彼固以爲得所居之義矣라
及他日歸時則有饋其兄生鵝者어늘 己頻顣而言曰 是鶃鶃者는 不義之物也니 惡用是鶃鶃者爲哉리오 他日에 其母ㅣ殺是鶃鶃之鵝也하여 與之食而仲子食之러니 適其兄이 自外至하여 因譏之曰 爾今日乃所食者는 是ㅣ前日所謂鶃鶃之肉也라한대 仲子ㅣ乃出而哇其所食之肉焉하니 彼固自以爲得所食之義矣라

맹자 가라사대 "그대는 중자仲子가 자신의 힘으로 먹고 살기 때문에 마침내 청렴하다고 하는가? 이는 중자仲子가 처한 입장을 알지 못한 것이니, 또한 반드시 그렇지만은 않다.

대개 중자仲子는 제齊나라 세신世臣의 집안이니, 곧 불의不義한 거처가 아닌 것이 분명하다. 그 형 진대陳戴가 합읍蓋邑에서 봉록을 받아 수입이 만종萬鍾이니, 불의不義한 봉록이 아닌 것도 분명하다. 그런데 도리어 형이 받은 봉록을 불의不義한 봉록祿이라고 여겨 먹지 아니하며, 형이 사는 집을 불의不義한 집이라고 여겨 살지 않았다. 그리고 형을 피할 뿐만 아니라, 또한 자신의 어머니를 떠나 오릉於陵의 땅에 사니, 그는 진실로 의로운 거처를 얻었다고 생각했다.

나중에 집에 돌아오니, 어떤 자가 그 형에게 살아 있는 거위를 보내오자, 중자仲子는 이마를 찡그리며 말하기를 '꽥꽥 우는 이 거위는 의롭지 못한 물건이니, 이 꽥꽥거리는 거위를 어디에 쓰리오?'라고 하였다.

다른 날 그 어머니가 이 꽥꽥거리는 거위를 잡아 그에게 먹이니, 중자仲子가 이를 먹었다. 그 때 마침 그 형이 밖에서 돌아와 그를 기롱하여 말하기를 '네가 오늘 먹은 것이 바로 얼마 전에 꽥꽥거린다고 말하던 거위 고기이다.'라고 하였다. 그러자 중자仲子는 곧바로 나가 자신이 먹었던 거위고기를 토해냈다. 그는 진실로 스스로 의로운 음식만 얻는다고 생각했다."

주해

- 顧乃(고내) : 도리어. '각却'과 같다. 顧(다만 고) 却(도리어 각)
  금金나라 왕약허王若虛의 《오경변혹상五經辨惑上》에 나온다. "高之解經, 類以私意穿鑿, 詭異百端, 曾無忌憚, 顧乃於此著疑, 以示重愼, 豈不可笑哉!" 鑿(뚫을 착)

以母則不食하고 以妻則食之하며 以兄之室則弗居하고 以於陵則居之하니 是尙爲能充其類也乎아 若仲子者는 蚓而後充其操者也니라

**"어머니가 주는 것은 먹지 않고 아내가 주는 것은 먹으며, 형의 집에서는 살지 않고 오릉於陵에서 사니, 이렇게 하고서도 오히려 능히 그 지조를 채울 수 있는가? 중자仲子 같은 자는 지렁이가 된 후에야 그 지조를 채울 수 있을 것이다."**

言仲子以母之食兄之室로 爲不義라하여 而不食不居하니 其操守如此로되 至於妻所易之粟과 於陵所居之室하여는 旣未必伯夷之所爲면 則亦不義之類耳어늘 今仲子於此則不食不居하고 於彼則食之居之하니 豈爲能充滿其操守之類者乎아 必其無求自足을 如丘蚓然이라야 乃爲能滿其志而得爲廉耳라 然이나 豈人之所可爲哉리오

范氏曰 天之所生과 地之所養에 惟人爲大하니 人之所以爲大者는 以其有人倫也라 仲子ㅣ避兄離母하여 無親戚君臣上下하니 是는 無人倫也니 豈有無人倫而可以爲廉哉리오

중자仲子는 어머니의 음식과 형의 집이 의롭지 않다고 하여 먹지도 않고 살지도 않았으니, 그의 절조節操가 이와 같았다. 그러나 아내가 교환해 온 곡식과 오릉於陵에서 사는 집은 이미 반드시 백이伯夷가 지은 것이 아니라면 또한 의롭지 않은 물건이거늘, 지금 중자仲子는 여기에서는 먹지도 않고 살지도 않으면서 저기에서는 먹고 있고 살고 있으니, 어찌 능히 그 절조節操와 같은 것을 채울 수 있겠는가? 반드시

남에게 구하지 않고 스스로 만족할 수 있는 지렁이와 같은 후에야 이에 능히 그 뜻을 채워서 청렴을 얻을 수 있을 것이다. 그러나 어찌 사람이 그렇게 할 수 있겠는가?

범씨范氏 가로되 "하늘이 낳고 땅이 기른 것 중에 오직 사람이 위대하니, 사람이 위대한 이유는 바로 그 인륜人倫이 있기 때문이다. 중자仲子는 형을 피하고 어머니를 떠나 친척親戚과 군신君臣과 상하上下가 없으니 이는 인륜이 없는 것이다. 인륜이 없는데 어찌 청렴할 수 있겠는가?"

**주해**

- 類(류) : 어머니의 음식을 먹지도 않고 형의 집에 살지도 않는 경우를 말함. "類指不食不居."(四書補註備旨)
  남헌장씨南軒張氏가 말했다. "仲子徒欲潔身以爲淸, 不知廢大倫之爲惡, 原仲子本心, 亦豈不知母子之性重于妻, 兄之居愈于於陵乎! 惟其私見所局, 亂其倫類至此極也. 衆人惑于其迹, 以爲淸高高介而取之, 非矣. 世之貪冒爲惡者多矣, 孟子于仲子獨辟之深者, 世之爲惡者其失易見. 而仲子之徒, 其過難知也. 惟其難知, 故可以惑世俗而禍仁義, 反復辟之, 蓋有以也夫."(大全註疏)
- 操守(조수) : 평소의 품행과 절조節操.
  《신당서新唐書·배도전裴度傳》에 나온다. "度退然纔中人, 而神觀邁爽, 操守堅正, 善占對. 旣有功, 名震四夷." 邁(나아갈 매) 爽(시원할 상)

【備旨】

夫以母則不食은 卽無有可食者矣나 以妻則又食之하며 以兄之室則弗居는 卽無有可居者矣나 以於陵則又居之하니 是尙爲能充滿其不食不居之類也乎아 不能充其類면 則必不能充其操矣니 若仲子者는 必如蚓之無求自足而後에 能充滿其不

食不居之操者也니라 然人而如蚓이면 豈人理也哉아 是則卽仲子之操하여 以律仲子니 在仲子에도 尙不能自遂其廉이어늘 而況以廉士之廉으로 律之乎아 仲子惡能廉哉리오

무릇 어머니가 해준 음식을 먹지 않으면 곧 먹을 수 있는 게 아무것도 없거늘 아내가 해준 음식은 또 먹으며, 형의 집에 살지 않으면 곧 살 수 있는 곳이 아무데도 없거늘 오릉에서 또한 살고 있으니, 이러고도 오히려 능히 그 먹지도 않고 살지도 않는 절조節操를 채울 수 있겠는가? 능히 그 먹지도 않고 살지도 않는 것을 채울 수 없다면 반드시 그 절조를 채울 수 없다. 중자仲子와 같은 자는 반드시 지렁이처럼 남에게 구하지 않고 자족할 수 있어야 능히 그 먹지도 않고 살지도 않는 절조節操를 채울 수 있을 것이다.

그러나 사람이 지렁이와 같다면 어찌 사람의 이치이겠는가? 이는 곧 중자仲子의 절조에 나아가 중자仲子를 약속約束한 것이니, 중자仲子에 있어서도 오히려 스스로 그 청렴을 이룰 수 없거늘, 하물며 염사廉士의 청렴으로 그를 약속約束할 수 있겠는가? 그러니 중자仲子가 어찌 염사廉士가 될 수 있겠는가?

주해

- 律(률) : 약속約束하다. 관속管束하다. 곧 방자한 행동을 제지하여 법도에 벗어나지 않게 한다는 뜻이다. 律(약속할 률)

# 孟子集註

## 卷七

# 離婁章句上
## 이루장구상

凡二十八章

모두 28장이다.

[7·1]

孟子曰 離婁之明과 公輸子之巧로도 不以規矩면 不能成方員이요 師曠之聰으로도 不以六律이면 不能正五音이요 堯舜之道로도 不以仁政이면 不能平治天下니라

맹자 가라사대 "이루離婁의 눈 밝음과 공수자公輸子의 기교技巧로도 규구規矩가 아니면 방형方形과 원형圓形을 그릴 수가 없고, 사광師曠의 귀 밝음으로도 육률六律이 아니면 오음五音을 바로잡을 수 없으며, 요순堯舜의 道가 있다고 해도 인정仁政을 행하지 않으면 능히 천하를 다스릴 수 없다."

離婁는 古之明目者라 公輸子는 名班이니 魯之巧人也라 規는 所以爲員之器也요 矩는 所以爲方之器也라 師曠은 晉之樂師니 知音者也라 六律은 截竹爲筩하여 陰陽各六하여 以節五音之上下하니 黃鍾·太蔟·姑洗·蕤賓·夷則·無射은 爲陽이요 大

**呂·夾鍾·仲呂·林鍾·南呂·應鍾은 爲陰也라 五音은 宮·商·角·徵·羽也라**

**范氏曰 此는 言治天下에 不可無法度니 仁政者는 治天下之法度也니라**

'이루離婁'는 옛날 눈이 밝은 자이다. '공수자公輸子'는 이름이 반班이니, 노魯나라의 솜씨 좋은 사람이다. '규規'는 원을 만드는 도구요, '구矩'는 모난 것을 만드는 도구이다. '사광師曠'은 진晉나라의 악사樂師이니, 음률音律에 정통한 자이다. '육률六律'은 대나무를 잘라 통을 만든 것으로, 음양陰陽 각각 여섯이며 오음五音의 높낮이를 조절한다. 황종黃鍾·태주太蔟·고선姑洗·유빈蕤賓·이칙夷則·무역無射은 양陽이 되고, 대려大呂·협종夾鍾·중려仲呂·임종林鍾·남궁南呂·응종應鍾은 음陰이 된다. '오음五音'은 궁宮·상商·각角·치徵·우羽이다.

범씨范氏[범조우范祖禹] 가로되 "이는 천하를 다스리는데 법도가 없을 수 없으니, 인정仁政이 천하를 다스리는 법도라는 말이다."

**주해**

- 離婁(이루) : 황제黃帝 때의 사람으로 눈이 지극히 밝아서 백보百步 밖의 추호秋毫까지 볼 수 있었다고 한다. 《장자莊子》에는 '이주離朱'라고 되어 있다. 婁(별이름 루)
  쌍봉요씨雙峯饒氏가 말했다. "規矩六律, 當來皆是聖人做起, 雖離婁公輸師曠, 亦不可無之, 況庸匠庸工乎? 不以仁政, 雖聖人也不能平治天下, 況後世乎?"(大全註疏)
- 公輸子(공수자) : 노魯나라 사람으로 이름은 반班(일명 '반般')이다. 일찍이 초楚나라 혜왕惠王을 위해 운제雲梯를 만들어 송宋나라를 공격하려고 했으나, 묵자墨子가 이를 제지하였다.
- 師曠(사광) : 진晉나라 평왕平王 때의 태사太師[악관樂官의 우두머리].
- 巧人(교인) : 솜씨 있는 사람. '능인能人'과 같다.

● 筩(통) : 죽관竹管. 죽통竹筒. '筒'과 같다. 筩(대통 통)
당唐나라 현응玄應의《일절경음의一切經音義》卷2에서《삼창三蒼》을 인용하여 "筩, 竹管也."라고 했다.
《한비자韓非子·설의說疑》에도 나온다. "不能飮者以筩灌之." 灌(물댈 관)

● 規(둥근그릇 규) 矩(곡척 구) 蔟(발 주) 蕤(드리워질 유)

【備旨】

孟子ㅣ論爲治는 當行先王之政이니 而因責望於君臣也하여 曰治天下에 有心法하고 尤有治法하니 法之不可廢於天下也ㅣ尙矣라 試以曲藝言之컨대 規矩者는 成方員之法度也니 雖以離婁之至明과 公輸子之至巧로도 使不以爲方員之規矩면 則明巧無所施하여 不能成方員之器요 六律者는 正五音之法度也니 雖以師曠之至聰으로도 使不以陰陽之六律이면 則聰無所施하여 不能正樂之五音이라 曲藝도 且然이어늘 況治天下者乎아
仁政者는 治天下之法度也니 雖堯舜有愛天下之至道라도 使不以敎養仁政이면 則心無所施하여 不能遂生復性而平治乎唐虞之天下라 然則爲治之不可無法은 卽器之不可無規矩이며 樂之不可無六律也니 世之求治者ㅣ奈何欲廢法乎아

맹자께서 다스림은 마땅히 선왕先王의 정사政事를 행하고 한다고 논하시고, 인하여 군신君臣에게 책망責望하여 가라사대 "천하를 다스리는데 심법心法이 있고, 더욱 치법治法이 있으니, 천하에 법을 폐할 수 없는 것이 오래되었다.

시험 삼아 곡예曲藝로써 말하건대, 규구規矩는 방원方圓을 이루는 법도이니, 비록 이루離婁의 뛰어난 눈 밝음과 공수자公輸子의 뛰어난 기교로도 가령 방원方圓을 다스리는 규구規矩가 아니면 눈 밝음과 기교를 쓸 수가 없어 능히 방원方圓의 도구가 될 수 없다. 육률六律은 오음五音을 바로잡는 법도이니, 비록 사광師曠의 훌륭한 귀 밝음으로도 가령 음양陰陽의 육률六律이 아니면 귀 밝음을 쓸 수가 없어 능히 음악의 오음五音을 바로잡을 수 없다. 곡예曲藝도 또한 그러하거늘, 하물며 천하를 다스리는 일에 있어서랴!

인정仁政이란 것은 천하를 다스리는 법도이니, 비록 요순堯舜에게 천하를 사랑하는 지극한 道가 있을지라도, 가령 교양敎養과 인정仁政이 아니라면 마음에 베풀 수가 없어, 능히 양생養生하고 본성을 회복하여 당우唐虞의 천하에 평치平治할 수가 없다. 그러므로 다스리는데 법도가 없을 수 없음은 도구에 규구規矩가 없을 수 없고, 음악에 육률六律이 없을 수 없는 것과 같은 이치니, 세상에 다스림을 구하는 자가 어찌 법도를 폐하려고 하겠는가?"

**주해**

- 責望(책망) : 요구하고 기대하다.
  송宋나라 원문袁文의 《옹유한평甕牖閑評》 卷8에 나온다. "先父暮年多病, 他無所冀, 獨責望余兄弟兩人不淺." 甕(독 옹) 牖(창 유)
- 遂生(수생) : '양생養生'과 같다.
  《황정외경경黃庭外景經·하부경下部經》에 나온다. "恬惔無欲養華莖, 服食玄氣可遂生." 이에 대해 무성자務成子의 註에 "外爲太玄, 內爲大淵, 若如流俗, 合四海源, 審能服食, 可得遂生."이라고 했다. 恬(편안할 념) 惔(편안할 담)
- 復性(복성) : 본성의 선善을 회복하다.
  당唐나라 이고李翺의 《복성서復性書》 中에 나온다. "妄情滅息, 本性淸明, 周流六虛, 所以謂之能復其性也." 翺(날 고)
- 尙(오랠 상)

今有仁心仁聞而民不被其澤하여 不可法於後世者는 不行先王之道也일새니라

**"지금 인심仁心과 인문仁聞이 있으나, 백성들이 그 은택恩澤을 입지 못하여 후세에 법이 되지 못한 것은 선왕先王의 道를 행하지 않았기 때문이다."**

仁心은 愛人之心也요 仁聞者는 有愛人之聲이 聞於人也라 先王之道ㅣ仁政이 是也라

范氏曰 齊宣王은 不忍一牛之死하여 以羊易之하니 可謂有仁心이요 梁武帝는 終日一食蔬素하고 宗廟에 以麪爲犧牲하며 斷死刑에 必爲之涕泣하여 天下知其慈仁하니 可謂有仁聞이라 然而宣王之時에 齊國不治하고 武帝之末에 江南大亂하니 其故는 何哉오 有仁心仁聞而不行先王之道故也니라

'인심仁心'은 남을 사랑하는 마음이요, '인문仁聞'은 남을 사랑하는 소문이 남들에게 들리는 것이다. 선왕先王의 道가 인정仁政이라는 것이 이것이다.

범씨范氏[范祖禹] 가로되 "제齊나라 선왕宣王은 소 한 마리의 죽음도 차마 하지 못하여 양으로 바꾸었으니 인심仁心이 있다고 말할 수 있다. 양梁나라 무제武帝는 하루 종일 한 끼의 소식素食만 먹고, 종묘宗廟에 밀가루로 희생犧牲을 만들어 썼으며, 사형을 결단할 때는 반드시 그를 위해 눈물을 흘려 천하가 그 자인仁慈함을 알았으니 인문仁聞이 있다고 말할 수 있다. 그러나 선왕宣王 때 제齊나라가 다스려지지 못하고, 무제武帝 말기에 강남江南이 크게 어지러웠으니 그 까닭은 무엇인

가? 인심仁心과 인문仁聞은 있었으나, 선왕先王의 道를 행하지 않았기 때문이다."

주해

● 仁聞(인문) : 인애仁愛의 명성. 곧 남을 사랑하는 명성이 널리 퍼지는 것을 말한다.
운봉호씨雲峰胡氏가 말했다. "上文云堯舜之道, 下文云行先王之道, 道一而已. 有仁心, 則此道蘊于中, 是爲美意. 有仁政, 則能行此道于外, 是爲良法." (大全註疏) 蘊(쌓을 온)

【備旨】

> 夫堯舜之治는 固不能外法度나 而今之爲君者는 亦有仁民之心이 存於中하고 有仁民之聲이 聞於人이나 而民不實被其敎養之澤하여 不可取法於後世者는 何哉오 蓋由不能行先王仁政之道故也니 此可見心與法之當兼擧矣니라

무릇 요순堯舜의 다스림은 진실로 법도를 벗어나지 않으나, 지금의 군주들 중에 또한 백성을 사랑하는 마음이 마음에 있고, 백성을 사랑하는 소문이 남들에게 전해진 사람이 있으나, 백성들이 실제로 그 교양敎養의 은택을 입지 못하고 후세에 법도가 되지 못한 것은 무엇 때문인가?

대개 선왕先王의 인정지도仁政之道를 행할 수 없기 때문이니, 이에 가히 심법心法과 치법治法을 마땅히 병중幷重해야 한다는 것을 알 수 있다.

주해

● 兼擧(겸거) : 동시에 중시하다. '병중幷重'과 같다.

故로 曰 徒善이 不足以爲政이요 徒法이 不能以自行이라하니라

**"그러므로 '한갓 선한 마음으로는 정사政事를 다스릴 수 없고, 한갓 어진 정사政事만으로는 스스로 행할 수가 없다.'"**

徒는 猶空也라 有其心無其政을 是謂徒善이요 有其政 無其心을 是爲徒法이라

程子嘗言 爲政에 須要有綱紀文章이니 謹權審量讀法平價을 皆不可闕이라하시고 而又曰 必有關雎麟趾之意然後에 可以行周官之法度라하시니 正謂此也라

'도徒'는 '공空'과 같다. 그 인심仁心만 있고 그 인정仁政이 없는 것을 '도선徒善'이라 하고, 그 인정仁政만 있고 그 인심仁心이 없는 것을 '도법徒法'이라 한다.

정자程子가 일찍이 "위정爲政에는 모름지기 강기綱紀와 문장文章이 있어야 한다. 근권謹權과 심량審量, 독법讀法과 평가平價를 모두 빠뜨릴 수 없다."고 말했다. 또한 "반드시 〈관저關雎〉와 〈인지麟趾〉 편의 뜻을 가진 연후에 주관周官의 법도를 행할 수 있다."고 했으니, 바로 이것을 말한 것이다.

주해

- 善(선) : 여기서는 '인심仁心'을 말한다.
  "善是仁心. 政作治字."(四書補註備旨)
- 法(법) : 여기서는 '인정仁政'을 말한다.
  "法是仁政. 行是推行."(四書補註備旨)

신안진씨新安陳氏가 말했다. "引程子前一說以證'徒善謂不可無法', 又引後一說以證'徒法謂不徒在於法'."(大全註疏)

- 周官(주관) : 《尙書》의 편명.
- 權量(권량) : 물체의 경중輕重과 장단長短을 측정하는 도구.

《주례周禮·지관地官·장염掌染》 편에 나온다. "以權量受之, 以待時而頒之."

- 讀法(독법) : 법령法令을 송독하다.

《한비자韓非子·외저설좌상外儲說左上》에 나온다. "王欲與官事, 則何不試習讀法, 昭王讀法十餘簡而睡臥矣."

- 平價(평가) : 오른 물가를 바로 잡다.
- 雎(물수리 저) 麟(기린 린) 趾(발 지)

【備旨】

故曰 徒有善心而無仁政이면 則澤不及民에 不足以爲政이요 徒有善法而無仁心이면 則政爲虛文에 不能以自行이라 是仁政은 固當本諸仁心이요 而仁心은 尤當推諸仁政하니 世之爲治者ㅣ可徒有仁心仁聞하여 而不行先王之仁政哉아

그러므로 가로되 "한갓 선심善心만 있고 인정仁政이 없으면 곧 은택恩澤이 백성에게 미치지 못하여 정사政事를 다스리지 못하며, 한갓 선법善法만 있고 인심仁心이 없으면 곧 정사政事가 허문虛文이 되어 스스로 행할 수 없다.

이는 인정仁政은 진실로 마땅히 인심仁心에 근본해야 하며, 인심仁心은 더욱 마땅히 인정仁政에 추행推行해야 한다는 것이니, 세상에 정사政事를 다스리는 자가 한갓 인심仁心과 인문仁聞만 지니고서 선왕先王의 인정仁政을 행하지 않겠는가?"

詩云 不愆不忘은 率由舊章이라하니 遵先王之法而過者ㅣ未之有也니라

**“《시경詩經》에 ‘법도에 어긋나지 않고 잊지 않은 것은 옛 법도를 그대로 따랐기 때문이네.’ 라고 하니, 선왕先王의 법을 따르고서 허물이 있는 자는 있지 않다.”**

詩는 大雅假樂之篇이라 愆은 過也라 率은 循也라 章은 典法也라 所行이 不過差不遺忘者는 以其循用舊典故也니라

시詩는 〈대아大雅·가락假樂〉 편이다. ‘건愆’은 허물이다. ‘솔率’은 따르다는 뜻이다. ‘장章’은 전법典法이다. 행하는 바가 법도에 어긋나지 않고 잊지 않는 것은, 그 옛 법도를 그대로 따랐기 때문이다.

**주해**

- 舊章(구장) : 옛날의 전장典章. 곧 선왕先王의 법을 말한다.
  《상서尙書·채중지명蔡仲之命》에 나온다. “無作聰明亂舊章.” 이에 대해《공전孔傳》에 “無敢爲小聰明, 作異辯以變亂舊典文章.”이라 했다.
- 過差(과차) : 지나치다. 법도에 어긋나다.
  《상서尙書·윤정胤征》 편에 나온다. “羲和湎淫, 廢時亂日.” 이에 대해《공전孔傳》에 “沉湎於酒, 過差非度.”라고 했다. 湎(빠질 면)
  경원보씨慶源輔氏가 말했다. “過差謂用意過當處. 遺忘謂照顧不及處. 遵用舊典, 則有所循, 故不過差, 有所據, 故不遺忘.”(大全註疏)
- 遺忘(유망) : 잊다. 망각하다.
- 愆(허물 건) 循(좇을 순)

【備旨】

夫徒善이 旣不足以爲政이니 則先王之法을 信不可不遵矣라 大雅假樂之詩에 有云 所行이 不愆忒不忘失者는 以其循用舊章故也라하니
卽詩之言觀之컨대 可見爲治者ㅣ苟能遵行先王仁政之法하고 而猶有愆忘之過하여 不能平治天下者ㅣ未之有是理也니 人亦何爲而不遵哉아

대저 한갓 인심仁心만으로는 정사政事를 다스릴 수 없으니, 선왕先王의 법을 진실로 따르지 않을 수 없다. 《시경詩經·대아大雅·가락假樂》 편의 詩에 '행하는 바가 법도에 어긋나지 않고 잊지 않은 것은 옛 법도를 그대로 따랐기 때문이네.'라고 하였다.

《시경詩經》의 말에 나아가 살피건대, 다스리는 자가 진실로 능히 선왕先王의 인정지법仁政之法을 그대로 따르면서 오히려 건망愆忘의 허물이 있어 능히 천하를 태평하게 다스릴 수 없는 자에게는 이러한 이치는 없다는 것을 알 수 있으니, 사람들은 또한 어찌하여 따르지 않는가?

**주해**

● 愆忘(건망) : 위반하다. 따르지 않다. 愆(허물 건)

聖人이 旣竭目力焉하시고 繼之以規矩準繩하시니 以爲方員平直에 不可勝用也며 旣竭耳力焉하시고 繼之以六律하시니 正五音에 不可勝用也며 旣竭心思焉하시고 繼之以不忍人之政하시니 而仁覆天下矣시니라

**"성인聖人이 이미 목력目力을 다 쓰시고 이어서 규구준승規矩準繩으로 방원평직方圓平直의 물건을 만드니 이루 다 쓸 수가 없으며, 이미 이력耳力을 다 쓰시고 이어서 육률六律로 오음五音을 바로잡으니 이루 다 쓸 수가 없으며, 이미 심사心思를 다 쓰시고 이어서 남에게 차마 하지 못하는 인정仁政을 시행하시니 인仁이 천하를 뒤덮게 되었다."**

準은 所以爲平이요 繩은 所以爲直이라 覆은 被也라

此는 言古之聖人이 旣竭耳目心思之力하시되 然猶以爲未足以徧天下及後世라 故로 制爲法度하여 以繼續之하시니 則其用不窮하여 而仁之所被者ㅣ廣矣니라

'준準'은 평평하게 하는 것이요, '승繩'은 곧게 하는 것이다. '부覆'는 뒤덮다는 뜻이다.

이는 옛 성인聖人이 이미 이목耳目과 심사心思의 힘을 다 썼으나, 그러나 오히려 천하에 두루 미치고 후세에 미칠 수 없다고 여겼다. 그러므로 법도를 제정하여 계속하게 하시니, 곧 그 쓰임이 무궁하여 인仁의 뒤덮음이 넓게 되었다는 말이다.

주해

- 規矩準繩(규구준승) : 원규圓規·곡척曲尺·수준기水準器·승묵繩墨을 말함.
  準(수준기 준) 繩(법도 승)
  쌍봉요씨雙峯饒氏가 말했다. "惟天下不能常有聖人, 所以要 '繼之以不忍人之政'. '繼'字最有意味, 不然仁政雖自聖人而始, 亦自聖人而止矣."(大全註疏)

【備旨】

夫先王之法은 遵之無過니 而知古聖人ㅣ立法以及天下에 其利爲無窮也라
聖人이 旣竭夫目力焉하시니 凡所以爲方員平直者ㅣ已得之矣나 然이나 又制爲規矩準繩之法度以繼續之하여 以爲方員平直하여 使人皆取法焉하시니 則徧天下與後世而不可勝用也며 聖人이 旣竭夫耳力焉하시니 凡所以爲五音者ㅣ已得之矣나 然이나 又制爲六律之法度以繼續之하여 以正五音하여 使人皆取法焉하시니 則徧天下與後世而不可勝用也며 聖人이 旣竭夫心思焉하시니 凡所以仁天下者ㅣ已得之矣나 然이나 又制爲不忍人之政如敎養之法度以繼續之하여 使人皆取法焉하시니 則徧當世之天下與後世之天下而仁皆覆庇之하여 無不被其澤者矣시니라
先王立法之善이 如此어시늘 今之爲政者ㅣ奚可不知遵而因之乎아

무릇 선왕先王의 법은 이를 따르면 허물이 없으니, 옛 성인이 법을 세워 천하에 미쳐 그 이로움이 무궁함을 알 수 있다.

성인이 이미 목력目力을 다 쓰시니, 무릇 방원평직方圓平直을 만드는

바를 이미 얻었으나, 그러나 또 규구준승規矩準繩의 법도를 제정하고 이어서 방원평직方員平直을 만들어 사람들에게 모두 법으로 삼게 하시니, 천하와 후세 사람들에게 두루 미쳐서 이루 다 쓸 수가 없었다.

성인이 이미 이력耳力을 다 쓰시니, 무릇 오음五音을 만드는 바를 이미 얻었으나, 그러나 또 육률六律의 법도를 제정하고 이어서 오음五音을 바로잡아 사람들에게 모두 법으로 삼게 하시니, 천하와 후세 사람들에게 두루 미쳐서 이루 다 쓸 수가 없었다.

성인이 이미 심사心思를 다 쓰시니, 무릇 천하를 어질게 하는 바를 이미 얻었으나, 그러나 또 교양教養의 법도처럼 사람을 차마 하지 못하는 인정仁政을 제정하고 이어서 사람들에게 모두 법으로 삼게 하시니, 당세의 천하와 후세의 천하에 두루 미쳐서 인仁이 모두 뒤덮어 그 은택을 입지 아니한 자가 없었다.

선왕先王이 법도를 세운 것이 이처럼 선하거늘, 오늘날 정사政事를 다스리는 자들은 어찌 가히 좇아서 그대로 따를 줄을 알지 못하는가?

주해

● 庇(덮을 비) 遵(좇을 준)

故로 曰爲高호되 必因丘陵하며 爲下호되 必因川澤이라하니 爲政호되 不因先王之道면 可謂智乎아

**“그러므로 ‘높은 누대를 지으려면 반드시 구릉丘陵에 의지해야 하며, 깊은 연못을 만들려면 반드시 천택川澤에 의지해야 한다.’ 고 했으니, 정사政事를 다스리되 선왕先王의 道를 따르지 않는다면 가히 지혜롭다고 말하겠는가?”**

丘陵은 本高하고 川澤은 本下하니 爲高下者ㅣ因之면 則用力少而成功多矣라
鄒氏曰 自章首至此는 論以仁心仁聞行先王之道니라

'구릉丘陵'은 본래 높고, '천택川澤'은 본래 낮다. 고하高下를 다스리는 자가 이것에 의지하면 곧 힘쓰는 것은 적으나 이룬 공은 많게 된다.

추씨鄒氏[鄒浩] 가로되 "장章의 머리부터 여기까지는 인심仁心과 인문仁聞으로 선왕先王의 道를 행하는 것을 논한 것이다."

**주해**

- 因丘陵(인구릉) : 구릉丘陵에 의지하다. '인因'은 '의依'의 뜻이다.
  "因是依. 小山曰丘, 大山曰陵."(四書補註備旨)
- 因川澤(인천택) : 천택川澤에 의지하다.
  "流水曰川, 瀦水曰澤."(四書補註備旨) 瀦(웅덩이 저)

【備旨】

故曰 爲高者ㅣ必因乎本高之丘陵하니 此爲高之智也요 爲下者ㅣ必因乎本下之川澤하니 此爲下之智也라하니 爲政者ㅣ不因先王仁政之道면 則是昧於用力之地니 猶可謂之智而明於爲政者乎아 甚矣라 仁政之不可不遵也여

그러므로 가로되 '높은 누대를 지으려는 자는 반드시 본래 높은 구릉에 의지해야 하니, 이는 높은 누대를 짓는 지혜이다. 아래에 있는 깊은 연못을 만드는 자는 반드시 본래 낮은 천택川澤에 의지해야 하니, 이는 깊은 연못을 만드는 지혜이다.'라고 하였다.

정사政事를 다스리는 자가 선왕先王의 '인정지도仁政之道'를 따르지

않는다면 곧 이는 힘쓰는 자리에 어두운 것이니, 오히려 지혜로워서 정사政事를 다스리는데 현명하다고 말할 수 있겠는가? 심하도다! 인정仁政을 가히 따르지 않을 수 없음이여!"

是以惟仁者아 宜在高位니 不仁而在高位면 是는 播其惡於衆也니라

**"이 때문에 오직 어진 사람이 마땅히 높은 자리에 있어야 한다. 어질지 못한 자가 높은 자리에 있으면, 이는 그 악惡을 백성들에게 전파하는 것이다."**

仁者는 有仁心仁聞而能擴而充之하여 以行先王之道者也라 播惡於衆은 謂貽患於下也라

'인자仁者'는 인심仁心과 인문仁聞이 있어 능히 이를 확충하여 선왕先王의 道를 행할 수 있는 자이다.

백성들에게 악惡을 전파한다는 것은 아래에 근심을 끼친다는 말이다.

주해

- 高位(고위) : 높은 자리. 곧 제위帝位 또는 군위君位를 말한다.
- 播惡(파악) : 파악유취播惡遺臭. 곧 나쁜 일을 전파하고, 나쁜 소문을 남긴다는 뜻이다.
  송宋나라 육구연陸九淵의 《여황순중서與黃循中書》에 나온다. "其在高位者, 適足以播惡遺臭, 貽君子監戒而已." 貽(끼칠 이)

【備旨】

是以惟仁者之君이아 則仁必覆於天下後世而宜在高位니 若不仁之君而在高位면 則以先王爲不足法하고 仁政爲不足行하리니 是流毒當時하고 貽禍後世하여 播其不仁之惡於衆하여 而天下皆受其禍矣리라

이 때문에 오직 어진 인군人君이라야 곧 인仁이 반드시 천하 후세에 뒤덮어 마땅히 높은 지위에 있어야 한다. 만약 어질지 못한 人君이 높은 지위에 있으면, 선왕先王을 법으로 삼을 수 없고 인정仁政을 행할 수 없다. 이는 해독을 당시에 끼치고, 재앙을 후세에 끼치는 것이니, 그 어질지 못한 악惡을 백성들에게 전파하여 천하가 모두 그 재앙을 받을 것이다.

上無道揆也하며 下無法守也하여 朝不信道하며 工不信度하여 君子ㅣ犯義요 小人이 犯刑이면 國之所存者ㅣ幸也니라

**"군왕君王에게 헤아리는 道가 없고, 신하에게 지켜지는 법이 없으며, 조정에서 道를 믿지 아니하고 관리들은 법도法度를 믿지 아니하여, 군자君子는 의義를 범하고 소인小人은 형벌을 범하는데도 나라가 보존된다면 이는 요행이다."**

此는 言不仁而在高位之禍也라 道는 義理也라 揆는 度也라 法

은 制度也라 道揆는 謂以義理度量事物而制其宜요 法守는 謂以法度自守라 工은 官也라 度는 卽法也라 君子小人은 以位而言也라

**由上無道揆라 故로 下無法守하나니 無道揆면 則朝不信道하여 而君子犯義하고 無法守면 則工不信度하여 而小人犯刑이라 有此六者면 其國必亡이니 其不亡者는 僥倖而已니라**

이는 어질지 못하면서 높은 지위에 있는 재앙을 말한 것이다. '도道'는 의리義理이다. '규揆'는 헤아림이다. '법法'은 제도制度이다. '도규道揆'는 의리義理로 사물을 헤아려 그 마땅함을 제정하는 것을 말한다. '법수法守'는 법도로 스스로를 지키는 것을 말한다. '공工'은 관리이다. '도度'는 곧 법이다. 군자君子와 소인小人은 지위로 말한 것이다.

윗사람이 도규道揆가 없기 때문에 아랫사람에게 법수法守가 없는 것이다. 도규道揆가 없으면 곧 조정에서 道를 믿지 않고, 군자君子가 의義를 범한다. 법수法守가 없으면 곧 관리들이 법도를 믿지 않고, 소인小人들이 형벌을 범한다. 이 여섯 가지가 있으면 그 나라는 반드시 망하는 법이니, 그런 나라가 망하지 않는 것은 요행일 뿐이다.

**주해**

- 道揆(도규) : 법도. 준칙準則. 揆(법 규)
  《속자치통감續資治通鑑·송이종가희사년宋理宗嘉熙四年》條에 나온다. "秉國鈞者惟私情之徇, 主道揆者惟法守之侵." 徇(주창할 순)
- 法守(법수) : 법도에 따라 자신의 직분을 수행하다.
  주자朱子가 말했다. "上無道揆, 則下無法守, 雖有奉法守之官者, 亦將不能用而去之矣. 信道信度, 信如凭信之信, 此理只要人信得及, 自然依那個行, 不敢逾越, 惟其不信, 所以妄作, 如胥吏分明知得條法, 只是冒法以爲奸, 便是不信度也."(大全註疏) 逾(넘을 유)

● 工(공) : 내외백관內外百官을 말한다.
● 度量(탁량) : 헤아리다. 度(헤아릴 탁)

【備旨】

何以見不仁而在高位之禍오 苟君上無道理以揆事也면 則臣必無法度以自守也라 上旣無道揆면 是朝廷之上이 不知信乎道니 而所行이 與道悖矣요 下旣無法守면 是臣工이 不知信乎度니 而所爲ㅣ與法違矣요
朝旣不信道면 則在位君子ㅣ視道義爲可忽하여 肆意妄行而干犯名義矣요 工旣不信度면 則在下小人이 亦視法度爲可玩하여 作奸作慝而干犯刑憲矣라 是皆相因之勢니 而其弊는 則在於上之不仁以播惡於衆이니 如此로되 斯其國之所存者ㅣ特僥倖也니 豈理之常哉아

어질지 못하면서 높은 자리에 있는 재앙을 어떻게 알 수 있는가? 진실로 군상君上이 도리道理로써 일을 헤아리지 못하면, 신하는 반드시 법도로써 스스로를 지키지 못한다. 君上에게 이미 도규道揆가 없으면, 이는 조정의 윗사람이 道를 믿지 않기 때문에 행하는 바가 道와 어긋나게 된다. 아랫사람에게 이미 법수法守가 없으면 이는 군신群臣과 백관百官들이 법도를 믿지 않기 때문에 하는 바가 법과 어긋나게 된다.

조정에서 이미 道를 믿지 않으면 곧 지위에 있는 君子가 도의道義를 소홀히 할 수 있다고 여겨, 방자한 생각과 망령된 행동으로 명의名義를 간범干犯하게 된다.

관리들이 이미 법도를 믿지 않으면 곧 아래에 있는 小人들이 또한 법도를 완롱玩弄할 수 있다고 여겨, 간악奸惡하고 사특邪慝한 짓을 하고

형법刑法을 간범干犯하게 된다.

이는 모두 서로에게 기인하는 형세이니, 그 폐단은 곧 상하上下가 불인不仁하여 백성들에게 악惡을 전파하는 데 있다. 이와 같으면서 그 나라의 보존된 것은 다만 요행일 뿐이니, 어찌 이치의 떳떳함이겠는가?

주해

● 臣工(신공) : 군신群臣과 백관百官.
《시경詩經·주송周頌·신공臣工》 편에 나온다. "嗟嗟臣工, 敬爾在公." 이에 대해 모전毛傳에 "工, 官也."라고 했고, 정현鄭玄의 전箋 "臣謂諸侯也."라고 했다.

● 干(범할 간) 慝(사특할 특)

故로 曰 城郭不完하며 兵甲不多ㅣ非國之災也며 田野不辟하며 貨財不聚ㅣ非國之害也라 上無禮하며 下無學이면 賊民이 興하여 喪無日矣라하니라

**"그러므로 '성곽이 견고하지 못하고 군대가 많지 않는 것이 나라의 재앙이 아니며, 전야田野가 개간되지 않고 재화가 모이지 않는 것이 나라의 해가 아니다. 군상君上이 무례無禮하고 아랫사람이 道를 배우지 않으면, 적민賊民이 일어나 나라가 망할 날이 머지않을 것이다.' 라고 말한 것이다."**

上不知禮면 則無以敎民이요 下不知學이면 則易與爲亂이라 鄒氏曰 自是以惟仁者로 至此는 所以責其君이니라

君上이 예禮를 알지 못하면 백성을 가르칠 수 없고, 아랫사람이 道를 배우지 아니하면 작란作亂에 참여하기가 쉽다.

추씨鄒氏[鄒浩] 가로되 "'是以惟仁者'로부터 여기까지는 그 人君을 책망責望한 것이다."

**주해**

- 賊民(적민) : 윗사람을 간범干犯하고 난을 일으키는 백성. 賊(해칠 적)
  《삼국지三國志·오지吳志·제갈각전諸葛恪傳》에 나온다. "今者賊民歲月繁滋, 但以尙小, 未可得用耳." 恪(삼갈 각)
  신안진씨新安陳氏가 말했다. "小人學道則易使, 若不學則不識道理, 易於犯分而爲亂矣."(大全註疏)
- 喪無日(상무일) : 나라가 망할 날이 머지않다. '무일無日'은 때가 머지않다는 말이다.
  "喪是國之滅亡. 無日甚言其易."(四書補註備旨)
  《시경詩經·소아小雅·규변頍弁》 시에 나온다. "死喪無日, 無幾相見." 이에 대해 정현鄭玄의 전箋에 "死亡無有日數, 能復幾何與王相見也."라고 했다.
  頍(머리들 규)

【備旨】

不知之禍ㅣ如此라 故曰 城郭雖不完하고 兵甲雖不多나 特國之不强耳요 非國之災也며 田野雖不辟하고 貨財雖不聚나 特國之不富耳요 非國之害也라

惟上無道揆而不知禮면 則無以敎民이요 斯下不知學이면 則易與爲亂이니 由是로 無良之賊民이 興하여 而國之喪亡이 無日矣라하니라

此誠國之災也요 國之害也니 然則不仁者ㅣ信不可使之在高位요 而在高位者는 當以仁政自勉矣니라

군상君上이 예禮를 알지 못하는 재앙이 이와 같다. 그러므로 가로되 '성곽이 비록 견고하지 못하고 군대가 비록 많지 않으나, 이는 다만 나라가 강하지 않을 뿐이요 나라의 재앙은 아니니다. 전야田野를 비록 개간하지 않고 재화가 비록 모이지 않으나, 이는 다만 나라가 부유하지 않을 뿐이요 나라의 해는 아니니다.

오직 君上이 도규道揆가 없어 예禮를 알지 못하면 백성을 가르칠 수 없고, 이에 아랫사람이 道를 배울 줄 모르면 작란作亂에 쉽게 참여하게 된다. 이로 말미암아 선하지 못한 적민賊民들이 일어나 나라가 망할 날이 머지않을 것이다.

이는 진실로 나라의 재앙이요 나라의 해로움이다. 그러므로 어질지 못한 자를 진실로 높은 자리에 있게 해서는 안 되며, 높은 자리에 있는 자는 마땅히 인정仁政으로 스스로 힘써야 한다.

**주해**

● 特(다만 특)

## 詩曰 天之方蹶시니 無然泄泄라하니

**"《시경詩經》에 '하늘이 바야흐로 주周나라 왕실을 전복顚覆시키려고 하시니, 예예泄泄하지 말라.' 고 하였다."**

詩는 大雅板之篇이라 蹶은 顚覆之意라 泄泄는 怠緩悅從之貌라

言天欲顚覆周室하니 群臣이 無得泄泄然 不急救正之니라

시詩는 〈대아大雅·판板〉 篇이다. '궐蹶'은 전복顚覆의 뜻이다. '예예泄泄'는 느슨하고 기쁘게 따르는 모습이다.

하늘이 주周나라 왕실을 전복顚覆시키려고 하니, 군신群臣들이 해이한 모습으로 급히 바로 잡지 않을 수 없다는 말이다.

**주해**

- 無然(무연) : ~하지 말라. 곧 경계하는 말이다.
- 泄泄(예예) : 느슨하고 태만한 모습. '이완弛緩' 또는 '해태懈怠'와 같다.
  泄(느슨할 예)
  朱子의 《시집전詩集傳》에 "泄泄, 猶遝遝也. 蓋弛緩之意."라고 했다.
  遝(뒤섞일 답)
- 救正(구정) : 바로잡다. '광정糾正' 또는 '규정糾正'과 같다.
- 無得(무득) : ~해서는 안 된다. '불허不許'와 같다.
  《상군서商君書·간영墾令》에 나온다. "無得爲罪人請於吏而饟食之."
  饟(건량 양)
- 顚(꼭대기 전) 蹶(넘어질 궐)

【備旨】

> 然이나 行仁政以平治天下ㅣ 豈特爲君者之責哉아 輔治之臣도 亦與有責焉하니 觀詩大雅板之篇에 曰上天이 方欲顚蹶乎周室하니 群臣이 無得泄泄然하여 不急救正之也라하니라

"그러나 인정仁政을 행하여 천하를 다스리는 것이 어찌 다만 군상君上만의 책임이겠는가? 보좌하는 신하도 또한 함께 책임이 있다.

《시경詩經·대아大雅·판板》 편을 살피건대 '하늘이 바야흐로 주周나라 왕실을 전복顚覆시키려고 하니, 군신群臣들이 예예연泄泄然하게 급히 바

로 잡지 않을 수 없다.'고 하였다."

주해

● 輔治(보치) : 보좌輔佐하여 정사政事를 다스리다.
한漢나라 동방삭東方朔의 《비유선생론非有先生論》에 나온다. "今先生率然高擧, 遠集吳地, 將以輔治寡人."

## 泄泄는 猶沓沓也니라

**"'예예泄泄'는 답답沓沓함이다."**

### 沓沓은 卽泄泄之意니 蓋孟子時人語ㅣ如此하니라

'답답沓沓'은 곧 예예泄泄의 뜻이니, 대개 맹자 당시 사람들의 말이 이와 같았다.

주해

● 沓沓(답답) : 말이 많은 모양. 해이한 모양. 沓(말잘할 답)
《시경詩經·대아大雅·탕蕩》편에 나온다. "如沸如羹" 이에 대해 한漢나라 정현鄭玄의 전箋에 "其笑語沓沓, 又如湯之沸, 羹之方熟."라고 했다. 羹(국 갱)

【備旨】

夫詩之所謂泄泄는 猶時語之所謂沓沓也니 明於沓沓之義면 則明於泄泄之義矣니라

무릇 《시경詩經》에서 말한 '예예泄泄'는 당시 사람들아 말한 '답답沓沓'과 같은 뜻이니, 답답沓沓의 뜻에 밝으면 곧 예예泄泄의 뜻에도 밝을 것이다.

事君無義하며 進退無禮하고 言則非先王之道者ㅣ猶沓沓也니라

**"인군人君을 섬기는 데 의義가 없으며, 진퇴進退에 예禮가 없고, 말하면 곧 선왕先王의 道를 비방하는 자는 답답沓沓과 같다."**

非는 詆毁也라

'비非'는 비방하고 헐뜯는 것이다.

주해

- 詆毁(저훼) : 비난하다. 헐뜯다. 詆(비난할 저) 毁(헐 훼)
  《후한서後漢書·종리의전鍾離意傳》에 나온다. "帝性褊察, 好以耳目隱發爲明, 故公卿大臣數被詆毁, 近臣尚書以下至見提拽." 褊(좁을 편) 拽(끌 예)

【備旨】

然이나 所謂泄泄猶沓沓之實은 何如오 事君之際에 但以逢迎爲事而無匡救之義하며 進退之間에 但以承順爲恭而無持身之禮하고 告君之言은 則非毁先王之道而以仁政爲不足行이라

蓋其動靜語黙이 無非怠緩悅從하여 而視王室을 若無與於己하니 此正泄泄之意ㅣ猶沓沓之謂也니 爲臣者ㅣ當知所戒矣니라

그러나 이른바 '예예泄泄'는 '답답沓沓하다'와 같다는 실제는 어떤 것인가? 인군人君을 섬길 때 다만 봉영逢迎만을 일삼아 광구匡救의 뜻이 없으며, 진퇴進退의 사이에 다만 승순承順만을 공경으로 삼아 몸가짐의 예禮가 없으며, 인군人君에게 고하는 말은 곧 선왕先王의 道를 비방하고 헐뜯으며 인정仁政은 행할 것이 못된다고 한다.

대개 그 동정動靜과 어묵語默 사이에 해이한 모습으로 기쁘게 따르지 아니함이 없으며, 왕실王室을 마치 자신과 아무런 상관이 없는 것처럼 여기니, 이것이 바로 예예泄泄의 뜻이 답답沓沓과 같다는 말이다. 그러므로 신하된 자는 마땅히 경계할 바를 알아야 한다.

**주해**

- 逢迎(봉영) : 영합迎合하다. 남의 비위를 맞추다.
  《맹자孟子·고자하告子下》에 나온다. "逢君之惡其罪大." 이에 대해 조기趙岐의 註에 "逢, 迎也. 君之惡心未發, 臣以諂媚逢迎而導君爲非, 故曰罪大."라고 했다.
- 承順(승순) : 윗사람의 뜻을 받들고 순종하다.
  《예기禮記·악기樂記》 편에 나온다. "理發諸外而民莫不承順."
- 無與於己(무여어기) : 나와 관계가 없다. 곧 자신에게 달려 있지 않다는 말이다.
  《논어論語·술이述而》 편에 나온다. "子謂顔淵曰 用之則行, 舍之則藏, 唯我與爾有是夫." 이에 대해 尹氏의 註에 "用捨無與於己, 行藏安於所遇, 命不足道也. 顔子幾於聖人, 故亦能之."라고 했다.

故로 曰 責難於君을 謂之恭이요 陳善閉邪를 謂之敬이요 吾君不能을 謂之賊이라하니라

"그러므로 '인군人君에게 책난責難하는 것을 공恭이라 하고, 선善을 개진開陳하고 사심邪心을 막는 것을 경敬이라 하고, 우리 인군人君은 善은 행할 수 없다고 하는 것을 적賊이라고 말한다.'"

范氏曰 人臣이 以難事責於君하여 使其君爲堯舜之君者는 尊君之大也요 開陳善道하여 以禁閉君之邪心하여 惟恐其君或陷於有過之地者는 敬君之至也요 謂其君不能行善道하여 而不以告者는 賊害其君之甚也니라

鄒氏曰 自詩云天之方蹶로 至此는 所以責其臣이니라

鄒氏曰 此章은 言爲治者는 當有仁心仁聞하여 以行先王之政이요 而君臣이 又當各任其責也니라

범씨范氏[범조우范祖禹] 가로되 "신하가 어려운 일을 인군人君에게 책난責難하여 그 人君으로 하여금 요순堯舜과 같은 人君이 되도록 하는 것은 人君을 존중함이 큰 것이요, 선도善道를 개진開陳하여 人君의 사심邪心을 금폐禁閉하여 오직 그 人君이 혹 허물이 있는 처지에 빠질게 될까 두려워하는 것은 人君을 공경함이 지극한 것이요, 그 人君이 능히 선도善道를 행할 수 없다고 말하며 고하지 않는 것은 그 人君을 적해賊害함이 심한 것이다."

추씨鄒氏[추호鄒浩] 가로되 "'詩云天之方蹶'로부터 여기까지는 그 신하를 책망하는 것이다."

추씨鄒氏[추호鄒浩] 가로되 "이 장章은 정치를 하는 자는 마땅히 인심仁心과 인문仁聞을 지니고 선왕先王의 정사政事를 행해야 하고, 군신君臣이 또한 마땅히 각각 그 책무를 맡아야 함을 말한 것이다."

**주해**

- 責(책) : 책난責難하다. 곧 하기 어려운 일을 할 수 있도록 면려勉勵한다는 뜻이다.
  조기趙岐의 註에 "人臣之道, 當進君於善, 責難爲之事, 使君勉之."라고 했다. "責是責備. 難是事之難者, 如欲君爲堯舜意.."(四書補註備旨)
  朱子가 말했다. "恭與敬, 大概也一般, 只是恭意思較闊大, 敬意思較細密. 責難之恭, 是先立個大志, 以帝王之道爲必可信必可行. 陳善閉邪, 卽是做那責難底工夫."(大全註疏)
  운봉호씨雲峰胡氏가 말했다. "君當盡君之責, 而莫先于仁, 臣當盡臣之責, 而莫先于敬."(大全註疏)
- 賊害(적해) : 해치다. '잔해殘害'와 같다.
  《묵자墨子·천지하天志下》에 나온다. "是以天下之庶國, 方以水火、毒藥、兵刃, 以相賊害也."

【備旨】

泄泄沓沓 ㅣ如此면 國家何賴有是臣乎아 故로 曰人臣이 以難事責於君하여 必欲使其君으로 以仁心行仁政하여 而得爲堯舜之君也니 是는 以高遠望其君而不以庸常待其君이니 則謂之恭이요 開陳善道하여 言如何爲仁心이며 如何爲仁政고하여 使其君으로 曉然知正理之所在하여 而邪僻之心을 閉塞不萌하여 無或自陷於有過之地也니 是는 以誠實事其君而不以容悅事其君이니 則謂之敬이요 若謂吾君不能爲堯舜하여 而不以難事責之하며 善道陳之하고 直害其君者

矣면 不謂之賊乎아하니라
此爲治者ㅣ固當以仁心仁聞으로 行先王之仁政이요 而非君臣이 交任其責이면 亦不能有成也리니 尙其勉之哉어다

예예답답泄泄沓沓이 이와 같다면, 국가는 무엇에 자뢰하여 이러한 신하를 두겠는가? 그러므로 가로되 "신하가 어려운 일로써 인군人君에게 책난責難하여 반드시 그 人君으로 하여금 인심仁心으로 인정仁政을 행하여 요순堯舜과 같은 人君이 되게 하고자 하니, 이는 고원高遠함으로 그 人君을 기대하는 것이요 용상庸常으로 그 人君을 대한 것이 아니니, 이를 공恭이라고 말한다.

선도善道를 개진開陳하여 말하기를 '어떻게 인심仁心을 행하고 어떻게 인정仁政을 행할 것인가'라고 말하며, 그 人君으로 하여금 효연曉然히 바른 이치가 있는 곳을 알게 하여 사벽邪僻한 마음을 막아 싹트지 못하게 하여 혹 스스로 허물이 있는 자리에 빠지지 않게 하니, 이는 성실誠實로써 그 人君을 섬긴 것이요 용열容悅로써 그 人君을 섬긴 것이 아니니, 이를 경敬이라고 말한다.

만약 우리 人君은 요순堯舜 처럼 될 수 없다고 말하며, 어려운 일로 책난責難하고 선도善道로 개진開陳하지 않으면서 다만 그 人君을 적해賊害하는 자라면 이를 적賊이라고 말하지 않겠는가?"라고 한다.

이는 정치를 행하는 자가 진실로 마땅히 인심仁心과 인문仁聞으로 선왕先王의 인정仁政을 행해야 한다. 군신君臣이 서로 그 책임을 맡지 아니하면, 또한 능히 이룰 수 없으니 부디 힘쓸 지어다!

**주해**

- 高遠(고원) : 고상高尙하고 원대遠大하다.
- 庸常(용상) : 평범하다. 심상尋常하다.

● 曉然(효연) : 명백한 모양.
《순자荀子·왕제王制》 편에 나온다. "百姓曉然皆知夫爲善於家而取賞於朝也."
● 容悅(용열) : 자신의 뜻을 굽혀 윗사람의 환심을 사다.
《맹자孟子·진심상盡心上》에 나온다. "有事君人者, 事是君, 則爲容悅者也." 이에 대해 조기趙岐의 註에 "爲苟容以悅君者也."라고 했고, 주희朱熹의 《集注》에 "阿殉以爲容, 逢迎以爲悅."이라고 했다.

## [7·2]

**孟子曰 規矩는 方員之至也요 聖人은 人倫之至也니라**

**맹자 가라사대 "원규圓規와 곡척曲尺은 방원方圓의 법도요, 성인聖人은 인륜人倫의 법도이다."**

至는 極也라 人倫은 說見前篇하니라 規矩는 盡所以爲方員之理하니 猶聖人이 盡所以爲人之道니라

'지至'는 법이다. '인륜人倫'은 설명이 전편[滕文公上]에 보인다. '규구規矩'가 방원方圓을 만드는 이치를 다했으니, 성인이 사람이 되는 도리를 다한 것과 같다.

**주해**

● 至(지) : 법도.
"至是莫加增減之意."(四書補註備旨)
● 人倫(인륜) : 오품五品의 차례. 곧 오상五常을 말한다.
《상서尙書·순전舜典》에 나온다. "帝曰 契, 百姓不親, 五品不遜." 이에 대해

공전孔傳에 "五品謂五常."이라 했고, 공영달孔穎達의 소疏에 "品謂品秩, 一家之內尊卑之差, 卽父母兄弟子是也. 教之義、慈、友、恭、孝, 此事可常行, 乃爲五常耳"라고 했다.
"人倫是五品之倫序."(四書補註備旨)

【備旨】

孟子ㅣ勉當時法堯舜以盡仁하여 曰凡天下事物이 皆有中正不可易之則하니 如制器者는 員取諸規하고 方取諸矩요 規矩는 乃方員之至니 不可以加損者也요 若夫五品人倫은 皆推聖人이요 聖人은 乃人倫之至니 不可以加損者也라
蓋人倫之貴賤親疎와 等殺常變은 惟聖人之生知最精하니 安行盡善하여 皆合乎天理人情之極하니 天下其孰能外之리오 然則有盡倫之思者ㅣ不可不知所法矣니라

맹자께서 당시에 요순堯舜을 법 삼아 인仁을 다할 것을 권면하여 가라사대 "무릇 천하의 사물은 모두 중정中正하여 가히 바꿀 수 없는 법칙이 있다. 예를 들어 그릇을 만드는 자는 원圓을 규規에서 취하고 방方은 구矩에서 취하며, 규구規矩는 바로 방원方圓의 법도이니 가감加減할 수가 없다.

오품인륜五品五倫과 같은 경우는 모두 성인聖人을 미루어 나온 것이며, 聖人은 바로 인륜의 법도이니 加減할 수가 없다.

대개 인륜의 귀천貴賤과 친소親疎와 등쇄等殺와 상변常變은 오직 聖人의 생지生知만이 가장 정미精微하니 편안히 행하고 善을 다하여 모두 천리天理와 인정人情의 법도에 부합하니, 천하에 그 누가 여기에서 벗어날 수 있겠는가? 그러므로 인륜을 다하려는 생각이 있는 자는 법 삼을 바를 알지 않을 수 없다."

주해

● 等殺(등쇄) : '등차等差' 또는 '등차等次'와 같다. 殺(줄일 쇄)
《좌전左傳·환공이년桓公二年》 條에 "故天子建國, 諸侯立家, 卿置側室, 大夫有貳宗, 士有隸子弟, 庶人工商, 各有分親, 皆有等衰."라고 하였고, 그 註에 '衰, 殺也.'라고 하였다.

欲爲君인댄 盡君道요 欲爲臣인댄 盡臣道니 二者를 皆法堯舜而已矣니 不以舜之所以事堯로 事君이면 不敬其君者也요 不以堯之所以治民으로 治民이면 賊其民者也니라

"인군人君이 되려면 人君의 道를 다하고, 신하가 되려면 신하의 道를 다해야 하니, 두 가지는 모두 요순堯舜을 법으로 삼을 따름이다. 순舜이 요堯를 섬기던 방법으로 人君을 섬기지 않으면 이는 그 人君을 공경하지 않는 것이요, 요堯가 백성을 다스리던 방법으로 백성을 다스리지 않으면 이는 그 백성을 적해賊害하는 것이다."

法堯舜以盡君臣之道는 猶用規矩以盡方員之極이니 此는 孟子所以道性善而稱堯舜也시니라

요순堯舜을 법으로 삼아 군신君臣의 道를 다하는 것은 규구規矩를 써서 방원方圓의 법도를 다하는 것과 같으니, 이는 맹자가 성선性善을 말하며 요순堯舜을 칭한 이유이다.

주해

● 신안진씨新安陳氏가 말했다. "君臣之倫, 於人倫爲尤大, 所以宗主綱維彼四倫者也. 孟子以堯舜盡君臣之倫, 責望世之爲君臣者取法之, 正以人性皆善, 而皆可以爲堯舜故也."(大全註疏)

【備旨】

然이나 人倫은 莫大於君臣하고 聖人은 莫盛於堯舜하니 欲爲君而盡乎君之道하여 以無愧於君之倫이요 欲爲臣而盡乎臣之道하여 以無愧於臣之倫이니 二者를 將安所法哉아 惟皆法堯舜而已矣니라
蓋堯舜之爲君爲臣者는 道之至也니 苟爲臣者ㅣ不以舜之所以事堯者로 事君이면 是不以聖哲待君이요 不敬其君者也니 臣之道不盡也요 爲君者ㅣ不以堯之所以治民者로 治民이면 是又以殘忍待民이요 賊害其民者也니 君之道不盡也라 奈何不法堯舜哉아

그러나 인륜人倫은 군신君臣 보다 큰 것이 없고, 성인聖人은 요순堯舜보다 성대한 자가 없으니, 인군人君이 되려면 人君의 道를 다하여 人君의 윤리에 부끄러움이 없어야 하며, 신하가 되려면 신하의 道를 다하여 신하의 윤리에 부끄러움이 없어야 한다. 이 두 가지를 장차 어디서 법으로 삼아야 하는가? 오직 모두 요순堯舜을 법으로 삼을 따름이다.

대개 요순堯舜이 人君이 되고 신하가 된 것은 道의 지극함이니, 진실로 신하된 자가 순舜이 요堯를 섬기던 방법으로 人君을 섬기지 않으면, 이는 성철聖哲로써 人君을 대한 것이 아니며 그 人君을 공경한 자가 아니니, 신하의 道를 다한 것이 아니다.

人君된 자가 요堯가 백성을 다스리던 방법으로 백성을 다스리지 않으면, 이는 또한 잔인殘忍함으로 백성을 대한 것이며 그 백성을 적해賊害하는 자이니, 人君의 道를 다한 것이 아니다. 그러므로 어찌 요순堯舜을 법으로 삼지 않겠는가?

孔子曰 道二니 仁與不仁而已矣라하시니라.

**"공자孔子께서 '道는 두 가지이니, 인仁과 불인不仁일 뿐이다.' 고 말씀하셨다."**

法堯舜이면 則盡君臣之道而仁矣요 不法堯舜이면 則慢君賊民而不仁矣니 二端之外에 更無他道라 出乎此則入乎彼矣니 可不謹哉아

요순堯舜을 법으로 삼으면 곧 군신君臣의 道를 다하여 어질게 되고, 요순堯舜을 법으로 삼지 않으면 곧 인군人君을 업신여기고 백성을 적해賊害하여 어질지 못하게 된다. 두 가지 실마리 외에는 더욱 다른 道가 없다. 여기에서 나오면 곧 저곳으로 들어가게 되니, 가히 삼가지 않겠는가?

주해

● 경원보씨慶源輔氏가 말했다. "仁與不仁, 只是一個天理與人欲而已, 才出天理, 便入人欲. 豈復更有他道哉! 此古之聖賢, 所以兢兢業業, 而不敢不謹也."(大全註疏)

【備旨】

嘗聞孔子有言曰 天下之道ㅣ只有二端하니 仁與不仁而已矣라하시니 由孔子之言으로 觀之컨댄 法堯舜則仁이요 不法堯舜則不仁이라 出此入彼하니ㅣ其機 不亦危哉아

"일찍이 듣건대 공자孔子께서 말씀하여 가라사대 '천하의 道는 다만 두 가지 실마리가 있으니, 인仁과 불인不仁일 뿐이다.'라고 하였다. 공자의 말씀으로 말미암아 살피건대, 요순堯舜을 법으로 삼으면 인仁이요, 요순堯舜을 법으로 삼지 않으면 곧 불인不仁이다. 여기에서 나오면 곧 저곳으로 들어가게 되니, 그 기미機微가 또한 위태롭지 아니한가?"

**暴其民이 甚則身弑國亡하고 不甚則身危國削하나니 名之曰幽厲면 雖孝子慈孫이라도 百世에 不能改也니라**

**"그 백성을 포학하게 대하는 것이 심하면 몸이 시해당하고 나라가 망하게 되며, 심하지 아니하면 몸이 위태롭게 되고 영토가 삭감削減된다. 죽은 뒤에 시호諡號를 '유幽'나 '여厲'로 명명命名하면, 비록 효자孝子와 자손慈孫이 있더라도 백세百世토록 능히 고치지 못할 것이다."**

幽는 暗이요 厲는 虐이니 皆惡諡也라 苟得其實이면 則雖有孝子慈孫 愛其祖考之甚者라도 亦不得廢公義而改之라

言不仁之禍가 必至於此하니 可懼之甚也니라

'유幽'는 어두운 것이요, '려厲'는 포학한 것이니 모두 나쁜 시호諡號이다. 진실로 그 실정實情을 얻으면 곧 비록 효자孝子와 자손慈孫이 그 조고祖考를 깊이 사랑할지라도, 또한 공의公義를 폐하여 시호諡號를 고치지는 못할 것이다.

불인不仁의 재앙이 반드시 이에 이르게 되니, 가히 두려움이 심하다는 말이다.

**주해**

- 諡號(시호) : 제왕이나 재상 또는 유현儒賢들의 사후에 그들의 공덕을 칭송하여 붙인 이름. 諡(시호 시)
- 公義(공의) : 공중公衆의 의론議論. 곧 '여론輿論'과 같다.
  《후한서後漢書·원술전袁術傳》에 나온다. "紹議欲立劉虞爲帝, 術好放縱, 憚立長君, 託以公義不肯同, 積此, 釁隙遂成." 釁(피바를 흔) 隙(틈 극)
  남헌장씨南軒張氏가 말했다. "如堯舜之爲, 是由仁之道者也, 如幽厲之爲, 是由不仁之道者也. 人君可不審擇其所由哉!"(大全註疏)
- 得實(득실) : 심리審理나 조사과정에서 그 실정實情을 얻다.
  《사기史記·오제본기五帝本紀》에 나온다. "皐陶爲大理, 平, 民各伏得其實."
  《주서周書·명제기明帝紀》에도 나온다. "自周有天下以來, 雖經赦宥, 而事跡可知者, 有司宜卽推窮. 得實之日, 但免其罪, 徵備如法."
- 削(깎을 삭) 幽(그윽할 유) 厲(괴로울 려)

**【備旨】**

如使爲君者ㅣ不法堯舜而入於不仁이면 其禍ㅣ有不可勝言者矣라 不仁而暴其民이 甚則身被弑而國以亡하고 不仁而暴其民이 不甚則身亦危而國亦削하니 禍之見於身前者ㅣ如此요 不特此也라 及旣沒之後에 據其暴行하여 加以惡諡而名之曰幽는 以表其暗이요 名之曰厲는 以表其虐이라 公義

所在에 雖有孝子慈孫 愛其祖考之甚者ㅣ歷百世之遠이라도 亦不得廢公義而改之也라 禍之見於身後者ㅣ如此하니 不亦可懼之甚哉아

가사 인군人君이 된 자가 요순堯舜을 법으로 삼지 않고 불인不仁에 들어가면, 그 재앙은 이루 다 말할 수가 없다. 어질지 못하여 그 백성을 포학하게 대하는 것이 심하면, 몸이 시해弑害를 당하고 나라가 망하게 된다. 어질지 못하여 그 백성을 포학하게 대하는 것이 심하지 아니하면, 몸이 또한 위태롭고 나라의 영토도 삭감된다.

재앙이 죽기 전에 나타난 것이 이와 같다. 이뿐 아니라 이미 죽은 뒤에 미쳐서는 그 포학한 행위에 근거하여 나쁜 시호諡號을 받게 되니, '유幽'라고 명명하여 그 암담한 정치를 나타내고, '여厲'라고 명명하여 그 포학한 정치를 나타낸다.

공의公義가 있으면 비록 효자孝子와 자손慈孫들 중에 그 조고祖考를 깊이 사랑한 자가 있더라도 멀리 백세百世토록 또한 공의公義를 폐하여 고칠 수가 없다.

재앙의 죽은 뒤에 나타나는 것이 이와 같으니, 또한 가히 깊이 두려워하지 않겠는가?

## 詩云 殷鑒不遠이라 在夏后之世라하니 此之謂也니라

**"《시경詩經》에 이르기를 '은殷나라가 거울삼을 일이 멀리 있지 않으니, 바로 하후夏后의 시대에 있도다.' 라고 했으니, 이것을 말한 것이다."**

詩는 大雅蕩之篇이라
言商紂之所當鑒者가 近在夏桀之世라하니 而孟子ㅣ引之하여
又欲後人以幽厲爲鑒也시니라

'시詩'는 〈대아大雅·탕蕩〉 편이다.

'상商나라 주왕紂王이 마땅히 거울삼을 바가 가까이 하夏나라 걸왕桀王의 시대에 있다'고 말했으니, 맹자께서 이를 인용하여 또한 후인들이 유왕幽王과 여왕厲王을 거울삼게 하고자 한 것이다.

**주해**

- 殷鑑(은감) : 은殷나라 자손들은 마땅히 하夏나라의 멸망을 교훈으로 삼으라는 말이다. '감鑑'은 '감계鑑戒'의 뜻이다. 鑑(거울 감)
- 신안진씨新安陳氏가 말했다. "此章欲人法堯舜而仁, 戒人如幽厲之不仁, 遏人欲擴天理也."(大全註疏) 遏(막을 알)

【備旨】

生於其後者ㅣ觀此면 亦可鑒矣라 大雅蕩之詩에 有云 殷紂之所當鑒者ㅣ不在於遠이라 近在夏桀之時라하니 此正今人이 當以幽厲爲鑒之謂也라 然則爲君者ㅣ可不法堯舜而甘以幽厲自居하며 爲臣者ㅣ可不堯舜其君而忍陷其君於幽厲也哉아

그 뒤에 태어난 자가 이를 살피면 또한 거울로 삼을 수가 있다. 〈대아大雅·탕蕩〉 편의 詩에 '은殷나라 주왕紂王이 거울삼을 바가 멀리 있지 않으니, 가까이 하夏나라 걸왕桀王의 시대에 있도다.'라고 했으니, 이는 바로 오늘날 사람들이 마땅히 유왕幽王과 여왕厲王을 거울삼아야 한다

는 말이다.

그러므로 인군人君이 된 자가 가히 요순堯舜을 법으로 삼지 않고 기꺼이 유왕幽王과 여왕厲王으로 자처自處할 것이며, 신하된 자가 가히 그 人君을 요순堯舜으로 만들지 않고 차마 그 人君을 유왕幽王과 여왕厲王으로 빠지게 하겠는가?

**주해**

- 自居(자거) : 자임自任하다. 자처自處하다.

《후한서後漢書·환영정홍전론桓榮丁鴻傳論》에 나온다. "而佚廷議戚援, 自居全德, 意者以廉不足乎?"

《사기史記·회음후열전淮陰侯列傳》에도 나온다. "漢兵遠鬪窮戰, 其鋒不可當。齊楚自居其地戰, 兵易敗散." 鬪(싸울 투)

[7·3]

**孟子曰 三代之得天下也는 以仁이요 其失天下也는 以不仁이니라**

**맹자 가라사대 "삼대三代가 천하를 얻은 것은 인仁 때문이요, 그 천하를 잃는 것은 불인不仁 때문이다."**

三代는 謂夏商周也라 禹湯文武는 以仁得之하고 桀紂幽厲는 以不仁失之라

'삼대三代'는 하夏·상商·주周를 말한다. 우왕禹王·탕왕湯王·문왕무왕文王武王은 인仁으로 천하를 얻었고, 걸왕桀王·주왕紂王·유왕幽王·여왕厲王는

불인不仁으로 천하를 잃었다.

【備旨】

孟子ㅣ儆天下不仁者하여 曰吾嘗歷觀三代하니 其始之得天下ㅣ非無自也니 以禹湯文武之仁得之하고 其後之失天下ㅣ非無自也니 以桀紂幽厲之不仁失之하니 蓋得失之係於仁不仁이 如此니라

맹자께서 천하의 불인不仁한 자를 경계하여 가라사대 "내가 일찍이 삼대三代를 두루 살피건대, 삼대三代가 처음 천하를 얻었을 때 시원始原이 없지 않으니, 우왕禹王·탕왕湯王·문왕무왕文王武王은 인仁으로 천하를 얻었다. 그 후손이 천하를 잃었을 때 시원始原이 없지 않으니, 걸왕桀王·주왕紂王·유왕幽王·여왕厲王은 불인不仁으로 천하를 잃었다. 대개 천하의 득실得失이 인仁과 불인不仁에 달려있는 것이 이와 같다."

**주해**

- 自(자) : 시초. 기원.

  《한비자韓非子·심도心度》 편에 나온다. "故法者, 王之本也. 刑者, 愛之自也."
  《예기禮記·중용中庸》에 나온다. "君子之道, 淡而不厭, 簡而文, 溫而理, 知遠之近, 知風之自, 知微之顯, 可與入德矣."
- 儆(경계할 경)

## 國之所以廢興存亡者ㅣ亦然하니라

**"제후국諸侯國의 흥폐興廢와 존망存亡이 또한 그러하다."**

國은 謂諸侯之國이라

'국國'은 제후諸侯의 나라를 말한다.

**주해**

● 然(연) : 천하의 득실得失이 인仁과 불인不仁에 달려있다는 말이다.
"然字, 指得失以仁不仁言."(四書補註備旨)
"興存以仁, 廢亡以不仁."(大全註疏)

【備旨】

不特天下爲然也라 至於國之所以或衰而廢하고 或盛而興하며 或治而存하고 或亂而亡者ㅣ亦以仁不仁이 如三代然者하니 可見國之得失이 不異於天下니 則下此而有家有身者를 又可知也니라

천하만 그런 것이 아니다. 제후국이 혹 쇠퇴하여 무너지고, 혹 성하여 일어나고, 혹 다스려져 보존되고, 혹 어지러워 망하게 되는 이유도 또한 삼대三代 처럼 인仁과 불인不仁 때문에 그런 것이다.

그러므로 제후국의 득실得失이 천하와 다르지 않음을 알 수 있으니, 이 보다 아래의 집안을 가지런히 하고 몸을 닦는 자의 경우를 또한 가히 알 수 있다.

天子ㅣ不仁이면 不保四海하고 諸侯ㅣ不仁이면 不保社稷하고 卿大夫ㅣ不仁이면 不保宗廟하고 士庶人ㅣ不仁이면 不保四體니라

**"천자가 불인不仁하면 사해四海를 보전하지 못하고, 제후諸侯가 불인不仁하면 사직社稷을 보전하지 못하고, 경대부卿大夫가 불인不仁하면 종묘宗廟를 보전하지 못하고, 사士와 서인庶人인 불인不仁하면 사체四體를 보전하지 못한다."**

言必死亡이라

반드시 죽는다는 말이다.

주해

- 四體(사체) : 사지四肢. 곧 몸을 말한다.
  "不保四海以下, 皆不免于死亡, 非特不保四體者爲然."(大全註疏)

【備旨】

夫不仁이면 亦何在而可也오 如天子而暴虐不仁이면 不能保四海於無疆矣요 諸侯而暴虐不仁이면 不能保社稷於靈長矣요 卿大夫而荒淫不仁이면 不能有家而保宗廟矣요 至於士庶人而荒淫不仁이면 不能有身而保四體矣리니 不仁之得禍ㅣ如此니라

무릇 불인不仁하면 또한 어디에서든지 가하겠는가? 예를 들어 천자가 포학暴虐하여 불인不仁하면 사해四海를 영원히 보전하지 못하고, 제후諸侯가 포학하여 불인不仁하면 사직社稷을 오래도록 보전하지 못하고, 경대부卿大夫가 황음荒淫하여 불인不仁하면 집을 가지런히 하여 종묘를 보전하지 못하고, 사士와 서인庶人에 이르러 황음荒淫하여 불인不仁하면 몸을 닦아 사체四體를 보전하지 못한다. 불인不仁으로 재앙이 생겨나는 것이 이와 같다.

**주해**

- 無疆(무강) : 무궁無窮하다. 영원하다. 疆(지경 강)
  《상서尙書·대고大誥》 편에 나온다. "洪惟我幼沖人, 嗣無疆大歷服." 이에 대해 《공전孔傳》에 "言子孫承繼祖考無窮."이라고 했다.
- 靈長(영장) : 오래도록 이어지다.
  진晉나라 원굉袁宏의 《후한기後漢紀·헌제기일獻帝紀一》에 나온다. "夫天地靈長, 不能無否泰之變. 父子自然, 不能無天絶之異."

## 今에 惡死亡而樂不仁하나니 是猶惡醉而强酒니라

**"지금 제후들은 죽고 망하는 것은 싫어하면서 불인不仁을 즐겨하니, 이는 마치 취하는 것을 싫어하면서 억지로 술을 마시는 것과 같다."**

### 此는 承上章之意而推言之也니라

이는 상장上章의 뜻을 이어서 미루어 말한 것이다.

주해

● 今(금) : 당시의 제후들을 말한다.
● 쌍봉요씨雙峯饒氏가 말했다. "社稷宗廟以祭言, 四海以土言, 四體以身言."(大全註疏)

【備旨】

凡此不能保者는 皆死亡之禍也라 夫死亡은 固可惡나 而所以死亡은 則由於不仁이어늘 今惡死亡而猶安意於不仁之行하니 欲無死亡이나 其可得乎아 是猶惡醉而强酒이니 欲無醉나 其可得乎아 欲保國家者ㅣ信不可不反求於仁矣니라

무릇 여기에서 능히 보전하지 못한다는 것은 모두 죽고 망하는 재앙을 말한다. 죽고 망하는 것은 진실로 싫어할만한 것이나, 죽고 망하는 원인은 곧 불인不仁에서 비롯된다. 지금 죽고 망하는 것은 싫어하면서 오히려 안심하고 불인不仁한 행위를 저지르고 있으니, 이러고도 죽고 망하는 재앙이 없기를 바란다고 해도 그것을 얻을 수 있겠는가? 이는 마치 취하는 것을 싫어하면서 억지로 술을 마시는 것과 같으니, 취하지 않고자 해도 그것을 얻을 수 있겠는가?

나라를 보전하고자 하는 자는 진실로 인仁을 돌이켜 구하지 않을 수 없을 것이다.

주해

● 安意(안의) : 안심하다. 안주하다.
한漢나라 원강袁康의 《월절서越絶書·외전기지전外傳記地傳》에 나온다. "今越勾踐其已敗矣, 君王安意, 越易兼也."

[7·4]

孟子曰 愛人不親이어든 反其仁하고 治人不治어든 反其智하고 禮人不答이어든 反其敬이니라

**맹자 가라사대 "남을 사랑하는데도 친해지지 않으면 그 인仁을 돌이켜 보고, 남을 다스리는데도 다스려지지 않으면 그 지혜를 돌이켜 보고, 남을 예禮로 대하는데도 응답이 없으면 그 경敬을 돌이켜 보아야 한다."**

我愛人而人不親我면 則反求諸己하니 恐我之仁未至也라 智敬放此하니라

내가 남을 사랑하는데도 남이 나를 친하게 대하지 않으면 돌이켜 자신에게서 구하니, 이는 나의 인仁이 지극하지 못했을까 염려한 것이다.

'지智'와 '경敬'도 이와 같다.

주해

● 愛人不親(애인불친) : 내가 남을 사랑하는데 남이 나를 친근하게 대하지 않다.
"愛主恩惠言. 不親是不見愛戴意."(四書補註備旨)

● 治人不治(치인불치) : 내가 남을 다스리는데 잘 다스려지지 않다.
"治以政敎號令言. 不治是不就吾約束意."(四書補註備旨)

● 禮人不答(애인부답) : 내가 남을 예禮로 대하는데 남이 나에게 상응하는 회답이 없다.

"禮是謙卑遜讓. 不答是不以禮待我."(四書補註備旨)

● 放(비슷할 방)

【備旨】

孟子ㅣ因上言仁而因及智禮以勉人之正己也하여 曰御人之道는 在於盡己라 爲治者ㅣ體仁以愛人이면 宜乎人之我親矣나 而顧有不親焉이면 則必反其仁하니 恐我之愛人有未至也요 用智以治人이면 宜乎人之我治矣나 而顧有不治焉이면 則必反其智하니 恐我之治人有未至也요 施敬以禮人이면 宜乎人之我答矣나 而顧有不答焉이면 則必反其敬하니 恐我之禮人有未至也니라

맹자께서 앞에서 인仁을 언급하였고, 인하여 '지智'와 '예禮'를 언급하여 사람이 몸을 바르게 하는데 힘쓸 것을 권면하여 가라사대 "남을 부리는 道는 자신을 다하는데 있다.

다스리는 자가 체인體仁하여 남을 사랑하면 남이 나를 친근하게 대하는 것이 마땅하나 도리어 친근하게 하지 않는다면 반드시 그 仁을 돌이켜보아야 하니, 이는 내가 남을 사랑하는데 다하지 못함이 있을까 두려워한 것이다.

용지用智하여 남을 다스리면 남이 나에게 다스려지는 것이 마땅하나, 도리어 다스리지 못한다면 반드시 그 지혜를 돌이켜보아야 하니, 이는 내가 남을 다스리는데 다하지 못함이 있을까 두려워한 것이다.

시경施敬하여 남을 예우하면 남이 나에게 상응하게 대하는 것이 마땅하나, 도리어 응답이 없으면 반드시 그 공경을 돌이켜보아야 하니, 이는 내가 남을 예우하는데 다하지 못함이 있을까 두려워한 것이다.

주해

- 體仁(체인) : 몸소 인도仁道를 행하다.
  《주역周易·건괘乾卦》에 나온다. "君子體仁, 足以長人." 이에 대해 공영달孔穎達의 소疏에 "言君子之人, 體包仁道, 泛愛施生, 足以尊長於人也."라고 했다.
- 用智(용지) : 지모智謀를 쓰다.
  《사기史記·월왕구천세가越王勾踐世家》에 나온다. "吾不貴其用智之如目, 見豪毛而不見其睫也." 睫(속눈썹 첩)
- 施敬(시경) : 장경莊敬의 가르침을 시행하다.
  《예기禮記·단궁하檀弓下》에 나온다. "夏後氏未施敬於民而民敬之, 何施而得斯於民也? 對曰 '墟墓之間, 未施哀於民而民哀. 社稷宗廟之中, 未施敬於民而民敬.'" 이에 대해 정현鄭玄의 註에 "言民見悲哀之處則悲哀, 見莊敬之處則莊敬, 非必有使之者."라고 했다.
- 顧(도리어 고)

行有不得者어든 皆反求諸己니 其身이 正而天下ㅣ歸之니라

**"행하고도 얻은 것이 없으면 모두 자신에게 돌이켜 구해야 하니, 그 몸이 바르면 천하가 그에게 돌아온다."**

不得은 謂不得其所欲이니 如不親不治不答이 是也라 反求諸己는 謂反其仁反其智反其敬也라 如此則其自治益詳하여 而身無不正矣리라 天下歸之는 極言其效也라

'부득不得'은 그 하고자 하는 바를 얻지 못한 것을 말하니, 예를 들어

불친不親과 불치不治와 부답不答이 이것이다. '반구저기反求諸己'는 반기인反其仁·반기지反其智·반기경反其敬을 말한다. 이와 같이 하면 곧 그 자치自治가 더욱 세밀해져 몸에 바르지 않을 수 없게 된다. '천하귀지天下歸之'는 그 효험을 지극히 말한 것이다.

주해

● 自治(자치) : 자신의 덕성德性을 다스리다.
 宋나라 정이程頤의 《사면서경국자감교수표辭免西京國子監教授表》에 나온다. "伏念臣才識迂疏, 學術膚淺, 自治不足, 焉能教人."
 경원보씨慶源輔氏가 말했다. "自治詳, 則身無不正, 身無不正, 則天下無不歸, 雖極言其效, 是亦必然之理也."(大全註疏)
 신안진씨新安陳氏가 말했다. "是亦遏人欲, 擴天理也."(大全註疏) 遏(막을 알)

【備旨】

> 不但己也라 凡吾身之所行丨處事接人應物間에 有不得遂其所願者어든 皆反求諸己以盡其道니 如此則自治益詳하여 而其身丨正矣리라 身正則仰德者丨傾心하니 雖天下之人이라도 皆歸於我矣리니 豈特一家一國之人이 我親我治我答而已哉아

다만 몸 뿐 만이 아니다. 무릇 내 몸이 행한 바가 처사處事·접인接人·응물應物의 사이에 그 원하는 바를 이루지 못한 것이 있으면, 모두 자신에게서 돌이켜 구하여 그 道를 다해야 한다. 이와 같이 하면 곧 자치自治가 더욱 세밀해져 그 몸이 바르게 될 것이다.

몸이 바르게 되면 곧 덕德을 앙모仰慕하는 자가 마음을 다하게 되니,

비록 천하 사람들이라도 모두 나에게 돌아올 것이다. 그러므로 어찌 다만 일가一家와 일국一國의 사람들만이 내게 친근하게 대하고 내게 다스려지고 내게 상응한 응답을 할 뿐이겠는가?

**주해**

● 傾心(경심) : 앙모仰慕하다. 성심誠心을 다하다. '진심盡心'과 같다.

## 詩云 永言配命이 自求多福이라하니라

**"《시경詩經》에 이르기를 '길이 천명天命을 이어받아, 스스로 많은 복福을 구할지니라.' 라고 하였다."**

解見前篇하니라
亦承上章而言이니라

설명이 전편에 보인다.
또한 상장上章을 이어 말한 것이다.

**주해**

● 詩(시) :《시경詩經·대아大雅·문왕文王》 편이다.
경원보씨慶源輔氏가 말했다. "爲治本乎自反, 多福本乎自求."(大全註疏)

【備旨】

大雅文王之詩에 有云 人能長言合於天理면 則盛大之福이 自我致之라하니 可見身正而天下歸요 非倖致者라 然則有御人之責은 不可無自反之功矣리라

〈대아大雅·문왕文王〉의 詩에 '사람이 능히 길이 천리天理에 부합하면, 성대盛大한 복福이 저절로 나에게 이를 것이다.'라고 하니, 몸이 바르면 천하가 귀의하고 요행으로 이르지 않음을 알 수 있다. 그러므로 사람을 다스리는 책무가 있으면 스스로 돌이키는 공功이 없어서는 안 된다.

[7·5]

孟子曰 人有恒言호되 皆曰 天下國家라하나니 天下之本은 在國하고 國之本은 在家하고 家之本은 在身하니라

**맹자 가라사대 "사람들이 항상 하는 말이 있으니, 모두 '천하국가天下國家'라고 말한다. 천하의 근본은 나라에 있고, 나라의 근본은 집에 있으며, 집의 근본은 몸에 있느니라."**

恒은 常也라 雖常言之나 而未必知其言之有序也라 故로 推言之하고 而又以家本乎身也라

此는 亦承上章而言之하니 大學所謂 自天子至於庶人히 壹是

皆以修身爲本은 爲是故也니라

‘항恒’은 항상의 뜻이다. 비록 항상 하는 말이나, 그 말에 차례가 있다는 것을 반드시 아는 것은 아니다. 그러므로 미루어 말하고, 또 집은 몸에 근본한다고 말한 것이다.

이는 또한 상장上章을 이어 말한 것이니, 《대학大學》에서 말한 ‘천자로부터 서인에 이르기까지 한결같이 모두 수신修身을 근본으로 삼는다.’고 한 것이 이 때문이다.

주해

● 恒言(항언) : 상언常言. 속어俗語.
"恒言只是人所常言."(四書補註備旨)
경원보씨慶源輔氏가 말했다. "人之常言, 雖曰有序, 而但及其外, 君子之論, 則必究其本, 而無有或遺, 得其本, 則末可擧矣. 以是而質于大學之言, 則曾子子思孟子相傳之學, 不可誣矣."(大全註疏)

【備旨】

孟子ㅣ承上章身正之意而推言之也하여 曰天下之言이 有平易淺近이나 而至理存焉者를 不可不察也라 人有恒言호되 皆曰天下國家라하나니 然이나 人雖言之而未嘗繹之也라 吾因其言而推之컨대 其言天下而卽繼以國하고 遠由於近하니 天下之本은 在國也요 其言國而卽繼以家하고 外由於內하니 國之本은 在家也라 至於家하얀 獨無所本乎아 吾以爲家之本은 在身하니 必身修而後에 可以敎家라 此又恒言之所未及也니 人其可不修身(하여)以立天下國家之本乎아

맹자께서 상장上章의 '신정身正'의 뜻을 이어서 미루어 말씀하여 가라사대 "천하에 평이平易하고 천근淺近한 말이 있으나, 그 가운데 지극한 이치가 들어있다는 점을 살피지 않으면 안 된다.

사람들이 항상 하는 말이 있으니, 모두 '천하국가天下國家'라고 말한다. 그러나 사람들이 비록 말은 그렇게 하지만 일찍이 자세하게 탐구하지는 못하였다. 내가 그 말에 따라 미루어 보건대, 그 천하를 말하는데 나아가 나라로써 잇고, 먼 곳은 가까운 곳에서 비롯되니 천하의 근본은 나라에 있다. 그 나라를 말하는데 나아가 집안으로써 잇고, 밖은 안에서 비롯되니 나라의 근본은 집안에 있다.

그렇다면 집안에 대해서는 유독 비롯되는 바가 없는가? 나는 집안의 근본은 몸에 있다고 생각하니, 반드시 몸이 닦아진 후에 가히 집안을 가르칠 수 있다. 이는 또한 항언恒言이 미치지 못한 바니, 사람이 그 가히 수신修身을 천하 국가를 세우는 근본으로 삼지 않겠는가?"

## [7·6]

孟子曰 爲政이 不難하니 不得罪於巨室이니 巨室之所慕를 一國이 慕之하고 一國之所慕를 天下ㅣ慕之하나니 故로 沛然德教ㅣ溢乎四海하나니라

**맹자 가라사대 "정사政事를 다스리는 것이 어렵지 않으니, 거실巨室에 죄를 짓지 말아야 한다. 거실이 경모敬慕하는 바를 일국一國이 경모하고, 일국一國의 경모하는 바를 천하가 경모한다. 그러므로 패연沛然히 덕교德教가 사해四海에 넘쳐나게 되느니라."**

巨室은 世臣大家也라 得罪는 謂身不正而取怨怒也라 麥丘邑人이 祝齊桓公曰 願主君은 無得罪於群臣百姓이라하니 意蓋如此라 慕는 向也니 心悅誠服之謂也라 沛然은 盛大流行之貌라 溢은 充滿也라

蓋巨室之心은 難以力服이요 而國人素所取信이니 今旣悅服이면 則國人皆服하여 而吾德敎之所施ㅣ可以無遠而不至矣라 此亦承上章而言이라

蓋君子不患人心之不服이요 而患吾身之不修하나니 吾身旣修면 則人心之難服者ㅣ先服하여 而無一人之不服矣리라

林氏曰 戰國之世에 諸侯失德하여 巨室擅權하니 爲患甚矣라 然이나 或者不修其本하고 而遽欲勝之면 則未必能勝而適以取禍라 故로 孟子推本而言하사 惟務修德以服其心이니 彼旣悅服이면 則吾之德敎ㅣ無所留礙하여 可以及乎天下矣라하시니라 裴度所謂韓洪이 輿疾討賊하고 承宗이 斂手削地는 非朝廷之力이 能制其死命이요 特以處置得宜하여 能服其心故爾라하니 政此類也니라

'거실巨室'은 세신世臣과 대가大家이다. '득죄得罪'는 몸이 바르지 못하여 원망과 노여움을 사는 것을 말한다.

맥구읍인麥丘邑人이 제齊나라 환공桓公에게 축수하며 말하기를 "원컨대 주군께서 여러 신하와 백성들에게 죄를 짓는 일이 없도록 하소서!"라고 하니, 뜻이 대개 이와 같다.

'모慕'는 마음이 향하는 바이니, 마음으로 기뻐하며 진실로 복종하는 것을 말한다. '패연沛然'은 성대하게 유행流行하는 모습이다. '일溢'은 충만함이다.

대개 거실巨室의 마음은 힘으로 복종시키기 어렵고, 국인國人에게 평소 신뢰를 받으니, 이제 이미 기쁘게 복종한다면 국인國人들도 모두 복종하여 내가 덕교德教를 베푼 바가 아무리 멀어도 이르지 않는 곳이 없게 될 것이다. 이는 또한 상장上章을 이어 말한 것이다.

대개 君子는 인심이 복종하지 않는 것을 근심하지 말고 내 몸이 닦이지 않음을 근심해야 한다. 내 몸이 이미 닦아지면 곧 복종시키기 어려운 인심人心이 먼저 복종하여 한 사람도 복종하지 않는 자가 없을 것이다.

임씨林氏[임지기林之奇] 가로되 "전국시대에 제후諸侯들이 덕德을 잃어 거실巨室들이 권세를 멋대로 휘둘러 환란이 심하였다. 그러나 어떤 자가 그 근본을 닦지 않고 갑자기 그들을 이기려고 한다면, 반드시 이기지도 못할 뿐만 아니라 다만 화를 부를 것이다. 그러므로 맹자께서 근본을 미루어 '오직 수덕修德에 힘써 그 마음을 복종시켜야 하니, 저들이 이미 열복悅服하면 나의 덕교德教가 막히는 바가 없어 가히 천하에 미칠 수 있다'고 말씀하셨다.

배도裴度가 말한 '한홍韓洪이 병을 무릅쓰며 적을 토벌하고, 왕승종王承宗이 손을 거두고 땅을 삭감하며 복종한 것은 조정의 힘이 능히 그 사명死命을 쥐고 있어서가아니라, 다만 조정의 처치處置가 마땅하여 능히 그 마음을 복종시켰기 때문이다.'라고 한 것이 바로 이러한 것이다.

**주해**

● 巨室(거실) : 세록世祿을 받는 번화繁華한 집안을 말한다.
조기趙岐의 註에 "巨室, 大家也, 謂賢卿大夫之家."라고 했다.
쌍봉요씨雙峯饒氏가 말했다. "集註世臣大家是兩項. 世臣, 非一代之臣. 大家, 是貴宦之家."(大全註疏)

● 世臣(세신) : 역대 공훈功勳이 있는 옛 신하를 말한다.
《맹자孟子·양혜왕하梁惠王下》에 나온다. "所謂故國者, 非謂有喬木之謂也, 有世臣之謂也" 이에 대해 손석孫奭의 소疏에 "世臣, 累世修德之舊臣也."라

고 했다.

《예기禮記·곡례하曲禮下》에도 나온다. "大夫不名世臣、侄娣." 이에 대해 정현鄭玄의 註에 "世臣, 父時老臣."이라 했다. 娣(손아래동서 제)

● 沛然(패연) : 충만한 모양. 성대한 모양.

《맹자孟子·양혜왕상梁惠王上》에 나온다. "天油然作雲, 沛然下雨, 則苗浡然興之矣." 浡(성할 발)

● 麥丘邑人(맥구읍인) : 춘추시대 제齊나라 환공桓公 때 맥구麥丘(현 산동성山東省 상하현商河縣)의 은사隱士를 말함. 《한시외전韓詩外傳》 卷10과 《신론新論·거폐편祛蔽篇》에는 '맥구지방인麥丘之邦人'으로 나오고, 《안자춘추晏子春秋·내편간상內篇諫上》에는 '맥구지봉인麥丘之封人'으로 나온다.

● 留礙(유애) : 장애障礙. 조애阻礙. 阻(험할 조) 礙(막을 애)

《진서晉書·마융전馬隆傳》에 나온다. "或夾道累磁石, 賊負鐵鎧, 行不得前, 隆卒悉被犀甲, 無所留礙, 賊咸以爲神." 鎧(갑옷 개)

● 斂手(염수) : 손을 움츠리다. 곧 경거망동하지 않는다는 뜻이다. 斂(거둘 렴)

《사기史記·춘신군열전春申君列傳》에 나온다. "秦楚合而爲一以臨韓, 韓必斂手."

《후한서後漢書·우연전虞延傳》에도 나온다. "帝知延不私, 謂成曰 '汝犯王法, 身自取之!' 呵使速去, 後數日伏誅. 於是外戚斂手, 莫敢干法." 呵(꾸짖을 가)

● 死命(사명) : 생사生死.

당唐나라 백거이白居易의 《위인상재상서爲人上宰相書》에 나온다. "又欲以濟天下顦顇之人死命萬分之一分也." 顦(파리할 초) 顇(파리할 췌)

【備旨】

孟子ㅣ承上章本身之意하여 而言曰 人君이 欲爲政於天下하여 而使德教遠被인댄 孰不以爲難哉아 自我言之컨대 則有所不難이니 惟在正身以得巨室之心하여 而不取其怨怒耳라

蓋巨室者는 人情所瞻仰也라 吾旣不得罪於巨室하여 而爲巨室之所慕면 則一國之人이 必以巨室之心으로 爲心而慕乎我矣요 國人이 旣知所慕면 則天下之人이 必以國人之心으로 爲心而慕乎我矣리니 至於慕以天下면 則四海之心이 皆於我乎欣附라 由是로 德教所孚ㅣ 自沛然洋溢乎四海하여 而不可遏矣리니 信乎爲政不難矣니라

맹자께서 상장上章의 몸에 근본한다는 뜻을 이어 말하여 가라사대 "인군人君이 천하에 정사政事를 펴고 덕교德教가 먼 곳까지 전해지도록 하고자 할진대 누가 어렵지 않다고 하겠는가? 그러나 내가 말하건대 어렵지 않는 바가 있으니, 오직 몸을 바르게 하여 거실巨室의 마음을 얻고 그 원망과 노여움을 사지 않는데 달려 있을 뿐이다.

대개 거실巨室은 사람들이 우러러보는 바이니, 내가 이미 거실巨室에 죄를 얻지 않고 거실巨室이 경모敬慕하는 바가 되면, 일국一國의 사람들이 반드시 거실巨室의 마음을 자신의 마음으로 삼아 나를 경모敬慕할 것이다. 국인國人이 이미 경모敬慕할 바를 알면 천하 사람들이 반드시 국인國人의 마음을 자신의 마음으로 삼아 나를 경모敬慕할 것이다. 천하 사람들이 경모敬慕하게 되면 사해四海의 마음이 모두 나에게 기뻐하며 의지할 것이다.

이로 말미암아 덕교德教의 아름다움이 저절로 패연沛然히 사해四海에 넘쳐나서 막을 수가 없을 것이니, 진실로 정사政事를 다스리는 것이 어렵지 않다."

**주해**

● 欣附(흔부) : 흔연히 친부親附하다. 기쁜 마음으로 친근하게 의지하다. 송宋나라 증공曾鞏의 《화공보송원고부지和貢甫送元考不至》에 나온다. "朋遊所

欣附，爭欲致綢繆.”

《주례周禮·춘관春官·대종백大宗伯》에 “以賓禮親邦國.”이라 했고, 정현鄭玄의 註에 “親，謂使之相親附.”라고 했다.

● 孚(미쁠 부)

[7·7]

孟子曰 天下有道엔 小德이 役大德하며 小賢ㅣ役大賢하고 天下ㅣ無道면 小役大하며 弱役强하나니 斯二者는 天也니 順天者는 存하고 逆天者는 亡하나니라

**맹자 가라사대 “천하에 道가 있으면 소덕小德이 대덕大德에게 부림을 당하며, 소현小賢은 대현大賢에게 부림을 당한다. 천하에 道가 없으면 역량이 작은 자가 역량이 큰 자에게 부림을 당하며, 약자가 강자에게 부림을 당한다. 이 두 가지는 천리天理이니, 천리를 따르는 자는 보존되고 천리를 거역하는 자는 망한다.”**

有道之世에는 人皆修德하여 而位必稱其德之大小하고 天下無道에는 人不修德하니 則但以力相役而已라 天者는 理勢之當然也라

道가 있는 세상에는 사람들이 모두 덕德을 닦아 지위가 반드시 그 덕의 대소大小에 걸맞게 된다. 천하에 道가 없으면 사람들이 덕德을 닦지 않아 다만 힘으로 서로 부릴 따름이다. ‘천天’은 이세理勢의 당연함이다.

**주해**

- 有道(유도) : 상덕尙德과 상현尙賢의 세상을 말한다.
  "有道是尙德尙賢之世."(四書補註備旨)
  신안진씨新安陳氏가 말했다. "小德小賢者, 居小位. 大德大賢者, 居大位. 位與德相稱, 是上之人處之各當, 故小德小賢見役于大德大賢, 有道之世, 惟德是視也. 若力之小弱, 見役于力之强大, 無道之世, 惟力是視耳."(大全註疏)
- 無道(무도) : 상강尙强과 상대尙大의 세상을 말한다.
  "無道是尙强尙大之世."(四書補註備旨)
- 理勢(이세) : 사리事理의 발전 추세. 곧 '정세情勢'와 같다.
  한漢나라 가의賈誼의 《신서新書·계급階級》에 나온다. "高者難攀, 卑者易陵, 理勢然也." 攀(오를 반)
  진晉나라 갈홍葛洪의 《포박자抱樸子·창현暢玄》에도 나온다. "實理勢之攸召, 猶影響之相歸也."

【備旨】

孟子ㅣ勉當時修德以自强也하여 曰 天下之大分有二하니 非出令以使人이면 則聽命以役使於人이니 此相臨之定分也라 然이나 有尙德尙力之不同하니 若天下有道엔 人皆修德而位必與德稱하니 諸侯ㅣ德之小者니 見役於天子之大德하고 諸侯ㅣ賢之小者니 見役於天子之大賢이어니와 若天下無道엔 人不修德하고 但以力相尙하여 諸侯國之小者는 見役於諸侯國之大者하고 諸侯力之弱者는 見役於諸侯力之强者라
夫有道엔 德不及人而爲人所役하고 無道엔 力不及人而爲人所役하니 斯二者는 皆理勢之當然이니 天之所在也라 順其理勢者則國以存하고 逆其理勢者則國以亡하나니 觀於存亡之幾하여 而有國者ㅣ當審所尙矣니라

맹자께서 당시 덕德을 닦아 자강불식自强不息할 것을 권면하여 가라사대 "천하의 대분大分에는 두 가지가 있으니, 명령을 내려서 사람을 부리지 않으면 곧 명령을 듣고 남에게 역사役使를 당하는 것이니, 이는 서로 임할 때 정해진 분수이다.

그러나 상덕尙德과 상력尙力의 차이가 있으니, 만약 천하에 道가 있으면 사람들이 모두 덕德을 닦아 지위가 반드시 덕德에 걸맞고 제후諸侯는 소덕小德이니 천자의 대덕大德에 역사役使하고, 제후는 소현小賢이니 천자의 대현大賢에 역사役使한다. 만약 천하에 道가 없으면 사람들이 덕德을 닦지 않고 다만 힘으로만 서로 숭상하여, 작은 제후국은 커다란 제후국에게 부림을 당하고, 힘이 약한 제후는 힘이 강한 제후에게 부림을 당한다.

무릇 道가 있는데 덕德이 남에게 미치지 못하면 남에게 부림을 당하고, 道가 없는데 힘이 남에게 미치지 못하면 남에게 부림을 당하니, 이 두 가지는 모두 이세理勢의 당연함이요 천명이 있는 곳이다.

그 이세理勢를 따르는 자는 나라를 보존하고, 그 이세理勢를 거스르는 자는 나라가 망한다. 존망存亡의 기미를 살피건대 나라를 다스리는 자는 마땅히 숭상할 바를 살펴야 한다."

**주해**

- 大分(대분) : 대체大體. 대치大致.

## 齊景公이 曰 旣不能令하고 又不受命이면 是는 絶物也라하고 涕出而女於吳하니라

**"제경공齊景公이 '이미 명령을 내리지도 못하고 또한 명령을 받을 수도 없으니, 이는 남들과 관계가 끊어진 것이다.' 라고 말하면서 눈물을 흘리고 딸을 오吳나라로 시집보냈다."**

引此以言小役大弱役强之事也라 令은 出令以使人也요 受命은 聽命於人也라 物은 猶人也라 女는 以女與人也라 吳는 蠻夷之國也니 景公이 羞與爲昏이나 而畏其强이라 故로 涕泣而以女與之하니라

이를 인용하여 '소역대小役大'와 '강역강弱役强'의 경우를 말한 것이다. '영令'은 명령을 내려 남을 부리는 것이요, '수명受命'은 명령을 남에게 듣는 것이다. '물物'은 사람과 같다. '여女'는 딸을 남에게 주는 것이다. '오吳'는 만이蠻夷의 나라이니, 경공景公이 오吳나라와 혼사를 맺는 것을 부끄럽게 여겼으나, 그 강함을 두려워하였다. 그러므로 눈물을 흘리며 딸을 준 것이다.

**주해**

- 絶物(절물) : 사람과 관계가 끊어지다. '물物'은 '인人'과 같다.
  "絶物猶言與人暌絶."(四書補註備旨) 暌(떨어질 규)
- 왕씨汪氏가 말했다. "當有道而順天爲有義, 當無道而順天爲有命, 絶物卽是逆天. 齊景畏天者也, 畏天猶保其國."(大全註疏)

【備旨】

我觀古人有不得已하여 而順無道之天矣니 昔에 齊本强大之國也어늘 至景公則力已小弱이요 吳雖蠻夷나 反以其强大而畏之라 故로 景公ㅣ自言曰 凡有國者之與物相與也에 非令人이면 則受命於人이어늘 今旣不能出令以使人하고 又不屈己以受命於人이면 是與物相暌絶也니 物可得而絶乎아하고 於是에 涕出而以女嫁於吳焉이라 蓋情雖所不忍이나 而勢出於無奈하니 齊景公之能順天以保國이 如此니라

내가 고인古人이 부득이하여 무도無道한 하늘을 따르는 경우를 살피건대, 옛날 제齊나라는 본래 강대국이었으나, 경공景公 때에 이르러 국력이 이미 약소弱小하였다. 오吳나라는 비록 만이蠻夷의 나라지만 도리어 강대하여 두려워하였다.

그러므로 경공景公이 스스로 말하기를 '무릇 나라를 다스리는 자가 남과 교왕交往하는데 있어서, 남에게 명령을 내리지 않으면 곧 남에게 명령을 받는 법이다. 이제 이미 명령을 내려 남을 부리지도 못하고, 또한 자신을 굽혀 남에게 명령을 받지도 못한다면, 이는 남들과 서로 관계가 단절된 것이니, 남을 가히 끊을 수 있겠는가?'라고 하면서, 이에 눈물을 흘리며 딸을 오吳나라에 시집보냈다.

대개 마음으로는 비록 차마 할 수 없었으나 형세가 어찌할 도리가 없는 데서 나왔으니, 경齊나라 경공景公이 능히 천리에 순응하여 나라를 보존함이 이와 같았다.

**주해**

● 小弱(소약) : 약소弱小하다. 약소한 국가.
《사기史記·자객열전刺客列傳》에 나온다. "燕小弱, 數困於兵."
《여씨춘추呂氏春秋·순설順說》에도 나온다. "小弱可以制彊大矣."

● 相與(상여) : 서로 교왕交往하다. '상처相處'와 같다.
《주역周易·대과大過》 卦에 나온다. "象曰 老夫女妻, 過以相與也."
《사기史記·회음후열전淮陰侯列傳》에 나온다. "此二人相與, 天下至驩也, 然而卒相禽者, 何也?患生於多欲而人心難測也." 驩(기뻐할 환)

● 暌絶(규절) : 단절되다. 격절隔絶되다. 暌(서로떨어질 규)
송宋나라 진관陳瓘의 《논채경論蔡京》에 나온다. "自今觀之, 京之所以與惇暌絶者, 爲國事乎?爲己事乎?" 瓘(옥이름 관) 惇(도타울 돈)

● 無奈(무내) : 어찌할 도리가 없다. 奈(어찌 내)
《전국책戰國策·진책秦策》 二에 나온다. "楚懼而不進, 韓必孤, 無奈秦何矣."

**今也에 小國이 師大國而恥受命焉하나니 是猶弟子而恥受命於先師也니라**

**"지금은 소국小國이 대국大國을 본받으면서도 그 명령을 받는 것을 부끄럽게 여기니, 이는 제자가 선사先師에게 명령을 받는 것을 부끄럽게 여기는 것과 같다."**

**言小國이 不修德以自强하고 其般樂怠敖를 皆若效大國之所爲者로되 而獨恥受其敎命하니 不可得也라**

소국小國이 덕德을 닦아 자강自强하지 않고, 반락般樂(반락)과 태오怠敖를 일삼으며 모두 대국大國이 하는 짓과 똑같이 하면서, 다만 그 교명敎命을 받는 것을 부끄럽게 여기니 이렇게 해서는 안 된다는 말이다.

주해

- 師(사) : 본받다. 곧 '효법效法'과 같다. 여기서는 '나쁜 행위를 본받다[효우效尤]'는 뜻으로 쓰였다.
  "師效尤矣."(四書補註備旨)
  《좌전左傳·장공이십일년莊公二十一年》條에 나온다. "鄭伯效尤, 其亦將有咎!" 咎(허물 구)
  《남사南史·효의전상孝義傳上·낙예樂預》편에도 나온다. "人笑褚公, 至今齒冷, 無爲效尤." 褚(솜옷 저)
- 般樂(반락) : 방자하게 멋대로 놀다. 般(즐길 반)
  《맹자孟子·공손추상公孫丑上》에 나온다. "今國家閒暇, 及是時, 般樂怠敖, 是自求禍也." 이에 대해 조기趙岐의 註에 "般, 大也. 大作樂, 怠惰敖遊."이라 했다. 敖(멋대로놀 오)
- 怠傲(태오) : 공무公務에 나태하며 한가롭게 노닐다. '태오怠敖'와 같다. 怠

(게으를 태)
《맹자孟子·공손추상公孫丑上》에 나온다. "今國家閑暇, 及是時般樂怠敖, 是自求禍也." 이에 대해 조기趙岐의 註에 "適有閑暇, 且以大作樂, 怠惰敖遊, 不修政刑."이라 했다.
《묵자墨子·비유하非儒下》에도 나온다. "倍本棄事, 而安怠傲. 貪於飮食, 惰於作務."

【備旨】

> 夫以齊之大國으로 不能自强하여 遂見役於吳ㅣ如此어늘 況小國乎아 今也小國이 處無道之世하여 不能修德하고 乃師效大國般樂怠敖之所爲하여 而又耻受大國之命令焉하니 是猶弟子而耻受敎命於先師也라 身爲弟子어니 豈得不受敎於師며 國旣小弱어니 豈得不聽命於大國이리오 是在勉力自强하여 求其所以免耻者而已矣니라

무릇 대국大國인 제齊나라도 능히 자강自强하지 못하여 마침내 오吳나라에게 부림을 당한 것이 이와 같거늘 하물며 소국小國은 어떠하겠는가?

지금 소국小國이 무도無道한 세상에 처하여 능히 수덕修德하지 못하고, 이에 대국大國이 반락般樂하고 태오怠敖의 하는 모습을 본받으면서도 또한 대국大國의 명령을 받는 것을 부끄럽게 여기니, 이는 제자가 선사先師에게 교명敎命을 받는 것을 부끄럽게 여기는 것과 같다. 몸이 제자가 되었는데 어찌 선사에게 교명敎命을 받지 않으며, 나라가 이미 약소한데 어찌 대국大國에게 명령을 듣지 않을 수 있겠는가? 이는 자강自强에 힘써 그 부끄러움을 면할 바를 구하는 데 달려 있을 따름이다.

**주해**

● 師效(사효) : 본받다. '효법效法' 또는 '방효仿效'와 같다.
《상서尙書·미자微子》 편에 나온다. "卿士師師非度." 이에 대해 당唐나라 공영달孔穎達의 疏에서 왕숙王肅의 말을 인용하기를 "卿士以下, 轉相師效, 爲非法度之事也."라고 했다.

如恥之인댄 莫若師文王이니 師文王이면 大國은 五年이요 小國은 七年애 必爲政於天下矣리라

**"만약 부끄러워한다면 문왕文王을 본받는 것만 같지 못하다. 文王을 본받으면 대국大國은 5년이요, 소국小國은 칠년 만에 반드시 천하에 정사政事를 펼 수 있을 것이다."**

此는 因其愧恥之心而勉以修德也라 文王之政이 布在方策하니 擧而行之면 所謂師文王也라 五年七年은 以其所乘之勢不同爲差라
蓋天下ㅣ雖無道나 然이나 修德之至면 則道自我行하여 而大國이 反爲吾役矣리라
程子曰 五年七年은 聖人度其時則可矣라 然이나 凡此類를 學者ㅣ皆當思其作爲如何라야 乃有益耳니라

이는 그 부끄러워하는 마음에 기인하여 수덕修德을 면려한 것이다. 문왕文王의 정사政事가 방책方策에 널리 실려 있으니, 들어서 행하면 이

른바 문왕文王을 본받는 것이다. '오년五年'과 '칠년七年'은 그 승세乘勢가 같지 않기 때문에 차등이 생긴 것이다.

대개 천하가 비록 무도無道하나, 그러나 수덕修德이 지극하면 道가 나로부터 행해져서 대국大國이 도리어 나에게 부림을 당하게 될 것이다.

정자程子[정이程頤] 가로되 "'오년五年'과 '칠년七年'은 성인聖人이 그 때를 헤아려 가능하다고 한 것이다. 그러나 무릇 이러한 류類는 배우는 자가 모두 마땅히 그 작위作爲를 어떻게 할 것인가를 생각해보아야 이에 유익함이 있을 뿐이다."

**주해**

- 布(포) : 분포하여 진열되다. 곧 '편포遍布'의 뜻이다.
  《한서漢書·양웅전상揚雄傳上》에 나온다. "鱗羅布列, 攢以龍翰." 이에 대해 안사고顔師古의 註에 "言布列則如魚鱗之羅, 攢聚則如龍之豪翰."이라 했다.
  攢(모을 찬)
- 方策(방책) : 서책書冊. 전적典籍. 곧 '방책方冊'과 같다.
  《예기禮記·중용中庸》에 나온다. "哀公問政. 子曰 '文武之政, 布在方策, 其人存, 則其政擧. 其人亡, 則其政息.'" 이에 대해 정현鄭玄의 註에 "方, 版也, 策, 簡也."라고 했고, 공영달孔穎達의 소疏에 "言 文王武王爲政之道皆布列在於方牘簡策."이라 했다.
- 乘勢(승세) : 시세時勢를 타다.
  《맹자孟子·공손추상公孫丑上》에 나온다. "齊人有言曰 '雖有智慧, 不如乘勢.'"
- 作爲(작위) : 행위.
  당唐나라 백거이白居易의 《책항일策項一》에 나온다. "化之善否, 系乎君之作爲."

【備旨】

如果耻受乎大國之命인댄 則莫若反其師大國者하여 而師文王以修其德이라 誠師文王以修其德이면 則德至에 可以回天이니 將見國大者는 所乘之勢ㅣ稍易라 大約不過五年이요 國小者는 所乘之勢ㅣ稍難이라 亦大約不過七年하여 必然人心奮國勢振而小可大弱可强하여 大國이 反爲吾役하여 以爲政於天下矣리니 而何有於受命之耻哉아

만약 대국大國의 명령을 받는 것을 부끄러워한다면, 도리어 대국大國을 본받고 문왕文王을 본받아 그 덕德을 닦는 것만 같지 못하다. 진실로 文王을 본받아 그 덕德을 닦으면 德이 지극하여 가히 어려운 형세를 만회할 수 있다.

그리하여 장차 대국은 승세乘勢가 조금 쉽기 때문에 대략 오 년이 지나지 않고, 소국은 승세가 조금 어렵지만 또한 대략 칠 년이 지나지 않아, 필연적으로 인심人心이 분발하고 국세國勢가 진작振作되어 소국은 대국이 되고 약국은 강국이 되는 것을 보게 될 것이다. 그래서 대국이 도리어 나에게 부림을 당하여 천하에 정사政事를 펼 수 있을 것이니, 어찌 대국의 명령을 받는다고 부끄러워 하겠는가?

주해

- 回天(회천) : 역량力量이 커져서 어려운 국면을 만회하거나 좌우할 수 있다.
  《속자치통감續資治通鑒·원세조지원이십사년元世祖至元二十四年》條에 나온다. "安圖諫曰 '臣力不能回天, 但乞不用僧格, 別選賢者, 猶或不至虐民誤國."

詩云 商之孫子ㅣ其麗不億이언마는 上帝旣命이라 侯于周服이로다 侯服于周하니 天命靡常이라 殷士膚敏이 祼將于京이라하여늘

孔子曰 仁不可爲衆也니 夫國君이 好仁이면 天下無敵이라하시니라

"《시경詩經》에 이르기를 '상商나라의 자손들이 그 수가 십만에 그치지 않거늘, 상제上帝께서 이미 주周나라에 천명을 내리시니, 모두 주周나라에 복종하도다. 모두 주周나라에 복종하니, 천명天命에 일정함이 없도다. 은殷나라 선비 중에 부민膚敏한 자들도 주周나라 경사京師로 찾아와 관祼제사를 돕는구나.' 라고 하였다.

공자孔子께서 '인자仁者에게 가히 무리가 감당할 수 없으니, 무릇 나라의 인군人君이 인仁을 좋아하면 천하에 대적할 자가 없다.' 고 하셨느니라."

詩는 大雅文王之篇이라 孟子ㅣ引此詩及孔子之言하여 以言文王之事하시니라 麗는 數也라 十萬曰億이라 侯는 維也라 商士는 商孫子之臣也라 膚는 大也요 敏은 達也라 祼은 宗廟之祭에 以鬱鬯之酒로 灌地而降神也라 將은 助也라

言商之孫子衆多하여 其數不但十萬而已언마는 上帝旣命周以天下하시니 則凡此商之孫子ㅣ皆臣服于周矣니 所以然者는 以天命不常하여 歸于有德故也라 是以로 商士之膚大而敏達者가 皆執祼獻之禮하여 助王祭事于周之京師也라

孔子ㅣ因讀此詩而言하사되 有仁者면 則雖有十萬之衆이라도 不能當之라 故로 國君好仁이면 則必無敵於天下也라하니라 不可爲衆은 猶所謂難爲兄難爲弟云爾라

'시詩'는 〈대아大雅·문왕文王〉 편이다. 맹자께서 이 시詩와 공자孔子의 말씀을 인용하여 문왕文王의 일을 말씀하신 것이다.

'려麗'는 수數이다. 십만十萬을 '억億'이라 한다. '후侯'는 어조사 '유維'이다. '상사商士'는 상商나라 자손의 신하이다. '부膚'는 크게 아름다움이다. '민敏'은 총명함이다. '관祼'은 종묘宗廟의 제사에 울창주鬱鬯酒를 땅에 부어 강신降神하는 것이다. '장將'은 돕는다는 뜻이다.

상商나라의 자손이 매우 많아 그 수가 십만에 그칠 뿐이 아니건만, 상제上帝께서 이미 주周나라에게 천하를 명하시니, 모든 상商나라의 자손들이 모두 주周나라에 신복臣服하였다. 그 이유는 천명天命이 일정하지 않아 덕德이 있는 곳으로 돌아가기 때문이다. 이로써 상商나라 선비 중에 우미優美하고 민달敏達한 자들이 모두 관헌祼獻의 禮를 집전執典하여 주왕周王의 제사를 주周나라 경사京師에서 돕는다는 말이다.

孔子께서 이 詩를 읽은 것으로 인하여 말씀하시기를 "어진 자가 있으면 비록 십만의 무리가 있더라도 능히 그를 당해낼 수 없다. 그러므로 나라의 인군人君이 인仁을 좋아하면 반드시 천하에 대적할 자가 없을 것이다."라고 하셨다.

'불가위중不可爲衆'은 이른바 '형이 되기도 어렵고 아우가 되기도 어렵다'는 말과 같다.

**주해**

● 膚敏(부민) : 우미優美하고 민달敏達하다. 膚(클 부)

《모전毛傳》에 "膚, 美. 敏, 疾也."라고 했고, 공영달孔穎達의 소疏에 왕숙王肅의

말을 인용하여 "殷士有美德, 言其見時之疾, 知早來服周也."라고 해석했다.

- 天命靡常(천명미상) : 천명은 일정한 규율이 없다. '靡常'은 '無常'과 같다.
  靡(아닐 미)
  《상서尙書·함유일덕咸有一德》에 나온다. "天難諶, 命靡常." 이에 대해 《공전孔傳》에 "以其無常, 故難信."이라고 했다.
  "靡常是無定意."(四書補註備旨)
- 祼獻(관헌) : 고대 제왕이나 왕후가 제사를 지낼 때, 향기로운 술을 땅에 붓고 좋은 음식을 신에게 바치는 의식. '관례祼禮'라고도 함.
  《주례周禮·천관天官·내재內宰》에 나온다. "大祭祀, 後祼獻則瓚, 瑤爵亦如之." 이에 대해 정현鄭玄의 註에 "謂祭宗廟. 王旣祼而出迎牲, 後乃從後祼也……獻, 謂王薦腥薦熟, 後亦從後獻也."라고 했다.
- 難爲兄難爲弟(난위형난위제) : 형이 되기도 어렵고, 아우가 되기도 어렵다. 곧 형제의 재덕才德이 뛰어나 서로 우열을 가리기 어렵다는 말이다.
  남조南朝 송宋나라 유의경劉義慶의 《세설신어世說新語·덕행德行》 편에 나온다. "陳元方子長文有英才, 與季方子孝先各論其父功德, 爭之不能決, 咨於太丘. 太丘曰 '元方難爲兄, 季方難爲弟.'"
- 麗(숫자 려) 侯(어조사 후) 靡(아닐 미) 祼(강신제 관) 將(도울 장) 鬱(울금초 울) 鬯(울창주 창) 灌(따를 관)

【備旨】

可見文王을 固所當師矣니 試以其事言之인댄 詩云 商之孫子ㅣ其數不止於億이언마는 上帝旣命周以天下 則凡此孫子ㅣ皆臣服於周矣라 所以臣服於周者는 以天命靡常하여 歸於有德也라 然이나 不但孫子服之라 凡殷士之容貌膚大하고 才能敏達者ㅣ皆執祼獻之禮하여 助祭於周之京師焉이라 하여늘

孔子ㅣ因讀此詩而歎曰 我周至仁하고 商孫至衆하니 以衆

遇仁이면 則衆失其衆而不可爲衆也라 夫國君이 誠好修德以行仁이면 將天下尊親之리니 誰與之敵고하시니라 由大雅之詩與孔子之言觀之컨댄 則文王我師와 仁者無敵이 爲益信矣리라

문왕文王을 진실로 마땅히 본받아야 함을 알 수 있으니, 시험 삼아 그 일을 말하건대, 《시경詩經》에 '상商나라의 자손들이 그 數가 십만에 그치지 않거늘, 상제上帝께서 이미 주周나라에 천명을 내리시니, 모든 이 자손들이 모두 주周나라에 신복臣服하도다. 주周나라에 신복臣服한 이유는 천명에 일정함이 없어 덕德이 있는 곳으로 돌아가기 때문이네. 그러나 자손들만 신복臣服한 것이 아니요, 모든 은殷나라 선비 중에 용모가 부대膚大하고 재능이 민달敏達한 자들도 모두 관헌祼獻의 예禮를 집전하여 주周나라의 경사京師에서 제사를 돕는구나.'라고 하였다.

孔子께서 이 詩를 읽은 것으로 인하여 찬탄하며 가라사대 '우리 주周나라가 지극히 어질고, 상商나라의 자손들은 지극히 많다. 상나라의 많은 자손들이 어진 이를 만나면, 백성이 많던 상나라는 그 많은 백성을 잃게 되어 많은 백성을 거느릴 수가 없다. 국군國君이 진실로 덕德을 닦아 인仁을 행하는 것을 좋아하면, 장차 천하가 그를 존친尊親할 것이니, 누가 그와 대적하겠는가?'라고 하셨다.

〈대아大雅〉의 詩와 孔子의 말씀으로 말미암아 살피건대, 문왕文王을 내가 본받아야 한다는 것과 인자仁者는 대적할 자가 없다는 것을 더욱 믿을 수 있을 것이다.

今也에 欲無敵於天下而不以仁하나니 是猶執熱而不以濯也니 詩云 誰能執熱하여 逝不以濯이리오하니라

"이제 천하에 대적할 자가 없기를 바라면서 인정仁정을 행하지 아니하니, 이는 뜨거운 물건을 손에 잡고 그 손을 찬물에 씻지 않는 것과 같다. 《시경詩經》에 '누가 능히 뜨거운 물건을 손에 잡고 찬물로 씻지 않겠는가?' 라고 하였다."

恥受命於大國은 是欲無敵於天下也라 乃師大國而不師文王은 是不以仁也라 詩는 大雅桑柔之篇이라 逝는 語辭也라
言誰能執持熱物하여 而不以水自濯其手乎아
此章은 言不能自强이면 則聽天所命이요 修德行仁이면 則天命在我니라

대국大國에게 명령을 받는 것을 부끄럽게 여기는 것은 이는 천하에 대적할 자가 없기를 바라는 것이다. 이에 대국을 본받으면서 문왕文王을 본받지 않는 것은 이는 인仁으로써 하지 않는 것이다. '시詩'는 〈대아大雅·상유桑柔〉 편이다. '서逝'는 어조사이다.

'누가 능히 뜨거운 물건을 손에 잡고서도 찬물로 스스로 그 손을 씻지 않겠는가?'라고 말한 것이다.

이 장章은 능히 자강自强하지 못하면 곧 하늘이 명한 바를 들어야 하고, 수덕修德하여 인정仁政을 행하면 곧 천명天命이 자신에게 있음을 말한 것이다.

주해

- 今(금) : 당시의 소국小國과 약국弱國을 말한다.
- 新安陳氏가 말했다. "勢之强弱, 亦天所命. 不能自强, 則聽命於天. 而爲强大所役, 如齊景是也. 修德行仁, 則道德足以勝勢力, 而天命在我, 師文王而爲政於天下者是也."(大全註疏)
- 逝(어조사 서) 濯(씻을 탁)

【備旨】

然則欲無敵於天下者는 必行仁政而後可어늘 乃今也에 恥爲大國所役하고 欲無敵於天下로되 而不師文王以好仁하니 是猶執持熱物而不以水自濯其手也라 詩云 誰能執熱하여 逝不以濯이리오하니 然則誰能無敵於天下而不以仁乎아 夫亦盡人以俟天이니 勉爲賢德而可矣니라

그러므로 천하에 대적할 자가 없기를 바라는 것은 반드시 인정仁政을 행한 후에 가능하다. 그러니 지금 대국大國에게 부림을 당하는 것을 부끄러워하고 천하에 대적할 자가 없기를 바라면서도, 문왕文王을 본받고 인仁을 좋아하지 않으니, 이는 뜨거운 물건을 손에 잡고 찬물로 스스로 그 손을 씻지 않는 것과 같다.

《시경詩經》에 '누가 능히 뜨거운 물건을 손에 잡고 찬물로 씻지 않겠는가?'라고 하였다. 그러므로 누가 능히 천하에 대적할 자가 없기를 바라면서 인정仁政을 행하지 않겠는가? 무릇 또한 인사人事를 다하고 천명天命을 기다려야 하니, 현덕賢德이 되기를 힘써야 옳을 것이다.

[7·8]

孟子曰 不仁者는 可與言哉아 安其危而利其菑하여 樂其所以亡者하나니 不仁而可與言이면 則何亡國敗家之有리오

**맹자 가라사대 "불인不仁한 자와 가히 더불어 말할 수 있겠는가? 나라의 위태로움을 안일하게 여기고, 나라의 재앙을 자신에게 이롭다고 여겨, 나라를 망하게 만드는 짓을 즐겨한다.**
**불인不仁하면서도 더불어 말할 수 있다면, 곧 어찌 나라를 망하게 하고 집안을 무너지게 하는 일이 있겠는가?"**

菑는 與災同이라 安其危利其菑者는 不知其爲危菑하고 而反以爲安利也라 所以亡者는 謂荒淫暴虐하여 所以致亡之道也라
不仁之人은 私欲固蔽하여 失其本心이라 故로 其顚倒錯亂이 至於如此하니 所以不可告以忠言하여 而卒至於敗亡也니라

'재菑'는 재災와 같다. '안기위이기재安其危利其菑'는 그 위태롭고 재앙이 되는 것을 알지 못하고 도리어 안일하게 여기고 자신에게 이롭다고 여기는 것이다. '소이망所以亡'은 황음포학荒淫暴虐하여 나라를 망하게 만드는 행동을 말한다.

불인不仁한 사람은 사욕私欲에 굳게 가려서 그 본심을 잃는다. 그러므로 그 전도顚倒와 착란錯亂이 이 지경에 이른 것이니, 가히 충언忠言으로 고할 수 없어 마침내 패망敗亡에 이르게 된다.

**주해**

- 不仁者(불인자) : 어질지 못한 사람. 곧 당시의 인군人君을 두고 한 말이다.
- 安其危(안기위) : 국가의 쇠약衰弱과 외부 변란變亂 등에 대해 안일하게 생각하다.

  "安是視爲無患意. 危如國家衰弱外變將作之類."(四書補註備旨)

  利其菑(이기재) : 나라의 천재天災와 인화人禍를 자신에게 이롭다고 여기다. '이利'는 '자편自便'과 '자안自安'의 뜻이다. '재菑'는 천재天災와 인화人禍 등을 말한다.

  "利是自便意. 菑如天災人禍之類."(四書補註備旨)
- 所以亡(소이망) : 나라를 망하게 만드는 연유.

  "所以亡是致亡之由."(四書補註備旨)

  쌍봉요씨雙峯饒氏가 말했다. "要在看樂其所以亡一句, 他只愛那淫荒暴虐所以致亡底事, 故雖爲自以爲安, 雖灾自以爲利, 孟子此章說得利害大段甚分明."(大全註疏)
- 菑(재) : 대앙. '재災'와 같다.

【備旨】

孟子ㅣ儆當時不仁者曰 人君이 有其國家而欲長保治安인댄 莫過於聽言이니 若夫不仁之君은 豈可與之言哉아 彼其私欲固蔽하여 失其本心하니 危之所在는 本非安也어늘 彼則以爲安하고 菑之所在는 本非利也어늘 彼則以爲利하며 致亡之道는 本不可樂也어늘 彼不知其亡而反樂其所以亡者하여 其顚覆錯亂이 至於如此하니 所以不可與言也라

使不仁而可與言이면 則必因人言而悔悟하여 去危而圖安하고 去菑而圖利하며 去亡而圖存하리니 尙何亡國敗家之有리오

맹자께서 당시 불인不仁한 자를 경계하여 가라사대 "인군人君이 그 나라를 차지하여 길이 보존되고 잘 다스려지기를 원한다면, 남의 말을 잘 듣는 것보다 좋은 것이 없으니, 불인不仁한 인군人君 같은 경우를 어찌 더불어 말할 수 있겠는가?

그런 자는 그 사욕私欲에 굳게 가리어 그 본심本心을 잃은 것이다. 나라의 위기가 잠복한 곳은 본디 안주해서는 안 되거늘 저들은 곧 편안하다고 여기고, 나라의 재앙이 잠복한 곳은 본디 자신에게 이롭게 여겨서는 안 되거늘 저들은 곧 자신에게 이롭다고 여긴다. 나라를 망하게 하는 행위를 본디 좋아해서는 안 되거늘 저들은 그 나가가 망하는 것은 알지 못하고 도리어 그 망하게 만드는 행위를 좋아하여, 나라가 전복顚覆되고 착란錯亂하게 되는 것이 이 지경에 이르렀으니, 가히 더불어 말할 수 없가 없다.

가사 인군人君이 불인不仁한데도 가히 더불어 말할 수 있다면, 반드시 남의 말로 인하여 뉘우치고 깨달아서, 나라의 위태로움을 제거하고 나라의 안정을 도모하며, 나라의 재앙을 제거하고 나라의 이익을 도모하며, 나라가 망하는 행위를 제거하고 나라를 보존되는 일을 도모해야 하니, 오히려 어찌 나라를 망하게 하고 집안을 무너뜨리는 일이 있겠는가?"

**有孺子ㅣ歌曰 滄浪之水ㅣ淸兮어든 可以濯我纓이요 滄浪之水ㅣ濁兮어든 可以濯我足이라 하여늘**

**"어떤 유자孺子가 노래하여 가로되 '창랑의 물이 맑으면 내 갓끈을 씻을 수 있고, 창랑의 물이 흐리면 내 발을 씻을 수 있다.' 고 하였다."**

滄浪은 水名이라 纓은 冠系也라

'창랑滄浪'은 물 이름이다. '영纓'은 갓끈이다.

주해

- 孺子(유자) : 어린아이. 孺(젖먹이 유)
  《맹자孟子·손손추상公孫丑上》에 나온다. "今人乍見孺子將入於井, 皆有怵惕惻隱之心." 怵(두려워할 출) 惕(두려워할 척)
- 신안예씨新安倪氏가 말했다. "漢水東爲滄浪之水, 見禹貢. 後魏酈道元云, 武當縣北四十里, 有洲曰滄浪洲, 水曰滄浪水是也."(大全註疏) 酈(성이름 여)
- 濯(씻을 탁) 纓(갓끈 영)

【備旨】

然이나 其至於敗亡者ㅣ非諉命於天면 則歸罪於人하니 而不知皆由於自取也라 不觀孺者之歌與孔子之言乎아 昔에 有孺子ㅣ睹滄浪而歌曰 滄浪之水ㅣ時而淸兮어든 淸可以之濯我纓也요 滄浪之水ㅣ時而濁兮어든 濁可以之濯我足也라 하니 夫不問其淸與濁而皆可適於用하니 此其歌ㅣ固出於無心者矣라

그러나 그 나라를 패망에 이르게 한 자는 하늘에게 천명天命을 탓하지 않으면 곧 남에게 죄를 돌리니, 모두 자신이 스스로 초래해서 생긴 결과임을 알지 못한 것이다.

유자孺子의 노래와 공자孔子의 말씀을 보지 못했는가? 옛날 어떤 유자孺子가 창랑滄浪의 물을 보고 노래하여 가로되 '창랑의 물이 때로 맑거든 맑음으로 가히 내 갓 끈을 씻을 수 있고, 창랑의 물이 때로 흐리

면 흐린 물로 가히 내 발을 씻을 수 있네.'라고 하였다. 무릇 그 맑은 물과 흐린 물을 묻지 않고 모두 용도에 알맞게 적용할 수 있으니, 이는 그 노래가 진실로 무심無心에서 나온 것이다.

**주해**

- 自取(자취) : 스스로 초래하다. 스스로 기인起因하다.
  《장자莊子·제물론齊物論》에 나온다. "夫吹萬不同, 而使其自已也, 咸其自取, 怒者其誰耶?"
- 諉(핑계댈 위)

孔子曰 小子아 聽之하라 淸斯濯纓이요 濁斯濯足矣로소니 自取之也라하시니라

**"공자께서 가라사대 '소자小子들아! 들을지어다. 물이 맑으면 이에 갓끈을 씻고, 물이 흐리면 이에 발을 씻을지니, 물의 청탁淸濁이 스스로 초래한 것이니라!' 라고 하셨다."**

言水之淸濁이 有以自取之也라
聖人은 聲入心通하여 無非至理를 此類可見이니라

물의 청탁淸濁이 스스로 초래했다는 말이다.

성인聖人은 노래 소리가 귀에 들려 마음으로 통했으니, 지극한 이치가 아닌 것이 없음을 이런 유類에서 알 수 있다.

주해

- 小子(소자) : 문제자門弟子를 말한다.
- 聲入心通(성입심통) : 성인聖人의 말씀을 듣고 그 깊은 뜻을 깨닫다.
  송宋나라 장재張載의 《정몽正蒙·삼십三十》에 나온다. "六十盡人物之性, 聲入心通."
  경원보씨慶源輔氏가 말했다. "夫不仁之人, 則雖忠言至論, 無自而入. 聖人之仁, 則雖常言俗語, 聲入心通, 是亦莫非自取之也."(大全註疏)
  신안진씨新安陳氏가 말했다. "此孔子所以爲耳順也."(大全註疏)

【備旨】

孔子ㅣ聞之而謂弟子曰 孺子之歌ㅣ有至理存焉하니 小子아 其聽之하라 夫水之清이어든 斯以之而濯纓이요 夫水之濁이어든 斯以之而濯足矣로소니 貴賤異用이 非人所爲요 皆水之清濁이 自取之也라하시니 觀物理之自取컨대 而人事可知矣리라

공자孔子께서 노래 소리를 들으시고 제자에게 일러 가라사대 '유자孺子의 노래에 지극한 이치가 들어 있으니, 소자小子여 들을지어다. 무릇 물이 맑으면 이에 맑은 물로 갓끈을 씻고, 물이 흐리면 이에 흐린 물로 발을 씻을 수 있다. 귀천貴賤의 용도가 다른 것은 사람이 한 일이 아니요, 모두 물의 청탁淸濁이 스스로 초래한 것이다.'라고 하셨다.

사물의 이치가 스스로 초래한 것을 살피건대, 인사人事도 가히 알 수 있을 것이다.

**夫人必自侮然後에 人이 侮之하며 家必自毁而後에 人이 毁之하며 國必自伐而後에 人이 伐之하나니라**

**"무릇 사람이 반드시 스스로 모욕을 당할 행위를 한 후에 남들이 그를 모욕하며, 집안에 반드시 스스로 훼멸毁滅을 당할 이유가 있은 후에 남들이 그 집안을 훼멸하며, 나라에 반드시 토벌을 당할 이유가 있은 후에 남들이 그 나라를 토벌하느니라."**

所謂自取之者라

이른바 스스로 초래한 일이다.

주해

- 自侮(자모) : 스스로 남의 모욕을 초래하다. 곧 몸을 제대로 닦지 못한 경우를 말한다.
  "侮是玩狎. 自侮是身不修."(四書補註備旨) 狎(친압할 압)
  쌍봉요씨雙峯饒氏가 말했다. "自侮, 是不自重, 適所以召人之侮."(大全註疏)
- 自毁(자훼) : 스스로 훼멸毁滅을 초래하다. 곧 집안을 제대로 가지런하게 하지 못한 경우를 말한다.
  "毁是破壞. 自毁是家不齊."(四書補註備旨)
- 自伐(자벌) : 스스로 토벌을 초래하다. 곧 나라를 제대로 다스리지 못한 경우를 말한다.
  "伐是侵凌. 自伐是國不治."(四書補註備旨)

【備旨】

由孔子之言으로 觀之컨댄 天下之事ㅣ其孰不由於自取乎아 夫人必自有取侮之道然後에 人得而侮之하며 家必自有取毁之道而後에 人得而毁之하며 國必自有取伐之道而後에 人得而伐之하나니 可見變不虛生이요 惟人所召니 使我無可乘之隙이면 彼胡爲而來哉아 信乎라 亡國敗家ㅣ皆不仁之自取也로다

공자孔子의 말씀으로 말미암아 살피건대, 천하의 일 중에 그 어떤 일이 스스로 초래해서 말미암지 않겠는가? 무릇 사람은 반드시 스스로 모욕을 취할 행위가 있은 후에 남들이 그를 모욕할 수 있고, 집안에 반드시 스스로 훼멸毁滅을 당할 행위가 있은 후에 남들이 그 집안을 훼멸毁滅시킬 수 있고, 나라에 반드시 스스로 토벌을 당할 행위가 있은 후에 남들이 그 나라를 토벌할 수 있다.

그러므로 변란은 헛되이 생기지 않고 오직 사람이 초래한 것을 알 수 있다. 가사 나에게 저들이 틈탈 수 있는 기회가 없다면, 저들이 어찌 찾아와 모욕하고 훼멸하고 토벌할 수 있겠는가? 진실로 망국亡國과 패가敗家는 모두 불인不仁에서 스스로 초래한 것이다.

주해

- 乘隙(승극) : 기회를 틈타다. 기회를 이용하다. 隙(틈 극)
  남조南朝 양梁나라 혜교慧皎의 《고승전高僧傳·역경중譯經中·구마리십鳩摩羅什》에 나온다. "什乘隙而挫之, 外道折伏, 愧惋無言." 惋(한탄할 완)

太甲曰 天作孽은 猶可違어니와 自作孽은 不可活이라하니 此之謂也니라

**"태갑太甲에 가로되 '하늘이 지은 재앙은 오히려 피할 수 있거니와, 스스로 지은 재앙은 피해서 살아날 수 없다.' 라고 하였으니, 이것을 말한 것이다."**

解見前篇이라
此章은 言心存則有以審夫得失之幾요 不存則無以辨於存亡之著니 禍福之來가 皆其自取니라

해석이 전편에 보인다.

이 장章은 마음이 보존되면 득실得失의 기미幾微를 살필 수 있으나, 보존되지 않으면 존망存亡이 나타나는 자리를 변별할 수가 없으니, 화복禍福이 찾아오는 것은 모두 그 스스로 초래한 것임을 말한 것이다.

주해

● 違(위) : 피하다. '피避'와 같다.
"孽是禍. 違是避."(四書補註備旨) 孽(첩자식 얼)

● 自作(자작) : 스스로 짓다. 스스로 만들다. '자취自取'와 같다.
경원보씨慶源輔氏가 말했다. "人心存則仁, 人心不存則不仁, 得失之幾, 至微也. 存亡之實, 至著也. 安利樂, 得失之幾也. 亡國敗家, 存亡之實也. 禍福之來, 皆其自取, 則所謂禍福無不自己求之者, 此亦承上章而言. 仁與不仁所取之不同也."(大全註疏)

【備旨】

觀商書太甲有言曰 天作之孽은 雖似難逃나 然이나 人脩德回天이면 猶可以避어니와 若自作之孽은 災殃立至니 不可以逃而活이라하니 此卽自侮自毁自伐之謂也라 有國家者ㅣ如繹思自取之義하여 而深戒自作之孽이면 則必能聽信忠言하여 而無亡國敗家之禍矣리라

〈상서商書·태갑太甲〉 편에 말하여 가로되 '하늘이 지은 재앙은 비록 피하기 어려우나, 그러나 사람이 덕德을 닦아 난국을 만회하면 오히려 가히 피할 수 있다. 그러나 만약 스스로 지은 재앙은 재앙이 곧바로 찾아오기 때문에 피해서 살 수가 없다.'라고 했으니, 이는 곧 스스로 모욕을 당하고 스스로 훼멸시키고 스스로 토벌을 당한다는 말이다.

나라를 다스리는 자가 만약 '자취自取'의 뜻을 깊이 연구하고 생각하며, '자작自作'의 재앙을 깊이 경계한다면, 반드시 능히 충언忠言을 듣고 믿어서 망국亡國과 패가敗家의 재앙이 없을 것이다.

주해

- 繹思(역사) : 깊이 연구하고 생각하다. 繹(궁구할 역)
  《시경詩經·주송周頌·뇌賚》 편에 나온다. "敷時繹思, 我徂維求定." 이에 대해 朱熹의 《集傳》에 "繹思, 尋繹而思念也……欲諸臣受封賞者, 繹思文王之德而不忘也."라고 했다. 賚(줄 뇌) 敷(펼 부)

[7·9]

孟子曰 桀紂之失天下也는 失其民也니 失其民者는 失其心也라 得天下有道하니 得其民이면 斯得天下矣리라 得其民有道하니 得其心이면 斯得民矣리라 得其心有道하니 所欲을 與之聚之요 所惡를 勿施爾也니라

맹자 가라사대 "걸왕桀王과 주왕紂王이 천하를 잃은 것은 그 백성을 잃었기 때문이니, 그 백성을 잃은 것은 그 백성의 마음을 잃었기 때문이다. 천하를 얻는데 道가 있으니, 그 백성을 얻으면 이에 그 천하를 얻는 것이다. 그 백성을 얻는데 道가 있으니, 그 마음을 얻으면 이에 백성을 얻는 것이다. 그 마음을 얻는데 道가 있으니, 그들이 원하는 바를 주어서 모으게 해주고, 그들이 싫어하는 바를 베풀지 말아야 한다."

民之所欲을 皆爲致之를 如聚斂然하고 民之所惡는 則勿施於民이라

鼂錯所謂人情이 莫不欲壽어늘 三王이 生之而不傷하고 人情이 莫不欲富어늘 三王이 厚之而不困하고 人情이 莫不欲安이어늘 三王이 扶之而不危하고 人情이 莫不欲逸이어늘 三王이 節其力而不盡은 此類之謂也니라

백성들이 하고자 하는 바를 있는 대로 세금을 거둬들이듯 모두 이루게 해주고, 백성들이 싫어하는 바는 백성들에게 베풀지 말아야

한다.

조조鼂錯가 이른 바 "사람의 마음은 누구나 장수하기를 원하지 않는 자가 없으니, 삼왕三王이 그들을 살려주어 다치지 않게 하였다. 사람의 마음은 누구나 부유하기를 원하지 않는 자가 없으니, 삼왕三王이 그들을 후대하여 곤궁하지 않게 하였다. 사람의 마음은 누구나 편안하기를 원하지 않는 자가 없으니, 삼왕三王이 그들을 도와주어 위태롭지 않게 하였다. 사람의 마음은 누구나 안일하기를 원하지 않는 자가 없으니, 삼왕三王이 그 힘을 절제하여 다하지 않게 하였다."고 한 것은 바로 이런 유類를 말한 것이다.

**주해**

- 與之聚之(여지취지) : 주고 모으게 해주다. 곧 백성들에게 유익한 일을 일으키는 것을 말한다.
  "與聚是興利意."(四書補註備旨)
- 勿施(물시) : 베풀지 않다. 곧 백성들의 해를 제거해준다는 말이다.
  "勿施是除害意."(四書補註備旨)
  《관자管子·군신하君臣下》에 "爲民興利除害, 正民之德."이라고 했다.
- 聚斂(취렴) : 있는 대로 세금을 거둬들이다. '취렴驟斂'과 같다. 斂(거둘 렴) 《논어論語·선진先進》 편에 나온다. "季氏富於周公, 而求也爲之聚斂而附益之." 이에 대해 유보남劉寶楠의 《논어정의論語正義》에 "胡氏紹勳拾義, 解聚字爲驟, 謂急於斂取."라고 했다.

## 【備旨】

孟子ㅣ勉當時仁民曰 天下得失多故하니 當審其政之之由라 吾觀夏桀商紂之失天下는 何也오 由失其民也며 桀紂之失其民者는 何也오 由失其民之心也라 知所以失이면 則知所以得矣라 故로 得天下有道하니 惟得其民이면 則有人有土

니 斯得天下矣요 得其民有道하니 惟得其心이면 則近悅遠來니 斯得其民矣요 得其心有道하니 凡民心有所欲을 皆與之聚之하고 心有所惡를 皆勿以施之爾也니 如此면 則得其心而民歸之矣리라

맹자께서 당시 백성에게 인정仁政을 행할 것을 권면하여 가라사대 "천하의 득실得失은 연고가 많으니, 마땅히 그 政事를 주지住持하는 연유를 잘 살펴야 한다.

내 살피건대 하夏나라 걸왕桀王과 상商나라 주왕紂王이 천하를 잃은 것은 무엇 때문인가? 그 백성을 잃었기 때문이다. 걸왕桀王과 주왕紂王이 백성을 잃은 것은 무엇 때문인가? 그 백성의 마음을 잃었기 때문이다.

잃은 이유를 알면 곧 그것을 얻을 바를 알 수 있다. 그러므로 천하를 얻는데 道가 있으니, 오직 그 백성을 얻으면 사람을 얻고 땅을 얻을 수 있으니 이에 천하를 얻을 수 있다. 그 백성을 얻는데 道가 있으니 오직 그 마음을 얻으면 가까운 자는 기뻐하고 멀리 있는 자는 찾아오니, 이에 그 백성을 얻을 수 있다. 그 마음을 얻는데 道가 있으니 무릇 민심民心이 하고자 하는 바를 모두 주어서 모으게 하고, 민심民心이 싫어하는 바를 모두 베풀지 말 따름이다. 이와 같이 하면 그 마음을 얻어 백성들이 돌아와 의지할 것이다.

**주해**

- 政(정) : 정사政事를 주지住持하다.

民之歸仁也ㅣ猶水之就下며 獸之走壙也니라

**"백성들이 인정仁政에 귀부歸附하는 것은 물이 아래로 흘러가며, 짐승들이 들판으로 달려가는 것과 같다."**

壙은 廣野也라
言民之所以歸乎此는 以其所欲之在乎此也니라

'광壙'은 광야廣野이다.

백성들이 이곳으로 돌아오는 이유는 그들이 원하는 바가 여기에 있기 때문이라는 말이다.

주해

- 歸(귀) : 돌아와 의지하다. 곧 '귀부歸附'의 뜻이다.
  신안진씨新安陳氏가 말했다. "所欲與聚, 所惡勿施, 卽所以仁民也, 故民歸之."(大全註疏)
- 壙(들판 광)

【備旨】

夫所欲與聚하고 所惡勿施는 卽所謂仁也니 仁則歸之矣라 故로 民之歸於吾仁也ㅣ亦猶水性之就下하여 沛然而往하며 獸性之走壙하여 羣然而奔也라 然則仁亦民之下也壙也니 孰能禦其歸哉아

"무릇 하고자 하는 바를 주어서 모으게 하고, 싫어하는 바를 베풀지

않는 것이 곧 이른바 인仁이니, 인仁을 하면 곧 백성들이 돌아와 의지한다. 그러므로 백성들이 나의 인정仁政에 돌아와 의지하는 것이 또한 마치 물의 성질이 아래로 향하여 패연沛然히 흘러가는 것과 같으며, 짐승의 성질이 들판에 달려 무리지어 달리는 것과 같다. 그러므로 인仁은 또한 백성들이 물처럼 흘러가고 짐승처럼 달려가는 곳이니, 누가 능히 인정仁政에 귀부歸附하는 것을 막을 수 있겠는가?"

故로 爲淵敺魚者는 獺也요 爲叢敺爵者는 鸇也요 爲湯武敺民者는 桀與紂也니라

**"그러므로 깊은 연못을 위하여 물고기를 몰아주는 것은 수달이요, 숲을 위하여 참새는 몰아주는 것은 새매요, 탕왕湯王과 무왕武王를 위하여 백성을 몰아주는 자는 걸왕桀王과 주왕紂王이니라."**

淵은 深水也라 獺은 食魚者也라 叢은 茂林也라 鸇은 食雀者也라
言民之所以去此는 以其所欲在彼而所畏在此也니라

'연淵'은 깊은 물이다. '달獺'은 물고기를 잡아먹는 동물이다. '총叢'은 무성한 숲이다. '전鸇'은 참새를 먹는 새이다.

백성들이 이곳을 떠나는 이유는 백성들이 하고자 하는 바가 저기에 있고, 두려워하는 바가 여기에 있기 때문이라는 말이다.

**주해**

● 敺(구) : 내몰다. 곧 '박축迫逐'의 뜻이다. '구敺'는 '구驅'와 같다. 敺(몰 구)

驅(말몰 구)

- 爵(작) : 참새. '작雀'과 같다. 爵(참새 작)
- 新安陳氏가 말했다. "彼爲湯武, 此爲桀紂, 如魚雀之可全生者在淵叢, 而得免死于獺鸇也."(大全註疏)

  "湯武比淵叢, 所以生民者. 桀紂比鸇獺, 所以害民者."(四書補註備旨)
- 獺(수달 달) 叢(무더기 총) 鸇(새매 전)

【備旨】

民歸仁之切이 如此어늘 而況乎有不仁者之迫其後乎아 故로 魚畏獺而歸淵하니 是爲淵敺魚者는 獺也요 爵畏鸇而歸叢하니 是爲叢敺爵者는 鸇也요 民畏桀紂之暴而歸湯武之仁하니 是爲湯武敺民者는 桀與紂也라 夫民本欲歸湯武之仁이어늘 又有桀紂不仁者ㅣ爲之敺하니 甚矣라 仁之勝不仁也여

백성들이 인정仁政에 귀부하는 것이 이처럼 절실하거늘, 하물며 불인不仁한 자가 그 뒤를 박축迫逐하고 있음에랴. 그러므로 물고기는 수달이 두려워 깊은 연못으로 돌아가니, 이는 연못을 위해 물고기를 몰아주는 것은 수달이다.

참새는 매가 두려워 숲으로 돌아가니, 이는 숲을 위하여 참새를 몰아주는 것은 새매이다. 백성들은 걸왕桀王과 주왕紂王의 포학함을 두려워하여 탕왕湯王과 무왕武王의 인仁에 돌아가니, 이는 탕왕湯王과 무왕武王을 위하여 백성을 몰아주는 자는 걸왕桀王과 주왕紂王이다.

무릇 백성들이 본래 탕무湯武의 인정仁政으로 돌아가고자 하였는데, 또한 걸주桀紂와 같이 불인不仁한 자들이 백성들을 내몬 것이다. 심하도다, 인仁이 불인不仁을 이길 수 없음이여!

今天下之君이 有好仁者면 則諸侯ㅣ皆爲之敺矣리니 雖欲無王이나 不可得已니라

**"지금 천하의 인군人君 중에 인仁을 좋아하는 자가 있다면, 곧 제후諸侯들이 모두 그를 위하여 백성을 몰아줄 것이니, 비록 왕 노릇을 하고 싶지 않아도 그렇게 할 수 없을 것이다."**

주해

● 신안진씨新安陳氏가 말했다. "好仁之君出, 不仁者, 皆爲敺民以歸之."(大全註疏)

【備旨】

夫湯武好仁而桀紂爲之敺하니 可見仁爲君之所尚耳라 若今天下之君이 有能與聚勿施하여 實心好仁者면 卽當時之湯武요 斯民之淵叢也니 彼列國諸侯之不仁者ㅣ皆爲之敺民而歸之矣리라 是以로 得其民이면 斯得天下리니 雖欲無如湯武之王이나 不可得而辭已니라

무릇 탕왕湯王과 무왕武王이 인仁을 좋아하여 걸왕桀王과 주왕紂王이 그들을 위하여 백성을 몰아주니, 인仁은 인군人君이 숭상할 바임을 알 수 있다. 만약 지금 천하의 인군人君 중에 능히 백성들이 하고자 하는 것을 주어서 모으게 하고, 백성들이 싫어하는 것을 베풀지 않으며 진실한 마음으로 인仁을 좋아하는 자가 있다면, 곧 당시의 탕왕과 무왕이다. 이는 백성들의 깊은 연못과 무성한 숲과 같으니, 저 열국의 제후 중에 불인不仁한 자들이 모두 그를 위하여 백성을 몰아서 귀부歸附하게

할 것이다.

이로써 그 백성을 얻으면 이에 천하를 얻을 것이니, 비록 탕왕과 무왕 같은 왕이 되고 싶지 않더라고 가히 사양할 수 없을 것이다.

**今之欲王者는 猶七年之病에 求三年之艾也니 苟爲不畜이면 終身不得하리니 苟不志於仁이면 終身憂辱하여 以陷於死亡하리라**

**지금 왕 노릇을 하고자 하는 자는 칠년 된 병에 삼년 묵은 쑥을 구하는 것과 같으니, 진실로 쌓아두지 않으면 종신토록 얻지 못할 것이다. 그러므로 진실로 인仁에 뜻을 두지 않으면 종신토록 근심과 치욕을 당하여 죽음에 이를 것이다.**

艾는 草名이니 所以灸者니 乾久益善이라. 夫病已深而欲求乾久之艾에 固難卒辦이라 然이나 自今畜之 則猶或可及어니와 不然則病日益深하고 死日益迫하여도 而艾終不可得矣리라

'애艾'는 풀이름으로 뜸을 뜨는 것이니 오래 말릴수록 좋은 것이다. 무릇 병이 이미 깊어져서 오래말린 쑥을 구하려고 하면 진실로 갑자기 구하기가 어려운 법이다. 그러나 지금부터 이를 모아 두면 오히려 혹 미칠 수 있다. 그렇지 않으면 병이 날로 더욱 심해지고 죽음이 날로 더욱 급박해져도 끝내 쑥을 얻지 못할 것이다.

**주해**

● 憂辱(우욕) : 근심과 치욕.

《북제서北齊書·문양기文襄紀》에 나온다. "東魏主不堪憂辱, 詠謝靈運詩曰 '韓亡子房奮, 秦 帝魯連恥. 本自江海人, 忠義感君子.' 因流涕." 堪(견딜 감)

- 운봉호씨雲峰胡氏가 말했다. "三年之艾, 不能畜之平日, 而自今畜之猶可也. 是故爲仁者, 平日旣無積久之功, 今日不可無必爲之志."(大全註疏)
- 灸(뜸 구) 辦(힘쓸 판)

【備旨】

然이나 致王은 固在於仁이니 而行仁를 又不可緩也라 今之欲王者는 平日大失民心하여 以至於國勢憂辱하여 死亡將至矣니 在乎急行仁政以救之요 猶七年之病은 病根深矣니 在乎急求三年乾久之艾以治之也라 三年之艾를 旣不畜於平時나 然이나 自今畜之면 則猶或可及이어니와 苟爲不畜이면 則終身不得而病終不免於死亡矣리라

然則今之諸侯ㅣ平日旣無積久之功이니 今日不可無必爲之志라 苟及今不志於仁이면 將見國事日非하고 人心日去리니 因循至於終身하여 惟有憂辱相尋以陷於死亡而已리라

그러나 왕 노릇을 하게 만드는 것은 진실로 인仁에 있으니, 인정仁政을 또한 늦출 수가 없다.

지금 왕 노릇을 하고자 하는 자는 평소 민심民心을 크게 잃어 국세國勢가 근심과 치욕을 당하여 장차 죽음에 이를 것이니, 급히 인정仁政을 행하여 이를 구제하는데 마음을 써야 한다. 이는 마치 칠년 된 병의 뿌리가 깊으니, 급히 삼년 동안 오래 말린 쑥으로 이를 치료하는데 마음을 써야 하는 것과 같다.

그러나 삼년 묵은 쑥을 이미 평시에 쌓아두지 못했으나, 지금부터

라도 쌓아간다면 오히려 혹 가히 미칠 수 있을 것이다. 만일 쌓지 않는다면 종신토록 얻지 못하여 병이 들어 끝내 죽음을 면하지 못할 것이다.

그러므로 지금의 제후들이 평소 이미 오래도록 쌓아둔 공이 없으니, 오늘날 반드시 실천하려는 뜻이 없어서는 안 된다. 만일 지금까지 인仁에 뜻을 두지 않았다면, 장차 국사國事가 날로 잘못되고 인심人心이 날로 이반離反되는 것을 볼 수 있으니, 인순因循하여 종신토록 오직 근심과 치욕만이 서로 찾아들어 죽음에 이르게 될 따름이다.

**주해**

- 在乎(재호) : 개의介意하다. 곧 좋지 않은 일에 마음을 쓴다는 뜻이다. '개의介意' 또는 '재의在意'와 같다.
- 必爲之志(필위지지) : 반드시 실천하려고 하는 뜻(의지).
  〈논어論語·헌문憲問〉 편에 나온다. "子曰, 其言之不怍, 則爲之也難." 이에 대해 주희朱熹는 "大言不慙, 則無必爲之志, 而自不度其能否矣, 欲踐其言, 豈不難哉."라고 했다. 怍(부끄러워할 작) 慙(부끄러울 참) 度(헤아릴 탁)
- 及今(급금) : 지금까지.
  당唐나라 한유韓愈의 〈송호남이정자서送湖南李正字序〉에 나온다. "往時侍禦有無盡費於朋友. 及今則又不忍其三族之寒饑, 聚而館之, 疏遠畢至."
- 因循(인순) : 답습踏襲하다. 구습舊習을 그대로 따르다.

**詩云 其何能淑이리오 載胥及溺이라하니 此之謂也니라**

**"《시경詩經》에 이르기를 '그 어찌 능히 선善하리오? 곧 서로 빠지게 된다.' 라고 하였으니, 이것을 말한 것이다."**

詩는 大雅桑柔之篇이라 淑은 善也라 載는 則也라 胥는 相也라
言今之所爲가 其何能善이리오 則相引以陷於亂亡而已니라

'시詩'는 〈대아大雅·상유桑柔〉 편이다. '숙淑'은 선善이다. '재載'는 '곧'의 뜻이다. '서胥'는 서로이다.

지금 하는 바가 그 어찌 능히 선善하리오? 곧 서로 이끌어 난망亂亡에 빠질 뿐이라는 말이다.

**주해**

- 亂亡(난망) : 패란敗亂하여 멸망滅亡하다.
  《관자管子·명법明法》에 나온다. "人主專以其威勢予人, 則必有劫殺之患. 專以其法制予人, 則必有亂亡之禍." 劫(위협할 겁)
- 신안진씨新安陳氏가 말했다. "此章綱領在一'仁'字. 仁民之要, 在所欲與聚所惡勿施. 能如是, 則可以謂之好仁, 而不仁者皆將驅民以歸之, 其王天下也孰御."(大全註疏)

【備旨】

> 觀於大雅桑柔之詩에 云 今之所爲ㅣ其何能以自善乎아 載相與及於陷溺而已라하니 此卽終身憂辱하여 以陷於死亡之謂也라
> 然則欲免桀紂之死亡而王天下者ㅣ奈何不志湯武之仁耶아

〈대아大雅· 상유桑柔〉의 시詩를 살피건대, 시詩에 이르기를 '지금 하는 바가 그 어찌 능히 스스로 선善할 수 있겠는가? 곧 서로 더불어 함닉陷溺하게 될 따름이다.'라고 하였으니, 이는 곧 종신토록 우욕憂辱

을 당하여 죽음에 빠진다는 말이다.

그러므로 걸왕桀王과 주왕紂王같은 죽음을 면하고 천하에 왕 노릇을 하려고 하는 자가 어찌 탕왕湯王과 무왕武王의 인정仁政에 뜻을 두지 않겠는가?

**주해**

- 陷溺(함닉) : 백성을 깊은 물과 뜨거운 불속에 빠뜨리다. 곧 남에게 해를 입힌다는 말이다. 陷(빠질 함)
  《맹자孟子·양혜왕상梁惠王上》에 나온다. "彼陷溺其民, 王往而征之, 夫誰與王敵."

## [7·10]

孟子曰 自暴者는 不可與有言也요 自棄者는 不可與有爲也니 言非禮義를 謂之自暴也요 吾身不能居仁由義를 謂之自棄也니라

**맹자 가라사대 "스스로 해치는 자는 가히 더불어 말할 수 없으며, 스스로 버리는 자는 가히 더불어 일할 수 없다.**
**말하는데 예의禮義를 무너뜨리는 것을 '자포自暴'라고 하고, 내 몸이 능히 인仁을 보존하고 의義를 행하지 못하는 것을 '자기自棄'라고 한다."**

暴는 猶害也요 非는 猶毁也라

自害其身者는 不知禮義之爲美而非毁之하니 雖與之言이라도 必不見信也요 自棄其身者는 猶知仁義之爲美로되 但溺於怠

惰하여 自謂必不能行이니 與之有爲라도 必不能勉也라

程子曰 人苟以善自治면 則無不可移者니 雖昏愚之至라도 皆可漸磨而進也라 惟自暴者는 拒之以不信하고 自棄者는 絶之以不爲하나니 雖聖人與居라도 不能化而入也니 此所謂下愚之不移也니라

'포暴'는 해害와 같다. '비非'는 훼毁와 같다. 스스로 그 몸을 해치는 자는 예의禮義가 아름다운 이유를 알지 못해 이를 해치는 것이니, 비록 그에게 말을 해주어도 반드시 믿어주지 않을 것이다. 스스로 그 몸을 버리는 자는 오히려 인의仁義가 아름다운 이유를 알되 다만 태타怠惰함에 빠져 스스로 반드시 행할 수 없다고 말하니, 그와 더불어 행하더라도 반드시 능히 힘쓰지 못할 것이다.

정자程子[정이程頤] 가로되 "사람이 만일 선善으로 자신을 다스리면 곧 변하지 못할 것이 없으니, 비록 지극히 혼우昏愚한 자일지라도 모두 점차 교화되어 나아갈 수 있다. 오직 스스로 해치는 자는 이를 거부하고 믿지 않으며, 스스로 버리는 자는 이를 끊고 행하지 않으니, 비록 성인이 더불어 거할지라도 능히 교화하여 들어갈 수 없다. 이것이 이른바 '하우불이下愚不移'라는 것이다."

**주해**

- 居仁由義(거인유의) : 마음에 인仁을 보존하고 일을 행하는데 의義를 따르다. '거居'와 '유由'는 모두 '위爲'字의 뜻이다.
  《맹자孟子·진심상盡心上》에 나온다. "居仁由義, 大人之事備矣."
  "居由皆作爲字."(四書補註備旨)
  주자朱子가 말했다. "言非禮義, 以禮義爲非, 而拒之以不信. 自暴, 自賊害也. 吾身不能居仁由義, 自謂不能而絶之以不爲, 自棄自棄絶也."(大全註疏)
- 不移(불이) : 변하지 않다. 下愚不移

《논어論語·양화陽貨》 편에 나온다. "唯上智與下愚不移."

● 漸磨(점마) : 물이 점차 스며들다. 곧 교화에 감화된다는 뜻이다. '점마漸摩'와 같다. 摩(갈 마)
《한서漢書·동중서전董仲舒傳》에 나온다. "漸民以仁, 摩民以誼." 이에 대해 안사고顔師古의 註에 "漸謂浸潤之, 摩謂砥礪之也."라고 했다. 砥(숫돌 지) 礪(숫돌 려)

【備旨】

孟子ㅣ戒暴棄者之自絶乎道也曰 仁義之道를 人人有之하니 孰不欲其與有言也며 與有爲也리오 惟自暴害其身者는 以不才而自安하니 不可與之以有言也요 惟自廢棄其身者는 以無志而自諉하니 不可與之以有爲也라
何謂自暴오 彼不知禮義之爲美하여 而言非毁乎禮義者를 此所以謂之自暴也니 以斯人而與之言禮義면 必不見信이리니 尙可與有言乎아
何謂自棄오 彼猶知仁義之爲美로되 而溺於怠惰하여 自謂吾身必不能居仁由義者를 此所以謂之自棄也니 以斯人而與之爲乎仁義면 必不能勉이리니 尙可與有爲乎아

맹자께서 자포자기自暴自棄하는 자가 스스로 道를 끊는 것을 경계하여 가라사대 "인의仁義의 道를 사람마다 지니고 있으니, 누가 그와 더불어 말하지 않고 행하지 않으려고 하겠는가? 오직 스스로 그 몸을 해치는 자는 재주가 없다고 하여 스스로 안주를 하니 가히 그와 더불어 말을 할 수 없다. 오직 스스로 그 몸을 버리는 자는 의지가 없다고 하여 스스로 핑계를 대니 가히 그와 더불어 행할 수 없다.
무엇을 '자포自暴'라고 하는가? 저 예의禮義가 아름다운 이유를 알지

못하고 예의禮義를 비방하고 헐뜯는 자, 이들을 자기自暴라고 말한다. 이런 사람과 더불어 예의를 말하면 반드시 믿음을 받지 못할 것이니, 오히려 가히 더불어 말할 수 있겠는가?

무엇을 '자기自棄'라고 하는가? 저 오히려 인의仁義가 아름다운 이유는 알지만 태타怠惰에 빠져, 스스로 내 몸은 반드시 인仁을 보존하고 의義를 행할 수 없다고 말하는 자, 이들을 '자기自棄'라고 말한다. 이런 사람과 더불어 인의仁義를 행하면 반드시 힘쓰지 못할 것이니, 오히려 가히 더불어 행할 수 있겠는가?"

## 仁은 人之安宅也이요 義는 人之正路也라

**"인仁은 사람의 편안한 집이요, 의義는 사람의 바른 길이니라."**

仁宅은 已見前篇이라 義者는 宜也니 乃天理之當行이요 無人欲之邪曲이라 故로 曰正路라하니라

'인택仁宅'은 이미 전편에 보인다. '의義'는 마땅함이니, 이에 천리天理의 마땅히 행할 바이며, 인욕人欲의 사곡邪曲이 없기 때문에 '정로正路'라고 말한 것이다.

【備旨】

夫暴棄者之自絶乎仁義ㅣ如此하니 亦未知仁義爲人所固有耳라 仁則天理之公이요 無一毫人欲之傾危하니 不但爲人之宅而爲人之安宅也라 義則天理之宜요 無一毫人欲之邪枉하니 不但爲人之路而爲人之正路也라

무릇 자포자기自暴自棄한 자가 스스로 인의仁義를 끊은 것이 이와 같으니, 또한 인의仁義가 사람의 고유固有한 것임을 알지 못할 뿐이다.

인仁은 천리天理의 공정함이요 일호一毫라도 인욕人欲의 위태로움이 없으니, 다만 사람의 집이 될 뿐 아니라 사람의 안택安宅이 된다. 의義는 천리天理의 마땅함이요 일호一毫라도 인욕人欲의 사왕邪枉이 없으니, 다만 사람이 길이 될 뿐 아니라 사람의 정로正路가 된다.

**주해**

- 固有(고유) : 본디 지니고 있다.
  《주역周易·익괘益卦》에 나온다. "益用凶事, 固有之也."
- 傾危(경위) : 한 쪽으로 기울어 위태로움. '경복傾覆'과 같다. 覆(뒤집힐 복)
  한漢나라 가의賈誼의 《신서新書·과진하過秦下》에 나온다. "借使秦王論上世之事, 並殷周之跡, 以禦其政, 後雖有淫驕之主, 猶未有傾危之患也."

## 曠安宅而弗居하며 舍正路而不由하나니 哀哉라

**"안택安宅을 비워두고 살지 않으며, 정로正路를 버리고 가지 않으니 슬프도다!"**

曠은 空也라 由는 行也라
此章은 言道本固有로되 而人自絶之하니 是可哀也라
此는 聖賢之深戒니 學者ㅣ所當猛省也라

'광曠'은 비우는 것이다. '유由'는 가다는 뜻이다.

이 장章은 '道란 본래 고유固有한 것인데 사람들이 스스로 이를 끊으니 가히 슬프다'고 말한 것이다.

이는 성현聖賢이 깊이 경계한 것이니, 배우는 자가 마땅히 깊이 반성할 바이다.

**주해**

- 猛省(맹성) : 깊이 반성하다. 猛(심할 맹)
  《朱子語類》 권13에 나온다. "人心之公, 每爲私欲所蔽, 所以更放不下. 但常常以此兩端體察, 若見得時, 自須猛省, 急攞脫出來."
- 주자朱子가 말했다. "曠其安宅, 則必放僻邪侈, 而安其所不可安之居矣. 舍其正路, 則必行險僥幸, 而由其所不可由之途矣. 安宅正路, 人皆有之, 而自暴自棄以至于此, 是可哀也."(大全註疏) 僥(바랄 요)
- 曠(빌 광) 舍(버릴 사)

【備旨】

夫仁爲人之安宅이니 則人當終身居之ㅣ可也요 義爲人之正路니 則人當終身由之ㅣ可也어늘 何自暴自棄者ㅣ曠吾身之安宅而弗居하며 舍吾身之正路而弗由하나니 不亦深可哀哉아 知暴棄者之可哀면 則所以體乎仁義者ㅣ不容諉矣니라

무릇 인仁은 사람의 안택安宅이니 사람이 마땅히 종신토록 그 곳에 사는 것이 옳으며, 의義는 사람의 정로正路이니 사람이 마땅히 종신토록 그 길을 가는 것이 옳다. 그런데 어찌 자포자기自暴自棄한 자가 내 몸의 안택安宅을 비워두고 살지 않으며, 내 몸의 정로正路를 버려두고 가지 않으니 또한 심히 슬프지 않겠는가?

자포자기自暴自棄한 자가 슬프다는 것을 안다면 곧 인의仁義를 체득한 자가 핑계를 용납하지 않게 될 것이다.

[7·11]

孟子曰 道在爾而求諸遠하며 事在易而求諸難하나니 人人이 親其親하며 長其長이면 而天下ㅣ平하리라

**맹자 가라사대 "道가 가까이 있거늘 멀리서 이를 구하며, 일이 쉬운 데 있거늘 어려운 곳에서 이를 구한다. 사람마다 그 어버이를 친하게 여기고, 그 어른을 어른으로 여기면, 천하가 다스려질 것이다."**

親長은 在人에 爲甚邇하고 親之長之는 在人에 爲甚易니 而道初不外是也라 舍此而他求면 則遠且難而反失之니 但人人이 各親其親하고 各長其長이면 則天下ㅣ自平矣리라

'친親'과 '장長'은 사람에게 매우 가까운 것이며, '친지親之'와 '장지長之'는 사람에게 매우 쉬운 것이니, 道가 애초에 이를 벗어나지 않는다. 이것을 버리고 다른 것을 구하면, 곧 멀고도 어려워서 도리어 잃게 될 것이다. 다만 사람마다 각각 그 어버이를 친히 여기고 각각 그 어른을 어른으로 여기면 천하가 저절로 다스려질 것이다.

주해

- 道在爾(도재이) : 道가 가까운데 있다. '도道'는 '당연한 이치'이다. '이爾'는 '이邇'와 같다. 邇(가까울 이)
  "道指當然之理言. 爾同邇."(四書補註備旨)
- 事(사) : 여기서는 '당연한 이치를 체현하는 것'을 말한다.
  "事指體此道言."(四書補註備旨)
- 운봉호씨雲峰胡氏가 말했다. "此道字是天理之自然, 此事字是人爲之當然."(大全註疏)

【備旨】

孟子ㅣ示人以求道於近易也하여 曰道之不明하여 不行於天下者ㅣ豈徒不求者之罪哉아 亦過求者之失也라 彼率性之謂道니 道本在爾也나 而乃求諸遠하며 行道之謂事니 事本在易也나 而乃求諸難하나니 孰知親之當親長之當長은 道之在人에 爲甚爾하고 親吾之親長吾之長은 事之在人에 爲甚易리오
誠使人人이 各親其親以盡乎人子之事하며 各長其長以盡乎人弟之事면 則家皆孝悌하고 俗皆仁義하며 道德可壹하고 風俗可同하여 蕩平之化ㅣ已臻하여 而天下ㅣ自平矣리니 人何必求之遠且難哉아

맹자께서 사람들에게 道를 가깝고 쉬운 데서 구할 것을 보여 가라사대 "道가 밝혀지지 않아 천하에 행해지지 않는 것이 어찌 한갓 구하지 않는 자의 죄이겠는가? 또한 지나치게 구하는 자의 잘못인 것이다.

저 성품을 따르는 것을 '도道'라고 하니, 도道는 본래 가까운 곳에 있거늘 이에 멀리서 구한다. 도道를 행하는 것을 '사事'라고 하니, 사事는 본래 쉬운 곳에 있거늘 이에 어려운데서 구한다.

그러므로 어버이를 마땅히 친하게 여기고 어른을 마땅히 어른으로 여기는 것은 道가 사람에게 매우 가까운 것이며, 나의 어버이를 친하게 여기고 나의 어른을 어른으로 여기는 것은 사事가 사람에게 매우 쉽다는 것을 누가 알겠는가?

가령 사람마다 각각 그 어버이를 친하게 여겨 자식의 일을 다하고, 각각 그 어른을 어른으로 여겨 손아래사람의 일을 다하면, 집안이 모두 효도하고 공손하며, 풍속이 모두 어질고 의로우며, 도덕이 가히 한

결 같고 풍속이 가히 동화되어, 탕평蕩平의 교화가 이미 이르게 되어 천하가 저절로 다스려질 것이다. 그러므로 사람이 어찌 반드시 멀고 어려운데서 구할 필요가 있겠는가?"

주해

- 誠使(성사) : 가령假令. 가사假使.
  송宋나라 왕안석王安石의 《상인서上人書》에 나온다. "所謂辭者, 猶器之有刻鏤繪畫也, 誠使巧且華, 不必適用 ; 誠使適用, 亦不必巧且華." 鏤(새길 루)
- 蕩平(탕평) : 소탕하여 평정시키다.
  한漢나라 완우阮瑀의 《위조공작서여손권爲曹公作書與孫權》에 나온다."幸蒙國朝將泰之運, 蕩平天下, 懷集異類."
- 臻(이를 진)

[7·12]

孟子曰 居下位而不獲於上이면 民不可得而治也리라 獲於上이 有道하니 不信於友면 弗獲於上矣리라 信於友ㅣ有道하니 事親弗悅이면 弗信於友矣리라 悅親이 有道하니 反身不誠이면 不悅於親矣리라 誠身이 有道하니 不明乎善이면 不誠其身矣리라

맹자 가라사대 "아랫자리에 있으면서 윗사람에게 신임을 얻지 못하면 백성들을 다스릴 수 없을 것이다. 윗사람에게 신임을 얻는 데에는 도道가 있으니, 벗에게 신임을 얻지 못하면 윗사람에게 신임을 얻을

수 없을 것이다. 벗에게 신임을 얻는 데에는 도道가 있으니, 어버이를 섬기는데 기쁘게 해드리지 못하면 벗에게 신임을 얻을 수 없을 것이다. 어버이를 기쁘게 해드리는데 도道가 있으니, 돌이켜 몸에서 구하되 정성스럽지 못하면 어버이를 기쁘게 해드릴 수 없을 것이다. 몸을 정성스럽게 하는데 도道가 있으니, 선善에 밝지 못하면 그 몸을 정성스럽게 할 수 없을 것이다."

獲於上은 得其上之信任也라 誠은 實也라 反身不誠은 反求諸身而其所以爲善之心이 有不實也라 不明乎善은 不能卽事以窮理하여 無以眞知善之所在也라

游氏曰 欲誠其意인댄 先致其知니 不明乎善이면 不誠乎身矣라 學至於誠身이면 則安往而不致其極哉리오 以內則順乎親이요 以外則信乎友요 以上則可以得君이요 以下則可以得民矣리라

'획어상獲於上'은 윗사람의 신임을 얻는 것이다. '성誠'은 성실함이다. '반신불성反身不誠'은 돌이켜 몸에서 구하되 그 선을 행하는 마음에 성실하지 못함이 있는 것이다. '불명호선不明乎善'은 능히 일에 나아가 이치를 궁구하지 못하여, 진실로 선善의 소재所在를 알지 못한 것이다.

유씨游氏[유초游酢] 가로되 "그 뜻을 정성스럽게 하고자 하면 먼저 그 앎을 이루어야 하고, 선善에 밝지 못하면 몸을 정성스럽게 할 수 없다. 배움이 몸을 정성스럽게 하는데 이르면, 어디를 간들 그 앎의 지극함에 이르지 못하겠는가? 안으로는 어버이에게 순응하고, 밖으로는 벗에게 신임을 얻으며, 위로는 인군人君에게 신임을 얻을 수 있고, 아래로는 백성들에게 신임을 얻을 수 있을 것이다."

주해

- 反身(반신) : 돌이켜 자신에게서 구하다. 스스로 검속檢束하다.
  《주역周易·건괘蹇卦》에 나온다. "君子以反身修德."
- 致知(치지) : 궁극의 앎에 도달하다. '치致'는 '추극推極'의 뜻이다. '지知'는 '식識'의 뜻이다.
  《예기禮記·대학大學》에 나온다. "欲誠其意者, 先致其知. 致知在格物." 이에 대해 동한東漢 정현鄭玄의 註에 "知, 謂善惡吉凶之所終始也."·"此致或爲至." 라고 했고, 주희朱熹의 註에 "致, 推極也. 知, 猶識也. 推極吾之知識, 欲其所知無不盡也."라고 했다.
  신안예씨新安倪氏가 말했다. "引大學以證此章, 致知卽所以明善也. 但誠意則以自修之始言, 誠身則以自修之成言. 誠意正心修身, 皆該于誠身二字中矣."(大全註疏)

【備旨】

孟子ㅣ勉人思誠以誠身也하여 曰人之一身ㅣ所處有親友君民이나 而所以聯屬其間者는 惟一誠也라 如居臣下之位而欲治其民인댄 其道在於獲上이니 若不獲信任於上이면 則無以安其位而行其志하여 民不可得而治也리라 然이나 獲於上이 有道하니 其道在乎信友라 苟不取信於友이면 則志行不孚하고 名譽不著하여 弗獲於上矣리라 然이나 信於友ㅣ有道하니 其道在乎悅親이라 苟事親弗得其悅이면 則所厚者ㅣ薄하고 無所不薄하여 弗信於友矣리라 然이나 悅親이 有道하니 其道在於誠身이라 苟反諸身하여 而爲善之心有不誠이면 則外有事親之文하고 內無愛親之實하여 不悅於親矣리라 誠身有道하니 其道在於明善이니 苟不能卽事窮理하여 以眞知善之所在면 則善惡이 不免於混淆하고 好

惡ㅣ多失於自欺하여 不誠其身矣리라
君子能明善以誠身이면 則事親爲實孝요 交友爲實信이요 事君爲實忠이요 治民爲實政이리니 一誠立而萬善從之矣리라

맹자께서 사람들이 성誠을 생각하여 몸을 정성스럽게 할 것을 권면하여 가라사대 "사람의 한 몸이 처한 곳에 어버이와 벗과 인군人君과 백성이 있으나, 그 사이를 잇는 것은 오직 하나의 '성誠'일 뿐이다. 예를 들어 신하의 자리에 있으면서 그 백성을 다스리고자 하면 그 도道가 윗사람[인군人君]의 신임을 얻는데 있으니, 만약 윗사람에게 신임을 얻지 못하면 그 자리에 안주하고 그 뜻을 행하지 못하여 백성을 다스릴 수 없을 것이다.

그러나 윗사람에게 신임을 얻는데 도道가 있으니, 그 도道는 벗에게 신임을 얻는데 달려 있다. 만일 벗에게 신임을 얻지 못하면, 뜻과 행동이 미덥지 못하고 명예가 드러나지 않아 윗사람에게 신임을 얻지 못할 것이다.

그러나 벗에게 신임을 얻는데 도道가 있으니, 그 도道는 어버이를 기쁘게 해드리는데 달려 있다. 만일 어버이를 섬기는데 그 기뻐하심을 얻지 못하면, 두텁게 대할 바가 엷어지고 엷지 않은 곳이 없게 되어 벗에게 신임을 얻지 못할 것이다.

그러나 어버이를 기쁘게 해드리는데 도道가 있으니, 그 도道는 몸을 정성스럽게 하는데 달려 있다. 만일 몸을 돌이켜 선善을 행하는 마음에 성실하지 못함이 있으면, 밖으로는 사친事親의 화려함만 있고 안으로는 애친愛親의 실제가 없어 어버이를 기쁘게 해드리지 못할 것이다.

몸을 정성스럽게 하는데 도道가 있으니, 그 도道는 선善을 밝히는데

달려 있다. 만일 능히 일에 나아가 이치를 궁구하여 진실로 선善의 소재所在를 알지 못한다면, 선악善惡이 혼효混淆함을 면치 못하고, 호오好惡가 대부분 스스로 속이는데 빠져 그 몸을 정성스럽게 할 수 없을 것이다.

군자君子가 능히 선善을 밝혀 몸을 정성스럽게 하면, 어버이를 섬기는데 진실한 효孝를 행하고, 친구를 사귀는데 진실한 믿음을 행하고, 인군人君을 섬기는데 진실한 충忠을 행하고, 백성을 다스리는데 진실한 정사政事를 행하게 될 것이니, 한 가지 '성誠'이 세워지면 만 가지 '선善'이 뒤따르게 될 것이다.

**주해**

- 聯屬(연속) : 서로 잇다. '연접連接'과 같다.
  송宋나라 위경지魏慶之의 《시인옥설詩人玉屑·초학혜경初學蹊徑》에 나온다. "大概作詩, 要從首至尾, 語脈聯屬, 如有理詞狀." 蹊(지름길 혜)
- 文(문) : 무늬. 문채. 곧 화려함을 말한다. '문紋'과 통한다.
- 孚(믿을 부)

## 是故로 誠者는 天之道也요 思誠者는 人之道也라

**"이 때문에 성誠은 하늘의 도道요, 성誠을 생각하는 것은 사람의 도道이니라."**

誠者는 理之在我者ㅣ皆實而無僞니 天道之本然也요
思誠者는 欲此理之在我者ㅣ皆實而無僞니 人道之當然也라

‘성자誠者’는 나에게 있는 이치가 모두 진실되고 거짓이 없으니, 천도天道의 본연本然이다.

‘사성자思誠者’는 나에게 있는 이 이치가 모두 진실되고 거짓이 없기를 바라는 것이니, 인도人道의 당연當然함이다.

**주해**

● 思誠(사성) : 성誠을 생각하다. 성誠을 추구하다.
"思誠如於君民親友間有未實處, 便思去實他."(四書補註備旨)
朱子가 말했다. "明善自是明善, 思誠自是思誠. 明善是格物致知, 思誠是毋自欺謹獨. 明善固所以思誠, 而思誠上面又更有工夫在, 誠者都是實理了. 思誠者, 恐有不實處, 便思去實他. 誠者天之道, 天無不實, 寒便是寒, 暑便是暑, 更不待使他恁地. 聖人仁便眞個是仁, 義便眞個是義, 更無不實處. 常人說仁時恐猶有不仁處, 說義時恐猶有不義處, 便須着思有以實之始得. "(大全註疏) 恁(이같이 임)

【備旨】

夫明善以誠身切要ㅣ如此라 是故로 誠者는 非身外之物也니 乃天道之本然而不容離也요 人心有不實而思以誠之者도 亦非分外之事也니 乃人道之當然而無容諉也라

무릇 선善을 밝혀 몸을 정성스럽게 하는 절요切要가 이와 같다. 이 때문에 ‘성誠’은 몸 밖의 물건이 아니며 천도天道의 본연本然이니, 몸에 떨어져서는 안 된다.

인심人心에 성실하지 않은 점이 있어서 정성스럽게 할 것을 생각하는 것은 또한 분수 밖의 일이 아니며 인도人道의 당연함이니 핑계를 대서는 안 된다.

주해

● 切要(절요) : 요령要領. 강요綱要.

북제北齊 안지추顔之推의 《안씨가훈顔氏家訓·면학勉學》에 나온다. "此事徧於經史, 吾亦不能鄭重, 聊擧近世切要, 以啓寤汝耳."

分外(분외) : 본분本分 밖의 일. 분수 밖의 일.

《삼국지三國志·위지魏志·정욱전程昱傳》에 나온다. "上不責非職之功, 下不務分外之賞, 吏無兼統之勢, 民無二事之役, 斯誠爲國要道, 治亂所由也."

至誠而不動者ㅣ未之有也니 不誠이면 未有能動者也니라

**"지극히 정성스러우면서 남을 감동시키지 못하는 경우가 있지 아니하니, 정성스럽지 못하면서 능히 남을 감동시키는 경우는 있지 않느니라."**

至는 極也라

楊氏曰 動은 便是驗處니 若獲乎上 信乎友 悅於親之類ㅣ是也니라

此章은 述中庸孔子之言하니 見思誠爲修身之本이요 而明善又爲思誠之本이니 乃子思所聞於曾子요 而孟子所受乎子思者라 亦與大學相表裏하니 學者ㅣ宜潛心焉이니라

'지至'는 지극함이다.

양씨楊氏[양시楊時] 가로되 "동動은 곧 효험이 나타나는 곳이니, '획호상獲乎上'·'신호상信乎友'·'열어친悅於親' 같은 경우가 이것이다."

이 장章은 《중용中庸》에 있는 공자孔子의 말씀을 기술한 것이니, '사

성思誠’은 수신修身의 근본이 되고, ‘명선明善’은 또한 사성思誠의 근본이 된다는 사실을 알 수 있다. 이는 바로 자사子思가 증자曾子에게 들은 바요, 맹자孟子가 자사子思에게 전수받은 바이다. 또한 《대학大學》과 서로 표리表裏가 되니, 배우는 자는 마땅히 잠심潛心해야 한다.

**주해**

- 至誠(지성) : 지극한 정성.
  “至誠是由思誠而造於極誠地位. 動是感動意.”(四書補註備旨)
- 경원보씨慶源輔氏가 말했다. “有感必有應, 驗便是應處. 極其誠, 則合內外, 平物我. 感與應, 皆非自外也, 此其所以無有不動者也.”(大全註疏)
- 운봉호씨雲峰胡氏가 말했다. “此所謂‘思誠’, 卽中庸所謂‘誠之’, 其工夫皆兼知行而言, 思誠者修身之本, 是修身以知行爲先. 明善又爲思誠之本, 是知行之中又當以知爲先也.”(大全註疏)

【備旨】

果自思誠而造於至誠이니 誠至면 自能動物이라 以之事親而親悅하고 以之取友而友信하고 以之事君而君用하고 以之治民而民從이니 而猶有不動者ㅣ未之有此理也라 若不造於至誠이면 則未有能動物者也니 人可不盡思誠之功哉아

결과적으로 ‘사성思誠’에서 ‘지성至誠’으로 나아가야 되니, 정성이 지극하면 자연히 사물을 감동시킬 수 있다. 이로써 어버이를 섬기면 어버이가 기뻐하고, 이로써 벗을 사귀면 벗이 믿고, 이로써 인군人君을 섬기면 人君이 등용하고, 이로써 백성을 다스리면 백성들이 따르게 된다. 이렇게 하고서도 남을 감동시키지 못하는 이런 이치는 있지 않다.

만약 지성至誠으로 나아가지 못하면서 능히 사물을 감동시키는 경우가 없으니, 사람이 가히 사성思誠의 공功을 다하지 않겠는가?

[7·13]

孟子曰 伯夷丨辟紂하여 居北海之濱이러니 聞文王作하고 興曰 盍歸乎來리오 吾聞西伯은 善養老者라하고 太公이 辟紂하여 居東海之濱이러니 聞文王作興하고 曰盍歸乎來리오 吾聞西伯은 善養老者라하니라

맹자 가라사대 "백이伯夷가 주왕紂王을 피해 북해의 바닷가에 살고 있었는데, 문왕文王이 일어났다는 소식을 듣고 말하기를 '어찌 돌아가지 않으랴! 나는 서백西伯이 노인을 잘 봉양하는 사람이라고 들었다.' 라고 하였다.
태공太公이 주왕紂王를 피해 동해의 바닷가에 살고 있었는데, 문왕文王이 일어났다는 소식을 듣고 말하기를 '어찌 돌아가지 않겠는가? 나는 서백西伯이 노인을 잘 봉양하는 사람이라고 들었다.' 라고 하였느니라."

作興은 皆起也라 盍은 何不也라
西伯은 卽文王也니 紂命爲西方諸侯之長하여 得專征伐이라 故로 稱西伯이라
太公은 姜姓이요 呂氏니 名尙이라
文王發政에 必先鰥寡孤獨하니 庶人之老丨皆無凍餒라 故로 伯夷太公이 來就其養이요 非求仕也니라

'작作'과 '흥興'은 모두 일어남이다. '합盍'은 '하불何不'의 뜻이다.

'서백西伯'은 곧 문왕文王이니, 주왕紂王이 명하여 서방西方 제후諸侯들의 우두머리가 삼아 정벌征伐을 전담할 수 있게 하였다. 그러므로 '서백西伯'이라 칭한 것이다.

'태공太公'은 강성姜姓이요 여씨呂氏이니 이름은 상尙이다.

문왕文王이 정령政令을 발포發布하는데 반드시 환과고독鰥寡孤獨을 우선하니, 늙은 서인庶人들도 모두 얼어 죽거나 굶어죽는 경우가 없었다. 그러므로 서백伯夷과 태공太公이 찾아와 그 봉양에 나아간 것이요, 벼슬을 구하러 온 것이 아니다.

**주해**

- 辟紂(피주) : 주왕紂王의 재앙을 피하다. '피辟'는 '피避'와 같다. 辟(피할 피)
  "辟紂是避紂之禍亂."(四書補註備旨)
- 作(작) : 일어나다. 곧 문왕文王이 서백西伯의 지위에 오른 것을 말한다.
  "作是起, 在西伯之位."(四書補註備旨)
- 興(흥) : 일어니다. 곧 '분연히 떨치고 일어나다'는 뜻이다.
  "興奮然感發意."(四書補註備旨)
- 發政(발정) : 정령政令을 발포發布하다. 정치적인 조치를 시행하다.
  《묵자墨子·상동상尙同上》에 나온다. "天子發政於天下之百姓, 言曰 '聞善而不善皆以告其上.'"
  《한서漢書·한안국전韓安國傳》에도 나온다. "是以古之人君謀事必就祖, 發政占古語, 重作事也."

【備旨】

孟子ㅣ勉諸侯法文王以行仁政也하여 曰人君이 皆欲爲政於天下나 而卒未得人歸者는 則以仁政不行故也니 試以文王觀之컨댄 昔에 商紂ㅣ毒痛四海하고 播棄黎老어늘 伯夷ㅣ辟紂之亂하여 居北海之濱이러니 蓋非君不事矣라 及聞文

王作爲西伯하여 於是에 奮然興曰 吾盍歸乎來哉아 吾聞西伯은 發政施仁하여 善養老者니 我可歸之하여 以就其養矣라하고
太公ㅣ亦辟紂之亂하여 居東海之濱이러니 蓋非時不出矣라 及聞文王이 作爲西伯하여 於是에 奮然興曰 吾盍歸乎來哉아 吾聞西伯은 發政施仁하여 善養老者니 我可歸之하여 以就其養矣라하니라

맹자께서 제후諸侯들에게 문왕文王을 법으로 삼아 인정仁政을 행할 것을 권면하여 가라사대 "인군人君이 모두 천하에 정사政事를 다스리고자 하나, 끝내 백성들의 귀부歸附를 얻지 못하는 것은 바로 인정仁政을 행하지 않기 때문이다.

시험 삼아 문왕文王을 살피건대, 옛날 상商나라의 주왕紂王이 사해四海를 고통스럽게 만들고 노인들을 방치하자, 백이伯夷가 주왕紂王의 화란禍亂을 피해 북해의 바닷가에 살고 있었으니, 대개 모실만한 인군人君이 아니어서 섬기지 않은 것이다. 그러다가 문왕文王이 일어나 서백西伯이 되었다는 소식을 듣고 이에 분연히 일어나 말하기를 '내가 어찌 돌아가지 않겠는가? 내 듣건대 서백西伯은 정령政令을 발포發布하여 인정仁政을 시행하며 노인을 잘 섬기는 자라고 하였으니, 내가 그에게 귀부歸附하여 그 봉양에 나아갈 수 있다.'라고 하였다.

태공太公이 또한 주왕紂王의 화란禍亂을 피해 동해의 바닷가에 살고 있었으니, 대개 때가 아니어서 출사出仕하지 않은 것이다. 문왕文王이 일어나 서백西伯이 되었다는 소식을 듣고 이에 분연히 일어나 말하기를 '내가 어찌 돌아가지 않겠는가? 내 듣건대 서백西伯은 정령政令을 발포發布하여 인정仁政을 시행하며 노인을 잘 섬기는 자라고 하였으니,

내가 그에게 귀부歸附하여 그 봉양에 나아갈 수 있다.'라고 하였다."

**주해**

- 毒痛(독통) : 고통. 괴롭히다.
  한漢나라 응소應劭의 《풍속통風俗通·궁통窮通·태부여남진번太傅汝南陳蕃》에 나온다. "(陳蕃)從者擊亭卒數下, 亭長閉門, 收其諸生人客, 皆厭毒痛."
- 播棄(파기) : 방치하다. 버리다. 播(버릴 파) 棄(버릴 기)
  《상서尚書·태갑중泰誓中》에 나온다. "今商王受, 力行無度, 播棄犂老, 昵比罪人." 犂(밭갈 리) 昵(친할 닐)

二老者는 天下之大老也而歸之하니 是는 天下之父ㅣ歸之也라 天下之父ㅣ歸之어니 其子ㅣ焉往이리오

**"이 두 노인은 천하의 대로大老인데 문왕文王에게 귀부歸附하였으니, 이는 천하의 부로父老가 귀부歸附한 것이다. 천하의 부로父老가 귀부歸附하였으니, 그들의 자식들이 어디로 가겠는가?"**

二老는 伯夷太公也라 大老는 言非常人之老者라 天下之父는 言齒德皆尊하여 如衆父然이라 旣得其心이면 則天下之心이 不能外矣니라

蕭何所謂養民致賢하여 以圖天下者ㅣ其意暗與此合이라 但其意則有公私之辨하니 學者 又不可以不察也니라

'이로二老'는 백이伯夷와 태공太公이다. '대로大老'는 보통 노인이 아니라는 말이다. '천하지부天下之父'는 나이와 덕이 모두 높아 중부衆父와 같

다는 말이다. 이미 그 마음을 얻은 즉 天下의 마음이 능히 벗어날 수 없는 것이다.

소하蕭何가 소위 '백성을 기르고 어진 이를 초빙하여 천하를 도모한다.'라고 했는데, 그 뜻이 암암리에 이것과 부합된다. 다만 그 뜻은 공사公私의 분별이 있으니, 배우는 자가 또한 살피지 않을 수 없다.

**주해**

- 大老(대로) : 나이가 많고 품덕品德이 높은 사람. '원로元老'와 같다.
  쌍봉요씨雙峯饒氏가 말했다. "旣有齒又有德, 故謂之大老. 若常人則是年老而已."(大全註疏)
- 衆父(중부) : 백성의 우두머리. 곧 국군國君을 말한다.
  《장자莊子·천지天地》 편에 나온다. "雖然, 有族有祖, 可以爲衆父." 이에 대해 성현영成玄英의 소疏에 "父, 君也. 言齧缺高尙無爲, 不夷乎俗, 雖其道可述, 適可以爲衆人之父."
  경원보씨慶源輔氏가 말했다. "衆父二字, 出老子. 集註借用之, 其義則爲衆人之父爾."(大全註疏)
- 蕭何(소하, ?~기원전 193년) : 한漢나라 패인沛人(현 강소성江蘇省 패현沛縣). 일찍이 진나라 말기에 패현의 옥리獄吏가 되었다가, 나중에 유방劉邦을 보좌하여 승상이 되었다.

【備旨】

此伯夷太公之歸文王也니 豈無以係天下之心哉아 蓋二老者는 齒與德이 俱尊하여 非如常人之老니 乃天下之大老也라 旣曰大老면 則爲天下之父요 而天下之民이 皆其子也而歸之하니 是는 天下之父ㅣ歸之也라 天下之父ㅣ歸之니 則父者ㅣ子之所望而從者也라 其子ㅣ又焉往而不歸哉아 此는 文王之能行王政而爲政於天下者也니라

이는 백이伯夷와 태공太公이 문왕文王에게 귀부歸附한 것이니, 어찌 천하의 인심과 관계가 없겠는가? 대개 이로二老는 나이와 덕이 모두 높아서 보통 노인들과 같지 않으니, 곧 천하의 대로大老이다.

이미 '대로大老'라고 말한다면 곧 천하의 부로父老가 되는 것이요, 천하의 백성들이 모두 그 자식이 되어 그에게 귀부歸附하니, 이는 천하의 부로父老가 귀부歸附한 것이다.

천하의 부로父老가 문왕文王에게 귀부歸附하였으니 부로父老는 자식이 바라보고 따르는 자이다. 그러므로 그 자식이 또한 어디를 간들 문왕文王에게 귀부歸附하지 않겠는가? 이는 문왕文王이 능히 왕정王政을 행하여 천하에 정사政事를 다스리는 자이다.

## 諸侯ㅣ有行文王之政者면 七年之內에 必爲政於天下矣리라

**"제후諸侯들 중에 문왕文王의 정사政事를 행하는 자가 있다면, 칠년 안에 반드시 천하에 정사政事를 다스릴 수 있을 것이다."**

## 七年은 以小國而言也니 大國五年은 在其中矣니라

'칠년七年'은 소국小國을 두고 한 말이니, '대국오년大國五年'은 그 안에 들어있다.

**주해**

● 政(정) : 정사政事. 곧 정령政令을 발포發布하고 인정仁政을 시행하는 것으로,

그 안에 양로養老도 포함된다.

"政是發政施仁, 包養老在內."(四書補註備旨)

【備旨】

今之諸侯ㅣ特患其不能行文王之政耳니 有行文王之政하여 以善養老聞者면 則雖以小國所乘之勢라도 吾度其時컨댄 不過七年之內에 亦必人望先歸하여 因以得天下之歸而爲政於天下矣리니 有圖治之志者ㅣ亦何憚而不師文王耶아

지금의 제후諸侯들은 다만 그 문왕文王의 정사政事를 시행할 수 없을까 근심할 뿐이다. 문왕文王의 정사政事를 행하여 노인을 잘 봉양한다고 소문난 자가 있다면, 곧 비록 소국小國의 승세乘勢일지라도 내가 그 때를 헤아리건대 칠년도 지나지 않아 또한 반드시 사람들이 바라며 먼저 귀부歸附할 것이다. 그리고 이로 인하여 천하의 귀부歸附를 얻어 천하에 정사政事를 다스리게 될 것이니, 나라를 다스리는대 뜻을 둔 자가 또한 어찌 꺼려하며 문왕文王을 본받지 않겠는가?

주해

● 圖治(도치) : 나라를 잘 다스릴 방법을 도모하다.

명明나라 유기劉基의 《울리자鬱離子·천리마千里馬》에 나온다. "今之用人也, 徒以具數與? 抑亦以爲良而倚以圖治與?"

《청사고淸史稿·영의친왕전穎毅親王傳》에도 나온다. "圖治在人."

[7·14]

孟子曰 求也ㅣ爲季氏宰하여 無能改於其德이요 而賦粟이 倍他日한대 孔子曰 求는 非我徒也로소니 小子아 鳴鼓而攻之ㅣ可也라하시니라

**맹자 가라사대 "염구冉求가 계씨季氏의 가신家臣이 되어 능히 그 악덕惡德을 바로잡지 못하고, 전부田賦를 징수하는 것이 평일보다 배가 되었다. 그러자 공자孔子께서 '염구冉求는 내 제자가 아니다. 소자小子들아, 북을 울려 그를 책망하는 것이 마땅하다.' 고 말씀하셨느니라."**

求는 孔子弟子冉求라 季氏는 魯卿이라 宰는 家臣이라 賦는 猶取也니 取民之粟이 倍於他日也라 小子는 弟子也라 鳴鼓而攻之는 聲其罪而責之也라

'구求'는 공자孔子의 제자 염구冉求이다. '계씨季氏'는 노魯나라 경대부卿大夫이다. '재宰'는 가신家臣이다. '부賦'는 취함과 같으니, 백성들의 곡식을 평일보다 배로 취하는 것이다. '소자小子'는 제자이다. '북을 울려 그를 책망하는 것'은 그 죄를 성토하여 꾸짖는 것이다.

주해

- 改於其德(개어기덕) : 그(계씨季氏) 악덕惡德을 바로잡다. '개改'는 바로잡는다는 뜻이다. '덕德'은 악덕惡德을 말한다.
  "改指救正意. 德是惡德, 指攘剝說."(四書補註備旨) 攘(제거할 양) 剝(괴롭힐 박)

● 賦粟(부속) : 토지세를 징수하다.
● 倍他日(배타일) : 평소보다 두 배가 되다. '타일他日'은 '평일平日'과 같다. "倍是加倍. 他日是平日."(四書補註備旨)

【備旨】

孟子ㅣ爲當時强戰者罪也하여 曰今之事君者ㅣ類以强兵爲尙矣니 豈知律以聖人之教하고 正以王者之法하니 而罪則甚大者乎아
昔者에 求也ㅣ嘗爲季氏宰하여 無能盡力匡救하고 改其攘奪之惡德하여 而賦民之粟이 且加倍於他日하니 是惟知聚斂而不知恤民하여 有負於聖人之教ㅣ多矣라 孔子ㅣ聞而責之曰 爲吾徒者ㅣ固當上致其君하고 下澤其民이어늘 今求之黨惡害民이 如此하니 殆非我徒也로소니 爾小子아 於求에 有朋友之義하니 當鳴鼓以聲其罪而攻責之하여 使其知改ㅣ可也라하시니 此求之聚斂以益季氏하여 其見棄於孔子也ㅣ如此니라

맹자께서 당시 강전强戰을 일삼는 자를 치죄治罪하여 가라사대 "지금의 인군人君을 섬기는 자들은 대부분 강병强兵을 숭상하니, 성인의 가르침으로 자신을 약속約束하고, 왕자王者의 法으로 자신을 바로잡는다면, 그 죄가 막대하다는 것을 어찌 알겠는가?

옛날 염구冉求가 일찍이 계씨季氏의 가신家臣이 되어 능히 힘을 다해 광구匡救하여 그 백성을 약탈하는 악덕惡德을 바로잡지 못하고, 백성의 곡식을 징수하는데 또한 평일보다 배가 많았다. 이는 오직 거둬들이

는 것만 알고 휼민恤民은 알지 못하여 성인의 가르침을 크게 저버린 것이다.

공자孔子께서 이 소식을 듣고 그를 꾸짖어 말씀하시길 '내 제자가 된 자는 진실로 마땅히 위로는 그 성명聖明한 인군人君을 만들고 아래로는 그 백성에게 은택을 베풀어야 한다. 그런데 지금 염구冉求는 악덕惡德한 무리가 되어 백성을 해치는 것이 이와 같으니, 거의 내 제자라고 할 수 없다. 너희 소자小子들아, 염구冉求에게 붕우朋友의 의리가 있다면, 마땅히 북을 울려 그 죄를 성토하고 꾸짖어서 허물을 고치게 해주는 것이 옳을 것이다.'라고 하셨다.

이는 염구冉求가 취렴聚斂하여 계씨를 이롭게 하니 그가 공자孔子에게 버림받은 것이 이와 같았다."

주해

● 類(류) : 대략. 대부분. '대저大抵'와 같다.
● 强戰(강전) : 강한 군사력을 믿고 싸움을 벌이다. 원래는 고대병서인《백전기략百戰奇略》의 편명으로, 자신의 군사력이 강하고 적의 군사력이 약할 때, 이에 대처하는 원칙과 방법을 기술한 것이다.
"强戰謂恃兵力之强而戰."(四書補註備旨)
● 律己(율기) : 자신의 사욕을 억제하다. '율신律身'과 같다.
송宋나라 악가岳珂의《괴담록愧郯錄·경사목공京師木工》에 나온다. "先朝官吏, 律己之廉, 持論之厚, 又於此乎見之."
● 罪 : 죄를 묻다. '치죄治罪'의 뜻이다.
《한비자韓非子·오두五蠹》편에 나온다. "有過不罪, 無功受賞, 雖亡不變亦可乎?"
● 致君(치군) : 군왕君王을 보좌하여 성명聖明한 인군人君가 되게 하다.
《묵자墨子·친사親士》편에 나온다. "良才難令, 然可以致君見尊."
● 匡(바로잡을 광) 攘(제거할 양)

由此觀之컨댄 君不行仁政而富之면 皆棄於孔子者也니 況於爲之强戰하여 爭地以戰에 殺人盈野하며 爭城以戰에 殺人盈城이온여 此ㅣ所謂率土地而食人肉이라 罪不容於死니라

**"이로 말미암아 살피건대, 인군人君이 인정仁政을 행하지 않는데도 그런 인군人君을 부유하게 만드는 사람은 모두 공자孔子에게 버림을 받았다. 하물며 그런 인군人君을 위해 강전强戰을 벌여서 땅을 다투는 전쟁을 하여 죽은 사람이 들판에 가득하고, 성을 다투는 전쟁을 하여 죽은 사람이 성城안에 가득한 데 있어서 이겠는가!**
**이는 이른바 토지를 이끌고 인육을 먹는 것이니, 그 죄가 죽어도 용납될 수 없다."**

林氏曰 富其君者는 奪民之財耳로되 而夫子猶惡之하시니 況爲土地之故而殺人하여 使其肝腦塗地면 則是率土地而食人之肉이라 其罪之大가 雖至於死라도 猶不足以容之也니라

임씨林氏[임지기林之奇] 가로되 "그 인군人君을 부유하게 만드는 것은 백성의 재물을 빼앗을 뿐이지만, 부자夫子께서는 오히려 이를 미워하셨다. 하물며 토지 때문에 사람을 죽이고 그 간뇌肝腦를 땅에 바르게 만든다면, 이는 토지를 이끌고 사람의 고기를 먹는 것이다. 그러므로 그 막대한 죄는 비록 죽더라도 오히려 용서받을 수 없을 것이다."

**주해**

● 率土地(솔토지) : 토지를 이끌다. '솔率'은 구솔驅率 또는 솔령率領의 뜻이다. 《북사北史·심광전沉光傳》에 나온다. "我等荷國厚恩, 不能死難, 又俛首事讎,

受其驅率, 何用生爲!"俛(숙일 면)

"率是驅率. 土地卽城池."(四書補註備旨)

- 肝腦(간뇌) : 간肝과 뇌腦. 곧 사람의 몸이나 생명을 의미한다.

  한漢나라 사마상여司馬相如의 《유파촉격喩巴蜀檄》에 나온다. "是以賢人君子, 肝腦塗中原, 膏液潤野草而不辭也."

【備旨】

由孔子責求之言觀之컨댄 則凡當時之君이 不能行仁政以裕其民이나 而爲之臣者ㅣ反聚斂於民以富之하니 是皆冉求之類요 見棄於孔子者也라 夫富其君者는 特奪民之財耳요 未至於殺人也로되 尚見棄於孔子ㅣ如此이어늘 況於爲其君之强戰者乎아

强戰者ㅣ爭地以戰이면 則欲求得乎地하여 其勢必至於殺人盈野矣요 爭城以戰이면 則欲求得乎城하여 其勢必至於殺人盈城矣라 夫以土地之故而殺人은 此所謂率土地以食人肉이라 其罪之大ㅣ雖至於死라도 猶不足以容之니 其爲孔子之所棄ㅣ又當何如耶아

공자孔子께서 염구冉求를 꾸짖는 말로 살피건대, 곧 당시의 모든 인군人君들이 능히 인정仁政을 행하여 그 백성을 넉넉하게 살지 못하게 하는데도, 그 신하된 자들이 오히려 백성들의 재물을 거둬들여 그 인군人君을 부유하게 만드니, 이는 모두 염구冉求와 같은 무리들이요 공자孔子에게 버림받은 자들이다.

무릇 그 인군人君을 부유하게 하는 자는 다만 백성의 재물을 빼앗을 뿐, 사람을 죽이는데 이르지 않았으나, 오히려 공자孔子에게 버림받은 것이 이와 같았다. 그러니 하물며 그 인군人君을 위하여 강전强戰하는

자들은 어떠하겠는가?

강전强戰하는 자가 땅을 다투는 전쟁을 하면 곧 땅을 얻기 위하여 그 형세가 반드시 죽은 사람이 들판을 가득 메우게 되고, 성城을 다투는 전쟁을 하게 되면 곧 성城을 얻기 위하여 그 형세가 반드시 사람을 죽여 성안을 가득 메우게 될 것이다.

무릇 토지 때문에 사람을 죽이는 것은 이는 이른바 토지를 이끌고 인육을 먹는 것이다. 그러므로 그 막대한 죄가 비록 죽음에 이르더라도 오히려 용서받을 수가 없으니, 그 공자孔子에게 버림받은 것이 또한 마땅히 어떠하겠는가?

故로 善戰者는 服上刑하고 連諸侯者ㅣ次之하고 辟草萊任土地者ㅣ次之니라

**"그러므로 싸움을 잘하는 자는 상형上刑을 받아야 하고, 제후諸侯들과 합종연횡合縱連橫을 하는 자는 그 다음 형벌을 받아야 하며, 거친 땅을 개간하고 토지를 맡기는 자는 그 다음 형벌을 받아야 한다."**

善戰은 如孫臏吳起之徒요 連結諸侯는 如蘇秦張儀之類라 辟은 開墾也라 任土地는 謂分土授民하여 使任耕稼之責이니 如李悝盡地力과 商鞅開阡陌之類也라

'선전善戰'은 손빈孫臏과 오기吳起 같은 무리이다. '연결제후連結諸侯'는 소진蘇秦과 장의張儀 같은 무리이다. '벽辟'은 개간함이다. '임토지任土地'는 땅을 나누어 백성들에게 주어서 경작하는 책무를 지우는 것이니, 이회李悝가 지력地力을 높이고 상앙商鞅이 천맥阡陌을 개간하도록 한 것

과 같은 경우이다.

**주해**

- 服上刑(복상형) : 극형에 처하다. '복服'은 가加의 뜻이다. '상형上刑'은 극형極刑을 말한다.
  "服, 加也. 上刑是極刑."(四書補註備旨)
- 草萊(초래) : 황무지. 萊(묵은밭 래)
  《관자管子·칠신칠주七臣七主》에 나온다. "主好本, 則民好墾草萊."
  慶源輔氏가 말했다. "戰國之時, 人君之所求, 與士之所以自任者, 不過有此三等. 故孟子因列之, 而言其罪以遏其流. 雖是救時之言, 然士而以此三者得名, 則世德之衰可知矣."(大全註疏)
- 辟(개간할 벽) 臏(종지뼈 빈) 墾(개간할 간) 稼(심을 가) 悝(근심할 리) 鞅(가슴걸이 앙) 陌(두렁 맥)

【備旨】

夫强戰之罪大ㅣ如此하니 因罪定刑而可以知所不赦矣라 故로 善戰者는 當服最上極刑하여 以正其賊君殘民之罪하고 至於縱橫遊說하여 連結諸侯하고 興兵構怨以禍民者는 卽次之하고 變亂井田하고 開闢草萊하여 以其土地分授於民하여 使任耕稼하여 爲聚斂計以害民者는 又卽次之니라 有王者起면 按法以誅所必然者어늘 乃今之諸侯ㅣ不以爲罪而反以爲功은 何哉오 毋惑乎禍亂之相尋而不已也니라

무릇 강전强戰의 죄가 이처럼 크니, 죄에 따라 형벌을 정한다면 가히 용서하지 못할 것을 알 수 있다. 그러므로 싸움을 잘하는 자는 마땅히 최상의 극형을 가하여 그 인군人君을 해치고 백성을 해치는 죄를 바로잡아야 한다. 합종연횡合縱連橫으로 유세하며 제후諸侯들을 연결하고,

전쟁을 일으켜 원한을 맺어서 백성을 괴롭히는 자는 곧 그 다음의 형벌을 받아야 한다. 정전법을 문란하게 하고 황무지를 개간하여 그 토지를 백성들에게 나누어 준 다음, 경작하는 책무를 지워서 백성들의 재물을 거둬들이는 계책으로 삼아 백성을 해치는 자는 또한 그 다음의 형벌을 받아야 한다.

왕도王道를 행하는 자가 나타나면 법에 따라 필연적으로 죽일 것이다. 그런데도 지금의 제후諸侯들이 죄를 묻지 않고 도리어 공으로 여기는 것은 무엇 때문인가? 화란禍亂이 서로 찾아들며 그치지 않는 것에 현혹되지 말라.

**주해**

● 變亂(변란) : 변경하다. 문란하게 하다.
《상서尙書·무일無逸》편에 나온다. "此厥不聽, 人乃訓之, 乃變亂先王之正刑, 至於小大."
搆(이해 못할 구, 끌어당기다, 얽어 만들다)

## [7·15]

**孟子曰 存乎人者ㅣ莫良於眸子하니 眸子不能掩其惡하나니 胸中이 正則眸子瞭焉하고 胸中이 不正則眸子眊焉이니라**

**맹자 가라사대 "사람을 관찰하는 것으로 눈동자 보다 좋은 것이 없으니, 눈동자는 그 악惡을 가리지 못한다. 마음이 바르면 눈동자가 명료하고, 마음이 바르지 못하면 눈동자가 흐리다."**

良은 善也라 眸子는 目瞳子也라 瞭는 明也라 眊者는 蒙蒙하여 目不明之貌라

蓋人與物接之時에 其神在目이라 故로 胸中正則神精而明하고 不正則神散而昏이니라

'양良'은 선善이다. '모자眸子'는 눈동자이다. '료瞭'는 명료함이다. '모眊'는 몽몽蒙蒙하여 눈이 밝지 못한 모양이다.

대개 사람과 사물이 접촉할 때에 그 정신이 눈에 있다. 그러므로 마음이 바르면 곧 정신이 정밀하여 밝고, 바르지 못하면 정신이 흩어져 혼미하게 된다.

주해

- 存(존) : 살피다. '찰察'과 같다.
  《이아爾雅·석고釋詁》에 "存, 察也."라고 했다.
- 蒙蒙(몽몽) : 모호하여 맑지 못한 모양. 蒙(가릴 몽)
  《초사楚辭·구변九辯》에 나온다. "願皓日之顯行兮, 雲蒙蒙而蔽之."
  송宋나라 소식蘇軾의 《대별방장명大別方丈銘》에도 나온다. "閉目而視, 目之所見, 冥冥蒙蒙."
- 경원보씨慶源輔氏가 말했다. "心正則安裕完固, 故其身之見于目者, 精聚而明白. 心不正則警惕掩覆, 故神之見于目者, 渙散而昏暗. 此其所謂不能掩者也."(大全註疏) 惕(두려워할 척) 渙(흩어질 환)
- 眸(눈동자 모) 掩(가릴 엄) 瞭(밝을 료) 眊(눈흐릴 모)

【備旨】

孟子ㅣ論觀人之法하여 曰今之觀人者ㅣ類以其言而已라 以予觀之한대 存乎人者ㅣ莫良於司視之眸子라하니 何也오 人之善惡이 生心하고 心之精神이 見於目하니 意念一起면

卽形於瞻視之間 故로 眸子不能爲人掩其心之惡也라 如胸中正이면 則神精而明하여 眸子瞭焉하고 如胸中不正이면 則神散而昏하여 眸子眊焉하니 眸子之不能掩其惡이 如此라 然則存乎人者ㅣ果孰有良於眸子哉아

맹자께서 사람을 관찰하는 법을 논하여 가라사대 "지금 사람을 관찰하는 자는 대부분 그 말로써 관찰할 따름이다. 내가 보건대 사람을 관찰하는데 보는 것을 주관하는 눈동자 보다 좋은 것이 없으니, 이는 무엇 때문인가?

사람의 선악善惡은 마음에서 생겨나고, 마음의 정신精神은 눈에 나타난다. 생각이 한번 일어나면 곧 바라보는 사이에 나타나게 된다. 그러므로 눈동자는 남들에게 그 마음의 악惡을 감출 수가 없다.

만약 마음이 바르면 곧 정신이 정밀하고 밝아서 눈동자가 명료하게 되고, 만약 마음이 바르지 못하면 곧 정신이 흩어지고 혼미하여 눈동자가 몽몽蒙蒙하게 되니, 눈동자가 그 악惡을 가릴 수 없는 것이 이와 같다. 그러므로 사람을 관찰하는데 과연 무엇이 눈동자 보다 낫겠는가?

## 聽其言也요 觀其眸子면 人焉廋哉리오

**"그 사람의 말을 듣고 그 사람의 눈동자를 살핀다면, 그 사람이 어찌 자신의 마음을 숨길 수 있겠는가?"**

廋는 匿也라 言亦心之所發이라 故로 幷此以觀이면 則人之邪

正을 不可匿矣라 然이나 言猶可以僞爲어니와 眸子則有不容僞者니라

'수廋'는 숨김이다. '언言'은 또한 마음에서 나온 것이다. 그러므로 이것을 아울러 함께 관찰하면, 사람의 사악함과 정직함을 감출 수 없다. 그러나 말은 여전히 거짓으로 할 수 있지만, 눈동자는 거짓을 용납하지 못한다.

주해

● 서산진씨西山眞氏가 말했다. "目者, 精神之所發, 而言者, 心術之所形. 故審其言之邪正, 驗其目之明昧, 而人之賢否不可掩焉. 此觀人之一法也."(大全註疏)
● 물헌웅씨勿軒熊氏가 말했다. "孔子之觀人, 是觀乎其內. 孟子是觀乎其外. 二章互看, 君子小人之情狀不可逃矣."(大全註疏)
● 廋(숨길 수) 匿(숨길 닉)

【備旨】

誠使觀人者ㅣ旣聽其言하여 以審其心之正邪也하고 又觀其眸子하여 以驗其目之明昧면 則其人胸中之正而爲言之善者는 吾得於眸子之瞭에 知之矣요 其人胸中之不正而飾爲言之善者는 吾又得於眸子之眊에 知之矣라
蓋能僞於言이나 而不能僞於眸子하며 能掩於聽이나 而不能掩於觀이니 人之焉得而廋哉리요 然則觀人者는 固當求於聽言之外요 而修己者는 亦當反觀於胸中矣니라

가사 사람을 관찰하는 자가 이미 그 말을 듣고 그 마음의 정사正邪를

살피며, 또한 그 눈동자를 보고 그 눈의 명매明昧를 징험한다면, 그 사람의 마음이 정직하여 말이 선善한 것은 내가 눈동자의 명료함에서 알 수 있다. 그 사람의 마음이 바르지 못하여 선한 말을 꾸미는 것은 내가 또한 눈동자의 몽몽蒙蒙함에서 알 수 있다.

대개 말은 거짓으로 할 수 있으나 눈동자는 거짓으로 꾸밀 수 없으며, 듣는 것은 가릴 수 있으나 보는 것은 가릴 수가 없으니, 사람이 어찌 숨길 수 있겠는가?

그러므로 사람을 관찰하는 자는 진실로 마땅히 듣고 말하는 것 밖에서 구해야 하며, 몸을 닦는 자는 또한 마땅히 돌이켜 마음에서 살펴야 한다.

## [7·16]

孟子曰 恭者는 不侮人하고 儉者는 不奪人하나니 侮奪人之君은 惟恐不順焉이어니 惡得爲恭儉이리오 恭儉을 豈可以聲音笑貌爲哉리오

**맹자 가라사대 "공손한 자는 남을 업신여기지 않고, 검약한 자는 남의 것을 빼앗지 않는다. 남을 업신여기고 남의 것을 빼앗는 인군人君은 오직 자신에게 순종하지 않을까 두려워하니, 어찌 공손과 검약을 행할 수 있겠는가? 공손과 검약을 어찌 음성과 웃는 모습으로 할 수 있겠는가?"**

惟恐不順은 言恐人之不順己라
聲音笑貌는 僞爲於外也라

'유공불순惟恐不順'은 남들이 자신에게 순종하지 않을까 두려워한다는 말이다.

'성음소모聲音笑貌'는 외면상 거짓으로 하는 것이다.

**주해**

- 聲音笑貌(성음소모) : 음성과 웃는 모습. 곧 거짓으로 공검恭儉의 말을 하고, 거짓으로 공검恭儉의 웃는 모습을 꾸미는 것을 말한다.
  "聲音僞爲恭儉之言. 笑貌僞爲恭儉之狀."(四書補註備旨)
- 쌍봉요씨雙峯饒氏가 말했다. "孟子就侮人奪人上說, 見得非泛言恭儉, 亦是爲國君言之. 當時國君必有名爲恭儉者, 但無故而加兵于他人之國, 便是侮人. 無故而就人之土, 便是奪人. 安得謂之恭儉?"(大全註疏)

【備旨】

孟子ㅣ爲時君竊恭儉之名者發也하여 曰恭儉之德은 不容僞爲라 故로 君之恭者는 則用上敬下而不侮人하고 君之儉者는 則取民有制而不奪人하나니 若侮奪人之君은 惟恐人不順其侮奪焉이어니 雖名爲恭儉이나 惡得爲恭儉이리오 然則所謂恭儉者는 特聲音笑貌僞爲於外耳니 夫恭儉美德을 豈可以聲音笑貌爲哉리오

맹자께서 당시의 인군人君 중에 공손과 검약의 명분을 절취竊取하는 자를 위하여 발하여 가라사대 "공검恭儉의 덕은 거짓으로 하는 것을 용납하지 않는다. 그러므로 공손한 인군人君은 곧 윗사람으로서 아랫사람을 공경하여 남을 업신여기지 않고, 검약한 인군人君은 백성에게 취하는데 절제가 있어 남의 것을 빼앗지 않는다.

남을 모욕하고 남의 것을 빼앗는 인군人君은 오직 남들이 자신의 모욕과 약탈에 대해 순종하지 않을까 두려워한다. 그래서 비록 명목상

으로 공검恭儉을 하나, 어찌 공검恭儉을 얻을 수 있겠는가? 그러므로 이른바 '공검恭儉'이란 것은 다만 음성과 웃는 모습을 외면상 거짓으로 지을 뿐이니, 무릇 공검恭儉의 미덕美德을 어찌 음성과 웃는 모습으로 할 수 있겠는가?

주해

- 用上敬下(용상경하) : 윗사람으로서 아랫사람을 공경하다.
《맹자孟子·만장하萬章下》에 나온다. "用下敬上, 謂之貴貴. 用上敬下, 謂之尊賢. 貴貴尊賢, 其義一也."

## [7·17]

淳于髡曰 男女授受不親이 禮與잇가
孟子曰 禮也니라
曰 嫂溺則援之以手乎잇가
曰嫂溺不援이면 是는 豺狼也니 男女授受不親은 禮也요 嫂溺이어든 援之以手者는 權也니라

**순우곤淳于髡이 가로되 "남녀 사이에 물건을 친히 주고받지 않는 것이 예禮입니까?"**
**맹자 가라사대 "예禮이다."**
**가로되 "형수兄嫂가 물에 빠졌다면 곧 손으로 구원해야 합니까?"**
**가라사대 "형수兄嫂가 물에 빠졌는데 구원하지 않는다면, 이는 승냥이나 이리와 같은 자이다. 남녀 사이에 물건을 친히 주고받지 않는 것은 '예禮' 이고, 형수兄嫂가 물에 빠져서 손으로 구원하는 것은 '권도權道' 이다."**

淳于는 姓이요 髡은 名이니 齊之辯士라 授는 與也요 受는 取也라 古禮에 男女不親授受하니 以遠別也하니라 援은 救之也라 權은 稱錘也니 稱物輕重而往來以取中者也라 權而得中이면 是乃禮也니라

'순우淳于'는 姓이요, '곤髡'은 이름이니, 제齊나라의 변사辯士이다. '수授'는 주는 것이요, '수受'는 받는 것이다. 고례古禮에 '남녀가 친히 물건을 주고받지 않는다.'고 했으니, 분별을 멀리하기 위함이다. '원援'은 구원함이다. '권權'은 저울추이니, 물건의 경중輕重을 저울질하여 왔다 갔다 하면서 알맞음을 취하는 것이다. 저울질하여 알맞음을 얻으면 이것이 바로 예禮이다.

주해

- 禮(예) : 예禮. 곧 경상經常의 道를 말한다.
- 權(권) : 권도權道. 곧 통변通變의 道를 말한다.
  송宋나라 손석孫奭의 소疏에 "夫權之爲道, 所以濟變事也, 有時乎然, 有時乎不然, 反經而善, 是謂權道也."라고 했다. 奭(클 석)
  주자朱子가 말했다. "事有緩急, 理有大小, 此等處皆須以權稱之."(大全註疏)
  북제北齊 번손樊遜의 《승중기호대升中紀號對》에 나온다. "投鼠忌器之說, 蓋是常談. 文德懷遠之言, 豈識權道?"
  《구당서舊唐書·위현동전魏玄同傳》에도 나온다. "如今選司所行者, 非上皇之令典, 乃近代之權道."
- 古禮(고례) : 《예기禮記·내칙內則》 편을 말한다. "男不言內, 女不言外, 非祭非喪, 不相授器, 其相授, 則女授以篚, 其無篚, 則皆坐奠之, 而後取之." 篚(대광주리 비) 奠(제사지낼 전)
- 秤錘(칭추) : 저울 추.
  《예기禮記·월령月令》에 나온다. "(仲春之月)角鬥甬, 正權概." 이에 대해 한漢나라 정현鄭玄의 註에 "稱錘曰權."이라 했다. 甬(솟아오를 용) 權(저울

추 권)

● 髡(머리 깎을 곤) 嫂(형수 수) 豺(승냥이 시) 狼(이리 랑)

【備旨】

淳于髡ㅣ因孟子不見諸侯하여 乃設言而問曰 男女ㅣ授受不親이 果古之禮與잇가
孟子ㅣ答曰 此別嫌明微之禮也니라
髡ㅣ又問曰 設或遇嫂之溺於水면 則將救援之以手乎잇가 抑守授受不親之禮 而不救援之乎잇가
孟子ㅣ答曰 嫂溺不以手援이면 是는 忍心害理니 豺狼所爲也라 男女ㅣ授受不親者는 一定之禮也요 嫂溺援之以手者는 一時之權也라 禮行於時之常이니 固不得而越이요 權通於時之變이니 則又有不可得而拘者也니라

순우곤淳于髡이 맹자께서 제후들을 만나지 않음으로 인하여, 이에 가설하여 물어 가로되 "남녀가 친히 물건을 주고받지 않는 것이 과연 옛날의 예禮입니까?"

맹자께서 답하여 가라사대 "이는 혼효混淆한 사물을 분별하고 정미精微한 도리를 을 밝히는 예禮이다."

순우곤淳于髡이 다시 물어 가로되 "가령 형수兄嫂가 물에 빠졌는데 장차 손으로 구원해야 합니까? 아니면 친히 물건을 주고받지 않는 예禮를 지켜 구원하지 말아야 합니까?"

맹자께서 답하여 가라사대 "형수兄嫂가 물에 빠졌는데 손으로 구원하지 않으면 이는 마음을 잔인하게 먹고 이치를 해치는 것이니, 승냥이나 이리가 하는 짓이다. 남녀가 친히 물건을 주고받지 않는 것은 일정一定

한 예禮요, 형수兄嫂가 물에 빠져서 손으로 구원하는 것은 일시一時의 권도權道이다. 예禮는 상시常時에 행해지니 본디 뛰어넘어서는 안 되고, 권權은 변시變時에 통용되니 또한 가히 구애받아서도 안 된다."

**주해**

- 別嫌明微(별혐명미) : 뒤섞여 있는 사물을 변별하고, 정미精微한 도리를 밝혀내다. '혐嫌'은 효잡淆雜한 사물을 말한다. '미微'는 정미精微한 도리를 말한다.
  《예기禮記·예운禮運》 편에 나온다. "禮者君之大柄也, 所以別嫌明微, 儐鬼神, 考制度, 別仁義." 이에 대해 손희단孫希旦의 《집해集解》에 "嫌者, 事之淆雜. 禮以別之, 而嫌者辨矣."라고 했다. 淆(뒤섞일 효)
- 設或(설혹) : 만일. 가령. '가설假設'과 같다.
  《태평광기太平廣記》권82에서 당唐나라 이은李隱의 〈대당기사大唐奇事·관자문管子文〉을 인용하여 "天子無事, 則君之無事, 設或天下有一人失所, 卽罪在天子. 罪在天子, 焉用君相?"라고 말했다.
- 忍心害理(인심해리) : 마음을 잔인하게 먹고 이치를 해치다.
  《시경詩經·대아大雅·상유桑柔》 편에 나온다. "維彼忍心, 是顧是復."

## 曰 今天下溺矣어늘 夫子之不援은 何也잇고

**가로되 "지금 천하가 물에 빠져있는데, 부자夫子께서 구원하지 않으신 것은 무엇 때문입니까?"**

言今天下大亂하여 民遭陷溺하니 亦當從權以援之요 不可守先王之正道也라

지금 천하가 크게 혼란하여 백성들이 물에 빠져 해를 입고 있으

니, 또한 마땅히 권도權道를 좇아 이들을 구원해야 하고, 선왕先王의 정도正道만을 고수해서는 안 된다는 말이다.

주해

- 何也(하야) : 무엇 때문인가? 여기서는 '왜 권도權道를 따르지 않는가?'하고 물은 것이다.
  "何也是怪其不從權意."(四書補註備旨)
- 陷溺(함닉) : 깊은 물과 뜨거운 불속에 빠져 해를 입다.
  《맹자孟子·양혜왕상梁惠王上》에 나온다. "彼陷溺其民, 王往而征之, 夫誰與王敵."

【備旨】

髡ㅣ又問曰 今天下生民困이 如溺於水矣어늘 夫子之抱道自重하여 而不肯從權以救援之는 何오 權可行於援嫂者로되 而不可行於天下也잇고

순우곤淳于髡이 또 물어 가로되 "지금 천하 백성들의 곤궁함이 물에 빠진 것과 같은데, 부자夫子께서 道를 품고 자중自重하며 기꺼이 권도權道를 따라 구원하지 않는 것은 무엇 때문입니까? 권도權道는 형수兄嫂를 구하는 데는 행할 수 있으니 천하를 구하는 데는 행할 수 없는 것입니까?"

주해

- 也(야) : 어조사. 문장 말미에 위치하여 의문을 나타낸다.
  《사기史記·진섭세가陳涉世家》에 나온다. "傭者笑而應曰 '若爲傭耕, 何富貴也?' 陳涉太息曰 '嗟乎, 燕雀安知鴻鵠之志哉!'"

曰 天下溺이어든 援之以道요 嫂溺이어든 援之以手니 子欲手援天下乎아

**가라사대 "천하가 물에 빠졌으면 도道로써 구원하고, 형수兄嫂가 물에 빠졌으면 손으로써 구원하는 법이니, 그대는 나에게 손으로 천하를 구원하라고 하는 것인가?"**

言天下溺이어든 惟道可以捄之니 非若嫂溺可手援也라 今子ㅣ欲援天下하되 乃欲使我枉道求合하니 則先失其所以援之之具矣니 是欲使我以手援天下乎아

此章은 言直己守道가 所以濟時니 枉道殉人은 徒爲失己니라

"천하가 물에 빠졌으면 오직 도道로써 구원할 수 있으니, 형수兄嫂가 물에 빠졌을 때 손으로 구원하는 것과 같지 않다. 이제 그대가 천하를 구원하기 위해 나로 하여금 道를 굽혀 영합하도록 만든다면, 먼저 구원하려고 하는 도구를 잃는 것이다. 이는 나로 하여금 손으로 천하를 구원하라고 하는 것인가?"라고 한 말이다.

이 장에서는 "자신을 곧게 하고 道를 지키는 것이 세상을 구제하는 바이니, 道를 굽혀 남을 따르는 것은 다만 자신의 지조를 잃게 된다."고 말하였다.

**주해**

- 枉道(왕도) : 정도正道를 위배하다. '왕枉'은 위배違背하다는 뜻다. '도道'는 정도正道이다.
  《논어論語·미자微子》 편에 나온다. "柳下惠爲士師, 三黜. 人曰 '子未可以去乎?' 曰 '直道而事人, 焉往而不三黜? 枉道而事人, 何必去父母之邦?'"

주자朱子가 말했다. "古人所以救世, 以有道也. 旣自放倒矣, 天下豈一手可援哉."(大全註疏)

【備旨】

孟子ㅣ答之曰 援嫂與援天下는 其具不同也니 天下溺이어든 必要援之以道요 嫂溺이어든 不過援之以手耳어늘 今子ㅣ欲我枉道以求合하여 已失其援之之具니 其將使我徒手以援天下乎아 子ㅣ不知守道하니 亦何可言行權哉리오

맹자께서 답하여 가라사대 "형수兄嫂를 구원하는 것과 천하를 구원하는 것은 그 도구가 같지 않다. 천하가 물에 빠졌으면 반드시 도道로써 구원해야 하고, 형수兄嫂가 물에 빠졌으면 손으로 구원하는데 지나지 않을 뿐이다.

그런데 지금 그대는 나에게 道를 굽혀 영합하도록 하여 이미 그 구원하는 도구를 잃게 하였으니, 이는 장차 나로 하여금 빈손으로 천하를 구원하라고 하는 것인가? 그대가 道를 지키는 것을 모르니, 또한 어찌 가히 권도權道를 행하는 것을 말할 수 있겠는가?"

[7·18]

## 公孫丑曰 君子之不教子는 何也잇고

**공손추公孫丑 가로되 "군자君子가 친히 자식을 가르치지 않는 것은 무엇 때문입니까?"**

不親敎也라

친히 가르치지 않는 것이다.

【備旨】

公孫丑ㅣ問曰 父之愛子는 天性也니 敎之宜無所不至어늘 乃君子之不親敎其子는 何也잇고

공손추公孫丑가 물어 가로되 "아버지가 자식을 사랑하는 것은 천성天性이니, 자식을 가르치는데 마땅히 지극하지 아니함이 없어야 하거늘, 이에 군자君子가 친히 그 자식을 가르치지 않는 것은 무엇 때문입니까?"

孟子曰 勢不行也니라 敎者는 必以正이니 以正不行이어든 繼之以怒하고 繼之以怒則反夷矣니 夫子ㅣ敎我以正하사되 夫子도 未出於正也라하면 則是父子相夷也니 父子相夷則惡矣니라

**맹자 가라사대 "형세가 그렇게 행할 수 없기 때문이다. 가르치는 것은 반드시 정도正道로 해야 하니, 정도正道를 따르지 않으면 이어서 분노하게 된다. 이어서 분노하게 되면 도리어 감정을 상하게 된다.**

**(자식이 아버지에게 하는 말이) '아버지께서 저를 정도正道로 가르치지만, 아버지도 정도正道에서 나오지는 않습니다.' 라고 말한다면, 이는 부자父子가 서로 감정이 상한 것이다. 부자父子가 서로 감정이 상하면 크게 나쁜 일이다."**

夷는 傷也라 敎子者는 本爲愛其子也로되 繼之以怒면 則反傷其子矣라 父旣傷其子하면 子之心에 又責其父曰 夫子ㅣ敎我以正道하사되 而夫子之身도 未必自行正道라하면 則是子ㅣ又傷其父也라

'이夷'는 상함이다. 자식을 가르치는 것은 본래 그 자식을 사랑하기 때문이나, 이어서 분노하게 되면 도리어 그 자식의 감정을 상하게 한다.

아버지가 그 자식의 감정을 상하게 하면, 그 자식의 마음에 또한 그 아버지를 책망責望하여 가로되 '아버지께서 저를 정도正道로 가르치지만, 아버지의 몸도 반드시 스스로 정도正道를 행하시는 것만은 아닙니다.'라고 말한다면, 이는 자식이 또한 그 아버지의 감정을 상하게 하는 것이다.

주해

- 正(정) : 정도正道. 곧 바른 언행言行을 말한다.
  "正如正言正行."(四書補註備旨)
- 不行(불행) : 아버지의 가르침을 따르지 않다.
  "不行是不遵父教意."(四書補註備旨) 遵(좇을 준)
- 夫子(부자) : 여기서는 '부父'를 말한다.

【備旨】

孟子ㅣ告之曰 非理不當敎也나 乃勢不得行也라 盖敎子者는 必敎之以正道而使弗納於邪也니 如以正道而其子不行이면 則必繼之以怒하니 夫敎子者는 本爲愛其子也어늘 至繼之以怒則反夷傷其子矣라 父旣傷其子하면 子之心에 又責其父曰 夫子ㅣ敎我以正道하사되 而夫子之身도 未必盡出於正道也라하면 則是子ㅣ又傷其父하여 而父子之間에 交相夷也니 父子相夷면 則害天性之恩而惡矣니 此之謂勢不行也니라

맹자께서 고하여 가라사대 "마땅히 가르치지 말아야 할 이치는 아니지만, 곧 형세가 그렇게 행할 수 없기 때문이다. 대개 자식을 가르치는 것은 반드시 정도正道로 가르쳐서 사악함에 들어가지 않게 해야 한다. 예를 들어 정도正道로 가르치는데 그 자식이 행하지 아니하면, 반드시 이어서 분노를 하게 되니, 자식을 가르치는 것은 본래 그 자식을 사랑하기 때문이나, 이어서 분노를 하게 되면 도리어 그 자식의 감정을 상하게 한다.

아버지가 이미 그 자식의 감정을 상하게 하면, 자식의 마음에 또한 그 아버지를 책망하여 가로되 '아버지께서 저를 정도正道로 가르치지만 아버지의 몸도 반드시 모두 정도正道에서 나오지는 않습니다.'라고 말한다면, 이는 자식이 또 그 아버지의 감정을 상하게 하여 부자父子의 사이가 서로 상하는 된다. 부자父子가 서로 상하게 하면 천성天性의 은혜를 해쳐서 크게 나쁜 것이니, 이것을 '형세가 그렇게 행할 수 없다'고 말한 것이다."

## 古者에 易子而教之하니라

**"옛날에는 자식을 바꾸어 가르쳤느니라."**

易子而教는 所以全父子之恩而亦不失其爲教니라

'역자이교易子而教'는 부자父子간의 은혜를 온전히 하고, 또한 그 가르침을 잃지 않는 바이다.

**주해**

● 주자朱子가 말했다. "易子而教考之, 孔子亦然. 若孔子自教其子, 則鯉所未學, 必有以知之, 又奚問焉? 陳亢稱君子遠其子, 亦可見也."(大全註疏)

【備旨】

夫親教有所不行이요 不教有所不可하니 古者之人이 有見於此하여 乃轉易其子而教之하니 庶乎正道可行이요 而賊恩之禍를 可免也니라

무릇 친히 가르치면 행하지 못할 바가 있고, 가르치지 아니하면 불가不可한 바가 있다. 그러므로 옛 사람들은 이 점에서 식견이 있었다. 이에 그 자식을 바꾸어서 가르치니, 거의 정도正道를 행할 수 있고 천성天性의 은혜를 해치는 화禍를 면할 수 있었다.

父子之間은 不責善이니 責善則離하나니 離則不祥이 莫大焉이니라

**"부자父子 사이는 책선責善하지 않는다. 책선責善하면 곧 서로 이반離反되니, 서로 이반離反되면 이 보다 나쁜 일이 없다."**

責善은 朋友之道也라

王氏曰 父有爭子는 何也오 所謂爭者는 非責善也라 當不義면 則爭之而已矣니라 父之於子也에 如何오 曰當不義면 則亦戒之而已矣니라

'책선責善'은 붕우朋友의 도道이다.

왕씨王氏[왕면王勉] 가로되 "아버지에게 간쟁諫爭하는 자식이 있어야 한다는 것은 무엇 때문인가? 이른바 '쟁爭'이란 것은 책선責善이 아니다. 불의不義를 당하면 이를 간쟁諫爭할 뿐이다. 아버지는 자식에게 어떻게 해야 하는가? 불의不義를 당하면 또한 그를 훈계할 따름이다."

**주해**

- 責善(책선) : 선善을 따르도록 권면勸勉하다. 責(바랄 책)
  《맹자孟子·이루하離婁下》에 나온다. "夫章子, 子父責善而不相遇也. 責善, 朋友之道也. 父子責善, 賊恩之大者."
  "責善是以善責之使行."(四書補註備旨)
  구산양씨龜山楊氏가 말했다. "父子之間, 雖不責善, 豈不欲其爲善? 然必親教之, 其勢必至于責善."(大全註疏)
- 離(리) : 이반離反되다. 곧 서로 감정이 상한다는 말이다.
  "離卽相夷."(四書補註備旨)
  신안진씨新安陳氏가 말했다. "父子主恩, 朋友責善, 當主恩而行責善, 則傷恩

而易至于離矣."(大全註疏)

● 爭子(쟁자) : 부모에게 직언으로 간쟁諫爭하는 자식. '쟁爭'은 '쟁諍'과 같다.
爭(간할 쟁)
《효경孝經·간쟁諫爭》 편에 나온다. "父有爭子, 則身不陷於不義."
《순자荀子·자도子道》 편에도 나온다. "父有爭子, 不行無禮."

【備旨】

| 然이나 所以易子而教者는 何也오 盖以父子之間에 所主者ㅣ恩이니 而不相責以善이라 苟相責以善이면 則必至於相夷而情意乖離하나니 以至親而至於相離면 則人之不祥이 莫大於此焉이라 此古人易子而教는 所以善處父子之間而遠不祥之禍與인저 |
|---|

그러나 자식을 바꾸어 가르치는 이유는 무엇 때문인가? 대개 부자지간父子之間에 주장할 바는 은혜이니, 선善으로 서로 책비責備하지 말아야 한다.

만일 선善으로 서로 책비責備하게 되면 반드시 서로 감정이 상하여 마음이 괴리乖離된다. 지친至親의 사이가 서로 괴리하게 되면 사람의 나쁜 일이 이보다 큰 것이 없다. 이렇게 고인古人들이 자식을 바꾸어 가르친 것은 부자지간의 일을 잘 처리하여 상서롭지 못한 재앙을 멀리한 이유이다.

주해

● 善處(선처) : 잘 처리하다. 타당하게 처리하다.
《국어國語·진어일晉語一》에 나온다. "君子曰 善處父子之間矣."

[7·19]

孟子曰 事孰爲大오 事親이 爲大하니라 守孰爲大오 守身이 爲大하니라 不失其身而能事其親者를 吾聞之矣오 失其身而能事其親者를 吾未之聞也로라

맹자 가라사대 "섬기는데 무엇이 가장 중요한가? 어버이를 섬기는 일이 가장 중요하다. 지키는데 무엇이 가장 중요한가? 자신의 몸을 지키는 일이 가장 중요하다.
그 몸을 잃지 않고 능히 그 어버이를 섬겼다는 말은 내가 들었어도, 그 몸을 잃고 능히 그 어버이를 섬겼다는 말은 내가 들어보지 못했노라."

守身은 持守其身하여 使不陷於不義也라 一失其身이면 則虧體辱親하니 雖日用三牲之養이라도 亦不足以爲孝矣라

'수신守身'은 그 몸을 간직하여 불의不義에 빠지지 않도록 하는 것이다. 한번 그 몸을 잃게 되면 몸이 훼손되고 어버이를 욕되게 하니, 비록 날마다 삼생三牲의 봉양을 바칠지라도 또한 효孝가 될 수 없다.

주해

- 三牲(삼생) : 옛날 제물로 쓰이던 세 가지 짐승. 곧 '대삼생大三牲'은 소·양·돼지를 말하고, '소삼생小三牲'은 돼지·생선·닭을 말한다. 牲(희생 생) 《효경孝經·기효행紀孝行》에 나온다. "雖日用三牲之養, 猶不爲孝也." 이에 대해 형병邢昺의 소疏에 "三牲, 牛、羊、豕也."라고 했다. 豕(돼지 시)

【備旨】

孟子ㅣ示人守身以事親也하여 曰凡人分有所屬而祗承之者之謂事니 事孰爲大오 事親이 爲大하나니 聚百順以奉二人이 非細故也요 責有所屬而謹持者之謂守니 守孰爲大오 守身이 爲大하나니 萃萬善而歸一己이 此宏圖也라
然이나 欲事親인댄 必本於守身焉이니 盖不失其身이면 則無忝所生而能事其親者를 吾嘗聞之矣요 失其身이면 則虧體辱親而能事其親者를 吾未之聞也로라 信乎라 守身尤爲大也니 欲事親者는 當自守身始矣니라

맹자께서 사람들에게 몸을 지켜 어버이를 섬길 것을 보여 가라사대 "무릇 사람의 분수에는 소속된 바가 있으니, 이를 공경하게 받드는 것을 '섬김[事]'이라고 한다. 섬기는데 무엇이 가장 중요한가? 어버이를 섬기는 일이 가장 중요하다. 백순百順을 모아 두 사람을 봉양하는 것이 결코 작은 일이 아니다. 사람의 책선責善에는 소속된 바가 있으니, 이를 근신하며 굳게 지키는 것을 '지킴[守]'이라고 한다. 지키는데 무엇이 가장 중요한가? 몸을 지키는 것이 가장 중요하다. 만선萬善을 모아 하나로 돌아갈 뿐이니, 이것이 원대한 계획이다.

그러나 어버이를 섬기려면 반드시 수신守身에 근본을 해야 한다. 대개 그 몸을 잃지 아니하면 낳아준 부모를 욕되게 하지 않아서 능히 그 어버이를 섬길 수 있었다는 말을 내가 일찍이 들은 적이 있다. 그러나 그 몸을 잃게 되면 자신의 몸이 무너지고 어버이를 욕되게 하면서 능히 그 어버이를 섬길 수 있었다는 말은 내가 들어보지 못했다.

진실로 수신守身이 가장 중요하니, 어버이를 섬기고자 하는 자는 마땅히 수신守身으로부터 시작해야 한다."

주해

- 祗承(지승) : 공경하게 받들다. '지봉祗奉'과 같다. 祗(공경할 지)
  《상서尙書·대우모大禹謨》에 나온다. "文命敷於四海, 祗承於帝." 敷(펼 부)
- 細故(세고) : 대수롭지 않은 일. 자질구레한 일. '쇄사鎖事'와 같다.
  《사기史記·흉노열전匈奴列傳》에 나온다. "朕與單于, 皆捐往細故, 俱蹈大道, 墮壞前惡, 以圖長久." 捐(버릴 연) 墮(떨어질 타)
- 謹持(근지) : 근신謹愼하며 굳게 지키다.
  원元나라 대량戴良의 《허승전許丞傳》에 나온다. "爲政去觚角, 絀雕琢, 以平易質實爲務, 而尤謹持其廉行." 觚(능각 고) 絀(물리칠 출) 雕(새길 조)
- 萃(모일 췌) 宏(클 굉)

孰不爲事리오마는 事親이 事之本也요 孰不爲守리오마는 守身이 守之本也니라

**"무엇인들 섬기는 일이 되지 않겠는가마는 어버이를 섬기는 일이 섬김의 근본이다. 무엇인들 지키는 일이 되지 않겠는가마는 몸을 지키는 일이 지킴의 근본이다."**

事親孝면 則忠可移於君이요 順可移於長이라
身正이면 則家齊國治而天下平이니라

어버이를 효孝로 섬기면 충忠을 인군人君에게 옮길 수 있고, 순종을 어른에게 옮길 수 있다.

몸이 바르면 집안이 가지런해지고 나라가 다스려져 천하가 태평하게 된다.

주해

- 事親(사친) : 어버이를 모시다.
  "言事親爲百行之本原."(四書補註備旨)
  신안진씨新安陳氏가 말했다. "此事親所以爲事之本."(大全註疏)
- 守身(수신) : 자신의 절조節操를 간직하다.
  "言守身爲萬化之本原."(四書補註備旨)
  신안진씨新安陳氏가 말했다. "此守身所以爲守之本."(大全註疏)

【備旨】

> 夫事親이 何以爲大也오 凡事君事長이 孰不爲事리오마는 而敦孝爲百行之原이니 惟事親則推之事君事長이 皆取之於此니 實爲事之本也요 守身이 何以爲大也오 凡守國守官이 孰不爲守리오마는 而躬修爲萬化之原이니 惟守身則推之守國守官이 皆原之於此하니 實爲守之本也라 惟其爲本하여 所以見其爲大也니라

어버이를 섬기는 일이 어찌 가장 중요한가? 무릇 인군人君을 섬기고 어른을 섬기는 것이 무엇인들 섬기는 일이 되지 않겠는가마는 효孝를 돈독히 하는 것이 백행百行의 근원이 된다. 오직 어버이를 섬기면 이를 미루어 인군人君을 섬기고 어른을 섬기는 일이 모두 여기에서 취해지니 진실로 섬김의 근본이 된다.

몸을 지키는 일이 어찌 가장 중요한가? 무릇 나라를 지키고 벼슬을 지키는 것이 무엇인들 지키는 일이 되지 않겠는가마는 몸을 닦는 것이 만화萬化의 근원이 된다. 오직 몸을 지키면 이를 미루어 나라를 지키고 벼슬을 지키는 일이 모두 여기에서 근원하니 진실로 지킴의 근본이 된다.

오직 사친事親과 수신守身이 근본이 되어 가장 중요하게 여겨지는 이유이다.

曾子ㅣ養曾晳호되 必有酒肉이러시니 將徹할새 必請所與하시며 問有餘어든 必曰有라하더시다
曾晳이 死커늘 曾元이 養曾子호되 必有酒肉하더니 將徹할새 不請所與하며 問有餘어시든 曰亡矣라하니 將以復進也러라
此ㅣ所謂養口體者也니 若曾子則可謂養志也니라

"증자曾子가 자신의 아버지인 증석曾晳을 봉양하는데 반드시 술과 고기를 준비하였다. 장차 밥상을 거둘 때 반드시 '남은 것은 누구에게 주시겠습니까?' 라고 청하였으며, '남은 것이 있느냐?' 하고 물으면, 반드시 '있습니다.' 라고 대답하였다.
증석曾晳이 죽고, 증원曾元이 증자曾子를 봉양하는데 반드시 술과 고기를 준비하였다. 장차 밥상을 거둘 때 '남은 것을 누구에게 주시겠습니까?' 라고 청하지 않았으며, '남은 것이 있느냐?' 하고 물으면, '없습니다.' 라고 대답하였다. 이는 장차 다시 증자曾子에게 올리기 위한 것이었다.
이것이 이른바 '구체口體의 봉양' 이라고 하는 것이니, 증자曾子 같은 경우라야 가히 뜻을 봉양했다고 말할 수 있다."

此는 承上文事親言之라

曾晳은 名點이니 曾子父也라 曾元은 曾子子也라

曾子養其父할새 每食에 必有酒肉이러시니 食畢將徹去할새 必請於父曰 此餘者를 與誰오하며 或父問此物尙有餘否어든 必曰有라하시니 恐親意ㅣ更欲與人也라

曾元은 不請所與하고 雖有라도 言無하니 其意ㅣ將以復進於親이요 不欲其與人也니 此는 但能養父母之口體而已라 曾子則能承順父母之志하여 而不忍傷之也시니라

이는 상문上文의 '사친事親'을 이어 말한 것이다.

'증석曾晳'은 이름이 점點이니, 증자曾子의 아버지이다. '증원曾元'은 증자曾子의 아들이다.

증자曾子가 그 아버지를 봉양할 때 매번 식사에 반드시 술과 고기를 준비하였다. 식사를 마치고 장차 밥상을 거둘 때 반드시 아버지께 청하기를 '이 남은 음식은 누구에게 주시겠습니까?'라고 물었으며, 혹 아버지가 '이 음식이 아직 남아 있느냐?'라고 물으면, 반드시 '있습니다.'라고 대답하였다. 이는 어버이의 뜻이 다시 남에게 주시려고 하는가를 염려해서였다.

증원曾元은 '남은 음식은 누구에게 주시겠습니까?'라고 청하지도 않았고, 비록 남은 음식이 있더라도 '없습니다.'라고 말하였다. 그 뜻은 장차 다시 어버이께 올리려고 한 것이요, 남에게 주려고 한 것이 아니었다. 이는 다만 능히 부모의 구체口體만을 봉양했을 뿐이다. 증자曾子의 경우는 능히 부모의 뜻을 승순承順하여 차마 상하게 하지 않은 것이다.

주해

- 口體(구체) : 구체지봉口體之奉. 곧 의식 위주의 봉양을 말한다.
  송宋나라 주희朱熹의《논어집주論語集注》卷2에 나온다. "心欲求道, 而以口體之奉不若人爲恥, 其識趣之卑陋甚矣, 何足與議於道哉?"
  "養口體只是徒養以物."(四書補註備旨)
- 養志(양지) : 부모의 뜻을 받들다.
  "養志是承順不違意."(四書補註備旨)
  쌍봉요씨雙峯饒氏가 말했다. "曾子養志, 是承順他好底意思. 曾晳不私其口體之奉, 常有及物之心, 這便是好底意思. 曾子便能承順他, 蓋緣曾子意思亦是如此. 曾元便不能矣."(大全註疏)
- 承順(승순) : 뜻을 받들고 순종하다.
  《예기禮記·악기樂記》편에 나온다. "理發諸外而民莫不承順."
- 晳(밝을 석) 亡(없을 무)

【備旨】

事親爲事之大ㅣ如此하니 事親之道는 何如오 觀之曾子에 可見矣라
曾子ㅣ養其父曾晳하되 每食必有酒肉이러시니 及將徹之時에 曾子ㅣ必請於親曰 此餘者를 與誰오하며 及親問有餘어든 曾子ㅣ必對曰有라하시니 恐親意更欲與人也라
曾晳ㅣ死커늘 曾子之子曾元이 養曾子할새 每食亦必有酒肉이러니 及將徹之時에 不請所與하며 及問有餘어시든 曾元ㅣ應之曰 亡矣라하니 其意將以復進於親이요 不欲以與人也라
此ㅣ所謂甘旨爲供하여 徒以養口體者也니 若曾子ㅣ迎親意於未形之前하고 而又稱親意於已形之後니 則可謂養親之志而不忍傷之也시니라

'사친事親'이 섬기는 일 중에 이처럼 가장 중요하니, 어버이를 섬기는 도道는 어떠한가? 증자曾子의 경우를 살피면 가히 알 수 있다.

증자가 자신의 아버지인 증석曾晳을 봉양하는데 매번 식사 때마다 반드시 술과 고기를 준비하였다. 장차 밥상을 거둘 때 증자가 반드시 어버이에게 청하기를 '이 남은 음식은 누구에게 주시겠습니까?'라고 물었으며, '남은 음식이 있느냐?'라고 물으면, 증자가 반드시 대답하기를 '있습니다.'라고 하였다. 이는 아버지의 뜻이 다시 남에게 주시려고 하는가를 염려해서였다.

증석曾晳이 죽고 증자曾子의 아들 증원曾元이 증자曾子를 봉양하는데 매번 식사 때마다 또한 반드시 술과 고기를 준비하였다. 하지만 장차 밥상을 거둘 때 '남은 음식을 누구에게 주시겠습니까?'하고 청하지도 않았으며, '남은 것이 있느냐?'라고 물으면 증원曾元이 응답하기를 '없습니다.'라고 하였다. 이는 그 뜻이 장차 다시 아버지께 올리려고 한 것이요, 남에게 주려고 한 것이 아니었다.

이것은 이른바 달고 맛있는 음식을 제공하여 다만 구체口體만을 봉양한 것이다. 증자曾子와 같은 경우는 겉으로 드러나기 전에 아버지의 뜻을 헤아렸고, 또 이미 드러난 후에는 아버지의 뜻에 알맞게 하였으니, 곧 아버지의 뜻을 받들고 차마 아버지의 마음을 상하지 하지 않았다고 말할 수 있다.

주해

● 稱意(칭의) : 마음에 알맞다.

《한서漢書·개관요전盖寬饒傳》에 나온다. "以寬饒爲太中大夫, 使行風俗, 多所稱擧貶黜, 奉使稱意." 貶(떨어뜨릴 폄) 黜(물리칠 출)

## 事親을 若曾子者ㅣ可也니라

**"어버이를 섬기는데 증자曾子같이 하는 것이 옳다."**

言當如曾子之養志요 不可如曾元但養口體니라
程子曰 子之身에 所能爲者는 皆所當爲니 無過分之事也라 故로 事親若曾子면 可謂至矣어늘 而孟子ㅣ止曰可也라하시니 豈以曾子之孝爲有餘哉리오

마땅히 증자曾子처럼 양지養志를 해야 하고, 증원曾元 처럼 다만 구체口體만을 봉양해서는 안 된다는 말이다.

정자程子[정이程頤] 가로되 "자식의 몸으로 능히 할 수 있는 일은 모두 마땅히 해야 하니, 분수에 넘치는 일이란 없다. 그러므로 어버이를 증자와 같이 섬기면 가히 지극하다고 말할 수 있다. 맹자께서 다만 '가可' 라고 말씀하셨으니, 어찌 증자曾子의 효孝가 남음이 있다고 할 수 있겠는가?"

**주해**

● 可(가) : '효를 다했다고 할 수 있다[可盡孝]'는 말이다.
"可言事親如曾子, 方可盡孝."(四書補註備旨)
정자程子가 말했다. "孟子云事親, 若曾子可也, 吾以爲事君若周公可也. 蓋子之事父, 臣之事君, 聞有自知其不足者矣, 未嘗聞其以爲有餘也. 周公之功固大矣, 然臣子之分所當爲也, 安得獨用天子之禮乎?"(大全註疏)

【備旨】

夫養志면 則精神意念이 常與親志疏通하니 眞至微也나 而惟曾子ㅣ能之시니라 然則事親을 若曾子之養志者라야 方可謂孝也니 人子可不知所法乎아

무릇 부모의 뜻을 받들어 봉양하면 정신과 마음이 항상 어버이의 뜻과 소통疏通하게 된다. 진실로 부모의 뜻이 지극히 미세微細하나 오직 증자만이 받들 수 있었다.

그러므로 사친事親을 증자曾子의 양지養志처럼 하는 자라야 바야흐로 효孝를 다했다고 말할 수 있으니, 사람의 자식이 가히 본받을 바를 알지 못하겠는가?

【7·20】

孟子曰 人不足與適也며 政不足間也라 惟大人이야 爲能格君心之非니 君仁이면 莫不仁이요 君義면 莫不義요 君正이면 莫不正이니 一正君而國이 定矣니라

**맹자 가라사대 "인군人君의 용인用人을 허물로 삼을 필요가 없으며, 인군人君의 정사政事를 비난할 필요가 없다. 오직 대인大人이라야 능히 군심君心의 잘못을 바로잡을 수 있다. 인군人君이 어질면 어질지 않는 신하가 없을 것이요, 인군人君이 의로우면 의롭지 않는 신하가 없을 것이요, 인군人君이 바르면 바르지 않는 신하가 없을 것이다. 한번 인군人君을 바르게 하면 나라가 안정된다."**

趙氏曰 適은 過也요 間은 非也라 格은 正也라
徐氏曰 格者는 物之所取正也니 書曰 格其非心이라하니라
愚謂間字上에 亦當有與字라 言人君用人之非를 不足過謫이요 行政之失을 不足非間이라 惟有大人之德이면 則能格其君心之不正하여 以歸於正하여 而國無不治矣라
大人者는 大德之人이니 正己而物正者也라
程子曰 天下之治亂이 繫乎人君之仁與不仁耳라 心之非는 卽害於政이니 不待乎發之於外也라 昔者에 孟子ㅣ三見齊王而不言事어시늘 門人疑之한대 孟子曰 我先攻其邪心이라하시니 心旣正而後에 天下之事를 可從而理也라 夫政事之失과 用人之非는 知者ㅣ能更之하고 直者ㅣ能諫之라 然이나 非心이 存焉이면 則事事而更之라도 後復有其事하여 將不勝其更矣요 人人而去之라도 後復用其人하여 將不勝其去矣라 是以로 輔相之職은 必在乎格君心之非니 然後에 無所不正이요 而欲格君心之非者ㅣ非有大人之德이면 則亦莫之能也라

조씨趙氏[조기趙岐] 가로되 "'적適'은 허물로 삼는 것이다. '간間'은 비난함이다. '격格'은 바로잡는 것이다."

서씨徐氏[서도徐度] 가로되 "'격格'은 사물의 본보기로 삼는 것이니, 《상서尙書·경명冏命》 편에 '그 잘못된 마음을 바로잡는다.'라고 하였다."

내가 생각하건대 '간間'자 위에 또한 마땅히 '여與'자가 있어야 한다. 인군人君이 잘못된 용인用人을 과적過謫할 필요가 없고, 행정行政의 과실을 비난할 필요가 없다. 오직 대인大人의 덕德이 있으면 능히 그 군심君心의 부정不正을 바로잡아 정도正道로 돌아가게 할 수 있으며, 나라가 다스려지지 않음이 없게 할 수 있다는 말이다. '대인大人'은 대덕大德을

지닌 사람이니, 자신을 바르게 하여 남이 바르게 되도록 하는 자이다."

정자程子[정이程頤] 가로되 "천하의 치란治亂이 인군人君의 인仁과 불인不仁에 달려있다. 마음이 그릇되면 곧 정사政事에 해를 끼치니, 겉으로 드러나는 것을 기다리지 않는다. 옛날 맹자께서 세 번이나 제齊나라 왕을 만나면서도 정사政事를 말하지 않자, 문인들이 이를 의아하게 여겼다. 그러자 맹자께서 '나는 먼저 그 사심邪心을 다스린다.'고 말씀하셨으니, 마음이 이미 바르게 된 후에 천하의 일을 가히 좇아 다스릴 수 있는 것이다.

무릇 정사政事의 과실과 용인用人의 잘못은 지혜로운 자가 능히 고칠 수 있고, 정직한 자가 능히 간언할 수 있다. 그러나 그릇된 마음이 있으면 일마다 고치더라도 뒤에 다시 그 일이 생겨나 장차 이루 다 고칠 수가 없을 것이다. 또한 사람마다 제거하더라도 뒤에 다시 그런 사람을 등용하여 장차 이루 다 제거할 수 없을 것이다. 이 때문에 인군人君을 보필하는 재상의 직책은 반드시 군심君心의 잘못을 바로잡는데 있으며, 그런 뒤에 바르지 않는 바가 없게 된다. 군심君心의 잘못을 바로잡고자 하는 자에게 대인大人의 덕德이 있지 않으면 또한 능히 해낼 수 없다."

**주해**

- 人(인) : 용인用人. 곧 인재 등용의 잘못을 말한다.
  "人以用人之非言."(四書補註備旨)
- 適(적) : 허물로 삼다. 견책하다. 곧 '과적過謫'의 뜻이다. '적適'은 '적謫' 또는 '적讁'과 같다. 讁(견책할 적)
  《일주서逸周書·풍보酆保》에 나온다. "嗚呼!王孫其尊, 天下適無, 見過過適, 無好自益, 以明而跡." 酆(나라이름 풍)
- 政(정) : 행정行政. 곧 정사政事의 과실을 말한다.
  "政以行政之失言."(四書補註備旨)
- 格其非心(격기비심) : 그릇된 마음을 바로잡아 정도正道로 돌아가게 하다.

'격格'은 정正이다. '비심非心'은 불선不善한 마음, 사악邪惡한 마음을 말한다. 《상서尙書·경명冏命》 편에 나온다. "繩愆紀繆, 格其非心, 俾克紹先烈." 愆(허물 건)

채씨蔡氏가 말했다. "非心, 非僻之心也."(大全註疏)

● 取正(취정) : 본보기로 삼다. 전범典范으로 삼다.

《후한서後漢書·채옹전蔡邕傳》에 나온다. "(蔡邕等)奏求正定《六經》文字, 靈帝許之. 邕乃自書丹於碑, 使工鐫刻立於太學門外. 於是後儒晩學, 咸取正焉."鐫(새길 전)

《상서尙書·다방多方》에도 나온다. "惟爾殷侯尹民."이에 대해 당唐나라 공영달孔穎達의 소疏에 "諸侯爲民之主, 民所取正."라고 했다.

● 輔相(보상) : 재상宰相. 대신大臣.

《사기史記·공자세가孔子世家》에 나온다. "王之輔相有如顏回者乎?"

【備旨】

孟子ㅣ示人臣正君之要也하여 曰今之論治者는 率以用人行政爲急하니 忠智之士는 見人君於此二者에 一有過失이면 卽從而適之間之하니 適之亦是也나 而抑知人不足與適也며 間之亦是也나 而抑知政不足間也라

蓋用人行政之失은 由於君心之非하니 惟盛德大人이야 以道事君하여 爲能格君心之非하여 以歸於仁義之正하니 君心仁이면 則用人行政이 皆無私而莫不仁이요 君心義면 則用人行政이 皆得宜而莫不義요 君心正이면 則用人行政이 皆無邪枉偏僻而莫不正이니 大人이 一以仁義로 正其君而國이 自定而就理矣리니 何勞屑屑然하여 事事而更之며 人人而去之哉아

맹자께서 신하가 인군人君을 바로잡는 요체를 보여 가라사대 "지금 정사政事를 논하는 자들은 모두 용인用人과 행정行政을 급선무로 삼는다. 충성스럽고 지혜로운 선비는 인군人君을 이 두 가지에서 살피는데, 그중 하나라도 과실過失이 있으면 좇아서 허물로 삼고 비난한다. 허물로 삼는 것도 좋으나 또한 인군人君의 용인用人을 허물로 삼을 필요가 없다는 것을 알아야 하며, 비난하는 것도 좋으나 인군人君의 행정行政을 비난할 필요가 없다는 것도 알아야 한다.

대개 용인用人과 행정行政의 과실은 군심君心의 잘못에서 비롯되니, 오직 성덕盛德한 대인大人이라야 도道로써 인군人君을 섬겨 능히 잘못된 군심君心을 바로잡아 인의仁義의 정도正道로 돌아가게 할 수 있다.

군심君心이 어질면 용인用人과 행정行政이 모두 사사로움이 없어 어질지 않음이 없게 된다. 군심君心이 의로우면 용인用人과 행정行政이 모두 마땅함을 얻어 의롭지 않음이 없게 된다. 군심君心이 바르면 용인用人과 행정行政이 모두 사왕邪枉과 편벽偏僻됨이 없어 바르지 않음이 없게 된다.

대인大人이 한번 인의仁義로써 그 인군人君을 바르게 하면, 나라가 저절로 안정되어 다스려질 것이니, 어찌 수고롭고 급급하게 일마다 고치고 사람마다 제거하겠는가?"

**주해**

- 抑(억) : 혹. 또한. 아마도.
- 邪枉(사왕) : 정도正道에 맞지 않다. '사곡邪曲'과 같다.
  《관자管子·형세해形勢解》에 나온다. "亂主淫佚邪枉, 日爲無道, 至於滅亡, 而不自知也."
- 屑屑然(설설연) : 수고롭고 급박한 모습.
  《좌전左傳·소공오년昭公五年》 條에 나온다. "禮之本末將於此乎在, 而屑屑焉習儀以亟."

[7·21]

孟子曰 有不虞之譽하며 有求全之毁하니라

**맹자 가라사대 "뜻밖의 칭찬이 있을 수 있으며, 온전한 선善을 구하다가 비방을 받을 수도 있다."**

虞는 度也라

呂氏曰 行不足以致譽而偶得譽를 是謂不虞之譽요 求免於毁而反致毁를 是謂求全之毁라

言毁譽之言이 未必皆實이니 修己者ㅣ不可以是遽爲憂喜요 觀人者ㅣ不可以是輕爲進退니라

'우虞'는 헤아림이다.

여씨呂氏[여대림呂大臨] 가로되 "행실이 칭찬을 받을 만하지 못한데도 우연히 칭찬을 받는 것을 '불우지예不虞之譽'라고 하며, 비방을 모면하려고 하였으나 도리어 비방을 받게 되는 것을 '구전지훼求全之毁'라고 한다."

이는 비방과 칭찬의 말이 반드시 모두 사실만은 아니니, 몸을 닦는 자가 이 때문에 갑자기 근심하거나 기뻐해서는 안 되며, 사람을 살피는 자가 이 때문에 가볍게 진퇴進退를 결정해서도 안 된다는 말이다.

주해

● 虞(우) : 헤아리다. '탁度'와 같다. 虞(헤아릴 우) 度(헤아릴 탁)
"此不虞, 猶言出於意料之外."(四書補註備旨)
《시경詩經·대아大雅·억抑》 편에 나온다. "用戒不虞." 이에 대해《모전毛傳》에 "不虞, 非度也."라고 했다.

● 경원보씨慶源輔氏가 말했다. "集註旣得孟子本意, 又續以此二言, 于人已兩有所益."(大全註疏)

【備旨】

孟子ㅣ爲毁譽失眞者하여 發也曰 人貴問其在己요 世莫輕於徇人이어늘 而況乎毁譽之間也리오 如行修而致譽者는 理之常也니 有行不足以致譽而偶得譽를 是謂不虞之譽요 行虧而致毁者는 亦理之常也니 有素行無咎하여 本以求免於毁而反致毁를 是謂求全之毁라 然則修己者는 當自盡이요 觀人者는 當責實矣니라

맹자께서 비방과 칭찬의 말이 진실을 잃은 것을 위해 발하여 가라사대 "사람은 자신에게 달려있는 것을 묻는 것을 귀하게 여기고, 세상은 남을 따르는 것 보다 가벼운 것이 없다. 하물며 비방과 칭찬 사이에 있어서 이겠는가?

예를 들어 행실이 닦여 칭찬을 받는 것은 이치의 떳떳함이니, 행실이 칭찬을 받을 만하지 못한데도 우연히 칭찬을 받게 되면 이것을 '불우지예不虞之譽'라고 말한다. 행실이 잘못되어 비방을 받는 것은 또한 이치의 떳떳함이니, 평소 행실에 허물이 없어 본디 비방을 모면하려고 했으나 도리어 비방을 받게 되면 이것을 '구전지훼求全之毁'라고 말한다.

그러므로 몸을 닦는 자는 마땅히 스스로 다해야 하며, 남을 관찰하는 자는 마땅히 실제와 부합되도록 해야 한다."

**주해**

● 在己(재기) : 자신에게 달려 있다.

《순자荀子·천론天論》에 나온다. "君子敬其在己者, 而不慕其在天者, 是以日進也. 小人錯其在己者, 而慕其在天者, 是以日退也."

● 責實(책실) 실제를 구하다. 실제와 부합되다. 責(구할 책)
《사기史記·태사공자서太史公自序》에 나온다. "若夫控名責實, 參伍不失, 此不可不察也." 控(고할 공)

[7·22]

**孟子曰 人之易其言也는 無責耳矣니라**

**맹자 가라사대 "사람이 그 말을 쉽게 하는 것은 질책을 받아본 적이 없기 때문이다."**

人之所以輕易其言者는 以其未遭失言之責故耳라 蓋常人之情은 無所懲於前이면 則無所警於後하니 非以爲君子之學이 必俟有責而後에 不敢易其言也라 然이나 此豈亦有爲而言之與인저

사람이 그 말을 경솔하게 하는 이유는 그가 실언失言의 질책을 당해 본 적이 없기 때문이다. 대개 상인常人의 정情은 앞에서 징계한 바가 없으면 뒤에 경계하는 바가 없다. 군자君子의 배움이 반드시 질책을 기다린 후에 감히 그 말을 경솔하게 하지 않는다는 것은 아니다. 그러나 이것은 아마도 또한 이유가 있어서 하신 말씀일 것이다.

주해

● 輕易(경이) : 경솔하다. 멋대로 하다.

《삼국연의三國演義》 第56回에 나온다. "今爲汝家之事, 出兵遠征 ; 勞軍之禮, 休得輕易."

- 경원보씨慶源輔氏가 말했다. "謹言語, 自是君子之庸行, 何待於有責而後然." (大全註疏)
- 豈(기) : 아마도. '막비莫非'와 같다. 豈(아마도 기)

【備旨】

> 孟子ㅣ戒人當謹言也曰 常人之所以輕易其言也는 其無遭失言之責而懲創未深耳니 使有所責이면 豈敢輕易其言이리오 或此在常情則然이요 若君子謹言之學 則不待有所責而自無易其言也리라

맹자께서 사람이 마땅히 말을 삼갈 것을 경계하여 가라사대 "상인常人이 그 말을 경솔하게 하는 이유는 그 실언失言의 질책을 당한 적이 없어 징창懲創함이 깊지 않기 때문이다. 가령 질책을 당한 적이 있다면, 어찌 감히 그 말을 경솔하게 하겠는가?

혹 이는 상정常情에 있어서 그런 것이다. 군자君子와 같이 근언謹言을 배웠다면 질책받는 것을 기다리지 않고 스스로 그 말을 경솔하게 하지는 않을 것이다."

**주해**

- 懲創(징창) : 징계懲戒하다. 경계警戒하다. 懲(징계할 징)
  당唐나라 한유韓愈의 〈독동방삭잡사讀東方朔雜事〉 詩에 나온다. "方朔不懲創, 挾恩更矜誇."

## [7·23]

**孟子曰 人之患이 在好爲人師니라**

**맹자 가라사대 "사람의 근심은 남의 스승이 되는 것을 좋아하는데 있다."**

王勉曰 學問有餘하여 人資於己어든 以不得已而應之는 可也어니와 若好爲人師면 則自足而不復有進矣니 此人之大患也니라

왕면王勉이 가로되 "학문에 여유가 있어 남들이 자신에게 자뢰資賴를 하면, 부득이 이에 응하는 것은 가능하다. 그러나 만약 남의 스승이 되는 것을 좋아한다면 스스로 만족하여 다시 진전이 없을 것이니, 이는 사람의 커다란 근심이다."

**주해**

- 患(환) : 근심. 병폐.
  "患是害. 好是汲汲求爲意."(四書補註備旨)
- 신안진씨新安陳氏가 말했다. "不得已者, 不自知其有餘, 無意於爲人師, 而人自師之. 好云者, 自見其有餘, 有意於爲人師, 而人未必心悅誠服以師之."(大全註疏)

【備旨】

孟子ㅣ戒人自滿意曰 古之學者必有師하니 師豈不可爲哉리오 然이나 必學問充足이라야 始無負其爲人師也니 若稍有所得하여 侈然自尊하며 便好爲人師면 必不能虛以受益矣리니 豈非人之大患哉아 學者는 自審所至而益求其進也니라

맹자께서 사람들의 자만自滿을 경계하는 뜻으로 가라사대 "옛날의 배우는 자는 반드시 스승이 있었으니, 스승이 어찌 될 수 없겠는가? 그러나 반드시 학문이 충족되어야 비로소 남의 스승이 되어 기대에 저버림이 없을 것이다.

만약 조금 얻은 바가 있다고 해서 교만하고 방자하게 자신을 높이며 문득 남의 스승이 되는 것을 좋아한다면, 필시 겸허하게 이익을 받지 못할 것이다. 그러니 어찌 사람의 커다란 병폐가 아니겠는가? 배우는 자는 스스로 결과를 살펴서 더욱 학문의 진전에 힘써야 한다."

**주해**

- 侈然(치연) : 교만하고 방자한 모습. 侈(거만할 치)
  《동국열국지東周列國志》 第1回에 나온다. "齊侯勇悍殘忍, 嗣守大國, 侈然有圖伯之心." 悍(사나울 한)
- 所至(소지) : 목적지. 결과. '소치所致'와 같다.
  《후한서後漢書·일민전서逸民傳序》에 나온다. "然觀其甘心畎畝之中, 憔悴江海之上, 豈必親魚鳥樂林草哉? 亦云性分所至而已."

## [7·24]

**樂正子ㅣ從於子敖하여 之齊러니**

**악정자樂正子가 자오子敖를 따라 제齊나라에 갔다.**

子敖는 王驩의 字라

'자오子敖'는 왕환王驩의 자字이다.

주해

- 樂正子(악정자) : 맹자의 제자. 이름은 극克이다.
- 之(지) : 가다. '왕往'과 같다.
- 敖(놀 오)

【備旨】

齊有子敖者하니 孟子之所不與言者也어늘 樂正子ㅣ從於子敖하여 之齊하니 此其失身之罪ㅣ大矣라

제齊나라에 자오子敖라는 자가 있었는데, 맹자께서 함께 말을 나누지 않는 자였다. 그런데 악정자樂正子가 자오子敖를 따라 제齊나라에 갔으니, 이는 그 절조節操를 잃은 죄가 큰 것이다.

주해

- 失身(실신) : 절조를 잃다.
  오대五代 왕정보王定保의 《당척언唐摭言·해서불우海敍不遇》에 나온다. "(李巨川) 廣明庚子亂後, 失身於人, 佐興元楊守亮幕. 守亮, 大閹復恭養子."
  摭(주울 척) 閹(궁문 엄)

樂正子ㅣ見孟子한대
孟子曰 子亦來見我乎아
曰 先生은 何爲出此言也시니잇고
曰 子來幾日矣오
曰 昔者니이다

曰 昔者則我出此言也ㅣ不亦宜乎아
曰 舍館을 未定이라이다
曰 子ㅣ聞之也아 舍館을 定然後에 求見長者乎아

악정자樂正子가 맹자를 찾아뵈었다.
맹자 가라사대 "그대도 또한 나를 만나러 왔는가?"
가로되 "선생께서는 어찌 이런 말씀을 하십니까?"
가라사대 "그대는 이곳에 온지 며칠이 되었는가?"
가로되 "전일前日에 왔습니다."
가라사대 "전일에 왔다면 내가 이런 말을 하는 것이 또한 마땅하지 않는가?"
가로되 "관사館舍가 정해지지 않았기 때문입니다."
가라사대 "그대는 들어보았는가? 관사館舍를 정한 후에 장자長者를 찾아뵌다고 하던가?"

昔者는 前日也라 館은 客舍也라
王驩은 孟子所不與言者니 則其人을 可知矣어늘 樂正子ㅣ乃從之行하니 其失身之罪ㅣ大矣요 又不早見長者하니 則其罪又有甚者焉이라 故로 孟子ㅣ姑以此責之하시니라

'석자昔者'는 전일前日이다. '관館'은 객사客舍이다.

왕환王驩은 맹자께서 더불어 말하지 않는 자이니, 그 사람됨을 가히 알 수 있다. 그런데 악정자樂正子가 이에 그를 따라 왔으니 그 절조를 잃은 죄가 큰 것이요, 또한 일찍 장자長者를 찾아뵙지 않았으니 그 죄가 또 심한 것이 있다. 그러므로 맹자께서 우선 이것으로 질책하신 것

이다.

**주해**

- 昔者(석자) : 어제. 전일前日.
  조기趙岐의 註에 "昔者, 昨天也."라고 했다.
- 신안진씨新安陳氏가 말했다. "從小人爲失身, 一罪也. 不早見長者, 又一罪也. 孟子且以後一罪責之."(大全註疏)

【備旨】

> 時에 孟子在齊러시니 樂正子ㅣ來見孟子한대
> 孟子ㅣ責之曰 子亦來見我乎아하시니 盖示其不滿之意也라
> 正子ㅣ不知其罪하고 乃曰 弟子見師는 禮所當然이어늘 先生은 何爲出此言 以相拒也시니잇고
> 孟子ㅣ姑以遲慢之罪로 責之曰 子之來齊ㅣ有幾日矣오
> 正子ㅣ曰昔者이니이다하니 意其來齊之非久也라
> 孟子ㅣ正言以責之曰 旣來自昔者而見我於今日하니 則我出此言也ㅣ不亦宜乎아
> 正子ㅣ又飾辭對曰 因舍館未定이라 故로 來遲耳로라
> 孟子ㅣ又責之曰 子ㅣ聞之也아 弟子ㅣ必舍館旣定하여 先爲安身之謀然後에야 可以來見長者乎아 是見長者ㅣ不若舍館之爲切也니라

그 때 맹자께서 제齊나라에 계셨는데, 악정자樂正子가 맹자를 찾아뵈었다.

맹자께서 꾸짖어 가라사대 "그대도 또한 나를 만나러 왔는가?"라고

하시니, 대개 그 불만의 뜻을 나타낸 것이다.

악정자가 그 죄를 알지 못하고 이에 가로되 "제자가 스승을 찾아뵙는 것은 당연한 예禮이거늘, 선생께서는 어찌 이런 말씀으로 거절하시는 것입니까?"

맹자께서 우선 늦게 찾아온 죄로 꾸짖어 가라사대 "그대가 제齊나라에 온 지 며칠이 되었는가?"

악정자 가로되 "전일前日에 왔습니다."라고 하니, 제나라에 온 지 오래되지 않았다고 생각한 것이다.

맹자께서 직설적인 말로 꾸짖어 가라사대 "이미 전일前日에 도착했는데 오늘에야 나를 만나러 왔으니, 내가 이런 말을 하는 것이 또한 마땅하지 않는가?"

악정자가 또 말을 꾸며 대답하여 가로되 "객사館舍가 아직 정해지지 않았기 때문에 찾아 뵌 것이 늦었을 뿐입니다."

맹자께서 또 꾸짖어 가라사대 "그대는 들어 보았는가? 제자가 반드시 객사館舍를 이미 정하고 휴식을 취하는 계책을 먼저 마련한 뒤에 장자長者를 찾아뵌다고 하던가? 이는 장자長者를 찾아뵈는 것이 객사館舍를 정하는 것만큼 절실하지 못한 것이다."

**주해**

- 正言(정언) : 직언하다. 사실대로 말한다.
  《관자管子·법법法法》에 나온다. "人主不周密, 則正言直行之士危."
  《사기史記·상군열전商君列傳》에도 나온다. "武王諤諤以昌, 殷紂墨墨以亡. 君若不非武王乎, 則仆請終日正言而無誅, 可乎?" 諤(곧은말할 악)
- 安身(안신) : 숙소를 정하여 휴식을 취하다. '주숙住宿'과 같다.

## 曰 克이 有罪호이다

**가로되 "제[극克]가 잘못했습니다."**

能無罪矣나 然이나 其勇於受責이 如此하니 非好善而篤信之면 其能若是乎아 世有强辯飾非하여 聞諫愈甚者하니 又樂陳氏曰 樂正子ㅣ固不正子之罪人也라

진씨陳氏[진양陳暘] 가로되 "악정자樂正子가 진실로 죄가 없을 수 없으나, 그러나 그 질책을 받아들이는 용기가 이와 같았다. 선善을 좋아하고 이를 독실하게 믿는 자가 아니라면 능히 이와 같이 할 수 있겠는가? 세상에는 강변强辯하며 잘못을 감추고, 간언을 들을수록 더욱 심한 자가 있으니, 이들은 또한 악정자樂正子의 죄인罪人들이다."

**주해**

- 受責(수책) : 질책을 받다. 질책을 받아들이다.
  《상서尙書·진서秦誓》에 나온다. "責人斯無難, 惟受責俾如流, 是惟艱哉."
- 飾非(식비) : 잘못을 감추다.
  《장자莊子·도척盜蹠》 편에 나온다. "强足以拒敵, 辯足以飾非." 蹠(밟을 척)
- 신안진씨新安陳氏가 말했다. "樂正子, 善人也, 信人也. 所以能好善而篤信之. 惟好善篤信, 所以勇於服義, 自以爲罪, 亦可尙也."(大全註疏)

【備旨】

於是에 樂正子ㅣ自知其罪하고 乃曰 克ㅣ不早見夫子는 誠有不敬之罪矣라하니 獨惜其未知所從之失耳라

이에 악정자樂正子가 스스로 그 죄를 알고 이에 가로되 "제[극克]가 일찍 부자夫子를 찾아뵙지 못한 것은 진실로 불경의 죄가 있습니다." 라고 하니, 다만 자오子敖를 따라 온 과실을 알지 못한 것이 애석할 뿐이다.

[7·25]

孟子ㅣ謂樂正子曰 子之從於子敖來는 徒餔啜也로다 我ㅣ不意子ㅣ學古之道而以餔啜也호라

**맹자께서 악정자樂正子에게 일러 가라사대 "그대가 자오子敖를 따라 온 것은 다만 먹고 마시기 위한 것이다. 나는 그대가 옛 도道를 배워서 먹고 마시는 것을 구할 것이라고는 생각하지 못했노라."**

徒는 但也라 餔는 食也라 啜은 飮也라
言其不擇所從하고 但求食耳라
此乃正其罪而切責之니라

'도徒'는 '다만'이다. '포餔'는 먹는 것이다. '철啜'은 마시는 것이다.

그가 좇을 바를 가리지 않고, 다만 먹는 것만 구할 뿐임을 말한 것이다.

이는 곧 그 죄를 바로잡아 간절하게 질책한 것이다.

주해

- 조씨趙氏가 말했다. "樂正子能勇於受責, 然後孟子正其罪而切責之, 所謂可與言而後與之言者也."(大全註疏)
- 餔(먹을 포) 啜(마실 철)

【備旨】

孟子ㅣ因樂正子未悟所從之非하여 乃明責之曰 子之從於子敖而來齊也는 不過徒爲餔啜計耳니 我不意子ㅣ學古人之道하여 以聖賢自期어늘 而反以餔啜爲也호라 然則吾子之罪ㅣ豈止於不早見而已哉리오

맹자께서 악정자樂正子가 자오子敖를 따라 온 잘못을 깨닫지 못하자, 이에 명확히 질책하여 가라사대 "그대가 자오子敖를 따라 제齊나라에 온 것은 다만 먹고 마시기 위한 계책에 지나지 않을 뿐이다. 나는 그대가 옛사람의 도道를 배워 성현이 되기를 기약한다고 여겼는데, 도리어 먹고 마시는 것을 구할 줄은 생각지도 못하였네. 그러므로 그대의 죄가 어찌 일찍 만나러 오지 않는데 그칠 뿐이겠는가?"

주해

● 自期(자기) : 스스로 기대하다. 스스로 바라다. 자랑하다.
당唐나라 한유韓愈의 〈남산유고수행증이종민南山有高樹行贈李宗閔〉에 나온다.
"上承鳳皇恩, 自期永不衰."

## [7·26]

孟子曰 不孝有三하니 無後爲大하니라

**맹자 가라사대 "불효不孝에 세 가지가 있으니, 후손이 없는 것이 가장 크다."**

趙氏曰 於禮에 有不孝者三事하니 謂阿意曲從하여 陷親不義

가 一也요 家貧親老하되 不爲祿仕가 二也요 不娶無子하여 絶先祖祀가 三也라하니 三者之中에 無後爲大하니라

조씨趙氏[조기趙岐] 가로되 "예禮에 불효不孝가 세 가지가 있다. 어버이의 뜻에 아첨하고 뜻을 굽혀 순종하여 어버이를 불의不義에 빠지게 하는 것이 첫 번째요, 집이 가난하고 어버이가 연로한데도 녹사祿仕하지 않는 것이 두 번째요, 장가들지 않아 자식이 없어 선조의 제사를 끊어지게 하는 것이 세 번째이다."라고 했으니, 이 세 가지 중에 후손이 없는 것이 가장 크다.

**주해**

- 曲從(곡종) : 뜻을 굽혀 순종하다.
  《한서漢書·포선전鮑宣傳》에 나온다. "以苟容曲從爲賢, 以拱默尸祿爲智."
- 경원보씨慶源輔氏가 말했다. "此必見於古傳記. 趙氏時, 其書尙存, 故引之, 今則不復存矣. 阿意曲從, 陷親不義者, 懦也. 家貧親老, 不爲祿仕者, 惰也. 不娶無子, 絶先祖祀, 則因循苟且, 亂常咈理, 不仁之甚也. 故於三者之中, 最爲不孝之大者."(大全註疏) 咈(어길 불)

【備旨】

孟子ㅣ表舜行權以全孝也曰 禮所稱不孝者有三事하니 一是柔順事親而陷親不義요 一是廉潔守身而不爲祿仕요 一是不得乎親及家之貧而不娶無子니 三者之中에 惟無後爲不孝之大하니 蓋彼二者는 止於不能成親養親이나 而此則關宗祀之大計也니라

맹자께서 순舜이 권도權道를 행하여 효孝를 온전하게 한 것을 드러내

어 가라사대 "예禮에 불효不孝라고 말하는 것이 세 가지가 있다. 하나는 어버이를 모시는데 나역하여 어버이를 불의不義에 빠지게 하는 것이요, 하나는 수신守身하는데 청렴하고 결백하여 녹사祿仕하지 않는 것이요, 하나는 어버이에게 순종하지 않고 집안이 가난하여 장가들지 못해 자식이 없는 것이니, 이 세 가지 중에 후손이 없는 것이 불효不孝 중에 가장 큰 것이 된다.

대개 앞의 두 가지는 어버이의 명성名聲을 이루고 못하고 어버이를 봉양하지 못하는데 그치나, 나머지 한 가지는 곧 종사宗祀를 닫는 중대한 일이다."

**주해**

● 成親(성친) : 부모님의 명망名望을 이루는 것을 말한다.
《예기禮記·애공문哀公問》에 나온다. "公曰 '敢問何謂成親?' 孔子對曰 '君子也者, 人之成名也, 百姓歸之名, 謂之君子之子, 是使其親爲君子也, 是爲成其親之名也已.'"

● 宗祀(종사) : 조상의 제사.
《효경孝經·성치聖治》 편에 나온다. "昔者周公郊祀後稷以配天 ; 宗祀文王於明堂以配上帝."

## 舜이 不告而娶는 爲無後也시니 君子ㅣ以爲猶告也라하니라

**"순舜이 부모에게 아뢰지 않고 아내를 취한 것은, 후손이 없을까 염려했기 때문이다. 그러므로 군자君子는 '부모에게 아뢴 것과 같다' 고 여겼다."**

舜告焉이면 則不得娶而終於無後矣리니 告者는 禮也요 不告者는 權也라 猶告는 言與告同也라 蓋權而得中이면 則不離於正矣니라

范氏曰 天下之道에 有正有權하니 正者는 萬世之常이요 權者는 一時之用이라 常道는 人皆可守어니와 權은 非體道者면 不能用也라 蓋權은 出於不得已者也니 若父非瞽瞍요 子非大舜이어늘 而欲不告而娶면 則天下之罪人也니라

순舜이 부모에게 아뢰었다면 아내를 취하지 못해 끝내 후손이 없었을 것이니, 아뢰는 것은 예禮요, 아뢰지 않은 것은 권도權道이다. '유고猶告'는 아뢴 것과 같다는 말이다. 대개 저울질 하여 중도中道를 얻으면 정도正道에서 벗어나지 않는다.

범씨范氏[범조우范祖禹] 가로되 "천하의 도道에 정도正道와 권도權道가 있으니, 정도正道는 만세의 떳떳함이요, 권도權道는 한 때의 운용이다. 상도常道는 사람들이 모두 지킬 수 있으나, 권도權道는 道를 체득體得한 자가 아니면 운용할 수 없다. 대개 권도權道는 부득이한 데서 나오는 것이니, 만약 아버지가 고수瞽瞍가 아니고 자식이 대순大舜이 아닌데도 부모에게 아뢰지 않고 아내를 취했다면, 이는 천하의 죄인이다."

**주해**

- 不告(불고) : 부모에게 아뢰지 않다.
  "不告不稟命父母."(四書補註備旨) 稟(줄 품)
  신안진씨新安陳氏가 말했다. "告者, 禮之正也, 經也. 不告者, 禮之變也, 權也."(大全註疏)
  정자程子가 말했다. "舜不告而娶, 堯得以命瞽瞍使舜娶. 舜雖不告, 堯告之也, 以君詔之而已."(大全註疏)
- 君子(군자) : 여기서는 권변權變에 통달한 사람을 말한다.

"君子通權達變之人."(四書補註備旨)

● 告(아뢸 곡) 瞽(소경 고) 瞍(소경 수)

【備旨】

> 昔에 舜不告於父母而娶堯之二女者는 正爲告면 則不得娶而終於無後也시니 夫告而娶는 孝也요 不告而娶는 以無絶其先祖니 亦同歸於孝也라 君子ㅣ以爲舜之不告ㅣ猶夫告也라하니 舜은 眞善盡事親之道者哉인저

옛날 순舜이 부모에게 아뢰지 않고 요堯의 두 딸을 아내로 취한 것은, 정도正道로 아뢰었다면 아내를 취하지 못해 마침내 후손이 없었을 것이다. 그러므로 부모에게 아뢰고 아내를 취하는 것은 효孝요, 부모에게 아뢰지 않고 아내를 취하여 그 선조의 제사가 끊어지지 않도록 하는 것도 또한 마찬가지로 효孝에 귀결된다. 군자君子는 순舜이 부모에게 아뢰지 않은 것이 아뢴 것과 같다고 여기니, 순舜은 진실로 사친事親의 도道를 잘 실천한 분이시다!

## [7·27]

**孟子曰 仁之實은 事親이 是也요 義之實은 從兄이 是也니라**

**맹자 가라사대 "인仁의 실질은 어버이를 섬기는 것이요, 의義의 실질은 형兄에게 순종하는 것이다."**

仁主於愛而愛莫切於事親이요 義主於敬而敬莫先於從兄이라 故로 仁義之道는 其用이 至廣이나 而其實은 不越於事親從兄之間하니 蓋良心之發이 最爲切近而精實者라 有子ㅣ以孝弟爲爲仁之本하니 其意亦猶此也니라

인仁은 사랑을 주장하니, 사랑은 어버이를 섬기는 것 보다 간절한 것이 없다. 의義는 공경을 주장하니 공경은 형에게 순종하는 것 보다 우선한 것이 없다.

그러므로 인의仁義의 도道는 그 쓰임이 지극히 넓으나, 그 실질은 사친事親과 종형從兄의 사이를 벗어나지 않는다.

대개 양심良心의 발로發露가 가장 절근切近하고 정실精實하다. 유자有子[유약有若]가 효제孝悌로써 인仁을 행하는 근본으로 삼았으니, 그 뜻이 또한 이와 같다.

주해

● 實(실) : 여기서는 '화華'에 대한 상대적인 개념으로서 '화실華實'의 '실實', 곧 '열매'나 '실질實質'의 뜻으로 쓰였다.
"實字乃與華字對, 不與虛字名字對."(四書補註備旨)
朱子가 말했다. "實字, 有對名而言者, 謂名實之實. 有對理而言者, 謂事實之實. 有對華而言者, 謂華實之實. 今這實字, 正是華實之實."(大全註疏)
물헌웅씨勿軒熊氏가 말했다. "此實字之訓, 當與果核之實."(大全註疏)
남조南朝 양梁나라 유협劉勰의 《문심조룡文心雕龍·장표章表》에 나온다. "至於文學之薦禰衡, 氣揚飛采. 孔明之辭後主, 志盡文暢. 雖華實異旨, 並表之英也."
● 切近(절근) : 가장 근접하다. 매우 부합하다.
《주역周易·박괘剝卦》에 나온다. "'剝牀以膚', 切近災也." 이에 대해 공영달孔穎達의 소疏에 "切近災者, 其災已至, 故云切近災也."라고 했다.
● 精實(정실) : 정심精深하고 박실樸實하다.

명明나라 장거정張居正의 〈답서하직지경초동서答西夏直指耿楚侗書〉에 나온다. "辱論, 謂比來涉事日深, 知虛見空談之無益, 具見丈近日造詣精實處."

【備旨】

孟子ㅣ示人務孝弟意曰 世之言道者ㅣ求其枝葉而不反之切實之地라 是以로 愈難而愈遠하니 豈知道莫大於仁義나 而其實은 亦不外於孝弟之間乎아
夫仁主乎愛하니 凡濟人利物이 皆愛之所施나 然이나 非其實也라 乃其實則在於事親이니 能事親則所以盡天下之愛者ㅣ自此而推之矣라 是는 事親이 爲仁之實也요
義主於敬하니 凡事君尊賢이 皆敬之所施나 然이나 非其實也라 乃其實則在於從兄이니 能從兄則所以盡天下之敬者ㅣ自此而推之矣라 是는 從兄이 爲義之實也라

맹자께서 사람들에게 효제孝悌에 힘쓰라는 뜻을 보여 가라사대 "세상에 도道를 말하는 자가 그 지엽枝葉만을 구하고 절실切實한 자리로 돌아가지 못한다. 이 때문에 더욱 어렵고 더욱 멀어지니, 도道가 인의仁義보다 큰 것이 없으나 사실은 또한 효제孝悌의 사이에서 벗어나지 않는다는 사실을 어찌 알겠는가?

무릇 인仁은 사랑을 주장하니, 사람을 구제하고 사물을 이롭게 하는 것은 모두 사랑이 베푼 것이다. 그러나 그것이 실질은 아니요, 그 실질은 바로 사친事親에 있다. 능히 사친事親을 하면 천하의 사랑을 다하는 바가 이로부터 미루어 넓혀가니, 이는 사친事親이 인仁의 실질이 되는 것이다.

의義는 공경을 주장하니, 인군人君을 섬기고 어진 이를 높이는 것은

모두 공경이 베푼 것이다. 그러나 그것이 실질은 아니요, 그 실질은 바로 종형從兄에 있다. 능히 종형從兄을 하면 천하의 공경을 다하는 바가 이로부터 미루어 넓혀가니, 이는 종형從兄이 의義의 실질이 되는 것이다."

智之實은 知斯二者하여 弗去ㅣ是也요 禮之實은 節文斯二者ㅣ是也요 樂之實은 樂斯二者니 樂則生矣니 生則惡可已也리오 惡可已 則不知足之蹈之하며 手之舞之니라

**"지智의 실질은 이 두 가지를 알아 떠나지 않는 것이요, 예禮의 실질은 이 두 가지를 절제節制하고 문채나게 하는 것이요, 악樂의 실질은 이 두 가지를 즐기는 것이다.**
**즐거워하면 곧 사친事親과 종형從兄의 마음이 생겨날 것이니, 사친事親과 종형從兄의 마음이 생겨나면 어찌 가히 그만둘 수 있겠는가? 어찌해도 그만둘 수가 없으면, 자신도 모르게 발로 뛰고 손으로 춤추게 되느니라."**

斯二者는 指事親從兄而言이라 知而弗去는 則見之明而守之固矣라 節文은 謂品節文章이라 樂則生矣는 謂和順從容하여 無所勉强하여 事親從兄之意가 油然自生하여 如草木之有生意也라 旣有生意면 則其暢茂條達하여 自有不可遏者니 所謂惡可已也라 其又盛이면 則至於手舞足蹈而不自知矣니라
此章은 言事親從兄은 良心眞切이니 天下之道ㅣ皆原於此라

然이나 必知之明而守之固然後에 節之密而樂之深也니라

'사이자斯二者'는 사친事親과 종형從兄을 가리켜 말한 것이다. '알아서 떠나지 않는 것'은 보는 것이 분명하고 지키는 것이 견고한 것이다. '절문節文'은 품절品節과 문장文章을 말한다. '악즉생의樂則生矣'는 화순和順하고 종용從容하여 억지로 힘쓰지 않아도 사친事親과 종형從兄의 뜻이 유연油然히 저절로 생겨나서, 마치 초목에 생기生機가 도는 것과 같은 경우를 말한다. 이미 생기生機가 있으면 곧 무성하게 가지가 뻗어나가 저절로 막을 수가 없게 되니, 이른바 '어찌 가히 그만둘 수 있겠는가?'라는 것이다. 그것이 또 성해지면 손으로 춤추고 발로 뛰면서 스스로 알지 못하게 될 것이다.

이 장에서는 "사친事親과 종형從兄은 양심良心의 진지하고 간절한 것이니, 천하의 도道가 모두 여기에서 근원한다. 그러나 반드시 아는 것이 명확하고 지키는 것이 견고한 후에 절문節文이 치밀해지고 즐거움이 깊어진다."고 말하였다.

**주해**

- 節文(절문) : 예의禮儀를 제정하여 행동에 절도節度가 있게 하는 것.
  《예기禮記·단궁하檀弓下》에 나온다. "辟踊, 哀之至也. 有筭, 爲之節文也." 이에 대해 공영달孔穎達의 소疏에 "男踊女辟是哀痛之至極也, 若不裁限, 恐傷其性, 故辟踊有筭爲准節文章."이라고 했다. 踊(춤출 용) 筭(산가지 산)
  초순焦循의 《맹자정의孟子正義》에 "太過則失其節, 故節之. 太質則無禮敬之客, 故文之."라고 했다.
  "節是截然不紊. 文是燦然可觀."(四書補註備旨) 紊(어지러울 문)
- 品節(품절) : 등급等級과 층차層次에 따라 절제하다.
  《예기禮記·단궁하檀弓下》에 나온다. "品節斯, 斯之謂禮." 이에 대해 공영달孔穎達의 소疏에 "品, 階格也. 節, 制斷也."라고 했다.
  《주자어류朱子語類》 卷62에도 나온다. "道亦是自然之理, 聖人於中爲之品節以教人耳."

- 文章(문장) : 문식文飾하다. 수식修飾하다.
- 生意(생의) : 생기生機. 생명력.

《상서尙書·왕일無逸》 편에 나온다. "懷保小民, 惠鮮鰥寡." 이에 대해 채침蔡沉의 《집전集傳》에 "惠鮮云者, 鰥寡之人, 垂首喪氣, 賚予周給之, 使之有生意也."라고 했다. 鰥(홀아비 환) 賚(줄 뢰)

- 暢茂(창무) : 왕성하다. 무성하다.

《맹자孟子·등문공하滕文公下》에 나온다. "草木暢茂, 禽獸繁殖."

- 眞切(진절) : 진성간절眞誠懇切. 진지眞摯하고 간절懇切하다.

원元나라 유훈劉壎의 《은거통의隱居通議·문장일文章一》에 나온다. "此書非特曲盡事情, 而當時朋友眞切之意, 尙可想見."

【備旨】

然이나 良心眞切之地는 乃百行從出之原이니 不但仁義之實이 在於事親從兄 二者라 推之컨댄 卽智禮樂莫不皆然이라

夫智之實이 亦非他也라 惟其知斯二者하여 守之而不去하여 以不失其良知ㅣ 是也라 禮之實이 亦非他也라 惟其節斯二者하여 勿過하며 文斯二者하여 勿不及하니 使品式儀度로 適於隆殺之宜하여 以克謹其良能이 是也라 樂之實이 亦非他也라 在樂斯孝弟二者하니 從容安適之意ㅣ無勉强矯拂之爲 而樂以行之니 是卽樂之實也라

旣至於樂 則事親從兄之意ㅣ不待擴充之而油然自生矣요 生則日新月盛하여 而事親從兄之意ㅣ雖欲遏之 而惡可以自已也리오 惡可已則心與道安하고 身與道忘하여 不知足之蹈之手之舞之는 一皆孝弟之發越也니 非樂之實而何哉오

可見孝弟는 爲五常之首요 百行之原이니 吾性中之仁義ㅣ

莫切於此니 而知此之謂智요 履此之謂禮요 和此之謂樂이니 天下之道ㅣ無一不通於斯二者니 人亦於其實에 而勉盡其道哉인저

그러나 양심良心의 진지하고 간절한 자리는 바로 백행百行이 좇아서 나오는 근원이니, 인의仁義의 실질이 다만 사친事親과 종형從兄의 두 가지에만 있는 것이 아니다.

이를 미루어 보건대 지智와 예禮와 악樂이 모두 그러지 않은 것이 없다. 무릇 지智의 실질도 또한 다른 것이 아니다. 오직 이 두 가지를 알아서 지키고 떠나지 않아 그 양지良知를 잃지 않는다. 예禮의 실질도 다른 것이 아니다. 오직 이 두 가지를 품절品節하여 지나치지 않게 하며, 이 두 가지를 문채나게 하여 미치지 못하는 일이 없게 한다. 품식品式과 의도儀度가 융쇄隆殺의 법도에 알맞게 하여 능히 그 양능良能을 삼간다. 악樂의 실질도 또한 다른 것이 아니다. 이 효제孝悌 두 가지를 즐겨하는데 있다. 종용從容하고 안적安適한 뜻이 억지로 힘쓰거나 바로 잡지 않아도 즐겨 이를 행하니, 이것이 바로 악樂의 실질이다.

이미 즐거워하게 되면 사친事親과 종형從兄의 뜻이 확충하지 않아도 저절로 유연油然하게 생겨날 것이다. 생겨나면 날로 새롭고 달로 성대하여 사친事親과 종형從兄의 뜻을 비록 막으려고 해도 어찌 가히 스스로 그만둘 수 있겠는가? 어찌해도 그만둘 수가 없으면, 마음과 道가 편안해지고 몸과 道가 하나가 되어 자신도 모르게 발로 뛰고 손으로 춤추게 된다. 이는 한결같이 모두 효제孝悌에서 발현된 것이니, 이것이 음악의 실질이 아니고 무엇이겠는가?

가히 효제孝悌는 오륜의 으뜸이요, 백행의 근원임을 알 수 있다. 내 성품안에 있는 인의仁義가 이 보다 간절한 것이 없으니, 이것을 아는

것을 '지智'라 하고, 이것을 실천하는 것을 '예禮'라 하고, 이것을 조화롭게 하는 것을 '악樂'이라 한다. 천하의 道가 하나도 이 두 가지에서 통하지 않은 것이 없으니, 사람이 또한 그 실질의 자리에서 힘써 그 도道를 다해야 할 것이다.

**주해**

- 品式(품식) : 표준. 법식法式.
  《한서漢書·선제기찬宣帝紀贊》에 나온다. "樞機周密, 品式備具."
- 儀度(의도) : 예의와 법도.
  송宋나라 증공曾鞏의 〈광록소경조공묘지명光祿少卿晁公墓志銘〉에 나온다. "閭丘夫人爲身治家, 皆應儀度."
- 隆殺(융쇄) : 존비尊卑·후박厚薄·고하高下. 殺(덜 쇄)
  《예기禮記·향음주의鄕飮酒義》에 나온다. "至於衆賓, 升受, 坐祭, 立飮, 不酢而降, 隆殺之義別矣." 이에 대해 정현鄭玄의 註에 "尊者禮隆, 卑者禮殺, 尊卑別也."라고 했다.
  《순자荀子·악론樂論》에도 나온다. "貴賤明, 隆殺辨. 和樂而不流, 弟長而無遺, 安燕而不亂."
- 良知(양지)와 良能(양능) : '양지良知'는 사람의 타고난 지능과 지혜를 말한다. '양능良能'은 사람의 타고난 능력을 말한다.
  《맹자孟子·진심상盡心上》에 나온다. "人之所不學而能者, 其良能也. 所不慮而知者, 其良知也."
  명明나라 왕수인王守仁의 《전등록傳習錄》 卷中에도 나온다. "若鄙人所謂致知格物者, 致吾心之良知於事事物物也. 吾心之良知, 卽所謂天理也. 致吾心良知之天理於事事物物, 則事事物物皆得其理矣."
- 矯拂(교불) : 바로잡다. '규정糾正'과 같다.
  《갈관자鶡冠子·도단道端》에 나온다. "忠臣之功, 正言直行, 矯拂主過."
- 發越(발월) : 드러나다. 발현되다.

[7·28]

孟子曰 天下ㅣ大悅而將歸己어든 視天下悅而歸己호되 猶草芥也는 惟舜이 爲然하시니 不得乎親이란 不可以爲人이요 不順乎親이란 不可以爲子러시다

**맹자 가라사대 "천하 사람들이 크게 기뻐하며 장차 자신에게 귀부歸附하려고 하였다. 천하 사람들이 기뻐하면서 자신에게 귀부歸附하려는 것을 초개草芥와 같이 여긴 것은 오직 순舜만이 그렇게 하셨다. 어버이의 기쁨을 얻지 못하면 사람이 될 수 없고, 어버이의 뜻을 따르지 않으면 자식이 될 수 없기 때문이다."**

言舜視天下之歸己를 如草芥하고 而惟欲得其親而順之也라 得者는 曲爲承順하여 以得其心之悅而已요 順則有以諭之於道하여 心與之一而未始有違니 尤人所難也라 爲人은 蓋泛言之요 爲子는 則愈密矣라

천하 사람들이 자신에게 귀부歸附하는 것을 초개草芥와 같이 여기고, 오직 그 어버이의 기쁨을 얻고 어버이에게 순종하고자 했다는 말이다.

'득得'은 곡진曲盡히 뜻을 받들어 어버이의 기쁜 마음을 얻을 따름이다. '순順'은 어버이를 도道로 깨우쳐 마음이 어버이와 하나가 되어 처음부터 어긋나지 않는 것이니, 더욱 사람이 하기 어려운 일이다. '위인爲人'은 대개 두루 한 말이요, '위자爲子'는 더욱 친밀하게 한 말이다.

**주해**

- 承順(승순) : 뜻을 받들고 순종하다.
  《예기禮記·악기樂記》 편에 나온다. "理發諸外而民莫不承順."
- 草芥(초개) : 지푸라기. 芥(지푸라기 개)
  "草芥甚言其輕."(四書補註備旨)
- 주자朱子가 말했다. "人字, 只大綱說. 子字, 却說得重. 固有人承順顔色, 看父母做事, 不問是非, 一向不逆其志, 這是得親之心. 然猶是淺事, 惟順乎親, 則親之心皆順乎理, 必如此而後可以爲子, 此所以爲尤難也."(大全註疏) 尤(더욱 우)

【備旨】

孟子ㅣ贊舜孝之大曰 凡人은 以勢分役情이나 聖人은 從性分立極하니 如擧天下之人心이 皆大悅而將歸己는 此富貴之極也어늘 乃視天下悅而歸己를 如草芥之輕하여 略不動心者는 惟古帝舜爲然이라
蓋舜之心은 以爲人之所以爲人者는 在能得親이니 苟不能得親心之悅이면 則人道有虧하여 不可以爲人이요 子之所以爲子者는 在能順親이니 苟不能諭親於道면 則子道未盡하여 不可以爲子라
此舜之心이 惟期得親順親耳니 又惡知天下歸己之可悅哉아

맹자께서 순舜의 대효大孝를 찬미하여 가라사대 "보통 사람들은 세분勢分으로 사람의 마음을 부리지만, 성인聖人은 본성을 좇아 법도를 세운다. 예컨대 천하의 인심이 모두 크게 기뻐하며 장차 자신에게 귀부歸附하려는 것은 이는 지극한 부귀富貴가 된다. 그러나 이에 천하가 기뻐하며 자신에게 귀부歸附하는 것을 초개草芥와 같이 가볍게 여기고 조금도 마음에 동요가 없는 자는 오직 옛 제순帝舜만이 그러하셨다.

대개 순舜은 마음으로 사람이 사람답게 되는 이유가 능히 어버이의 뜻을 얻는데 있다고 생각하였다. 만일 어버이의 기쁜 마음을 얻지 못하면 인도人道가 무너져 사람이 될 수가 없다. 또한 자식이 자식답게 되는 이유가 능히 어버이의 뜻에 순종하는데 있다고 생각하였다. 만일 어버이를 도道로 깨우칠 수 없으면 자식의 도리를 다할 수 없어 자식이 될 수가 없다.

이는 순舜의 마음이 오직 그 어버이의 기쁨을 얻고 어버이의 뜻에 순종하는 것만을 기약했을 뿐이니, 또한 어찌 천하 사람들이 자신에게 귀부歸附하는 것을 기뻐할 줄 알았겠는가?"

**주해**

- 勢分(세분) : 권세權勢. 지위地位.
  송宋나라 하탄何坦의 《서주상언西疇常言·응세應世》 편에 나온다. "凡居人上, 有勢分之臨, 惟以恕存心, 乃可以容下."
- 性分(성분) : 천성天性. 본성本性.
  《후한서後漢書·일민전서逸民傳序》에 나온다. "然觀其甘心畎畝之中, 憔悴江海之上, 豈必親魚鳥樂林草哉, 亦云性分所至而已."
- 虧(이지러질 휴) 諭(깨우칠 유)

**舜이 盡事親之道而瞽瞍ㅣ底豫하니 瞽瞍ㅣ底豫而天下ㅣ化하며 瞽瞍ㅣ底豫而天下之爲父子者ㅣ定하니 此之謂大孝니라**

**"순舜이 사친事親의 도道를 다하자 고수瞽瞍가 기뻐하였고, 고수瞽瞍가 기뻐하자 천하가 감화되었다.**
**고수瞽瞍가 기뻐하여 천하의 부자父子들이 안정을 얻었으니, 이것을 대효大孝라고 말한다."**

瞽瞍는 舜父名이라 底는 致也라 豫는 悅樂也라 瞽瞍至頑하여 嘗欲殺舜이러니 至是而底豫焉하니 書所謂不格姦亦允若이 是也라

蓋舜至此而有以順乎親矣라 是以로 天下之爲子者ㅣ知天下無不可事之親이요 顧吾所以事之者ㅣ未若舜耳라 於是에 莫不勉而爲孝하고 至於其親亦底豫焉하얀 則天下之爲父者ㅣ亦莫不慈하니 所謂化也라 子孝父慈하고 各止其所하여 而無不安其位之意니 所謂定也라 爲法於天下하여 可傳於後世요 非止一身一家之孝而已니 此所以爲大孝也라

李氏曰 舜之所以能使瞽瞍底豫者는 盡事親之道하여 共爲子職이요 不見父母之非而已라 昔에 羅仲素語此云 只爲天下에 無不是底父母라한대 了翁이 聞而善之曰 惟如此而後에 天下之爲父子者ㅣ定이니 彼臣弑其君하며 子弑其父者는 常始於見其有不是處耳라하니라

'고수瞽瞍'는 순舜의 아버지 이름이다. '지底'는 치致이다. '예豫'는 기뻐함이다.

고수瞽瞍가 지극히 완악頑惡하여 일찍이 순舜을 죽이려고 하였는데, 이 때에 이르러 기뻐하게 되었다. 《상서尙書》에 이른바 '간악함에 이르지 않게 하였다'와 '고수瞽瞍 또한 믿고 따랐다.'고 한 것이 이것이다.

대개 순舜이 이 때에 이르러 어버이가 믿고 따르게 할 수 있었다. 이로써 천하의 자식들이 천하에 가히 섬기지 못할 어버이가 없으며, 다만 자신이 어버이를 섬기는 것이 순舜만 같지 못할 뿐임을 알게 되었다. 이에 힘써 효도하지 않는 자가 없고 그 어버이 또한 기뻐하게 되어, 천하의 부모들이 또한 자애롭지 않은 경우가 없게 되었으니 이

른바 '교화敎化'라는 것이다. 자식은 효도하고 부모는 자애로우며, 각각 자신이 처할 곳에 멈추어 그 위치에 편안하지 않음이 없다는 뜻이니 이른바 '안정安定'이라는 것이다. 천하의 법도가 되어 가히 후세에 전할 수 있으며, 한 몸과 한 집의 효孝에만 그칠 뿐이 아니다. 이것이 바로 '대효大孝'가 되는 이유이다.

이씨李氏[이욱李郁] 가로되 "순舜이 능히 고수瞽瞍를 기쁘게 할 수 있었던 이유는 사친事親의 도道를 다하여 자식의 직분을 공손히 하되, 부모의 잘못을 보지 않았기 때문이다. 옛날에 나중소羅仲素가 이를 두고 말하기를 '다만 천하에는 옳지 않은 부모가 없기 때문이다.'라고 하였다. 요옹了翁[진관陳瓘]이 이 말을 듣고 훌륭하다고 하면서 말하기를 '오직 이와 같이 한 후라야 천하의 부자 사이가 안정이 된다. 저 신하가 그 인군人君을 시해하고 자식이 그 부모를 시해하는 자들은 항상 옳지 못한 것을 보는 데서 비롯될 뿐이다.'라고 하였다."

주해

- 厎豫(지예) : 기쁨을 얻다. 厎(이를 지)
  조기趙岐의 註에 "厎, 致也. 豫, 樂也."라고 했고, 초순焦循의 《맹자정의孟子正義》에 "致樂者, 由不樂而至於樂也."라고 했다.
- 格姦(격간) : 간악奸惡하게 되다.
  《상서尙書·요전堯典·대우모大禹謨》에 나온다. "克諧以孝, 烝烝乂, 不格姦." 이에 대해 공전孔傳에 "言能以至孝和諧頑嚚昏傲, 使進進以善自治, 不至於奸惡." 嚚(어리석을 은)
- 允若(윤약) : 순종하다. 따르다.
  《상서尙書·요전堯典·대우모大禹謨》에 나온다. "負罪引慝, 祗載見瞽瞍, 夔夔齋栗, 瞽亦允若." 慝(사특할 특) 祗(다만 지) 夔(조심할 기)
- 共(공) : 공손하다. 공경하다. '공恭'과 같다.

【備旨】

夫舜之心이 旣在於順親이면 則凡承顔諭志에 無所不用其至하니 舜所以能盡事親之道는 不惟以得親이요 且有以順親而瞽瞍底豫라
夫以瞽瞍之頑而底豫하니 於是에 天下之爲子者ㅣ知無不可事之親하여 莫不勉而爲孝하고 天下之爲父者ㅣ因其子之孝하여 亦莫不慈하니 蓋擧天下之大而皆化矣라
以瞽瞍底豫로 子化於孝면 則子止其所而天下之爲子者ㅣ定하고 父化爲慈면 則父止其所而天下之爲父者ㅣ定하니 是舜不以一身一家爲孝 而直合天下後世以爲孝니 此謂之大孝니 事親者ㅣ當以舜之盡道爲法也니라

무릇 순舜의 마음이 이미 어버이에게 순종하는데 있으니, 어버이의 뜻에 순종하고 어버이의 뜻을 일깨우는데 모두 그 지극하지 않음이 없었다. 순舜이 사친事親의 도道를 다할 수 있었던 이유는 다만 어버이를 기쁘게 해드렸을 뿐만 아니라, 또한 어버이에게 순종하여 고수瞽瞍가 기뻐하였기 때문이다.

고수瞽瞍가 원래 완악한데도 기뻐하게 되었으니, 이에 천하의 자식들이 섬길 수 없는 어버이가 없다는 것을 알고서 효孝에 힘쓰지 않은 자가 없었으며, 천하의 부모들이 그 자식의 효孝로 인하여 또한 자애롭지 않은 자가 없게 되었으니, 대개 광대한 온 천하가 모두 교화된 것이다.

고수瞽瞍를 기쁘게 한 마음으로 자식들이 효孝에 교화되면, 자식들은 자신들이 처할 곳에 머물러서 천하의 자식들이 안정된다. 또한 부모들이 교화를 받아 자애롭게 되면, 부모들은 자신들이 처할 자리에 머

물러서 천하의 부모들이 안정된다.

이는 순舜이 한 몸과 한 집안의 효孝만을 효孝로 삼지 않고, 다만 천하 후세에 부합되는 것을 효孝를 삼은 것이니, 이것을 대효大孝라고 말한다. 어버이를 섬기는 자는 마땅히 순舜의 진도盡道를 법으로 삼아야 할 것이다.

**주해**

- 承顔(승안) : 윗사람의 안색을 살피다. 곧 윗사람에게 순종하다는 뜻이다. 《한서漢書·준불의전雋不疑傳》에 나온다. "聞暴公子威名舊矣, 今乃承顔接辭."

# 索 引

## ㄱ

ㄴ



ㄷ



ㅁ

## ㅇ

ㅈ

ㅊ